# 춘성

## 만해제자 · 무애도인
호탕한 법문으로 세상을 흔든 큰스님 이야기

김광식 지음

도서출판
中道

## 펴내는 말

여기 만해 한용운의 제자, 무애도인(無碍道人)이 있다.
그의 이름은 춘성(春性)이다.

춘성 그가 이 땅을 떠난지 40년이 되어 간다.
춘성의 은사인 만해 한용운이 서거한 지도 70년이 되었다.
만해 한용운의 제자는 비문에 전하는 춘성, 용담, 동파 등 3명의 스님에 불과하였다. 물론 만해를 따르고, 존경하였던 학인, 불교청년, 재가제자는 수없이 많았지만 절집에서 말하는 상좌는 이들 뿐이다. 이중에서 용담은 해방공간 서울에서 불교혁신활동을 하다, 북한으로 갔다가 6·25전쟁 당시 남하하였다. 그러나 그는 9·28 수복 당시 월북하였다. 동파는 석왕사 출신인데, 그 행적을 전혀 알 수 없다. 그러나 춘성은 남한 땅에서 만해 정신을 선양하면서, 선의 대중화를 위해 분투하였다.

춘성이 입적이라는 이름으로 우리 곁을 떠난 1977년 이후, 우리들은 그에 대한 한 편의 논문도, 한 권의 책도, 법어집도 만들지 않았다. 춘성 그는 깊숙한 선방의 지대방에서 이따금씩 단골메뉴로 나오는 큰스님, 도인에서도 이탈되었다. 다만 춘성문도회의 근거 사찰인 봉국사(성남)와 백담사에 있는 단아한 비석과 부도만이 그의 존재를 말해준다. 하지만 지상과 인터넷에서는 그가 남긴 정신, 일화, 비화 등이 떠돌아다니고 있다.

춘성은 승려로, 수행자로, 망월사 주지로 근대불교, 현대불교의 격랑을 헤치며 묵묵히 걸어갔던 자유인이었다. 그리고 한용운의 제자로, 3·1운동 불교대표인 백용성과 함께 화엄사상을 웅변적으로 전하였던 화엄법사로, 수덕사의 선승 만공 회상에서 지독스럽게 참선 수행을 하였던 간화선 수행자로, 도봉산 망월사에서 수좌들을 매섭게 지도하였던 어른으로, 서울 시내의 저자거리에서 부처님 말씀을 원색의 언어로 전하였던 스님으로, 수많은 보살들을 부처님 세상으로 이끌었던 큰스님이었다.

그러나 우리는 춘성이 활동을 하던 그때도 그랬고, 그가 떠난 이후에도 결코 춘성의 이름을 부르지도 찾지도 않았다. 아니 그를 부를 필요성을 느끼지 못하였다. 하지만 이제 우리는 춘성을 다시 찾아내고, 다시 만나야 한다. 왜냐하면, 춘성의 고민, 고투, 노선, 지향, 정신, 사상이 절대 필요하기 때문이다.

지금의 불교계를 비롯한 세상은 허위의식, 엉터리 수행자가 횡행하고 있다. 직업 수좌, 벙어리 수좌, 법문이 사라진 선방, 선지식을 찾지 않는 간화선 수행이 불교를 대표하고 있다. 승려는 있으되, 인간은 찾을 수 없는 불교가 되었다.

그래서 필자는 불교와 승려의 본연의 자세를 찾을 수 없는 엄혹한 이 시절에 춘성이라는 화두를 통해 이 시대 불교지성의 문제를, 만해사상 계승의 문제를 비추어 보길 기대한다. 비록 비추지는 못하더라도, 반성의 계기가 되길 바란다. 수행자들의 명리 탐닉을, 가늠할 수 없는 불건전한 승가 방향을 여기에서 중단케 하기 위해서는 춘성이라는 강한 저울추가 필요하다.

만해사상의 계승을 모색하려고, 그리고 참다운 스님을 찾으려는 절박한 심정으로 춘성의 자료를 찾고, 정리하여 이렇게 책으로 엮어 보았다. 이 책은 지금껏 지하의 우물 속에 묻혀 있었던 춘성을 지상으로 끌어 들이기 위한 첫 번째 마중물이다. 본 책은 2009년도에 펴낸 초간본의 내용을 수정하고 인터뷰 및 일화를 추가한 것인데, 대중들이 읽기에 편하도록 편집하였다.

보다 충실한 춘성 찾기, 춘성 정리하기는 후일을 기약한다. 춘성이라는 거울을 통하여 이 땅에서 다양한 춘성이 나오길 기대하면서, 춘성 탐구를 여기에서 접는다.

2014년 8월 김광식

차 례

펴내는 말

## 1부 　일화로 만나는 춘성

| | |
|---|---|
| 아이 똥이 부처님 | 14 |
| 공중화장실에서 팬티 바람으로 | 16 |
| 죽었다 살아나는 것은 | 19 |
| 목사를 아들로 둔 사연 | 21 |
| 호남선 완행열차에서 | 23 |
| 무임승차한 사연 | 25 |
| 누구냐, 나는 중대장이다 | 26 |
| 김구 선생의 장례식에서 염불을 하다 | 28 |
| 육영수 여사와의 인연 | 32 |
| 속 좁은 딸의 푸념 | 34 |
| 춘성의 팬, 노보살 | 36 |
| 시어머니와 며느리에게 주는 법문 | 38 |
| 문을 잠글까요 | 43 |
| 너는 내 제자가 아니다 | 44 |
| 100억 원을 내놓아라 | 46 |
| 관음보살을 친견한 이야기 | 48 |
| 종정이 될 뻔 하였던 춘성 | 50 |

| | |
|---|---|
| 진관사 대웅전 상량식장에서 | 52 |
| 자비심을 나투어 엿장수를 살리다 | 56 |
| 보문사 법당을 불구덩이에서 구한 이야기 | 58 |
| 영화광이었던 노승 | 62 |
| 장학금 지원에도 일등 스님 | 64 |
| 연극으로 되살아난 춘성 | 67 |
| 도올, 춘성을 말하다 | 69 |
| 맥주를 시원하게 잡수신 스님 | 72 |
| 춘성 스님의 세 가지 유훈 | 74 |
| 춘성 스님이 수덕사에서 행한 법문 | 76 |
| 춘성의 좌복 | 79 |

## 2부 내가 만난, 춘성

| | |
|---|---|
| 오직 정진만을 가르친 스승 | 혜성 스님 | 82 |
| 대자대비를 실천하신 도인 | 우송 스님 | 96 |
| 참된 보살이었던 큰스님 | 혜광 스님 | 108 |
| 진정한 무소유 정신을 실천한 도인 | 수명 스님 | 130 |
| 참된 염불을 가르쳐 준 스승 | 견진 스님 | 145 |
| 그물에 걸리지 않는 바람같은 수행자 | 대선 스님 | 151 |
| 60방을 맞고 정신을 차렸지요 | 정일 스님 | 164 |

냄새는 바람이 불면 사라지는 법 | 무비 스님 ● 168
생사를 벗어나려면 촌음을 아껴라 | 수경 스님 ● 175
'긴 누비파'의 두목이었던 춘성 스님 | 명진 스님 ● 187
바랑 하나 누비옷 한 벌 남기신 분 | 효림 스님 ● 195
죽는 날까지 정진하라 | 진관 스님 ● 200
좋은 옷은 네가 입어라 | 연호 스님 ● 208
호방 질탕한 선승 | 고은 ● 213
분별하지 말라 | 박경훈 ● 221
우리 시대에 환생한 원효 | 목정배 ● 226
노 변호사의 사미인곡 | 황석연 ● 234
스님, 저 막내예요 | 법계심 보살 ● 241
내 삶을 지탱해 준 도인 | 평등행 보살 ● 251
'무'자 화두로 삶의 생기를 되찾게 해 준 은인 | 고영희 ● 257
이불은 부처와 이별하게 하는 덮개 | 보현심 보살 ● 268
세계적인 산의 사나이를 키우다 | 이맹임 ● 273
문학을 일러 준 선승 | 이행자 ● 282

## 3부 역사로 만나는 춘성

탑골공원에서 만난 무애도인 ● 294
만해를 만나 머리를 깎다 ● 300

| | |
|---|---|
| 옥바라지를 하며 배운 독립정신 | ● 315 |
| 저자거리에서 사자후를 하다 | ● 323 |
| 달마는 왜 서쪽에서 왔는가 | ● 345 |
| 도봉산 호랑이가 되어 | ● 371 |
| 돌장승이 아이 낳는 도리 | ● 396 |
| 만해·만공의 선풍을 잇다 | ● 412 |
| 삼세 불조도 볼 수 없는 곳으로 떠나다 | ● 431 |

| | |
|---|---|
| 연보 | ● 450 |
| 참고문헌 | ● 453 |

만해·만공의 법을 이은 춘성의 모습

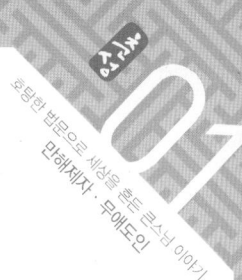

# 1부

# 일화로 만나는 춘성

- 아이 똥이 부처님
- 공중화장실에서 팬티 바람으로
- 죽었다 살아나는 것은
- 목사를 아들로 둔 사연
- 호남선 완행열차에서
- 무임승차한 사연
- 누구냐, 나는 중대장이다
- 김구 선생의 장례식에서 염불을 하다
- 육영수 여사와의 인연
- 속 좁은 딸의 푸념
- 춘성의 팬, 노보살
- 시어머니와 며느리에게 주는 법문
- 문을 잠글까요
- 너는 내 제자가 아니다

- 100억 원을 내놓아라
- 관음보살을 친견한 이야기
- 중 정치 될 뻔 하였던 춘성
- 진관사 대웅전 상량식장에서
- 자비심을 나투어 엿장수를 살리다
- 보문사 법당을 불구덩이에서 구한 이야기
- 영화광이던 노승
- 장학금 지원에도 일등 스님
- 연극으로 되살아난 춘성
- 도올, 춘성을 말하다
- 맥주를 시원하게 잡수신 스님
- 춘성 스님의 세 가지 유훈
- 춘성 스님이 수덕사에서 행한 법문
- 춘성의 좌복

# 아이 똥이 부처님

춘성이 기차를 타고 부산에서 서울로 오는 중에 생긴 일이다.

기차에 탄 목사가 기독교를 믿으라고 자꾸 이야기를 하면서 하나님은 무소부재(無所不在)라 하였다. 하나님이 없는 데가 없다고 하면서, 하나님 설명을 하였다.

춘성은 가만히 듣고 있다가 말했다.

"그러면 하나님은 없는 데가 없다는 말이냐?"

"그렇지요!"

"그러면 하나님은 똥통 속에도 있겠네?"

목사는 화가 나서 춘성을 노려 보더니, 춘성에게 말하였다.

"아니 하나님한테 그런 망발이 어디 있어! 감히 하나님에게 불경스러운 말을 쓰다니."

목사는 씩씩거리며 춘성에게 또 물었다.

"그러면 부처님도 없는 데가 없느냐?"
"없는 데가 없지!"
"그러면 부처님도 똥통 속에 있겠네?"
"아이 똥이 부처님인데 똥통 속에 있고 말고 말할 것이 뭐 있어?"

춘성에게서 아이 똥이 부처님이라는 말을 들은 목사는 할 말을 잃고 그 뒤에는 아무 말도 못하였다. 목사와 이런 대화를 나눈 춘성은 조용히 기차를 타고 서울로 올라올 수 있었다.

백담사 입구(다리)의 좌측에 세워진 춘성의 비석과 부도.

## 공중화장실에서 팬티 바람으로

어느 가을날 오후, 지금의 창경원 정문을 춘성이 지나가게 되었다. 지나다 보니 공중변소 앞에서 50세쯤 된 남자가 추위에 벌벌 떨고 있었다. 그 남자는 남루한 옷을 입고 있었으며, 밥도 제대로 먹지 못하였는지 보기에 매

춘성 스님. 무소유 정신의 비사가 배어 있는 팔정사 입구.

우 딱하였다.

춘성은 그 자리에서 입고 있던 옷을 모두 벗어 주었다. 팬티만 걸치다시피한 차림으로는 갈 수가 없어 공중변소에서 해가 지기만을 기다렸다. 해가 져서, 거리가 어둑어둑해지자 길가로 나왔다. 남이 볼새라, 빠른 걸음으로 혜화동 로터리를 지나 성북동 팔정사(八正寺)까지 오게 되었다.

절의 입구에 도착한 춘성은 절의 대문을 막 두드렸다. 그러자 나이 어린 비구니가 나와 문을 열었다. 춘성은 그 비구니에게 "애야 먼저 들어가 있으라."고 재촉하였다. 비구니는 목소리는 어디에서 듣던 목소리인데, 그 사정을 알 수 없어 가만히 살펴보니 춘성이 팬티 바람이었다. 상황을 눈치 채고 혼비백산한 비구니는 쏜살같이 절 안으로 들어가 주지 스님에게 보고하였다. 비구니 스님들은 급한 김에 비구니의 장삼을 가져 와서 춘성에게 드렸다. 그리고 다급한 목소리와 의아한 표정으로 춘성에게 말하였다.

"스님! 아직은 망령들 나이도 아니신데 어떻게 된 일이세요?"

절 안으로 들어온 춘성은 옷을 챙겨 입고서는 그 전후 사정을 이야기 하였다. 추위에 떨고 입는 중생을 지나칠 수가 없어서, 옷을 다 벗어 주고는 오후 2시부터 날이 어두워 질 때까지 공중변소에 있다가 온 경위를 알려 주었다. 그리고서는 계면쩍은 얼굴로 밥이나 챙겨 오라고 하였다. 이런 말을 들은 비구니 스님은 미안해서 사죄의 마음으로 말을 하였다.

"아이구 스님! 저는 그런 줄도 모르고 망령이 드셨나 해서 핀잔을 드렸네요. 잘못했어요, 용서해 주세요."

비구니 스님은 자신의 지나친 처사를 반성하고, 춘성에게 따뜻한 밥과 국을 대접하였다. 그날 밤, 비구니 스님은 춘성이 입을 옷을 지어서, 다음날 아침에 갖다 드렸다. 춘성은 비구니가 가져온 옷을 입으면서 중얼거렸다.

"어떻게 이 추운 겨울을 지낼는지……."

이렇게 춘성은 가난한 이웃들의 고단한 삶을 보듬어 주었다.

## 죽었다 살아나는 것은

춘성이 기차를 타고 부산으로 가고 있었다.

지금도 그런 일이 있지만, 예전에도 차를 타고 가면 기독교 전도사들이 예수를 믿으라면서 목소리를 높이곤 하였다. 춘성이 탄 기차에도 교회 전도사가 나와서 열심히 전도를 하였다. 그래서 이 사람, 저 사람 앞을 지나면서 주 예수님, 하나님을 믿으라고 소리를 쳤다. 그리고는 춘성에게 와서도 예수를 믿으라는 무례를 범하였다.

"주님은 부활하셨습니다. 우리 주 예수님을 믿으시오!"

춘성은 처음에는 눈을 감고 조용히 듣기만 하였다. 그러나 전도사가 두세 번 같은 말을 반복하자 다음과 같이 응대하였다.

"뭐? 죽었다 살아난다고? 나는 여태까지 죽었다 살아난 건 내 자지밖에 못 봤어."

춘성의 이 말을 들은 기차 안의 승객들은 박장대소하였고, 그 전도사는 얼굴이 빨개져 소리 없이 사라졌다.

이런 이야기는 춘성이 서울 불광동 녹번리에 있는 어느 절에 갔다가 시내로 돌아오는 버스에서 일어난 일과 흡사하다.

춘성이 버스를 타고 오는데, 선교를 한다는 개신교 광신자가 판자에 '예수를 믿으시오'라는 글을 써 붙이고는 버스에 올라 탔다. 버스에 탄 그는 판자를 들고, 춘성의 앞에서 고래 고래 소리를 지르면서 말하였다.

"죽었다 다시 살아난 예수를 믿으시오! 예수를 믿으면 천당에 갑니다!"

그러자 춘성은 느닷없이 버럭 소리를 질렀다.

"무엇이 죽었다가 다시 살아난다고? 에이끼 놈!
죽었다 살아나는 것은 내 바지가랭이에 있는 좆밖에 없어. 이놈아!"

버스에 타고 있던 승객들은 춘성의 말을 듣자마자, 순식간에 배꼽을 잡고 터져 나오는 웃음을 감추지 않았다.

그 광신도는 순식간에 당한 일이라 어찌할 줄을 모르며 버스에서 내렸다. 춘성은 이렇게 욕을 잘하였다. 그런데 이상한 것은 욕을 먹은 사람들이 춘성에게 항의하지 않았다는 것이다.

# 목사를 아들로 둔 사연

춘성은 서울 시내를 나가거나 지방을 갈 때면 간혹 양복을 입고 다녔다. 키가 크고 체격이 좋았기에 양복을 걸쳐 입으면 흐루시쵸프 같다는 말을 들었다. 흐루시쵸프는 소련의 공산당 서기장을 하였던 인물이다.

1950년대 중반의 어느 날, 춘성은 양복을 입고 중절모를 쓰고 부산에 가기 위해 기차를 탔다. 가다 보니, 앞 자리에 목사가 앉아 있어서 같이 가게 되었다. 기차가 떠난 지 한참이 지나니깐 그 목사는 주위 사람들에게 설교를 하기 시작했다. 듣는 사람들이 불교신자여서 그런지는 알 수 없지만 목사는 불교를 욕하기 시작했다.

"중놈들은 깊은 산속에 들어 앉아서 애꿎은 밥만 축내는 놈들이다."

이렇게 할 말, 안 할 말을 가리지 않고 별별 소리를 다 하였다. 그래도 춘성은 아무 말도 하지 않았다. 목사는 내릴 때가 다가왔는지, 주섬주섬 내릴 준비를 하였다. 그러자 춘성은 그 목사에게 물었다.

"거어, 목사님 나이가 어떻게 되시오!"
"전쟁 통에 태어났습니다. 그런데 그건 왜 묻습니까?"
"내가 도봉산 망월사의 주지인데, 전쟁 때 피난 가다가 여자를 하나 건드렸는데 네가 바로 내 아들이로구나!"

이런 말을 듣게 된 목사는 아무 말을 하지 못했다. 그 직후에는 기차의 기적 소리만 들렸다.

한용운이 말년에 머물던 심우장(서울, 성북구). 춘성은 한용운이 입적(1944. 6. 29)하자, 장례를 치루었다.

## 호남선 완행열차에서

예전에는 큰스님들도 완행열차를 탔다. 아마 지금은 큰스님들이 열차를 타는 일이 흔치 않을 것이다. 1960년대 후반 춘성 스님은 서울에서 전라도 영산포로 가는 완행열차에 몸을 실었다. 해남에 있는 대흥사의 양청우 스님을 만나러 가기 위함이다. 동행한 스님은 종정을 역임한 고암 스님과 강백으로 명망이 높은 탄허 스님이었다.

야간열차를 탔으니 얼마나 피곤하였겠는가. 밤이 되니 더욱 더 피곤했다. 그렇게 세 스님은 열차소리를 들으며 잠을 청하였다. 얼마간 잠이 들 무렵, 하나님을 알리는 전도사가 기차에 올라왔다. 젊은 전도사는 하나님의 말씀을 열심히 기차 안에 있는 사람들에게 전하였다. 하나님이 부활하셨으니 예수님을 믿으라는 것이었다. 그러자 춘성 스님은 눈을 비시시 뜨면서 전도사에게 말했다.

야, 씨부랄 놈아, 뭐 예수가 부활을 해. 부활하는 것은 내 좆이나, 네 좆밖에 없어. 아침에 죽었다가, 밤중에 살아나는 것은 좆밖에 없는데, 잠도 못자게 하고 지랄이야 썩 꺼지지 못해!!

이렇게 큰소리를 내자, 전도사는 소리없이 사라졌다. 춘성 스님은 통성, 즉 목소리가 무지하게 컸다. 그러자 옆에 있던 고암 스님이 "아니 젊잖은 스님이 어디 그런 독설을 퍼부어요?"라고 하였다. 그러나 탄허 스님은 싱긋이 웃고 말았다. 이 일화는 탄허 스님을 20년간 시봉했던 우담거사가 필자에게 전해준 생생한 실화이다.

## 무임승차한 사연

춘성 스님이 거지에게 옷을 벗어 준 사연은 많이 있다. 한번은 춘성 스님이 부산을 가기 위해 서울역에 나갔는데 거지들이 많았다. 그래서 춘성은 입고 있던 겉옷을 벗어 거지에게 주고, 주머니에 있던 돈까지 다 털어 주었다.

그래서 부산에 가기가 난감해진 스님은 인근 비구니 절인 팔정사에 연락하여 옷을 급히 가져 오게 하고는 역전 앞의 화장실에 가서 기다렸다. 얼마 후, 비구니가 가져 온 옷을 입고 서울역의 기차 타는 곳으로 향했다. 춘성은 표를 살 돈이 없어 그냥 열차에 오르려고 하였다. 그러자 기차 역 승무원은 표가 없으니 탈 수 없다고 막아섰다. 이윽고 춘성은 말했다.

"제기랄 여보, 승무원. 이 기차는 내가 타도 가고, 내가 안 타도 간다. 그러니 나는 차표는 없지만 공짜로 타고 가야겠어. 내 표의 값은 이미 냈어. 내가 역 앞에 있는 거지에게 이미 적선했거든. 그런 줄 알아, 나는 간다."

이렇게 춘성 스님은 공짜로 부산까지 갔다. 그러나 춘성 스님이 몇 번이나 무임 승차를 했는지 알지 못한다.

만해제자 · 무애도인

# 누구냐, 나는 중대장이다

지금은 통행금지라는 말이 없다. 그러나 1960년대, 1970년대에는 밤 12시가 되면 사람들의 통행을 금지하였다. 통행금지를 알리는 싸이렌이 울리면 빠른 걸음으로 집으로 향하거나 인근 여관으로 가기도 하였다. 밤 12시가 넘으면 경찰이나 방범대원의 호각소리를 거리와 골목에서 빈번하게 들을 수 있었다.

어느 날 춘성이 통금 시간이 넘어서 밤길을 가고 있었는데 방범 순찰을 하던 순경이 춘성에게 물었다.

"누구요?"

춘성이 어둠 속에서 즉각 답을 하였다.

"중대장이다!"

그 소리를 들은 순경은 목소리는 노인 목소리인데, 중대장이라고 하니 의

아해서 들고 있던 플래시로 춘성을 비추었다.

"아니? 스님 아니시오!"
"그래, 내가 중의 대장이지! 맞지?"

이 말을 들은 순경은 웃음을 참지 못하고 그 자리를 떠났다. 순경이 춘성에게 밤길을 조심해서 가시라는 인사를 하였음은 물론이다.

만해제자 · 무애도인

# 김구 선생의 장례식에서 염불을 하다

한용운의 제자인 김용담. 김구 선생의 남북 협상(1948) 때에 평양에 함께 갔다.

춘성 스님의 염불은 유명하였다. 스님의 염불은 흔히 들을 수 있는 것이 아니었다. 스님의 염불에는 인간의 혼이 깃들어 있었다. 그 목소리는 산천을 울릴 정도이었기 때문에, 간혹 사람들은 그 소리를 호랑이 소리로 착각하였다. 이를테면, 배에 힘을 주고 젖 먹던 힘을 다해 소리지르는 것과 흡사하였다. 요컨대 보통 스님들의 염불과는 질적으로 달랐다. 그래서 춘성 스님의 상좌들은 스님의 염불을 녹음하지 못한 것을 엄청 후회하고 있다.

춘성 스님은 백범 김구 선생의 장례식장에서 염불을 하였다고 한다. 김구 선생은 안두희의 총탄에 맞아 1949년 6월 26일에 서거하였고 그의 서거는 당시 국민들을 비통에 빠지게 하였다. 김구 선생은 독립운동을 전개하기 위해 중국 상해로 떠나기 전, 국내에서 승려생활을 하였다. 충남 마곡사에서 원종이라는 이름으로 스님 노릇을 1년간 하였다. 김구 선생이 23세 때인 1898년이었다.

　김구는 의병으로 일제와 싸우다가 일본인의 손에 의해 명성황후가 시해 당하자, 그 복수의 일환으로 안악에서 일본인 장교를 낭떠러지로 던져버렸다. 일본장교는 김구 선생에게 죽임을 당하였고 김구는 살인죄로 체포되었으나, 고종 황제의 특사로 형집행 정지 상태이었다. 그러다가 김구는 인천교도소에서 수감중 탈옥하여 지방으로 도망다니다가 마곡사에서 은신을 할 겸 승려가 되었다. 그렇게 김구는 불교와의 인연이 적지 않아서 8·15해방 이후 귀국하여 마곡사를 비롯한 여러 사찰을 찾았다. 그런 연고로 불교계의 활동에 자주 초청을 받았고, 스님들과 교류를 하였다. 특히 독립운동을 하였던 스님들과의 교류는 적지 않은 것으로 알려지고 있다.

임시정부 주석을 지낸 백범 김구가 마곡사를 방문하고, 기념 촬영한 모습(1946). 김구는 마곡사에서 승려 생활을 하였다.

김구 선생이 중국에서 귀국한(1945. 11. 23) 직후이던 그해 12월 12일 서울 종로 3가의 대각사를 찾은 것은 대표적인 일이었다. 대각사는 3·1운동 당시 불교계 대표로 민족대표 33인의 일원이었던 백용성 스님이 창건하고, 그곳을 거점으로 독립운동, 불교 개혁, 역경불교를 수행하던 거점이었다. 백용성은 상해 임시정부에 군자금을 보내는 등 다양한 독립운동을 하였다. 승려 독립운동가로 만해 한용운이 유명하지만, 백용성 스님 또한 한용운에 못지 않는 독립운동가이다. 백용성은 한용운보다 열다섯 살이 더 많은 선생격이었다. 그래서 선학원(인사동)에 머물던 한용운이 대각사(종로 3가, 봉익동)의 백용성에게 세배를 갔다는 기록도 있다. 한용운이 투쟁적이고 지사적인 스님이었다면 백용성은 후덕한 도인의 풍모를 지닌 스님이었다.

해방 직후, 대각사를 찾은 김구는 법당을 찾아 예를 갖추고, 1940년에 입적한 백용성 스님의 영전에도 인사를 하였다. 그러면서 용성 스님의 크고 깊은 뜻을 잊지 말아야 한다고 말했다. 당시 임시정부 요인 30여 명이 동행하였는데, 김구 선생을 비롯한 일행은 대각사 스님(동헌, 동암, 회암 등)이 제공한 음식 공양을 받았다. 음식을 먹으면서 김구 선생은 용성 스님이 군자금을 만주 용정의 포교당과 함양의 화과원 농장을 통하여 비밀리에 보내준 일을 회고하였다고 전한다. 김구 선생이 대각사를 방문한 그날의 장면을 담은 한 장의 사진이 남아 있는데 이 사진은 역사의 뒤안길을 웅변으로 전하고 있다.

이렇게 불교와 많은 연고를 갖고 있던 백범이 서거하자, 대각사의 모임에도 참석하였으며 젊은 시절 독립운동에 가담하였던 동암 스님의 충격은 이루 말할 수 없었다. 동암 스님은 김구의 장례를 주관하던 측과 상의하여 국민장으로 치러진 영결식 당시 한용운의 상좌인 춘성 스님이 맨 앞에서 목탁을 치도록 교섭하였다. 그렇게 해서 춘성 스님은 김구 선생의 장례 행렬을 이끌었다고 한다. 이 같은 증언은 동암 스님의 상좌인 해안 스님의 회고에서 나온 것이다. 수많은 국민들이 지켜보던 영결식이 있던 그날, 서울 시내 거리에서 김구 선생의 장례를 이끌던 춘성 스님의 염불 소리는 어떠 하였는지 자못 궁금하다. 춘성 스님은 산중에서 염불을 하던 때는 경허 스님의 참선곡을 많이 하였다고 한다. "도시 몽중(夢中)이로다"로 시작되는 염불이었다.

  필자는 김구 선생의 영결식 당시, 염불을 하면서 장례 행렬을 이끌던 장면의 사진을 구하지 못하였다. 그래서 이 사실을 쓰는 것이 마음에 몹시 걸렸다. 그래서 대각사의 그 모임에 참석했던 스님인 이동헌의 법 제자이면서 60여 년을 백용성 스님의 유훈 실현에 헌신한 임도문 스님(장수, 죽림정사 조실)에게 이 전후 사정을 어떻게 생각하느냐고 질문하였더니 그것은 가능한 일이라고 단언하였다. 도문 스님은 동암 스님과 춘성 스님을 대각사에서 자주 만났기에 두 스님의 체질과 성격을 잘 아는 처지였기 때문에 도문 스님의 견해는 주목할 내용이었다. 도문 스님은 춘성 스님이 독립운동가인 한용운의 상좌이었고, 동암 스님은 외교적이어서 충분히 있을만한 일이라고 회고하였다.

김구 선생이 임시정부 요인들과 함께 대각사를 찾은 장면(1945. 12. 12).

## 육영수 여사와의 인연

　박정희 대통령의 영부인 육영수 여사는 불교 신자였다. 대통령을 내조하면서 박정희가 불교에 관심을 많이 갖도록 일조를 하였다. 그리고 그 자신도 인연 있는 사찰에 가서 불공을 드리기도 하고 기도를 열심히 하였다.
　춘성이 강화도 보문사 주지로 있을 때의 일이다. 지금은 교통이 좋아 보문사 에 가는 일이 별 어려움이 없지만, 예전에는 보문사 가는 것이 예사로운 일이 아니었다. 그 오지의 보문사에 육영수가 와서 춘성에게 인사를 하니, 춘성은 육영수에게 뽀뽀나 한번 하자고 하였다. 육영수는 아무 내색도 하지 않고, 절을 나오면서 얼마간의 돈을 내 놓고 나왔다. 육영수는 집에 돌아와서 자신이 겪은 일을 박정희에게 이야기하였더니, 박정희는 "불교계에도 사람이 있었던가?"라고 하였다.
　그후 박정희가 대통령에 당선되어 청와대로 들어가게 되었다. 육영수는 보문사에서 겪은 춘성이 생각이 났는지, 아니면 누가 큰스님인가를 주변에 물어서 그랬는지는 알 수 없지만, 청와대에서 열린 자신의 생일 잔치에 춘성을 초청하였다. 그 초청은 좋은 법문을 해달라는 뜻이었.
　춘성이 청와대에 들어갔더니 그 당시 힘 깨나 쓰는 고관대작과 부인네들,

얼굴이 번지르한 국회의원 등이 법석을 떨고 있었다. 이런 저런 식순이 지나서 춘성이 설법을 할 차례가 되었다. 법상에 오른 춘성은 한참 동안, 아무 말도 하지 않았다. 10여 분이 지나자, 사람들의 몸이 비틀어지고 짜증이 나기 시작할 즈음에 춘성은 주장자로 법상을 쿵! 한번 치며 말했다.

춘성 스님과 인연이 돈독한 육영수 여사와 박정희 대통령.

"오늘은 육영수 보살이 지 에미 뱃속에 들었다가, '응아' 하고 보지에서 나온 날이다."

이 말을 들은 청와대 잔디밭의 대중들은 놀라서 서로의 얼굴만 바라 보고 어쩔 줄을 몰랐다. 그 뒤로는 청와대에서 춘성을 찾지 않았다. 춘성은 청와대에서의 법문을 박대륜이 초청한 법륜사 법회와 청담의 생일 조계사 법회에서도 똑같이 하였다. 이렇게 춘성은 원색적인 욕을 잘하여 욕쟁이 스님으로 유명하였다. 그러나 무심도인이었던 강석주는 춘성의 욕은 단순한 욕이 아니었다고 하였다.

"춘성 스님은 욕을 잘하기로 일등이었지요. 참, 욕 한번 걸판지게 잘했지요. 그런데, 그 스님의 욕은 더러 욕이 아니라 법문 같았어요."

춘성의 욕은 법문이었고, 선지가 번뜩이던 활구였다.

# 속 좁은 딸의 푸념

　　춘성을 따르던 보살이 있었다. 중년의 그 보살은 남대문에서 옷 장사를 하였는데, 남편도 없이 키워온 딸 하나가 있었다. 그 딸을 너무 곱게 키워서 그랬던지 마음 씀씀이가 밴댕이 속같이 좁아서 보살은 걱정이 많이 되었다. 그래서 보살은 딸이 마음을 넓게 쓰도록 하려고, 하루는 춘성의 처소에 보내 법문을 듣도록 하였다. 춘성은 자기 방으로 찾아 온 딸에게 이런 이야기, 저런 이야기를 하던 도중에 그 딸에게 주먹을 불끈 들어 올리며 말을 하였다.

　　"이것이 너에게 들어 갈 수 있겠느냐."

　　춘성의 그 말을 들은 딸은 얼굴이 벌개지면서, 고개를 들지 못하고 무안한 낯으로 울며 방을 뛰쳐나왔다. 집에 돌아온 딸은 보살에게 춘성의 법문 내용을 사실대로 말하였다.

　　"스님은 엉터리예요."

이렇게 딸은 자신의 어머니인 보살에게 푸념을 하였다. 그러자 보살은 자기 딸의 좁은 소견을 탓하였다.

"아이구 이것아! 네가 그래서 소견이 좁지. 큰스님 법문이 네 쪼그만 소견머리 속에 어찌 들어가겠어?"

딸은 그제서야 울음을 그치고 자신이 춘성의 소중한 법문을 잘못 알아 차린 줄을 알게 되었다. 중생들의 착각은 한이 없다. 인간의 본래 자리를 일깨워 주었던 춘성의 자비는 끝이 없었다.

망월사 조실, 춘성의 탐방 기사(『불교신문』 1976. 7. 11).

## 춘성의 팬, 노보살

춘성을 따르던 신도들이 많았다.

그 중에는 여인네들도 제법 있었다. 상궁 출신도 있었고, 평범한 노보살도 있었다. 그들은 춘성을 지극정성으로 신(信)하면서 신앙 생활을 열심히 하였다. 그 보살들은 춘성이 망월사를 재건할 때에 많은 화주를 하였다. 그 중에서 재산이 많았던 어떤 보살은 자신의 며느리가 마음에 안 들어, 혹시 당신이 죽은 다음에 집안 재산을 며느리 집안으로 빼돌릴까봐 염려한 사람도 있었다. 그래서 그 보살은 자신의 재산인 땅의 문서를 춘성에게 맡기었다. 자신이 죽고 난 이후, 자신의 손주가 크면 돌려 달라는 부탁을 하면서 말이다.

춘성은 많은 땅의 문서를 갖고 있었다. 그런데 그 보살들이 죽으면서 일어 벌어지게 되었다. 보살의 며느리들은 그것을 잘 이해하지 못한 경우도 있었다. 그래서 춘성은 여러 번 고발당하기도 하였다. 그렇게 시비를 하고 나서, 그 보살들의 가족들이 찾아오면 춘성은 자초지종을 다 이야기 하였다.

"내가 땅문서를 훔친 것이 아니다. 너희 집의 돌아가신 보살이 나에게 손주가 크면 주라고 하면서 맡겨 놓은 것이다.

봐라! 여기 있다. 네 시어머니가 맡겨 놓은 채로 손 하나 까딱 안했으니 도로 가져가라."

그렇게 시비가 된 땅이 전국의 여기저기에 많았다고 한다. 춘성이 입적한 이후에 상좌들은 그 대상이 되었던 땅을 찾아가 보기도 하였다.

춘성이 입적을 하여 화계사에서 영결식을 할 때의 일이다. 어떤 노보살이 춘성의 관을 잡고 하염없이 울고 있었다. 그냥 우는 것이 아니라 춘성의 관을 두드리고 대성통곡을 하였다. 그 보살은 보덕화라고 불리던 보살이었는데 상궁 출신이었다. 춘성이 살아생전에도 그 보살의 축원은 당신이 직접 해 주었던 보살이었다. 상궁 출신이었기 때문에 아들을 양자로 들였는데, 아들은 자신의 어머니가 대성통곡을 하면서 울고 있는 장면을 넋을 잃고 바라보고만 있었다. 우리 어머니가 왜 저러시나 하는 표정을 짓고서.

만해제자 · 무애도인

# 시어머니와 며느리에게 주는 법문

춘성은 서울에 오면 조계사 대웅전에서 잠을 잤다. 그럴 때면 법당의 기둥에 등을 대고 앉아서 쉬곤 하였다. 그러던 어느 날 저녁, 60살을 조금 넘은 부인이 춘성을 찾아와서 큰절을 하고는 말을 하였다.

"스님이 도인이라고 해서 왔습니다. 묻고 싶은 것이 있는데 물어도 괜찮습니까?"

"내가 도인이라고? 물을 것이 있으면 점쟁이를 찾아가야지, 도인이 무엇을 안다고 도인에게 묻겠다는 것인가? 도인은 워낙 할 말이 없는 법이야."

그래도 찾아온 부인은 자꾸 춘성에게 묻고 싶다고 해서, 춘성은 "내 말은 저녁 찬거리도 안 돼, 그래도 듣고 싶으면 물어 봐."라고 하였다.

그 부인이 털어 놓은 이야기는 고부사이의 갈등이었다. 부인은 청상과부였는데, 외아들을 잘 키워 장가를 들인지가 1년이 다 되었는데 며느리가 미워 죽겠다는 내용이었다. 아무리 며느리를 예쁘게 보려고 하여도, 그러면 그럴수록 며느리의 미운 점만 생각이 나서 마음이 편치 않다는 것이다. 그리고 며느리는 며느리대로 시어머니의 간섭을 마땅치 않게 여기니 서로 마주치면 좋지 않은 소리가 나온다는 것이다. 그래서 아들과 떨어져 살 생각도 해 보았으나 그럴 형편도 못 되고 해서 고민을 하다가 찾아온 것이다. 그러니 어떻게 하면 좋으냐고 춘성에게 물었다. 그러자 춘성은 그 부인의 얼굴 가까이 가서 조용히 말을 하였다.

"며느리가 밉다는 생각을 버리면 되네."

이 말을 들은 부인은 "어떻게 해야 밉다는 생각을 버릴 수 있습니까?" 하고 되물었다. 그러자 춘성은 답답하다는 듯 "쯧쯧" 혀를 차고서, "선방깨나 다닌 모양인데 헛 다녔구만." 하면서 이번에는 법당 안의 사람들 모두가 알아들을 수 있는 큰소리로 말을 하였다.

"며느리가 밉다, 시어머니가 밉다고 사람들은 흔히 말하지만, 며느리가 미운 것도 아니고, 시어머니가 미운 것도 아니야. 며느리가 언제 미운 짓을 했고, 시어머니가 언제 며느리를 구박했다고 하는 기억이 미운 것이야."

그 뒤로 얼마 지나서 그 부인이 이번에는 며느리와 함께 춘성을 찾아 와서 하는 말이, 집에 돌아가서 며느리에게 춘성에게 들은 말을 전하고, 지난 일은 잊어 버리고 앞으로는 섭섭한 일이 있으면 그 자리에서 잊기로 약속을 하였다고 한다. 그랬더니 마음이 한결 편안해졌다는 말을 춘성에게 하였다.

그러자 춘성은 시어니와 며느리 두 여인에게『반야심경』을 평소에도 자주 독송 하라고 권유하면서 다음과 같은 말을 하였다.

"『반야심경』에 불생불멸(不生不滅), 불구부정(不垢不淨), 부증불감(不增不減)이라는 말은 사람의 마음과 똑같은 것이야."
"봐라!
사람의 마음이란 것은 생기지도 않고, 없어지지도 않으며, 때가 묻지도 않고, 깨끗하지도 않으며, 불어나지도 않고, 줄어들지도 않는 것이지. 거울에 꽃이 비치면 그 거울 속에 꽃이 있는 것으로 보이지만, 실제로는 거울 속에는 꽃이 없어. 그러니 꽃이 생긴 것이 아니며, 거울에 비친 꽃이 없어졌다고 해서 꽃이 사라진 것도 아니란 말이야.
거울 속에는 생긴 것도 없고, 사라진 것도 없는 것과 같이 마음도 이와 같다는 것을 알아야 돼.
그와 같이 사람의 마음에 며느리를 미워하고, 시어머니를 미워하는 생각이 비추었다, 사라졌다 할 뿐이지.
그러니 그 마음에는 변함이 없어. 그러나 미워해야 할 일은 잊어버리면 그만이지.
거울에 똥이 비쳤다고 해서 거울이 더러워지면, 아름다운 꽃이 비쳤다고 해서 거울이 깨끗해지겠어? 거울은 더러워지지도, 깨끗해지지도 않아. 그것이 불구부정이다는 것을 알아 돼.
거울에 무거운 것이 비쳤다고 해서 거울이 무거워지고, 무거운 것을 비추지 않는다고 해서 거울이 가벼워지는가? 거울은 무거워지지도 않고 가벼워지지도 않아.
이것이 부증불감이야.
사람의 마음도 그와 같아서 미워할 일을 비추지 않으면 미워하지 않게 되는 게야."

춘성은 평소에는 이렇게 말을 길게 하는 법이 별로 없었는데, 이날만은 『반야심경』을 예를 들어 마음법문을 간곡하게 하였다.

그런 일이 있은 지, 얼마 되지 않아서 이번에는 노보살이 춘성을 찾아왔다. 조계사 법당으로 찾아 온 보살은 기독교를 믿는 며느리 이야기의 보따리를 풀어 놓았다. 며느리가 제사도 지내려 하지 않고, 보살이 절에 가는 것도 마귀 대하듯이 싫어한다는 것이었다. 그말을 들은 춘성은 보살에게 며느리와 함께 교회를 나가라고 하였다. 영문을 몰라 어리둥절 하는 보살에게 춘성은 자신의 말뜻을 자세히 일러 주었다.

"한 달쯤 열심히 며느리를 따라서 교회에 다닌 다음, 며느리에게 절에 가자고 권해. 시어머니가 며느리를 따라서 교회에 다녔으니, 이번에는 며느리가 시어머니를 따라서 절에 가는 것이 공평한 것이 아닌가?"

이렇게 춘성이 말을 하자, 보살은 "며느리를 따라서 교회에 가는 것은 어렵지 않지만 며느리를 데리고 절에 가기는 쉽지 않을 것 같습니다. 전에도 여러 번 절에 가자고 권해 보았으나 막무가내였어요. 설사 절에 데리고 가서는 며느리에게 무엇을 하라고 합니까?"라고 하였다. 그렇게 말하는 노보살의 목소리에는 힘이 없었다. 그러자 춘성은 그 보살에게 단호하게 말하였다.

"무엇을 하기는, 참선을 시켜야지.
며느리에게 '내가 누군가' 하는 생각을 하라고 해.
이것이 화두야."

춘성에게 이런 말을 들은 보살은 춘성이 시키는대로 며느리를 따라 교회를 다녔다. 며느리는 처음에 시어머니가 자진해서 교회에 가겠다고 따라 나섰을 때에는, 시어머니의 생각이 갑자기 왜 바뀌었나를 의심하였다. 그러나 교회에 가는 것이 고마워서 그 이유는 캐묻지 않았다. 그렇게 아무 말 없이 한 달 가량을 교회에 나가던 시어머니가 하루는 절에 함께 가자고 하였다. 그러자 며느리는 속으로 당황스럽고, 이런 속셈으로 교회에 나갔다고 생각하니 시어머니가 밉고, 배신감까지 느껴서 화가 치밀었다. 그러나 시어머니가 교회를 한 달간이나 다닌 것을 생각하니, 자신도 한 달 정도는 절에 나가주는 것이 도리인 것 같아 시어머니 보살을 따라 조계사로 오게 되었다.

시어머니와 며느리가 함께 춘성을 찾아 왔다. 이 때 춘성은 그 며느리에게 오직 다음과 같은 말을 하였다.

"절에 가지 않아도 좋으니 내가 누구인가를 항상 생각해. 머지 않아서 그 대도 며느리를 맞아 시어머니가 되었을 때의 나를 생각해야 돼."

춘성에게서 이 말을 들은 며느리는 순간적으로 앉은 자리가 꺼지는 것 같은 현기증이 일어났다. 뒷통수를 한 대 맞은 것과 같이, 정신이 어벙벙한 상태였다. 그 직후 며느리는 자신이 종교가 다르다고 해서 시어머니 대하기를 마귀 대하듯이 하였던 자신의 잘못을 뼈저리게 반성하였다. 그리고는 내가 누구인가를 늘 생각하면서, 자신을 뒤돌아보고, 미래의 자신도 생각하였다고 한다. 그후로는 시어머니와 며느리가 조계사에 있는 춘성을 같이 찾아와서 많은 이야기를 하였다. 이후 그들은 춘성을 따르는 독실한 불자가 되었다.

## 문을 잠글까요

춘성은 생전에 서랍이든, 문이든 잠그지 않고 지냈다. 그것이 걱정이 되었던 상좌 하나가 춘성에게 물었다.

"스님, 그래도 잠궈야죠."
"야! 이놈아 내가 애비, 에미 다 버리고 절에 들어와서 중이 되었는데, 무엇이 그리 중요한 게 있다고 잠그냐."

이렇게 춘성은 방문이고, 서랍의 문을 잠그지 않고 살았다. 그리고 항상 대중들하고 큰방에서 같이 수행하며 지냈다. 독방과 뒷방 같은 곳에는 절대 머물지 않았다. 춘성은 대중들에게 감출 것도 없었기에 생활 자체를 공개적으로, 투명하게 보이면서 살았다. 그래서 춘성은 평생을 옷 한 벌, 바리때 하나만으로 살다간 무소유의 실천자였다.

만해제자 · 무애도인

## 너는 내 제자가 아니다

　춘성은 단벌 신사로 유명하다. 새 옷이 생기면 남을 줘 버리거나, 아니면 새로 생긴 옷을 입고 헌옷은 불태워 버렸다. 그런데 이렇게 된 연유는 출가 은사인 한용운에게 큰 야단을 맞은 것과 밀접한 연관이 있었다.
　한용운이 3·1운동 민족대표로 독립운동을 하다 일본 경찰에 잡혀 서대문 형무소에 가 3년을 갇혀 있었다. 겨울을 나던 어느 날 춘성은 추위에 고생하는 한용운을 위해 두툼한 바지저고리 한 벌을 지어서 면회를 갔다. 그 당시는 내복도 없던 시절이라 형무소 마룻바닥에서 엄동설한을 지내고 있는 은사를 생각하여 춘성이 만들어 간 것이었다. 춘성이 만들어 온 솜바지 저고리를 받은 한용운은 고개를 갸우뚱하면서 춘성에게 물었다.

　"이것 보아라. 너, 이 솜바지 저고리 어디서 났느냐? 이것을 만들려면 돈이 조금 들었을 터인데, 어떻게 된 것이냐?"
　"스님, 그런 건 염려마시고 따뜻하게 입기나 하세요."
　"무슨 돈으로 만들었냐고 물었다. 묻는 말에 답이나 해라."
　"사실은…… 달리 돈을 마련할 수 없어서 절에 딸린 조그만 텃밭을 팔았습니다. 그렇게 만든 돈으로 만들어온 것입니다."

"네 이놈! 절에 딸린 텃밭을 팔아, 그것이 부처님 재산인데, 그걸 네가 함부로 팔어."

"아이구 스님, 텃밭은 나중에 다시 사면 될 것 아니겠습니까?"

"안 돼! 너는 부처님의 재산인 사중의 땅을 사사롭게 쓰기 위해서 판 것이야. 그것이 아무리 작은 것이라도 함부로 팔어

버렸으니 큰 죄를 지은 것이다. 나는 너 같은 상좌를 두지 않은 것으로 하겠다. 그러니 오늘부터 내 제자라는 소리는 하지 마라! 그리고 이 저고리는 당장 도로 가져가!"

"아이구, 스님 제가 잘못했어요. 다시는 그러지 않을 터이니 용서해 주세요, 네 스님!"

춘성이 신흥사 주지 선거에 나갔음을 보도한 기사. 『불교』 42호, (1928. 1). 이창림이 춘성의 속명이다

이 일이 있고 나서부터 춘성은 절 재산 관리에 만전을 기하였고, 절대로 옷 욕심을 내지 않았다. 춘성의 무소유 실천의 뒤에는 이처럼 한용운의 가르침이 있었다. 그래서 명관 밑에 약졸 없다는 말이 실감이 난다.

만해제자 · 무애도인

# 100억 원을 내놓아라

　춘성이 오랫동안 수행하였던 사찰은 망월사이다. 망월사는 춘성이 근 50여 년간이나 머물렀던 절이다. 그곳에서 춘성은 3·1운동 불교계의 민족대표이면서 근대불교의 선지식으로 유명한 백용성의 회상에서 수행을 하였다. 춘성은 망월사를 꿈에도 잊을 수 없어 6·25로 파괴된 망월사를 복구하고, 선방을 만들어 수좌들이 공부할 수 있는 도량으로 만들었다. 하여간에 춘성하면 최우선으로 떠올리는 절이 망월사이다.
　망월사는 도봉산의 높은 위치에 있기에 그곳에 가려면 고생을 적지 않게 해야만 된다. 망월사의 위쪽에는 미군 부대가 있었다. 그리고 망월사는 도봉산을 오르는 길목에 있었기에 사람들이 노는 것을 지켜보기를 좋아해서 자주 절 안으로 들어오도록 권유했다. 그러면 춘성은 아이와 같은 천진한 모습으로 사람들이 노는 장면을 물끄러미 바라 보았다. 다시 말하면 춘성은 사람들이 자유스럽게 놀도록 만들어 주었다.
　미군 부대가 망월사 위쪽에 있으니 간혹 늦은 밤이 되면 미군 부대에 근무하는 미군들이 밤이 늦었다는 핑계로 망월사에서 하루 자고 가기를 요청하였다. 보통 승려들이면 그런 요청을 잘 들어주지 않을 터인데, 춘성은 그 요청을 기꺼이 들어 주었다. 그런데 간혹은 미군들이 양색시까지 데리고 와서 하루 유숙하기를 부탁하였다. 옷차림도 엉망진창으로 하고서는 말이다. 그래도 춘성은 그런 미군을 모두 받아서 절에서 자고 갈 수 있도록 하였다. 보통 사람들의 생각으로는 양색시를 끼고 와서 절에서 잔다는 그것만으로도 불결하다고, 혹은 건전치 못하다고 단호히 거절하였을 것이다. 그렇지만 춘성은 그들을 평범한 중생으로 보고, 미국 사람으로 보지 않고, 불결하다는 선입견을 갖지 않고, 안 된다는 고정관념을 갖지 않고 대하였다. 이것은 보통 사람이면 할 수 없는 파격적 행동이다.

이렇게 춘성이 미군들에게 배려를 한다는 소문이 돌자, 자연 미군 부대의 사령관에게까지 보고가 되었던 모양이다. 미군 부대의 사령관은 춘성이 보고 싶고, 사례를 해야 한다고 여겨서 지프를 보내 춘성을 미군 부대 안으로 모셔 오도록 하였다. 춘성을 초청한 미군 사령관은 그간의 춘성의 노고에 감사의 뜻을 표하고, 절에 필요한 재정적 지원을 할 수 있다는 의사 표현을 하였다. 그랬더니 춘성은 그 사령관이 상상할 수 없을 정도의 엄청난 금액을 요구하였다. 아마도 요즘 돈으로는 100억 원에 달한다는 구전이 있다.

그러니 미군 사령관은 기가 막혀 어안이 벙벙하였다. 그래서 미군 사령관은 지원 금액이 너무 많으니 현실적인 관점에서 대폭 인하를 요청하였다. 그러나 춘성은 그 수정 제안을 일언지하에 거절하고 바로 절로 돌아왔다.

만해제자 · 무애도인

# 관음보살을 친견한 이야기

　춘성의 수행은 지독스러웠다. 그렇지만 참선 수행도 그렇고, 염불 기도도 마음에서 우러나오는 자세로 해야 한다고 가르쳤다. 그렇게 가르치면서 자신의 경험을 들려주기도 하였다.
　춘성이 망월사에서 수행을 하던 어느 때였다. 그것이 언제인지는 정확하지는 않지만, 백용성이 도움을 주었다는 것을 보면 일제 강점기의 일이다. 참고로 용성은 1940년에 입적하였다.
　춘성은 망월사에서 14일간을 기도하였다. 깨달으려고 기도를 한 것이다. 그런데 그 기도 기간에 춘성은 일체 먹지를 않았다. 그런데 단식을 하고 기도 수행을 하니 몸이 전혀 따라 주지 않아서 거의 죽을 지경이었다. 춘성은 그 경지를 죽었다, 깨어났다고 표현할 정도였다. 단식을 하고, 기도를 하고, 장좌불와를 하였으니 가히 상상 할만 하다. 거의 죽을 지경인 데도 춘성은 자신과의 약속을 지키기 위해 14일간의 기도를 지속하였다. 더욱이 방에는 군불도 때지 않고서 말이다. 그러니 그것은 기도 수행이 아니고, 죽음을 자처한 것이나 진배없었다.
　처음에는 서서 하다가 몸이 받쳐 주지를 않으니깐, 앉아서 하였다. 앉아서 해도 마찬가지니깐, 이제는 누워서 하였다. 춘성의 지독스러운 수행이었다. 춘성의 심신은 거의 탈진 상태였다. 할 수 없이 비틀거리는 몸으로 일어나서 창고에 있는 나무를 꺼내고 뽀개서 군불을 땔 수밖에 없었다. 그리고는 군불을 땐 방에 들어가 누워서도 기도를 하였다. 그야말로 비몽사몽간의 일이었다. 죽기 일보 직전이었다.

춘성은 누워서, 꿈인지 생시인지도 구분하기 어려운 그 지경이었다. 그때 춘성에게 다가온 관음보살이 있었다. 그 관음보살은 춘성에게 다가오더니 향기로운 금침을 춘성의 배에 놔 주고는 이내 사라졌다. 그 다음날로 춘성은 회복을 해서 예정하였던 14일간의 기도를 무사히 마칠 수 있었다. 이렇게 춘성은 기도하다가 관음보살을 친견하였다.

춘성은 이렇게 자신이 겪은 기도 수행을 수좌들에게 일러 주었다. 그리고 "깨달음은 다른 데에 있는 것이 아니고, 자성관음이니라."고 알려 주었다. 그러면서 그때 맡았던 그 향기를 결코 잊을 수가 없다고 했다. 이렇게 춘성이 죽음을 무릅쓴 용맹정진을 무사히 마치자, 그 이야기를 전해 들은 그 당시 도인이었던 백용성은 춘성에게 한약 한 재를 사 주었다. 예나 지금이나 공부를 열심히 하면 칭찬을 받는 모양이다.

만해제자 · 무애도인

# 종정이 될 뻔 하였던 춘성

춘성 스님과 인연이 많은 석주 스님. 석주 스님은 한 용운을 1920년대 중반 선학원에서 시봉했다.

춘성의 무소유 정신은 유명하였다. 춘성의 무소유는 말로만 하였던 것이 아니라 그것을 실천하였다는 점에서 후인들의 귀감이 된다. 이런 춘성의 성격은 탈속한 도인 그 자체였다.

그래서 춘성을 좋아하는 사람이 많았다. 그 중에는 무심도인, 천진도인으로 불렸던 강석주도 포함된다. 춘성과 석주에게는 공통점이 있었다. 그 점은 두 사람이 도회지인 서울에 오래 살았다는 것이다. 석주는 1960년대 중반 무렵, 인연에 의해 서울 종로구 삼청동에 있는 칠보사에 머물면서 도회지 포교의 최일선에 있었다. 석주는 어린이 포교, 군 포교, 청소년 포교, 문서 포교 등 그의 손길이 필요한 곳이면 가지 않은 곳이 없었다. 그러면서도 종단이 부르면 그 자리에 연연하지 않고 기꺼이 가서는 불교와 종단을 위해 헌신하였다. 그러나 그는 언제나 하심으로 소임을 보았고, 일이 안정되면 미련없이 자리에서 물러났다. 그는 무소유 도인으로 불렸다.

춘성은 1950년 무렵부터 망월사에 살았다. 일제 강점기 때부터 간주하면 그는 무려 50여 년을 망월사에 살았다. 그러나 춘성은 망월사에만 있지 않고 늘상 그는 서울 시내를 오르내렸다. 서울 시내에 오면 대각사에 자주 들렀다. 대각사 인근의 여관과 다방도 그의 주석처였음은 물론이다. 그는 서울 시내에 오던 어떤 날에는 양복을 걸쳐 입기도 하였다.

이렇게 춘성과 석주는 도회지의 도인이었다. 두 사람 모두 서울에서 제일 오랫동안 살았지만 탈속한 도인, 무소유 도인이라는 말을 들으며 친근하게 지냈다. 그런데 1971년 정화운동의 화신인 청담이 입적한 이후로는 조계종단이 심한 내분에 휩싸였다. 그 주된 요인의 하나는 스님들의 좋은 절 차지하기, 혹은 종단 권력을 잡으려는 탐욕이었다. 달리 말하면 명리 추구이었다. 그래서 종정 중심제, 총무원장 중심제라는 말이 등장하고, 큰스님들의 서울 나들이가 본격화되었다.

이런 상황을 지켜보았던 석주는 간혹 조계종단 종정으로 춘성을 추대해야 한다고 거론하였다. 석주가 보기에 춘성은 참다운, 완벽한 무심도인, 무애도인, 무소유 도인이었던 것이다. 석주는 춘성이 종정이 되면 종단 안정과 종단의 청정성이 보장될 수 있다는 생각을 하였을 것이다. 석주는 외양은 부드러웠지만, 보통 깐깐하지 않고, 얼렁뚱땅하지도 않았던 큰스님이었건만 춘성을 무욕, 무심한 고승으로 높이 평가하고, 인정하였다.

그래서 하마터면 춘성은 1970년대 중반에 조계종단의 종정이 될 뻔 하였다. 그러나 춘성은 자신을 종정에 추대하면, 그날로 망월사이든, 아니면 깊은 산의 암자로 줄행랑을 쳤을 것이다.

만해제자 · 무애도인

# 진관사 대웅전 상량식장에서

지금은 반듯한 가람이 되어 있는 서울 은평구 구파발 인근의 진관사. 북한산 입구에 있기 때문에 등산객들의 발길이 많은 절인데, 이 절은 6·25때 유엔군의 폭격으로 칠성각을 비롯한 3동만 남고, 절 전체가 소실되어 사찰로서의 기능을 하지 못할 정도였다. 1963년, 이 절의 주지로 부임한 비구니 진관은 어디에서부터 손을 써야 할지 그저 막막하기만 하였다.

진관은 오대산 지장암에서 출가하였는데, 비구니계의 호랑이라고 불린 김인홍의 상좌이다. 그런데 인홍과 진관은 오대산 도인으로 유명한 방한암을 절대적으로 신하였다. 상원사에 올라가서 한암을 친견하고, 가르침을 받았다. 한암의 가르침은 '승가 5칙'이라는 표현으로 널리 전해 왔다. 승가 5칙은 참선, 간경, 염불, 의식, 가람 수호이다. 가람 수호는 참선과 간경으로 공부를 열심히 하는 것도 좋지만, 그리 하기가 어려우면 대중을 외호하고, 대중들이 수행할 수 있는 공간인 사찰을 수호하는 일에 진력해야 한다는 것이다. 한암의 이런 가르침을 상원사에서 체득했던 진관은 부처님 인연법으로 다가온 진관사의 현실을 말없이 받아들이고 진관사를 재건하기로 마음을 다부지게 먹었다.

진관은 그때부터 근검절약과 하심으로 절을 재건하기 시작했다. 그랬더니 인근의 불교 신도들이 서서히 찾아오고, 신도들은 진관을 믿고 의지하였다. 천막을 치고 입주한 그 다음해인 1964년 봄에는 불에 타버려 없어진 대웅전의 상량식을 할 수 있었다. 진관은 고심을 조금하였다. 상량식을 하는 그날은 어느 큰스님을 모실까에 대해서. 절의 재건을 본격화 하는 상량식의 중요성은 말할 필요조차 없다. 진관은 당시 큰스님들과의 인연이 적지 않아서 마음먹고 요청만 하면 모실 수

진관사를 방문한 큰스님들이 진관 스님(앞줄 좌측)과 함께 한 장면. 지관, 광덕, 일타, 성수, 홍법, 도광 스님 등 청맥회 회원이다. 춘성도 진관사를 자주 방문했다.

있는 큰스님은 제법 있었다. 그런데 그 무렵 망월사에 머물면서 이따금씩 서울 시내로 내려오던 춘성이 머릿속에 떠올랐다. 간혹 시내에서 만나 인사를 하면 당신도 망월사 중창 불사를 추진한다는 말을 들었던 터였다.

춘성은 진관사 대웅전 상량식을 한다는 말을 들었던 터에, 진관 비구니가 법사로 초청하자 아침나절 일찍이 진관사로 왔다. 서울 변두리의 한적한 절이었지만, 절을 재건하려는 진관을 따르는 신도들이 제법 모여 들어 사람이 매우 많았다. 드디어 초청 법사가 법문을 할 차례가 되었다. 그런데 이날 춘

성은 여느 때처럼 양복을 걸쳐 입었다. 모자를 쓰고, 구두까지 신은 상태였다. 그러니깐 도저히 그 차림으로는 불교 행사장의 법상에 오를 수는 없었다. 춘성은 그 절에 있는 비구니의 장삼 저고리를 빌려 입게 되었다. 진관사에서 제일 키큰 비구니의 장삼을 걸쳐 입었지만, 신체가 장대하였던 춘성에게는 종아리에도 못 미쳤다.

이렇게 춘성은 아주 짧은 미니 장삼을 입고서 여러 사람의 시선을 받으면서 법상으로 올라갔다. 법상에 오른 춘성은 몇 분간은 묵언으로 일체 말을 하지 않았다. 그리고 얼마 간의 시간이 지나서 말을 하였다.

"혼수에는 좆이 제일이요, 불사에는 돈이 제일이다!"

이런 놀라운 발언을 한 춘성은 법상에서 내려왔다. 그리고는 상량을 하기로 되어 있는 대들보에다가 5천 원 지폐 한 장을 탁! 걸어놓았다. 그 날 상

진관사 대웅전 상량식장의 모습. 춘성은 이 상량식장에서 힘찬 법문을 하였다.

량식에 참여한 스님과 신도들은 전혀 예상하지도 못한 법문을 듣고서는 무안하기도 하고, 너무 노골적일 정도로 솔직담백한 이야기를 들어서 감히 말을 하지 못하였다. 그것을 어떻게 표현하여 옮길 수가 없었다.

그러나 그날 상량식의 목적을 가장 꿰뚫어 본 법문임은 분명하였다. 행사에 참여한 사람들은 춘성의 법문을 잘 이해하였던지 바로 그 즉시로 엄청나게 불사금을 냈다. 그날 이후로 진관사 중창 불사는 보살들의 수희동참으로 인해 빠른 속도로 진행되었다. 춘성은 자신의 말을 잘 알아들었던 신도들의 정성이 갸륵할 뿐이었다.

그래서 춘성은 진관사를 자주 찾았다. 물론 거기에는 진관사 불사를 진두지휘하면서 춘성을 잘 시봉하였던 진관 스님의 따뜻함도 작용하였을 것이다. 지금도 진관사 입구에 가 보면, 진관사 시적비의 증명법사 명단에 춘성이라는 이름이 당당하게 자리를 차지하고 있다.

# 자비심을 나투어 엿장수를 살리다

근대 고승인 용성의 제자, 화엄사 조실 이동헌의 상좌로 출가하였던 수좌 정도일(현재, 신흥사 종무실장)은 1960년대 후반 망월사로 향하였다. 도반인 문성준과 함께 춘성의 회상인 망월사 선방에 가서 한철 수행을 하기 위해서였다. 정도일은 망월사에 가서 춘성을 찾아뵙고, 공부하러 왔다고 인사를 하였다. 그러니깐, 춘성은 "하나는 어디에서 온 하나인가?"라고 질문하였다. 이렇듯 춘성은 망월사에 오는 수좌들에게 선 법문을 하여 불성을 깨닫도록 하였다.

망월사 선방에서 공부하던 도일은 수행을 하다가, 가끔 저녁이 되면 춘성의 시선을 벗어나 대여섯 명의 수좌들과 함께 도봉산 정상의 미군 부대로 구경을 갔다. 미군 부대에 가서 흑백 텔레비

도일 스님과 성준 스님(우측)이 수행의 여가 중에 찰칵(화계사, 1963).

전에 나오는 영화를 구경하는 것이 유일한 낙이었다.

한편, 그 시절에 서울 사람들은 도봉산으로 토요일과 일요일이면 등산을 무척 많이 왔다. 망월사에는 등산객들이 꽤 많았다. 그러다 보니 자연히 등산객에게 물건을 파는 잡상인들이 들끓었다. 상인들은 토요일이 되면 등산객이 도봉산으로 오르는 길목인 망월사 입구에서 장사를 하였다. 장사꾼들은 토요일 저녁이 되어서 장사하던 물건을 가지고 도봉산을 내려갔다가, 다음날 일요일 아침이면 다시 팔 물건을 갖고 도봉산을 올라 왔다. 그 시절 장사는 엿장수가 가장 유명하였다. 배고픈 시절에는 가장 맛있는 과자가 엿이었기 때문이다.

이런 장사꾼의 모습을 본 춘성은 장사꾼들에게 물건을 가지고 내려갔다가, 다음날 다시 가지고 망월사로 오르는 불편을 덜어 주었다. 즉 장사꾼의 물건을 망월사의 창고에 보관하였다가, 다음날 다시 장사를 하도록 배려하였다. 보통 승려들은 절 근처에서 장사를 못하게 하고 말리는 것이 보통이었지만, 춘성은 정 반대였다. 춘성은 그들을 감싸 안았다. 그래서 춘성은 망월사의 요사채와 법당 사이에 있는 창고에 엿장수의 물건과 장사에 필요한 도구를 보관시켜 주었다. 춘성은 장사꾼들이 무거운 물건을 갖고 내려가지 못하게 하고, 당신이 직접 그 물건을 창고에 넣어 주었다.

춘성은 이렇게 중생들에 대한 자비심이 넉넉하였다. 이 광경을 40년 전에 지켜 본 정도일(신흥사 종무실장)은 그 기억을 아직도 가슴에 새기고, 춘성 이야기가 나오면 사람들에게 그러한 멋있는 장면을 전해 주고 있다.

만해제자 · 무애도인

# 보문사 법당을 불구덩이에서 구한 이야기

춘성은 1950년대 후반 무렵, 강화도 보문사 주지를 역임하였다. 춘성이 망월사 주지를 하면서 겸직으로 맡은 이유는 정확하지 않다. 상좌들이 춘성은 보문사를 50년간 다녔다고 말하는 것을 보면, 춘성과 보문사와의 인연은 남다른 것이 분명하다.

보문사 주지를 맡은 춘성은 불사를 자신의 손으로 하겠다는 마음을 내고, 제일 먼저 법당 불사를 하였다. 그러나 그 시절은 나라의 경제도 어렵고, 민초들도 살기가 어려워 불사를 하기는 매우 어려웠다. 그렇지만 불사 자금이 다 모일 때까지 기다릴 수도 없었다. 춘성은 만사를 제쳐 놓고 법당을 다시 짓겠다고 하면서 목수들에게 부탁을 하였다. 목수들은 춘성을 믿고 열심히 일을 하였다. 불사를 한지 6개월이 되자, 법당도 거의 완성되었다.

그러자 목수들은 춘성에게 공사비를 요구하였다. 그러나 춘성은 그 공사비를 다 줄 정도의 돈이 없어 목수들에게 조금만 기다려 달라고 몇 번을 사정하였다. 그렇지만 목수들은 마냥 기다릴 수가 없어, 몇 월 며칠 몇 시까지 돈을 가져 오지 않으면 법당에 불을 지르겠다는 최후통첩을 춘성에게 하였다.

춘성은 이 말을 듣고 서울로 향하였다. 서울에 와서 그를 따르는 신도들에게 사정을 이야기 하였다. 춘성의 정성을 전해들은 신도들은 십시일반 하는 심정으로 돈을 거두어 춘성에게 전달하였다. 여기저기를 다니면서 돈을 모으다 보니, 목수들이 지정한 시간이 임박하였다. 춘성은 신도들이 준 돈을 포대 자루에 담고 바로 보문사로 향하였다.

보문사로 가려면 강화도로 와서, 서쪽 편에 있는 자그마한 나룻터에서 배를 타고 가야했다. 춘성이 헐레벌떡 뛰어서 나룻터에 와 보니 배를 타려는 사람들이 줄을 서 기다리고 있었다. 춘성이 그 줄의 끝에서 보니깐, 바로 떠나는 배는 탈 수가 없었다. 그렇지만 바로 떠나는 배를 못 타면, 보문사 법당에 목수들이 불을 놓을 시간이 지날 형편이었다. 다급한 상황이었다.

그러나 춘성은 배를 기다리는 앞줄에 아이를 업고 서 있는 어느 아주머니에게 다가갔다. 그러더니 그 아주머니에게 대뜸 말하였다.

"아니 지금껏 뭐 하고 있었어! 내가 얼마나 찾았는데!"

그 여인은 눈이 휘둥그레 지면서 무슨 말을 할 줄을 몰랐다. 그러자 춘성은 그 여인의 팔을 잡고 다시 말했다.

"이리와 봐! 이 여편네가 정신이 없구만!"

그렇게 말하고는 옆의 빈 공간으로 끌고 갔다. 춘성은 그 전후사정을 말하고, 자신이 남편 노릇을 할 터이니 양해를 해 달라고 하였다. 춘성은 가끔 양복을 입고 다녔기 때문에 가능하였고, 무사히 그 배를 탈 수 있었다.

배에 오른 춘성은 시원한 바닷바람을 맞으면서 배의 지하 선실로 내려 갔다. 그런데 아까부터 춘성이 하는 말과 행동을 지켜 보던 보문사 인근 교회 목사가 선실 구석에 있다가 춘성에게 다가갔다.

"너! 보문사 주지 맞지?"

목사는 큰소리로 고함을 질렀다. 그러자 춘성은 목사에게 다가가서 조그만 목소리로 말을 하였다.

"그래서?"

> **알림**
>
> 귀의삼보하옵고
> 희망에 찬 봄을 맞이하여 여러 佛子님들의 안녕과 부처님 가호가 있으시기를 기원합니다. 삼가 아뢰올 말씀은 이번에 본사에서는 百日祈禱 및 法堂 상량식을 다음과 같이 거행하오니 부디 왕림하시어 이자리를 더욱 빛내 주시기 바라나이다.
>
> 다 음
>
> 일시 · 1972년 5월 4일
> (음 3월 21일) 下午 5시
> 장소 · 강화 보문사
> 증명법사 · 이춘성 대선사
>
> 1972년 4월 30일
> 경기도 강화군 삼산면 보타낙가산
>
> 강화 보 문 사
> 주지 정 정 수 합장

춘성 스님이 보문사 백일기도 및 법당 상량식의 법사임을 알린 『대한불교』의 광고(1972. 4. 30).

그 직후 춘성은 목사의 얼굴을 보면서, 더욱 크게 말을 하였다.

"그래서!!"

그러자 목사는 춘성의 고함소리에 놀라 뒤로 벌떡 나가떨어지고 말았다. 그 이후 춘성과 목사는 아무 말도 하지 않았다.

춘성은 배에서 내리자마자, 돈 자루를 들고 보문사로 허둥지둥 뛰어갔다. 보문사 법당에 갔더니 목수들이 막 법당에 불을 놓으려는 찰나였다. 춘성은 목수들 앞에 다가가서 가져온 돈 자루를 풀어 헤쳐 놓았다. 그리고 큰소리로 말했다.

"여기 가져 왔다, 됐냐? 이놈들아."

목수들은 춘성의 말에는 귀를 기울이지 않고 돈을 줍기에 바빴다. 지금 보문사 승려들은 춘성의 이 같은 정성을 알고 있을까?

## 영화광이었던 노승

춘성은 젊은 시절에 문학 전집을 많이 읽었다고 한다. 그렇지만 언제, 어디에서 문학책을 읽었는지는 정확하지 않다. 출가 은사인 한용운으로부터 영향을 받았는지, 아니면 다른 어떤 계기로 문학의 광이 되었는지는 알 수 없다. 아마도 그것은 춘성 스님이 호기심이 강하고, 모르는 것이 나오면 그것을 알기 위해서 필요한 책은 다 읽어야 하는 습관에서 나온 것으로 보인다.

그리고 춘성은 영화도 무척 좋아하였다. 그래서 세계적인 명화는 거의 다 보았다고 한다. 망월사에 있을 적에는 유명한 영화가 서울 시내에 상영되면, 영화를 보러 이따금씩 명동 거리, 충무로 거리로 내려왔다. 그런데 어느 날 춘성이 돈도 없이 국제극장에 들어가려 했다. 그러니깐 극장의 입구에서 표를 받는 기도라고 불리는 청년이 춘성을 제지하였다. 그랬더니 스님은 정색을 하고 말했다.

"야! 너희들은 우리 절에 오면 다 보고도 내가 돈을 안 받는데, 내가 극장에서 영화 그것 좀, 조금 보자고 하는데, 그것을 안 보여 주냐?"

그 말을 들은 청년은 춘성을 그냥 극장 안으로 들어가게 해 주었다. 이럴 정도로 춘성 스님은 영화광이었다. 그런데 춘성이 표를 안 사고, 공짜 구경을 몇 번이나 하였는지는 알 수 없다.

만해제자 · 무애도인

## 장학금 지원에도 일등 스님

　불사(佛事)는 부처님의 뜻을 구체적으로 실천하는 일을 일컫는 말이다. 그래서 불교계에서는 불사라는 말이 다양한 곳에서 쓰인다. 대작 불사, 인재 불사, 종 불사 등등이 그렇다. 인재 불사는 훌륭한 인재를 선발하고, 장학기금을 모으거나, 장학금을 주는 일을 칭한다. 불교 발전을 위해서, 불교계를 위해 일을 할 수 있는 인재를 키우기 위해, 스님들의 공부를 위해, 공부는 잘하지만 돈이 없어 고생하는 엘리트에게 장학금을 주는 일 등이 그런 경우이다.
　춘성 스님은 주머니에 돈이 있을 때, 공부하는 수좌를 만나면 돈을 세지도 않고 주는 경우가 허다하였다. 그것을 본 스님은 춘성 스님의 상좌들도 있었지만, 춘성 스님을 모시고 선방에서 함께 지낸 선방 수좌도 있었다. 지금 불교계에서 선지식으로 이름을 떨치고 있는 무여 스님(축서사 선원장, 전국선원수좌회 대표 역임)도 그런 경우이다. 무여 스님은 젊은 시절의 치열한 참선 수행의 경험을 기초로 하여, 축서사를 참선 도량으로 만든 장본인이다. 무여 스님은 한암도인 선법(禪法)의 제자인 보문선사의 손주상좌이다. 지금도 축서사에는 많은 사람들의 발길이 분주하다. 무여 스님의 선 법문을 들어 보면 고구정녕, 간절하게 참선을 권하는 느낌을 진하게 받을 수 있다.

무여 스님은 축서사를 찾은 『현대불교』의 김성우 기자에게 큰스님들과의 인연담을 들려주었다. 그러면서 당신의 기억에 가장 남는 큰스님이 춘성 스님이라고 전했는데, 그 내용이 『현대불교』(2009. 4. 22)에 보도되었다. 그를 옮겨보면 다음과 같다.

> 춘성 스님은 가장 남성적인 선승이셨어요. 옛날 조사 스님들처럼 전설적인, 걸출한 분이셨지요. 해제철에 수좌 한 분이랑 세 분이 함께 망월사에서 산 적이 있어요. 선방에는 이불 자체가 없는데, 9시만 되면 춘성 스님은 탁자 밑의 목침을 꺼내 주무시곤 했어요. 그런데 12시만 되면 깨어나셔서 새벽 내내 앉아 계시곤 하셨어요. 칠순 어르신이 주지 방도 따로 없이 함께 생활하셨는데, 그 분의 한 마디 한 마디가 바로 선어(禪語)였어요.

망월사에는 춘성 스님의 인재불사 및 무소유 정신에 대한 비사가 많이 전한다.

'욕쟁이 스님'이란 별명을 들으셨지만, 욕이 바로 직설적으로 하는 선어였지요. 스님은 평소에는 대승적으로 너그럽고 활달하시지만 사리판단 하실 때에는 대단히 분명하셨어요. 한번은 정진을 게을리 하고 밤새 절 밖에서 놀다 들어온 수좌를 물에 처박아 넣고 부목 옷을 입혀 산문출송 시키는 장면을 본 적이 있을 정도예요.

그 분은 기분이 좋을 때이면 '씨부럴!'이라고 하셨는데, 어느 날 망월사로 올라오기 전 냇가에서 한 수좌가 빨래를 한 후 발가벗고 좌선하는 모습을 보고 무척 기뻐하신 적이 있어요. 나중에 공부잘한 그 수좌가 선방을 떠날 때 종 불사를 하기 위해 모아 둔 불사금을 몽땅 하사할 정도로 수행을 가장 소중히 생각하셨지요. 절약하며 모아 둔 불사금을 전부 주시고선, "아! 씨벌 종 불사 잘 했다." 하신 그런 분이 춘성 스님이셨어요. 가까이서 뵈니까 참 매력적인 분이셨고 감격스러울 정도였습니다.

이렇게 춘성 스님은 인재불사를 실천하였다. 거창하게 구호로 하는 것이 아니고, 주머니에 있던 돈을 즉시로 내주었다. 누가 이렇게 할 수 있었던가? 이런 이야기는 아마도 다른 스님에게서는 찾기 어려울 것이다.

필자는 오대산 도인 한암 스님과 한암의 전법 제자인 보문 스님을 취재하면서 무여 스님을 자주 만났다. 그래서 무여 스님의 노스님의 삶을 조명한 책인『보문선사』(민족사, 2012)를 펴냈다. 다시 무여 스님을 만나면 춘성 스님에 대한 이야기를 듣고 싶은 생각이 간절하다. 그리고 반드시 질문을 할 것이다. 혹시? 무여 스님도 춘성 스님과 같이 인재불사를 하느냐고, 장학금을 주고 있는지를.

# 연극으로 되살아난 춘성

통도사 스님에게 한용운과 춘성의 정신을 전한 경봉 스님. 경봉은 만해에게 화엄경을 배웠고, 춘성과는 만해 비석에 대한 편지를 주고 받았다.

춘성을 추모하고, 춘성의 정신을 계승하려는 노력은 춘성이 이 땅을 떠난 후에도 지속되었다. 제방의 선방에서 수행하고 있는 수좌들이 그 중심이겠지만, 강원에서 공부하는 학인들도 예외일 수는 없다. 지난 2004년 11월 8일, 통도사 자비원에서는 지역 노인들을 위한 위문공연 행사가 개최되었다. 이날 행사에 자원봉사자로 나서 노인들에게 자비행을 베푼 사람들은 통도사 승가대학 학인들이었다. 학인들은 노래와 장기자랑으로 공연 행사를 즐겁게 하였다.

  그 공연의 하이라이트는 춘성의 일대기를 다룬 연극 무대였다. 춘성의 일대기라는 연극 작품은 2003년 조계종단 전국승가대학 학인연합회가 주관한 연극 대회에서 우승한 작품이었다. 이 연극은 욕쟁이 스님으로 유명한 춘성의 일화를 극화한 것으로 기차 안에서 기독교 전도사와 벌인 논쟁, 육영수 여사의 생일잔치에 초대되어 간 청와대에서 행한 춘성의 법문 등을 소재로 한 것이다.

  학인들이 춘성의 일화, 촌철살인과 같은 어록을 재현하자 공연에 참가한 노인들은 박장대소를 하였다. 몇몇 노인들은 벌떡 일어나서 합장하며 감동을 표현했다. 하여간 연극은 노인들의 큰 호응 속에 막을 내렸다. 춘성은 갔지만 그의 정신과 언행은 이 땅에 불교가 존속하는 한 지속될 것이다.

# 도올, 춘성을 말하다

　도올 김용옥, 그는 고려대 철학과 교수를 역임하고, 재야 학자로 제 발로 내려온 이 시대의 기인이다. 그는 남들이 부러워하는 대학교수 생활을 멀쩡하게 잘 하다가 뜻한 바가 있어 때려치우고 나온 인물이다. 제도권 대학을 나와서는 한의학을 배워 의사가 되더니, 대중적인 지면에 글을 연재하고, 강연하고, 저술 활동을 정열적으로 해서 수많은 마니아를 갖고 있는 당찬 선생이다. 최근에는 텔레비전에 나와서 불교, 도교, 한국사 등 인문학 전반을 해박한 지식으로 대중들에게 전달하였다. 그래서 그를 좋아하는 사람도 많지만, 반대로 그에 대한 비판에 열을 올리는 사람도 적지 않다.
　이런 그가 2002년 EBS가 주관한 불교철학 강의「도올, 인도를 만나다」에서 특유의 입심을 발휘하던 중 춘성의 이야기를 끄집어냈다. 그 강의가 진행되던 9월 4일의 방송에서 그는 남녀 성기를 일컫는 표현을 원색적으로 마구 써서 논란을 야기하였다. 도올의 방송이 나간 직후 방송국의 인터넷 게시판에는 찬반양론의 격론이 일어났고, 방송국은 주문형 비디오(VOD) 서비스를 중단했다. 원래 그 강의는 고양시에 있는 절인 여래사에서 강의한 대중 법회를 녹화한 것이다.

그런데 그 원색 표현의 주인공은 다름 아닌 춘성이었다. 강의의 주 내용은 평생 옷 한 벌로 지낸 춘성에 대한 무소유 철학이었다. 도올은 춘성의 진면목을 알려주기 위해서 춘성이 욕쟁이 스님이었음을 소개하였다. 그 욕쟁이 일화는 춘성이 망월사 불사를 할 때에 나무를 베었다고 해서 경찰서에 잡혀 가서 나눈 대화이다. 경찰이 춘성에게 주소를 물었다.

"당신 주소가 어디요?"
"우리 엄마 보지다."

경찰이 또 물었다.

"본적이 어디요?"
"우리 아버지 좆대가리이다."

도올은 춘성이 이 같은 육두문자를 쓴 배경을 무소유에서 찾았다. 도올의 이 발언에 대해서 3일 만에 1,000여 건의 글이 EBS 인터넷 게시판에 게재되었듯이 시청자들의 반응은 무척 뜨거웠다.
시청자들의 주된 의견은 지상파 방송에서 육두문자가 거침없이 나오는 것에 충격이었다는 것이다. 사석에서도 하기 어려운 말을 텔레비전에서 내보낸 것을 지적하고, 일부 사람들은 어머니와 함께 텔레비전을 보다 민망하였다고 한다. 그러나 도올을 지지하는 네티즌은 "처음 그 이야기를 들었을 때에는 춘성 스님이 돌았구나 싶었지만, 도올 선생님의 깊은 이야기를 들으니 육두문자로도 감동을 줄 수 있다고 생각했다. 열린 마음으로 봐야 한다."라고 의견을 피력한 사람도 있었다.
이런 논란을 야기한 도올은 춘성에 대해 자신의 견해를 분명하게 말했다.

그는 언어적 집착에서 깨어나게 하기 위해 한 말이었고, 춘성의 그 욕은 『벽암록』을 뛰어 넘는 우리 시대의 공안이라는 것이다. 춘성의 욕은 선의 본질에서 나온 것이며, 춘성은 무소유를 실천한 위대한 사람이라고 했다. 도올은 춘성을 존경하고, 자랑스럽다고 하였다.

이렇게 춘성은 도올을 따라 텔레비전에 나왔다. 그래서 춘성은 더욱 더 유명해졌다. 텔레비전이 역사책은 아니었지만, 역사책 못지않은 영향력이 있다. 그러나 그 방송을 본 사람들은 춘성의 욕만을 기억하고 있는 것은 아닌지! 그것이 궁금하다.

만해 한용운이 도자기에 쓴 글씨, 무애(無碍). 춘성의 무애가풍은 만해의 영향이다.

만해제자 · 무애도인

# 맥주를 시원하게 잡수신 스님

춘성 스님과 인연이 많은 원허 스님.

춘성은 맥주를 즐겨 먹었다.

스님들은 술을 술이라 하지 않고 곡차라고 부른다. 스님들이 술을 먹는 경우는 많지 않지만, 술 먹는 것 자체를 자신있게 말하지 않는다. 음주는 계율에서 금하기 때문이다.

그러나 춘성은 맥주를 떳떳하게, 대놓고, 큰소리를 치면서 먹었다. 맥주를 먹고 나면 "아! 시원하다."라고 하였다. 그러나 그는 절 안이나, 식사 도중에만 먹었지, 술집에 가지는 않았다. 이런 춘성의 습관을 알았기에 춘성이 가는 절에서는 춘성이 도착하면 알아서 맥주 몇 병을 사 와서 대접을 했다.

춘성이 망월사에 있다가 서울 시내에 오면 자주 들르는 절, 적조사가 있다. 그 절에는 금강산 표훈사 주지를 일제 강점기에 역임한 원허 스님이 머물렀다. 표훈사 인근에는 마하연 선방이 있었다. 마하연에서 한철 공부를 한 수좌들이 오거나 떠날 때에는 꼭 표훈사 주지인 원허 스님에게 인사를 하였다. 그러면 원허 스님은 따뜻하게 격려하고, 떠날 때에는 공부를 열심히 하였다고 덕담을 하면서 거마비를 넉넉하게 주었다. 그래서 선방 스님들에게는 후덕한 스님으로 유명했다. 춘성 스님도 마하연 선방에서 공부를 해서 원허 스님과 친근하게 지냈다.

그래서 춘성 스님은 적조사에 자주 들르고, 호탕하게 담소를 나눴다. 1960년대 중반 적조사에서 원허 스님을 시봉하면서 동국대 불교학과에 다니던 학승 인환이 있었다. 인환은 춘성 스님이 오시기만 하면 신도를 시켜서 절 외부에 나가서 맥주를 사다 놓고, 적당한 시간에 맥주를 내놓았다. 그러면 춘성 스님은 기분이 좋아서 원허 스님과 즐거운 시간을 가졌다.

춘성 스님에게 맥주를 갖다 주던 그 학승은 조계종 원로의원인 인환 스님이다. 인환 스님은 동국대를 졸업하고 일본 동경대학교에서 불교학으로 문학박사 학위를 1975년에 취득하였고, 1982년에 동국대 교수로 부임하면서 귀국하였다. 세월은 흐르고 흘러 원허 스님(1967)과 춘성 스님(1977)은 입적하였다.

무심한 세월은 또 흘러, 인환 스님은 동국대 교수를 정년 퇴임하고, 불교학술원장을 거쳐 원로의원이 되었다. 인환 스님은 사라호 태풍이 오던 1959년에 백담사를 참배하였지만, 인연이 없어 55년이 지난 2014년 8월 13일 백담사를 참배하였다. 그날, 주문진의 38회집의 점심 공양자리에서 인환 스님은 백담사에서 수행하였던 춘성 스님과의 인연을 위와 같이 회고했다.

만해제자·무애도인

# 춘성 스님의 세 가지 유훈

큰스님들은 대부분 독방을 쓰면서 잘 살고, 신도들의 대접을 잘 받았음은 당연한 이야기이다. 예전에도 그랬고, 지금도 그렇다. 그 누가 이를 부인하랴.

그러나 춘성처럼 대중과 함께 큰방에서 살았고, 방석 두 개로 잠을 자고, 신도들의 대접에는 신경도 안 쓰고, 돈이 생기면 남을 다 줘버린 경우는 없었다. 춘성의 상좌인 수명 스님은 이를 강조해서 말하였다.

그리고 수명은 다음과 같은 춘성의 세 가지 유훈을 말했다. 수명은 이를 춘성 스님이 당부한 좌우명이라고 하였지만 그것은 유훈이 분명하다.

　1. 총무원에 가지 말 것
　2. 주지를 하지 말 것
　3. 독방을 쓰지 말 것, 그리고 새끼를 갖지 말 것

총무원에 가지 말라 함은 스님들의 명리 추구, 종단 권력 등의 중심부가 총무원이라는 것에서 나온 것이다. 요컨대 수행에 힘쓰고, 중생 구제에 힘을 써야지 불교와 승려를 멸망케 하는 일에는 관심을 두지도 말라는 것이다. 주지를 하지 말라는 것도 총무원에 가지 말라는 것과 같은 뜻일게다. 그러나 춘성 당신도 망월사 주지를 하지 않았는가? 그렇지만 춘성은 망월사 재건, 수좌 공부의 외호를 위해서였지 주지가 하고 싶어서 한 것은 결코 아니었다. 춘성은 자신의 체력이 저하되어 북한산에 위치한 망월사 주지를 할 수 없게 되자, 과감하게 주지 자리를 던지고 나왔다. 상좌들에게는 일체의 물건도 갖고 나오지 못하게 했다. 독방을 쓰지 말라는 것은 대중의 관심과 시선을 받으면서 수행 생활을 해야 함을 지적한 것이다. 독살이에서 문제가 생긴다는 것이다. 이런 연장선상에서 새끼를 갖지 말라고 하였는데, 이는 계율 수호를 엄중하게 당부한 것이다. 불교 현장에서 떠도는 은처승, 본사급 주지 및 큰스님들이 숨겨놓은 처자식이 적지 않다는 저간의 유비통신을 비추어 보면 춘성의 가르침은 매서운 것이다.

불교 현장에서 가속화 되어 가는 세속화, 권력화, 금권화 등을 고민할 때에는 춘성의 유훈을 필히 참고해야 할 것이다. 춘성의 이 말은 지금의 수행자들이 한번쯤은 되새겨야 할 금언이다.

만해제자 · 무애도인

# 춘성 스님이 수덕사에서 행한 법문

1969년, 수덕사에서는 동안거의 결제를 맞이하여 비구니 수계산림(受戒山林)을 열고, 혜암(慧菴) 스님과 춘성 스님을 모시게 되었다. 혜암 스님도 만공 스님의 법을 받은 덕숭산 출신의 당당한 수좌로 큰스님이었다. 수덕사 덕숭총림의 초대 방장도 역임하였고, 101살까지 사시다가 1985년에 입적한 큰스

덕숭총림 수덕사의 현판 제막식 장면(2010. 2).

님으로 유명하였다. 『선문촬요』를 널리 보급하기도 하였는데, 최근 그의 법어집 『바다 밑의 진흙소 달을 물고 뛰네』(비움과 소통)가 발간되었다.

하여간 그 날의 법회에서 선문답(禪問答)이 있었다. 처음에 혜암 스님, 또 그 다음에 춘성 스님의 법문이 있었다. 춘성 스님의 법문이 끝나자 혜암 스님은 당신의 처소로 돌아간 후 시자에게, "나는 귀가 어두워 다른 스님의 법문을 못 들었다. 네가 다시 말해보라."고 하였다. 그러자 시자는 기억을 되살려 다음과 같이 말하였다.

수덕사 조실. 덕숭총림 초대방장을 역임한 혜암 스님. 춘성 스님과 친근했고, 101살에 입적했다.

춘성 스님이 법상에 오른 후 "내가 오늘 이 자리에서 하고자 하는 말은 30년 전에 만공 스님의 법어(法語) 한 가지입니다." 하고, 이어서 "만공 스님이 그 방장실(方丈室)에 쳐 놓은 십우도(十牛圖) 병풍의 견적(見跡)을 가리키면서 '소가 없는데 왜 그 발자국이 앞에 있는가?' 하고 물었으나, 그 때에는 아무도 거기 답하는 이가 없었습니다. 그러면 오늘의 대중 스님들은 이 법문에 대해 어떻게 답할 것인가? 한번 일러 보시오." 하였습니다.

그러자 한 비구는 나와 춘성 스님께 절을 하고는 돌아가 앉았고, 한 비구니는 곧 자리에서 일어나 춘성 스님께 반배(半拜)하고, '음매, 음매' 하면서 송아지 우는 소리를 냈습니다. 그 때 월산(月山) 스님은 '시자야, 저 비구니에게 꼴을 한 줌 갖다 주어라.' 하셨으며, 혜공(惠公) 스님은 '와, 와!' 하고 소리치셨습니다 라고 하였다.

　이 말을 들은 혜암 스님은 다음과 같이 말하였다.

　"그 때 만일 이 혜암 같으면, '음매, 음매!' 할 때에는 더 큰 소리로 '음매, 음매!' 하였을 것이요, 풀 한 줌 갖다 주라 할 때에는 풀 뜯어먹는 시늉을 내었을 것이며, '와, 와!' 할 때에는 잠깐 말을 그쳤을 것이요, 또 참으로 알고 절했다면 나도 웃으면서 절했을 것이다."

　그리고 혜암은, 이어서 다음과 같은 말을 하였다.

　"구름 밖에 벗어난 토끼가 어디로 갈지 알지 못하고, 해 다 진 저문 날에 굶주린 매가 토끼 잡아 먹을 줄 알지 못하며 속절없이 혼자 울기만 하는구나."
　"그러므로 고인(古人)의 말에 문처분명 답처친(問處分明答處親 ; 묻는 곳이 분명하여야 답하는 곳에 계합된다)이라고 한 것이다."

　이처럼, 수덕사 선풍은 간단하지 않았다. 춘성의 만공선지 계승정신이 뚜렷하고, 춘성법문을 비판한 혜암의 선지도 대단하였다. 춘성과 혜암의 선지를 지금의 수덕사 스님네와 각처의 수좌 스님들은 가늠이나 하는지 의아스럽다.

## 춘성의 좌복

충남 아산시 홍륜선원의 선원장인 대기 스님은 아직도 춘성 스님의 추억을 가슴에 담고 있다. 대기 스님은 14살 때에 마곡사로 출가하였다. 행자 생활을 마칠 무렵, 망월사에 선방이 생긴다는 말을 듣고 참선 공부를 하고 싶어서 바랑을 지고 망월사로 향했다.

망월사에서 본 춘성은 달마와 같은 인상을 받았다고 한다. 대기는 단번에 '내 인생의 행로를 정할 수 있는 스승이 바로 이 분이구나.'라고 생각했다. 그 길로 대기 스님은 춘성의 가르침으로 선(禪)의 인연을 이어갔다. 춘성에게 받은 이뭐꼬 화두를 들고 매진하였다. 그러나 금방이라도 잡힐 듯한 화두의 참뜻은 결코 잡히지 않았다. 삼경(밤 11시~새벽 1시)이 지나 밤이 깊어가는 줄도 모르고 앉아 있으면 어느새 망월사의 하루는 적막을 깨는 도량석으로 이어졌다.

망월사에서 정진하는 6년간 '마음자리'를 생각하게 하는 일들이 많았다. 춘성은 평소 "중은 책을 봐서는 안 된다."라고 가르쳤다. 처음에는 무슨 뜻인지 알 수 없었다. 그때 대기 스님은 책 읽기에 열중하던 때라, 달이 밝으면 글자가 큰 경전을 놓고 법당 뒤에서 경전 공부에 열중하였는데, 이를 본 정금오도 "글 읽기 좋아하는 놈은 중노릇이 어렵다."라고 했다. 금오는 불교정화운동을 추동하고 법주사 조실과 조계종 부종정을 지낸 큰스님이었다.

또한 춘성은 수행에 방해가 된다며 전국 각지에서 시주로 들어온 크고 두툼한 좌복을 불태우는 괴행을 서슴치 않았다. 그리고는 대중들에게는 손수 만든 작고 얇은 좌복을 건네 주었다. 수행자는 고삐를 단단히 잡아야 한다는 가르침을 분명하게 보여준 것이다.

대기 스님은 지금도 춘성이 준 가르침을 가슴에 품고, 초발심으로 춘성이 준 볼품없는 좌복으로 참선을 하고 있다.

# 2부

# 내가 만난, 춘성

- 오직 정진만을 가르친 스승 | 혜성 스님
- 대자대비를 실천하신 도인 | 우송 스님
- 참된 보살이었던 큰스님 | 혜광 스님
- 진정한 무소유 정신을 실천한 도인 | 수명 스님
- 참된 염불을 가르쳐 준 스승 | 견진 스님
- 그물에 걸리지 않는 바람같은 수행자
  | 대선스님
- 60방을 맞고 정신을 차렸지요 | 정일 스님
- 냄새는 바람이 불면 사라지는 법 | 무비 스님
- 생사를 벗어나려면 촌음을 아껴라 | 수경 스님
- '긴 누비파'의 두목이었던 춘성 스님 | 명진 스님
- 바랑 하나 누비옷 한 벌 남기신 분 | 효림 스님
- 죽는 날까지 정진하라 | 진관 스님

- 좋은 옷은 네가 입어라 | 연호 스님
- 호방 질탕한 선승 | 고은
- 분별하지 말라 | 박경훈
- 우리 시대에 환생한 원효 | 목정배
- 노 변호사의 사미인곡 | 황정연
- 스님, 저 막내예요 | 법계심 보살
- 내 삶을 지탱해 준 도인 | 평등행 보살
- '무'자 화두로 삶의 생기를 되찾게 해 준 은인
  | 고영희
- 이불은 부처와 이별하게 하는 덮개
  | 보현심 보살
- 세계적인 산의 사나이를 키우다 | 이맹임
- 문학을 일러 준 선승 | 이행자

만해제자 · 무애도인

# 오직 정진만을 가르친 스승

혜성 스님 | 춘성문도회 문장

　춘성문도회의 문장인 혜성은 공주의 갑사 신흥암에서 도인 스님이었던 석봉 스님을 은사로 출가하였지만, 춘성의 명성을 듣고 망월사로 가게 되었다. 그때가 1960년대 초반이었다. 그 당시 춘성은 주지를 맡아 망월사 재건 불사를 한참 시작하던 무렵이었다. 당시 혜성은 여느 승려보다 체격이 좋고 정진력이 대단하여 춘성의 눈에 들었다. 그래서 춘성은 혜성을 자신에게 건당(建幢)케 하여 제자로 삼았다. 혜성은 50여 년간 춘성의 가르침에 의거 수행하였으며, 춘성 입적 후 30여 년간 춘성문도회를 이끌고 있다.

　혜성은 1967년 성남의 봉국사 주지를 맡기 이전에는 줄곧 춘성 문하에서 궂은 일을 하며 정진을 하였다. 춘성의 일대기를 쓰기 위해 자료 수집을 하던 중, 2007년 8월 19일 봉국사에서 처음으로 그를 만날 수 있었다. 다음날인 8월 20일의 춘성의 제사를 지내기 위해 봉국사의 스님이나 종무원들은 여느 때보다 바쁜 모습이 역력하였다. 춘성의 책을 쓰기 위해 그간 자료 수집을 하였다는 것과 춘성의 참 모습을 듣기 위해서 찾아왔다는 취지의 말을 듣고서도 당신은 춘성에 대해 잘 모른다고 겸양의 말을 하였다. 그리고 그간 춘성에 대한 선양 사업을 거의 하지 않은 것은 문도회의 게으름도 있었겠지만, 춘성의 가풍이라는 독특한 측면에서 나온 것임을 이해해야 한다고 부연하였다.

그러나 이왕 시작한 작업을 이해하며, 당신이 알고 있는 춘성의 일화와 시봉할 때 보고 들은 내용을 풀어 놓기 시작하였다. 혜성은 춘성이 법문을 즐겨 하지 않았고, 생활에서 즉설로 간단명료한 발언으로 진실된 삶을 살아야 한다고 일깨워 주었다면서 말문을 열었다.

언제인가 팔달사의 범행 스님이 대구의 석대오 거사라는 분을 데리고 왔어요. 그 거사는 본래 대령이었기 때문에 석 대령으로 불리던 유명한 사람입니다. 경봉 스님의 말씀을 듣고 참선을 해보겠다는 마음을 낸 분입니다. 그래서 그 거사가 춘성 스님에게 참선에 대하여 한 말씀 듣겠다고 해서 망월사로 올라 온 것이에요. 그러자 춘성 스님은 그 거사에게 "대오거사가 진실로 부처님 법을 알고자 할진대는 간절히 앉아서 참구하시오. 참구하다가 얻을 바 없는 것을 얻을 때는 감사하겠습니다."라고 말씀했어요. 그렇게 간단하게 하셔서 그 말씀은 제가 아직도 기억하고 있습니다. 이렇게 춘성 스님은 즉설로 하시고, 몇 말씀만 하셨어요. 저희들에게도 정진만 해라, 그 말씀을 아주 강조했어요.

춘성을 시봉할 때의 어려움과 춘성의 법문에 대한 기록이 별로 없는 이유를 필자가 물어 보았다. 이에 대해서는 다음과 같은 고충을 말하였다.

춘성 스님은 어디를 갈 때에도 늘 혼자 다니셨습니다. 시자나 상좌들이 따라다니는 것을 싫어했어요. 법회에 가서 법문을 하면 시자들이 따라다니는 것이 보통인데, 스님은 그것을 거부했어요. 그래도 저희들은 스님에게 보고하거나 상의드릴 일이 있지 않겠습니까? 어디 절에서 법문한다는 소식을 듣고 제가 그 절을 찾아 갑니다. 가 보면 춘성 스님이 법문을 하시거든요. 그러면 저희들은 법문을 마치고, 공양을 하신 후에 찾아뵙고 상의를 드리려고 하지요. 그런데 스님과 저희들은 공양하는 방이 다르지 않습니까? 공양을 하고 찾아가면 벌써 스님은 어느새 가버리시고 없어요. 어떤 때에는 공양도 안 하시고 가시기도 했어요. 그래서 저희들은 스님의 행적을 잘 모를 때가 많아요.
그리고 스님이 결제나 해제 때에 법문을 하시면 저희들이 스님과 상의도 않고, 녹음기를 사 몰래 녹음을 해요. 그것을 아시면 저희들에게 "쥐좆도 모르는 놈들이!"라고 하시면서 막 야단을 치십니다. 그래서 법문도 거의 수집하지 못했습니다.

이런 혜성의 이야기를 듣고서야 춘성에 대한 기록과 법문 내용이 거의 없는 것을 이해할 수 있었다. 이런 이야기를 들은 필자는 춘성이 자기 상좌들을 가르칠 때에 어떤 입장을 갖고 있었나에 대한 궁금증이 문득 들었다. 춘성의 문도들은 어떤 가르침을 받았는가에 대한 문제이다. 이에 대해서 혜명은 자신이 겪었던 경험담을 진솔하게 들려주었다.

춘성 스님은 저희들에게 뚜렷하게 교육을 하신 것은 없습니다. 다만 스님의 하나 하나 모든 행동 자체가 그냥 가르침이었을 뿐입니다.
당신의 가르침을 말로 하시는 것보다는 몸소 보여주신 것입니다.
그리고 우리 스님은 당신 권속과 타 권속 이런 것을 일체 가리지 않았습니다. 승속도 가리지 않았습니다. 특히 참선을 한다고 하거나 공부를 한다고 하면 누구나 좋아하시고, 큰방에서 함께 했어요. 저도 그 당시에는 젊었기 때문에 스님을 따라 정진하고 장좌불와도 했어요. 스님이 승속을 가리지 않은 것을 알 수 있는 사례가 있어요. 망월사에는 등산객이 많이 지나갑니다. 그러면 스님은 절에 오는 사람들의 등목을 자주 시켜 주었어요. 엎드리라고 하고, 등에 물을 부으면서 "시원하겠다! 시원하지?"라고 하신 것을 보면 바로 알게 되지요.

춘성이 승속을 불문하고 참선 정진을 매우 강조하였음을 엿볼 수 있는 대목이다. 춘성과 같은 도인들에게 나타나는 공통점은 생활 자체가 단순하고, 계산적이지 않으며, 뒷끝이 없는 천진성이다. 그런데 춘성은 도인들에게서 볼 수 있는 공통점에서 한 발 더 나아가 일상적 언어에 야성적인 진실이 담겨 있었다. 이 점에 대해서도 혜성은 자신이 겪은 일화를 소개하였다.

춘성의 우렁찬 호랑이 법문, 인간의 순수성을 일깨우는 욕법문이 튀어 나올 것 같은 힘찬 도봉산과 망월사.

제가 망월사로 갈 무렵인데, 선학원 이사장을 지낸 정일 스님이라고 있습니다. 정일 스님이 망월사에 와서 천일기도를 하면서 정일 스님과 신도들이 망월사를 중수한다고 했어요. 그래서 춘성 스님이 정일 스님과 그 신도들에게 전적으로 그것을 맡겼어요. 당신은 일체 관여치 않으시고요. 단 절의 중수비 1억 원만 만들어 놓으라고 했어요. 그런데 천일기도를 다 마쳤는데, 신도들이 주식 같은 것인지 무엇을 잘못했는지 하여튼 천일기도를 회향해 보니 그 돈이 채 안되었습니다. 그러니 스님이 노발대발 하셨어요. 그러시면서 천일간 기도에 참여한 신도들의 카드를 마당에 내놓고 그냥 불질러 버렸어요. 신도들이 보고 있는 데, 보통 스님들 같으면 신도들이 간 뒤에 불을 질러도 불을 지르지요. 그러나 춘성 스님은 못마땅한 일이나 잘못한 행동을 보면 그 자리에서 바로 이야기 합니다. 스님은 일체 분별하지 않아요. 그 대신 절대로 후에 가서 그에 대해서는 일체 이야기를 하지 않습니다.

언제인가 망월사에 다녀간 신도가 이불 몇십 채를 해 왔어요. 망월사를 둘러보니 이불이 없고, 좌복밖에 없는 가난한 절이라고 보고서는 화주를 한 것이지요. 그것을 본 춘성 스님은 화주를 한 그 신도에게 고맙다는 말을 우선 하고는 그 신도가 보는 데서 그 이불 전부를 마당에 내놓고 불질러 버렸어요. 수좌들이 좋은 이불을 덮고 자면 잠만 오고 공부가 안 되니, 큰 죄를 짓게 하는 것이라고 하시면서. 보통 스님들은 신도가 간 뒤에 불지르겠지만 춘성 스님은 그렇지 않습니다. 바로, 즉석에서 실행을 합니다.

그리고 잘못을 한 승려들의 행동을 보면 누구의 상좌를 따지지 않고 바로 지적합니다. 평등하게 대해줍니다. 어느 상좌라도 똑같이 대하지 분별심으로 하지 않았어요. 그러나 저 같은 젊은 승려들은 신도들이 있는 데에서 야단을 맞으면 매우 무안하지 않습니까? 신도들이 간 뒤에 없을 때 혼을 내주시길 바라지만, 그것은 저희들의 생각 뿐이지요. 야단을 하실 때에는 시팔 놈! 쥐좆도 모르는 놈!이라고 막 욕을 해대시지요.

무애도인이었던 춘성의 이야기는 도처에 숨어 있다. 그러나 그런 이야기를 직접 보고 들은 당사자인 제자에게 확인하니 필자의 뛰는 가슴은 주체할 수 없다. 요즈음 같은 직업 수좌, 엉터리 수좌들이 횡행하는 현실에서는 꿈속에서나 볼 수 있는 일이다.

혜성과의 대화는 점점 무르익어 갔다. 그래서 한용운의 추모, 계승 사업에 춘성은 왜 참여하지 않았는가에 대한 화두를 풀고자 하였다. 그에 반해 송만공에 대한 추모는 상대적으로 열성적이면서, 한용운에 관련된 일에 거의 관여하지 않은 연유가 매우 궁금하였다. 그래서 우선 춘성이 상좌들에게 한용운에 대한 말을 어떻게 하였는가를 질문하였다.

저희 스님은 만해 한용운에 대해서는 거의 말씀을 안하셨습니다. 당신이 하신 한용운 스님에 대한 옥중 수발이니, 한용운의 법문에 대해서는 통 하지를 않았습니다. 심지어는 한용운의 묘소가 망우리 공동묘지에 있다는 것도 안 일러 주셨습니다. 제가 신문에 한용운 스님에 대한 내용이 나면, "한용운 스님에 대해 한 말씀 해주세요." 해도, 스님은 "모른다. 나는 모른다."고만 했어요.
스님은 청담 스님이 입적하신 후, 청담 스님의 제자들이 하였던 청담 스님을 추모하는 사업에도 매우 비판적이었습니다. 그런 것도 뼉다구를 팔아 먹는 것이라고 하셨어요. 이를테면 이름을 파는 장사라고 본 것이지요. 그래서 스님은 한용운 스님에 대해 말하는 것 자체를 아주 기피했어요.

혜성은 한용운이 옥중에서 작성한 「조선독립의 서」를 춘성이 받아서, 상해 임시정부에 전달한 사실 자체도 잘 모르고 있었다. 그러나 이와는 달리 만공에 대해서는 자주 언급을 하였다고 한다.

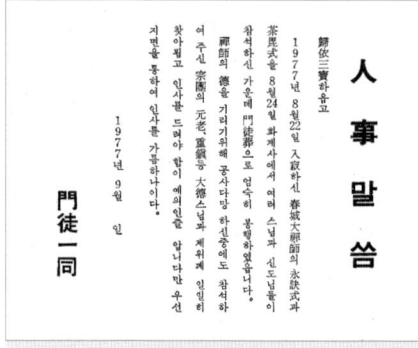

춘성 문도들이 춘성의 영결식과 다비식에 참가한 승려와 재가불자들에게 고마움을 표하는 공지문.

만공 스님에 대해서는 자주 말씀을 했어요. 3월과 10월에 수덕사 정혜선원에서 열리는 만공 스님의 다례재에는 꼭 참석해야 한다고 일러 주셨습니다. 저도 스님을 모시고 가 봤지요. 경허 스님, 만공 스님의 수행에 대해서는 말씀을 자주 하였습니다. 망월사에 만공

춘성의 49재가 화계사에서 있음을 알리는 문도의 공고문.

스님의 초상화를 모시고, 세계일화라는 글씨도 걸었습니다.

춘성이 이렇게 만공에 대해서는 각별하게 관심을 기울인 것은 경허와 만공으로 이어지는 정신을 자신이 실천하고 있다는 것에서 찾았다. 그리고 만해 한용운의 최우선 업적은 독립운동인데, 이는 나라가 해방이 되어 일단락된 문제인 반면, 만공의 정신을 계승해서 참선 정진하는 것은 춘성이 살아 있을 때에는 긴요한 문제였다. 더욱이 정화불사라는 싸움판이 10여 년간 지속된 불교계에서 진실하게 참선 정진을 하는 것은 그 무엇보다도 중요하다

고 춘성은 보았을 것이다. 그리고 산업사회로 들어갔던 1960~70년대의 재가불자를 비롯한 대중들이 참선을 통해 마음의 안정시키며, 삶의 충만을 기할 수 있다면 그 자체가 중생교화이며, 한용운의 정신인 대중불교를 실천하는 것이었다.

이런 대화를 하면서 필자는 춘성의 불교 정화에 대한 관점을 슬며시 혜성에게 물어 보았다. 춘성은 정화운동에 단 한 번만 '수좌대표자회의'에 나오고, 그 이외에 정화 현장에 있었다는 것을 찾을 수 없다면서 말이다.

저희 스님은 기본적으로 싸움하는 것을 싫어해요. 어떤 사람이라도 싸움하는 것을 싫어하셨습니다. 제가 망월사에 있을 때에 등산객이 많이 오니깐 화장실이 비좁아 다시 증축하는 공사를 제가 맡아서 했어요. 공사를 하다 보니 저하고 인부하고 공사 현장에서 시비가 붙었어요. 그래도 우리 스님은 법당 앞의 뜨락을 왔다갔다를 하시면서도 일체 말을 안 하십니다. 저로서는 제편을 들어 주면 좋으련만. 스님의 주장은 네 일은 네가 알아서 하라는 것입니다.

스님은 이렇게 내편과 네편을 가르지 않았어요. 그리고 싸움에는 무관심했어요. 당시 개운사에서 정화의 후유증으로 인해 비구승과 대처승이 옥신각신을 하고, 그 과정에서 비구승이 피를 흘리고 망월사에도 지원군을 요청해 왔어요. 안갈 수는 없고 해서 저하고 몇몇 스님이 가게 되었는데, 스님은 저를 부르시더니 가긴 가되, 싸움판이 벌어지면 슬쩍 빠져 나오라고 했어요. 하여간 스님은 싸움 하는 것을 제일 싫어했어요. 스님은 승려간의 싸움을 밥그릇 다툼이라고 보시면서, "절대 관여치 마라! 그것은 중노릇하고는 관계 없는 것"이라는 표현을 하셨습니다.

춘성 스님이 선학원에는 잘 안 가시고, 대각사에는 자주 가셔서 대중방에서 주무시곤 하였어요. 선학원에 잘 안 가신 것도 선학원에서는 항시

싸운다, 그리 싸우는 것은 제 뱃속을 채우려고 그러는 것이라고 하시면서 선학원이 그리 되는 것을 안타까워 했어요.

이렇게 춘성은 불교 정화운동을 중노릇이라는 근본에서 바라보았던 것이다. 여기에서 필자는 춘성의 가르침을 춘성의 문도들이 얼마나 지키고 있는가에 대한 호기심이 일었다. 그러나 그런 민감한 문제를 바로 즉각적으로 질문은 할 수 없기 때문에, 춘성문도회 본부격인 봉국사에 있는 춘성의 부도와 비석을 건립하게 된 배경에서 실마리를 풀려고 했다.

사실은 춘성 스님의 가르침에 의하면 부도와 비석 이런 것은 별 의미가 없는 것입니다. 그래서 저희 문도들도 스님이 입적하신 직후에는 그런 생각을 하지 않았습니다. 그런데 세월이 조금 지난 후에 오늘처럼 스님 제사를 치르기 위해 모인 문도 스님들이 그래도 비석이라도 세워야 하지 않느냐는 의견이 나와서 하게 되었지요. 그래서 제가 대전 자광사로 탄허 스님을 찾아 가서 간청을 드렸지요. 두세 번을 찾아가 부탁을 드렸더니 그때에서야 해주시겠다는 승낙을 받았습니다. 비석의 문장과 글씨는 모두 탄허 스님이 하신 것입니다. 탄허 스님은 비석의 글씨를 파는 것도 당신이 지정한 각수가 일을 하도록 했습니다.
1981년에 비석을 세우고 나서는 문도 스님들이 노스님인 한용운 스님의 비석이 없으니 한용운 스님의 비석을 세우자는 의견이 나왔어요. 그래서 문도 스님들이 노스님이 주로 많이 계신 곳이 백담사였으니 그곳에 부도를 세우자고 했어요. 백담사 주지를 찾아 가서 상의까지 하였지요. 그리고 그 무렵에 봉선사 본·말사 스님들이 주관해서 망우리 공동묘지의 노스님 묘소에 가서 1년에 한번씩 추모재를 지낸다고 하면서, 한번 오라고 해서 가본 적이 있습니다. 그 전에도 가보았지만요. 그때 운허 스님이 지은 글을 새겨 탑골공원에 세운 한용운 스님의 비석에 글자 한 자가 틀렸다는 말씀을 하시더라구요.
그리고 한용운의 묘를 국립묘지로 이전하려고도 했어요. 그런데 한용운 스님의 따님이 자기가 죽기 전에는 안 된다고 하면서 반대를 했어요. 아마 그 따님은 우리도 한용운의 이름을 팔아먹으려던 다른 사람들 하고 같은 줄 알아서 그런지 반대를 많이 했어요. 그래 여초 김응현하고 친한 사람인데 한영숙 여사와도 줄이 닿는 사람을 시켜 척을 놓아서 우리의 진심을 전달까지 했어요. 그래도 그 여사는 당신이 죽기 전에는 그리 할 수 없다고 해서 그만두었지요.

춘성문도회 스님들의 역사 의식에 대한 단면을 엿볼 수 있는 귀한 회고이다. 1980년대 한용운 추모사업에 대한 정보도 여실히 나온다. 한용운을 자신들의 노스님이라고 한 대목도 인상적이다. 한국 근대불교사에서 한용운

춘성의 열반 직후, 영전 앞에 있는 제자들. 견진, 혜성, 원각 등이다.

의 사상, 활동, 업적은 문학, 독립운동, 불교에서 타의 추종을 불허한다. 춘성문도회에서 한용운에 대한 인식을 뚜렷이 하였다는 저간의 사정을 들은 필자는 만해 연구자로서의 자부심을 느꼈다. 그래서 이번에는 화제를 돌려 춘성 스님에게 야단 맞은 일을 솔직하게 이야기 해달라고 부탁을 하였다.

저는 그 당시에 젊었을 때문에 밥을 많이 먹었습니다. 우악스럽게 많이 먹었어요. 젊었을 때이니 그렇게 밥이 많이 먹히더라구요. 그러면 자연 잠이 많게 됩니다. 스님이 적당히 먹어라, 많이 먹으면 잠이 많게 되고 정진에 방해된다고 하셨어요.
한번은 망월사 옆에 있는 천축사에 무문관이 개원되니 제방의 수좌들이 모여들어 방부를 들이게 되었습니다. 자연 인근 망월사로 소문이 오지요. 그래서 저도 무문관에 가서 수좌들 틈에 끼어 100일간 하는 기도 정진에 참여하고 싶은 생각이 굴뚝같아서 스님에게 "한 번 참가하고 싶습니다."라고 말씀 드렸어요. 그랬더니 스님은 대번에 안 된다는 것입니다. 여기서 공부하면 안 되고, 거기 가서 공부하면 잘 된다는 것은 말이 안 된다고 하셨어요. 그러니 여기 망월사에서 주경야독하며, 정진을 하라는 것입니다. 그래서 일단은 포기하였지만 제 생각은 그쪽으로만 기울어져서 다시 한 번 스님에게 가서 "수좌들 틈에 비비고 싶습니다."라고 저녁 무렵에 간청을 하였습니다. 그랬더니 다음날 아침에, 저를 부르시더니 "가라! 공부를 할 때에는 부모도 버리고 나와서 하는 것인데, 가서 공부를 하되 죽어서 나올지언정, 중간에 나오지 마라."는 강력한 분부 말씀을 하셨습니다. 그래서 저는 100일간 공부를 마치고 돌아온 적이 있습니다. 이렇게 스님은 정진하고 공부하는 것에는 승속을 막론하고 좋아했어요.

혜성의 이 회고는 야단 맞았다기보다는 춘성의 정진에 대한 생각을 알려주는 비사로 보인다. 그래서 이번에는 춘성의 법문과 평소의 언행에서 느낀 점, 지금까지 기억에 있는 것 중에서 감명 깊은 발언을 회고해 달라고 요청하였다.

저희 스님은 법문을 하실 때에나 제가 망월사 살림을 살 때에 늘 하신 말씀이 "사심없이 해라, 감사하는 마음으로 공부를 해라, 사심이 개입되면 크게 다칠 것이다."라고 일러주셨습니다.
그리고 춘성 스님은 의식과 어산을 잘하셨습니다. 수좌라고 해서 의식을 못하면 안 된다고 가르쳤기 때문에 저도 의식을 배울 수 있었습니다. 그런데 우리 스님은 도량석을 하거나 염불을 하게 되면 뱃속에서 우러나온 소리를 나오는 데까지 크게 하라고 하셨습니다. 성품이 화통했습니다. 그래서 스님의 도량석은 우렁찼습니다. 염불을 할 때에는 소리를 질러라, 배에 힘을 주어서 하라고 하셨지요. 스님은 염불의 곡이 맞고, 안 맞고 하는 것에는 상관이 없어요. 이렇게 스님은 모든 일을 할 때에는 정력을 다 바쳐서 해야 된다고 가르치신 것이 아직도 제 기억에 생생합니다. 당신도 힘이 있을 때까지는 신도들의 축원을 직접 하셨습니다.

여기에서 춘성의 만해 정신이 뚜렷하게 나왔다. 정력을 다해서, 힘을 주어서 최선을 다하라는 만해 한용운의 생활철학이다. 거기에다가 만공에게서 전수받은 참선 정진의 힘을 부가하였으니 춘성의 활발발한 선의 진수가 여기에서 오롯하였다.

춘성 스님은 승속과 권속을 가리지 않고 공부만 하겠다고 하면 그렇게 좋아하셨습니다. 공부를 하겠다면 처사들도 좋아하셨어요. 저희 스님은

## 부처님 사리봉안 삼층석탑
## 점 안 식

귀의삼보하옵고
금번 성남 봉국사에서는 그동안 신도님들의 지극하신 성원으로 부처님 사리봉안 삼층석탑 점안식을 제방큰스님을 증명법사로 모시고 다음과 같이 봉행코저하오니 신남신녀 여러분께서는 이자리에 무루 참석하시와 무궁한 복록을 받으시기 바랍니다.

— 다 음 —

일 시 : 1977년 5월 8일
　　　　 (음 3월21) 정오 12시
장 소 : 성남시 태평동 485번지 봉국사
증명법사 : 춘 성 대선사

1977년 5월 일

대한불교
조계종 성남 **봉 국 사**

주지 이 혜 성 합장

봉국사 부처님 사리봉안 삼층석탑 점안식 광고(1977.5.8).
춘성 스님이 증명법사이었다.

저희들에게 자상하게 가르치신 것은 없습니다. 다만 정진하는 것만 배웠어요. 그리고 우리 스님은 편지도, 법문을 하실 때도 주로 한글로 하셨어요. 당신은 한문은 잘 하지만 한문 넣는 것을 싫어하셨어요. 모든 것을 한글로 하시려고 하셨습니다. 그리고 스님에게 온 편지는 직접 보시고는 전부 불태워 버렸어요.

춘성은 오직 정진만을 제자들에게 가르쳤음을 재삼 확인할 수 있었다. 이러한 귀중한 대화를 나눈 필자는 다음날 봉국사에서 거행된 춘성의 제사에 동참하였다. 다른 문도회와는 전연 다르게 간결하게 진행되고, 그 시간도 매우 짧은, 군더더기라곤 일체 없는 제사를 보았다. 춘성의 가풍을 빼다 박은 제사였다. 제사 후에는 봉국사 법당 뒤의 춘성의 부도와 비석이 있는 그곳으로 발걸음을 옮겨 춘성의 법 그림자를 찾아 보았다.

만해제자 · 무애도인

## 대자대비를 실천하신 도인

우송 스님 | 덕숭총림 유나

2008년 1월, 필자는 『현대불교신문』의 선지식을 찾아서라는 기획 기사를 읽다가 어느 스님의 행장을 주목하였다. 그는 수덕사 덕숭총림의 유나 소임을 보는 우송 스님이 출가 때에 춘성의 법문을 들었다는 내용이었다. 그 이후로 우송 스님을 만나고 싶은 충동이 간절했지만, 인연이 바로 오지 않았다. 춘성의 수행 가풍을 증언한 대선으로부터 꼭 만나야 할 대상으로 추천 받았지만 여러 사정으로 인해 즉시 만나지는 못했다. 그러다가 2008년 5월 31일 오전 열 시 무렵, 수덕사의 일주문을 통과하고 수덕사 법당에서 일곱 번의 절을 하고나서 마침내 우송 스님의 방에서 차 한 잔을 마시며, 춘성을 소재로 흥미로운 이야기를 듣게 되었다.

> 내가 알기로는 춘성 스님의 만공 스님에 대한 신하는 것, 만공 스님을 존경하는 정이 대단했습니다. 하여간 춘성 노장 스님은 만공 스님의 제사와 다례재 때에는 한 번도 빠진 적이 없어요.

이렇게 우송은 수덕사, 만공, 춘성 사이에 놓인 실마리부터 이야기를 끄집어 냈다. 춘성 스님을 처음 만난 인연과 첫인상을 말해줄 것을 요청했다.

내가 그때 수덕사에 온 것이 1959년도 가을인가에 왔는데, 그때 만공 스님의 제사가 10월에 있어서 춘성 스님이 오셨어요. 그때에 보니 노장님은 기골이 아주 장대하시고, 고불같이 생기시고 목소리가 허스키 하면서도 정감이 있었어. 노장님이 가만히 앉아서 여러분들과 섞여 있는 데도 특출했어요. 내가 중이 되는 계를 받을 때에 춘성 스님의 법문을 들었으니 보통 인연이 아니지.

경허, 만공의 역사가 가득한 수덕사의 일주문.

이제 서서히 춘성의 그물로 대화가 들어가고 있었다. 수덕사에서 출가하였고, 입산 직후부터 춘성에 반한 우송의 목소리가 뜨거워지고 있었다. 50년 전의 그날로 돌아가는 듯하였다. 수덕사에서 춘성을 보고 들었던 이야기를 회고해 줄 것을 부탁하였다.

그 어른이 나에게 하신 말씀 중에서 우선 기억나는 것이 있어. 그건 춘성 스님이 이곳 수덕사에서 인민군을 만난 일이지. 그게 아마 6·25가 끝난 이후인가 봐. 스님이 수덕사에서 정혜사로 올라가는데, 산속에서 인민군이 나와서 총을 스님의 가슴에 탁! 찌르면서 "누구냐?"라고 했대요. 그 시절에는 이북으로 가지 못한 빨치산들이 출몰하곤 했어요. 그렇게 빨치산이 총부리를 겨누었지만, 스님은 아주 담담하게 가만히 있자, 오히려 그들이 '스님이시구먼!' 하면서 이내 물러났다고 했어요. 내가 볼 때 노장님이 그냥 그렇게 하신 것은 공부의 기가 잡혀 있었고, 안으로 기가 꽉 차 있었으니 그런 상황에도 당황하지 않고 그들을 주시하니깐, 인민군들이 스스로 제풀에 꺾여서는 서너명의 인민군이 "어르신 올라가세요."라고 하였다는 거예요. 그때는 사람을 죽이는 것을 아무렇지 않게 생각하고, 개의치도 않을 때입니다. 노장님이 그렇게 할 수 있었던 것은 노장님의 공부의 기가 잡혀 있었고, 기운이 안으로 꽉 차 있었으니 인민군도 감복한 것이지. 하여간 그런 기억이 나는구만.

노장님이 6·25 때에 겪은 일은 또 있어. 6·25 때에는 길거리에서 검문 검색을 많이 했어. 그런데 스님은 잘 생기시고, 틀이 좋고, 건강해 보이니깐 검문을 당할 수밖에 없었지. 스님에게도 증명서를 내놓으라고 하였지만, 노장님이 그런 것을 갖고 다닐 분이 아냐. 그러니깐 스님은 마치 갖고 다니던 단주를 내보이면서 내 증명은 이것이라고 하셨대. 스님이 단주를 떨꺽떨꺽 하고 그냥 돌리니깐, 검문한 사람이 감복하고 그냥 가시라고 그랬대. 이런 것도 노장님이 진실하게 공부하시고, 그것이 안으로 꽉 차 있었다는 데에서 나온 것이지.

이렇게 스님 주위의 사람들은 그 어떤 분위기에 의해서 감복이 되는 것이야. 포교라 하는 것은 바로 이런 것입니다. 우리가 보통 하는 축원에 내 이름을 들어 보아도 삼악도를 멸하고, 내 모양을 보아도, 그 자리에서 해탈케 해 달라고 하잖아요. 그런데 춘성 스님은 딱! 기가 잡혀 있으니깐, 어떤 기상으로 그 살벌한 전시 상황에서도 사람들을 감복시킨 것이 기억이 나요.

이건 정말 새로운 증언이다. 춘성을 지극정성으로 신하는 마음 씀씀이가 탄탄하다. 우송은 춘성의 추억의 고리를 망월사 언저리로 이동시키고 있었다. 1960년대 후반 망월사 선방의 방함록에 나오는 법성이라는 수좌가 우송 스님의 이전의 법명이 아닌가? 하는 질문을 하여 망월사의 추억을 끄집어냈던 것이다.

하여간에 나는 춘성 스님이 좋아 가지고, 그 언제인가, 망월사 선방에 가서 몇 철을 났지. 그때 한번은 내가 주전자를 들고 어둑어둑한 새벽에 큰방으로 올라가는데, 노장님은 큰방에서 나오시면서 나를 보시더니 "그것이 뭐냐?"라고 하세요. 난, 정신이 번쩍 뜨이면서 내가 이렇게 마음을 놓고 사는구나 하는 자각을 한 적이 있어요.

망월사 시절을 회고하다가 수덕사에서 춘성을 지켜보고 들은 것, 덕숭가문 내에서의 추억으로 이내 돌아왔다.

수덕사 대웅전 전경. 수덕사는 춘성 선 사상의 터전이 된 도량이다.

노장님 정신세계에는 오직 만공 스님 한 분 밖에 없었어요. 만공 스님 이외에 뭐 엇비슷한 사람이 근방에 가면 당신이 봤을 때에 지나, 내나 싶으면 그냥 빼버리지요. 춘성 스님은 경허, 만공, 혜월 스님까지만 인정하고, 그 밑의 스님들은 인정하지 않으셨어. 그래서 수덕사 금선대에 있었던 고봉과 금봉의 영정도 지까짓 것 하면서 태워버린 것 아닙니까?

이쯤해서 단박 질문을 하였다. 춘성을 한마디 말로 표현하고 싶은 것이 있다면 무엇이냐고 스님에게 말씀을 드렸다.

노장님이 자비로운 분이었다는 것을 아시는 분이 잘 없어요. 춘성 스님은 참으로 대자대비 하신 분이었어. 노장님이 계시는 망월사에는 일요일이 되면 등산객이 많이 올라 왔어요. 그러면 노장님이 있는 대로 자리를 다 내주고, 방이면 방도 다 내주셨다구. 마치 손자 사랑하듯이, 어머니가 새끼 사랑하듯이 안아 주고, 어루만져 주었어. 일요일에 사람이 많이 오면 다른 스님네들은 다 귀찮아라 하지만, 이 노장님은 절에 온 사람들이 서거나 앉거나, 밥해 먹거나, 지지고 볶거나를 상관하지 않았어. 그것이 노장님의 대자대비한 사랑의 모습이야. 춘성 스님은 격식이 없이 사람을 사랑해 주시고, 등산객에게 실컷 놀다 가라고 한 것이 기억이 나요.

이것은 인간승리이다. 근세에 춘성과 같이 자비행을 실천한 승려가 있었는가? 물론 더 있었을 것이다. 그러나 우리는 춘성의 이런 자비행을 그간 방치하였던 부끄러움에 전율을 느껴야 한다. 우송의 증언은 춘성을 깊게 알 수 있는 샘물, 두레박의 역할이 되었다.

노장님은 그야말로 철저하게 사교입선(捨敎入禪) 하신 분이야. 노장님이 도량석을 할 때에는 경허 스님의 참선곡으로 했어. 춘성 스님은 그 참선곡 첫 구절, "홀연히 생각하니 도시몽중이로다."를 좋아 했어. 부처님이 처음으로 출가하였을 때에는 연기법이니, 사성제니 그런 것을 생각한 것이 아니었어요. 처음에는 생로병사의 충격에서 벗어나기 위해 왕자 자리를 박차고 나와서는 생사문제를 심각하게 따져본 것입니다. 애초에는 인과법이 없었어요. 바로 생사문제에 부딪쳐서 깨쳤고, 깨친 후에는 사람들에게 설명을 해야 하고, 자꾸 물어 보니깐, 그 답을 한 것이 『팔만대장경』입니다.
그런데 춘성 스님은 살려면 확실히 살고, 깨치려면 확실히 깨치라고 했어요. 그러면서 죽은 송장을 뒤적여 봐도 아무 소용이 없다고 하시면서 『팔만대장경』이나 경전은 가래침에 불과하다고 했잖아요. 가래침을 뒤집어서 뭐가 나올 것인가? 했어요. 그러면서 하나가 죽으면 다 죽고, 하나가 살면 다 살 수 있다고 했어요. 노장님은 거기에서 활로를 찾은 거예요. 생사문제라는 것에 바로 들어간 것입니다. 노장님은 일생을 그런 주장을 했어요. 노장님은 그 부분이 철두철미했어요.

이 같은 증언은 추후의 춘성 연구에 길잡이가 될 수 있는 이정표이다. 현재는 춘성에 대한 학술적인 연구가 전무하지만, 춘성이 고승 연구의 중심이 될 날이 올 것이다. 이런 춘성의 수행관과 선교관은 음미할 대목이다.

노장님을 제가 공부할 때에 모시면서 내가 기억하는 것은, 노장님은 봄과 가을에는 꼭 수덕사에 오십니다. 수덕사에 오시면 포행을 많이 했어요. 그런 포행은 노장님의 건강법인 것 같아요. 그 스님은 먹은 마음 없이, 포행한다는 생각도 없이 한 것이에요. 그러니 정신도 성성하시고, 건강도 유지

하였어요. 밤에는 정진을 하시고, 낮에는 절에 온 사람들 틈에서 왔다갔다 그렇게 하셨어요. 그러시면서 그냥 "없다.", 노다지 "없다."라고 하셨는데 옆에 있는 사람이 듣게 "없다."라고 항상 그러셨어요. 이런 것을 사람들이 다 놓친다고.

춘성 스님이 선학원에 계실 때도 보면, 큰방을 왔다갔다 하시면서 "없다, 없다."라고 하시고, 수덕사 여기에서도 "없다, 없다." 하시면서 왔다갔다 했어. 그럴 때에 내가 "안녕하십니까?"라고 하면, 그

춘성 스님과의 인연, 춘성의 가르침을 회고하는 우송 스님.

냥 "없다."라고 할 뿐이었지요. 그렇게 그 어른이 참! 아주 소탈하게, 솔직하게, 허심탄회하게 당신 공부를 하시고, 당신을 찾아오는 사람들에게 오는 대로 소리 내서 챙기시고 그랬어. 그리고 그 어른의 살림살이는 걸망 하나뿐이었어. 요즈음 스님네들의 짐을 보면 책이 한 트럭, 옷과 생활용품이 한 트럭이고, 큰스님들도 짐이 꽤 많아요. 그러나 춘성 스님은 걸망 하나였어요. 제 도반 중에 연산 스님이 있었어요. 이 스님이 춘성 스님처럼 해 보겠다고 한 분이었어요. 그 스님이 며칠을 춘성 노장처럼 해 보더니, 못 따라 하겠다고 그러더라구요. 힘이 부쳐서, 고단해서 도저히 못하겠다는 것입니다.

춘성은 평소 '무'자 화두를 강조했다. 스님과 신도들에게 오나가나, '무'자 화두를 들어야 한다고 말했다. 그런데 춘성은 당신이 이렇게 오나 가나 "없다, 없다."를 되뇌이었던 것이다. 그런 수행 이후에는 그 수행력을 갖고 중생구제

와 대중화합에 나섰다고 한다.

춘성 스님이 대자대비한 것은 사람들을 친절하게 대해주고, 부처님처럼 한 것이에요. 스님은 결제가 딱! 시작하면 양복을 입고 시중, 도회지로 나가십니다. 나가서 시중들 사이에 묻혀서, 함께 동사섭(同事攝)을 하셨어요. 그래서 자비하신 할아버지라고 했어요.

평소에는 호랑이 같고, 바위 덩어리처럼 고불 같았고, 훤칠하게 벗어진 분이었지요. 그 허스키한 목소리를 갖고 한 달 반을 시중에서 사람들 하고 깊이 어울리면서 "없다, 없다."를 노다지 하신 거예요. 사람들이 춘성 스님의 그런 면을 봐야 돼요. 서울 시내의 다방에 머물 때도 오고가는 사람들의 인사를 다 받으시고는 동사섭을 행했어요. 그것이 춘성 스님의 말 없는 행화(行化)여, 말없는 동사섭이여. 요즘 스님네는 조용하고 특별한 선방을 찾아 가지만, 춘성 노장 어른은 절과 선방을 벗어나서 할아버지, 할머니, 청년들을 도반으로 벗으로 삼고, 다 같이 어울린 것이에요. 그것이 대자대비를 행하신거여.

하여간에 춘성 스님은 철저히 사교입선을 한 것이야. 생사문제의 해결, 거기에다가 일생을 걸었어요. 스님은 전체를 살리려면 하나를 확실히 살리는 것에 있다는 것에 철두철미했어요. 춘성 스님은 그 하나를 확실히 깨쳐 버린 대도인이었는데, 저는 그런 도인을 가슴에 품고 일생을 행복하게 살았어요.

춘성의 행적을 대자대비로 해석하는 새로운 평가이자, 증언이다. 춘성은 이따금 서울 시내에 양복을 입고 자주 다녔다는 증언은 숱하지만, 그를 이렇게 대자대비의 관점으로, 수행의 관점으로 본 것은 처음임이 분명하다. 다시 말하면 그를 무애적인 행동과 무애도인이라는 고정적인 관점에서 해방시키는 파격적인 해석이다. 춘성의 독특함은 여기에서 빛을 발한다.

보통 스님들은 절의 불사를 하면 거기에 애착을 갖는 것이 보통입니다. 그러나 춘성 노장은 불사를 하고 나서는 미련 없이 나와요. 불사를 할 때에도 당신이 할 수 있는 데까지만 하지요. 그 어른은 불사를 할 때에도 조직적으로 계획을 세워서 하지 않고, 그냥 인연따라 되면 하고, 형편이 안 되면 안 하고 그랬어요. 그리고 나서는 거기에 대해서 당신의 먹은 마음이 없어요. 그리고는 당신 생활에 일로매진했던 거예요.

춘성의 불사관에 대한 증언이다. 인연따라, 형편따라 하고 미련을 두지 않았다는 것이다. 걸림이 없는 행보였다. 험한 세상을 사는 사람과 사람 사이에는 어디 좋은 추억만 있는가? 그래서 혹시 춘성에게 야단맞은 일은 없었나 하고 질문을 하였다.

나는 야단은 맞지 않고, 군불 잘 땐다는 칭찬을 들었어요. 망월사에 있을

망월사 인근, 천축사의 가사불사 회향 장면(1967). 천축사 무문관의 수좌들은 춘성의 가르침을 받았다.

때 겨울에 선방의 군불 때는 것을 제가 자원해서 몇 철을 했어요. 노장님이 저를 칭찬하시면서 예전에 고암 대사가 선방에 있을 적에 새벽에 일어나서 물을 따뜻하게 뎁혀 놓아 대중들에게 좋은 말을 들었다고 하시더라구요. 나도 군불 때는 것에는 기술자이었지. 그래서 노장님에게 칭찬을 들었어.

춘성이 대중화합을 제일로 쳤다는 것에 대하여 보고 들은 것을 회고해 달라는 부탁을 하였다. 그랬더니 망월사 선방에서 일어난 것에 대하여 솔직하게 말해 주었다.

홍근(서암) 스님이 망월사 너머에 있는 천축사에 계시다가 산을 넘어와서 망월사에서 같이 살았던 적이 있어요. 그런데 그때 수좌들이 뒷방에서 술을 먹고 떠들고 그랬어, 밤이 새도록. 그런데 그 이튿날 아침에 자유정진을 춘성 스님과 함께 하였는데, 아무 말씀도 안 해. 일언반구도 안 하셔. 하여간 노장님은 얼굴을 찡그린 법이 없어. 나는 노장님이 평소에 화내는 것을 못 봤어. 욕을 할지언정, 마음이 동하는 것을 못 봤어. 그리고 노장님이 눈치가 빨라. 그래서 우리 수좌들이 노장님의 앞에 가면 거울 속에 내 속이 다 비쳐지는 것처럼 그랬어. 노장님 앞에 가면 놀았다든가, 삐쳤다든가, 딴 생각하고 있었다면 한없이 부끄러워서 얼굴을 못 들었어. 노장님 앞에서는 딴 짓을 할 수가 없었어. 하여간 노장님은 지적은 안 했어요. 그게 실력이여. 도인의 실력이지.

그 당시에는 수좌들 중에 별의별 사람이 다 있었어. 옛날에는 수좌 중에 와일드한 사람도 있었지. 그래도 노장님은 그것에 대해 관심 밖이야. 같이 살면서도 직접 대놓고 야단을 치지 않아. 그러면 그런 스님들이 제풀에 꺾여서, 미안해서 그냥 갔지. 스님은 그냥 요지부동이었지. 그래서 우

만해제자 · 무애도인

봉국사 법당에서 열정적으로 법문을 하는 춘성 스님의 모습.

리는 감복하고, 고개를 숙이고 망월사로 간 거예요. 그리고 스님은 대중들의 공부에 관심이 많아서 결제 도중에는 꼭 전 대중을 모아 놓고서 공부의 점검을 했어요. 스님이 대중들에게 '무(無)'에 대해서 말해 보라고 한 것이 기억이 나요. 그러니깐 어느 수좌가 손으로 방바닥을 치니깐, 스님께서 빙긋이 웃었던 일이 기억이 나는구먼.

간혹 노장님이 계율에 무관심 했다는 말들이 있지만, 내가 겪은 선에서는 그렇지 않았어. 심지어는 행건을 안 차면 지적을 할 정도이었지. 여자에게는 시선을 주지도 않았고, 공양주가 수좌에게 관심을 보이면 얼른 다른 절로 가라고 했지. 노장님은 계율에 관심을 가졌어. 다만 맥주 한 잔은 보기 좋게 드셨지만.

춘성은 여기에서 다시금 살아 나고 있다. 대중과 함께 하였지만, 대중을 감복시키고, 대중들을 지도해 주었던 자비스런 도인으로. 이런 증언과 비사를 40년간 가슴에 묻어 둔 당사자의 마음은 어떠하였을까?

그 어른은 제 가슴속에 영원히 살아 있고, 그 말씀이 꺼지지 않는 불의 온기로 지금 이 세상을 행복하게 살았고, 살아가고 있어요. 나는 지금도 그 어른을 생각만 해도 가슴이 띕니다. 춘성 스님은 훤출했고, 탈속했고, 다 벗어냈고, 그러면서도 허스키한 목소리로 사람들에게 친절했어. 그

정이, 그것이 이 세상을 얼마나 따뜻하게 하였는지 모릅니다. 그러니 춘성 스님의 생각만해도 행복한 거여.

그래서 나는 지금도 어떤 것이 도인인가를 생각해. 도인은 아주 강렬한 인상을 사람들에게 주고, 사람들은 그것을 지워버릴 수 없는 그게 도인의 실력이야. 그 어른이 살았던 행적은 결코 지워버릴 수가 없어. 꺼지지 않는 불길이지. 춘성 스님이 이 세상에 오신 것은 거기에 뜻이 있어요. 저에게 그렇게 강한 인상을 주신 분이 없어요. 내 평생 그런 인상을 받은 분이 없어요. 저는 금오 스님도 모셔 보았고, 그 밖에도 전강, 동산, 설봉, 향곡 스님도 모셔 보았지만 그런 인상은 받지 못했어요.

사람이 한평생을 살면서 이렇게 특별한 사람을 가슴에 품고 산다는 것은 고귀한 행복이다. 이것은 그리움이 아니라, 기쁨이다. 이 글을 읽는 독자들은 그런 사람을 가슴에 품고 있는가? 수덕사의 한복판에서 들었던 춘성의 이야기는 이러했다.

인터뷰를 마치고 내려오면서 보았던 덕숭산의 푸르름을 바라보다가 문득 만공 스님의 체취가 그리웠다. 그래서 수덕사 성보박물관으로 갔다. 거기에는 경허와 만공의 유품과 사진이 전시되어 있었다. 가만히 생각을 해보니 이런 장소에 춘성의 사진 한 장이 있었으면 하는 생각이 불현듯 들었다. 그보다는 춘성의 멋진 사진을 구해서 우송 스님에게 드려야겠다는 다짐을 해보았다. 우송 스님은 춘성의 사진이 없어서 당신의 방에 걸지 못하였다고 하였기 때문이다.

만해제자 · 무애도인

# 참된 보살이었던 큰스님

혜광 스님 | 심우정사 주지

　초여름의 기운이 완연하였던 2008년 5월 22일 새벽, 서울 청량리역에서 춘천으로 가는 기차에 몸을 실었다. 짙은 신록을 가로지르며, 기차는 춘천을 향해 서서히 그 속도를 높이고 있었지만, 춘성에 대한 새로운 증언을 들을 수 있다는 호기심으로 마냥 설레기만 했다. 남춘천역에서 내린 다음 역전 앞에서 간단히 요기를 하고 택시를 타고 춘천시 신북읍의 변두리에 위치한 심우정사를 찾았다. 춘성의 최후 여행을 시봉하였다는 혜광 스님으로부터 자신이 거주하고 있는 토굴이 심우정사라 하여 왜 심우정사라고 하였는지 궁금하였는데, 막상 그곳에 당도하니 그 연유를 알 수 있었다. 심우정사 앞의 길 건너에 소시장이 있었기 때문이다. 인간의 삶의 여정과 지향할 바를 묵시적으로 알려주는 그림인 심우도에 나오는 심우(尋牛)가 바로 연상되었다. 절 이름 한번 잘 지었다는 생각을 하면서 남다른 춘성과의 인연을 30여 년간 가슴에 담고 있는 혜광 스님을 만났다.
　춘성의 상좌는 아니었지만, 춘성과 친근하게 지냈던 도인, 석봉의 문도로 조용히 수행을 하면서 승려로서 자존심을 소중히 지켜가는 혜광에게 춘성의 진면목을 또다시 들을 수 있었다. 춘성 문도인 수명으로부터 진즉 이야기는 들었지만, 춘성 인터뷰 막바지에 와서야 찾았던 것이다. 찾아온 용건을 말하였더니 응답의 첫 말이 예사롭지 않다. 자신이 보고 들은 춘성의 회고가 춘성의 행적, 수행력, 정신과 사상에 혹시 누가 될 지 모르겠다는 조심스러운 말로서 이야기를 풀어가기 시작했다.

> 저는 춘성 스님을 친견도 하고 끝까지 모신 인연을 갖고 있지만, 그것을 어떻게 표현할 수 있을까에 대해서는 매우 우려됩니다. 스님에 대해 말로 표현하는 것이 춘성 스님에게 누가 될까 봐 걱정이 됩니다. 저 같은 범부의 생각으로 스님의 행적을 말하는 것은 가히 상상 못할 일입니다. 그리고 스님은 당신의 행적을 글자 한 자라도 남기지 않으셨고, 남기는 것도 필요하다고 여기지도 않았어요.

혜광이 춘성을 만난 인연부터 들려주길 요청했다. 그랬더니 혜광은 그가 춘성과 인연을 지은 사실부터 시작하여 40여 년 전의 일을 회고했다. 그는 1957년 갑사 신흥암에 입산하여 숨겨진 도인인 석봉을 은사로 하여 출가하였다. 혜광의 은사인 석봉은 그간 불교계에도 거의 알려지지 않은 도인이었는데, 최근 숨은 도인을 발굴하여 쓴 책인 『은둔』에 석봉의 행장, 수행, 비사가 소개 되어 읽어 보았기 때문에 내심 매우 흥미로웠다. 석봉을 은사로 출가한 혜광은 1960년대 초반에는 수좌로서 각처의 선방을 돌아다니며 공부하던 시절에 우연히 망월사에 들러 춘성을 처음으로 친견했다. 그 이전에는 춘성이 은사와 친근하였고, 상원사 선방의 방한암 회상에서 은사와 함께 수행을 하였으며, 6·25전쟁 이후에는 두 분이 수덕사에서 함께 지낸 적이 있다는 것을 들은 정도였다. 그러나 그는 은사를 시봉하면서 공부를 해야 했기 때문에 망월사 선방에서 수행은 할 수 없었다. 망월사에서 친견을 할 때는 춘성을 감히 쳐다보지도 못할 정도였기 때문에 춘성의 말이 곧 법이라고 받아 들였다. 그가 망월사에서 며칠을 지낼 때도 춘성은 대중들과 함께 수행을 하고, 좌부동으로 이불을 삼았다고 한다. 그리고 춘성은 잠을 잘 때에도 좌부동 위에서 잠을 잤지, 이불을 펴고 누운 것을 본 적이 없었다. 혜광은 그가 언제인지는 기억하지 못하면서도 이불 이야기를 하면서 다음과 같은 흥미로운 비사를 증언하였다.

> 춘성 스님이 돌집을 짓기 이전의 무렵으로 보이는데요. 그때에 비가 엄청 온 적이 있어요. 그래서 동두천에서 의정부로 내려오는 하천이 범람하고, 망월사에 내려다보니 그 아래의 하천에 물이 엄청났어요. 그때는 도봉산에 등산객이 많지는 않았지만, 등산객이 와서 망월사 인근에 텐트를 치곤했지요. 그때 우리는 방에서 자고 있는데, 춘성 스님이 새벽녘에 일어나셔서 옷을 다 벗으시고, 빤스만 입고. 산을 다 뒤졌어요. 텐트에서 자는 사람들을 남·여를 가릴 것 없이 절로 끌고 올라 왔어요. 그리고는 "이놈들아! 이 밤에 산사태가 나면 큰일 나려고 그런다."라고 하시면서요. 비가 많이 오면 계곡의 물로 인해 등산객이 휩쓸리고 사고가 날 것을 대비해서 그리 한 것이지요. 그렇게 방에 몰아넣고서 비를 피하게 한 것입니다. 망월사에는 이불이 없으니 일꾼에게 "불이나 때 줘라.", 그리고 "좌복이나 줘라."라고 했어요. 이런 것은 우리는 상상하기 어려운 것이지요.

이렇게 춘성의 자비스러운 보살정신을 구현하던 그 현장의 분위기를 알려 주었다. 혜광은 망월사에 이따금씩 들렸기 때문에 춘성에 대해서 많은 것을 기억하고 있었다.

한번은 안거 수행의 결제를 마치고 대중은 대부분 돌아갔을 때, 혜광이 망월사에 가 보니 대중이 아무도 없었다. 그때는 돌집을 막 짓기 시작할 때로 기억하는데, 돌집 불사를 하다가 자금이 부족해서 1층만 짓고, 2층은 시작하기 전이었다. 그런데 그날 밤, 비가 막 오니깐, 그 돌집의 천장 쪽인 슬라브에서 비가 샜다. 그래도 춘성과 혜광은 비가 새는 곳을 피하여, 그곳에다가 방석을 깔고 그냥 앉아서 밤새도록 정진을 하였다. 아침이 되어 간단한 공양을 하고 다시 들어와 비가 새지 않는 쪽을 찾아앉았다. 춘성과 혜광은 다시 좌부동에 앉아 정진을 하고 있는데, 2층 공사

춘성과 친근하게 지낸 수행 도반, 석봉 스님. 석봉은 숨겨진 도인이다.

를 하기 위해 만들어 놓은 계단을 타고 천정 슬라브에 고여 있었던 빗물이 방으로 들어 왔다. 두 사람은 그것도 모르고 정진을 하다가 어느 순간에 방으로 물이 많이 들어와 흥건한 것을 알게 되었다. 그러자 춘성은 혜광에게 "야! 시팔 자식아! 물이 들어오는 것도 모르고 앉아 있냐?"라고 말을 하고 그제서야 방을 나갔다. 이렇게 춘성은 비가 죽죽 흐르는 방에서 빗물을 벗 삼아 정진을 하였다. 그리고 혜광은 망월사에 머물 때 돌집 공사를 하였기 때문에 돌로써 법당을 지은 이유를 들려주었다.

제가 알기로는 춘성 스님은 망월사가 수좌들이 제일 살기 좋은 곳으로 해야 하겠다는 마음이었어요. 그런 원력이 있었어요. 그 첫째는 시줏물을 아껴 써야 되고, 시줏물은 꼭 필요한 곳에만 써야 한다는 것이었어요. 다음으로 수좌들이 공부하는 데에 불편을 주면 안 된다, 수좌들을 편히 해주어야 된다는 것을 근본으로 삼은 것이었습니다. 나무로 지으면 자꾸

수리를 해야 하니 돌집으로 지어 수좌들이 영원히 정진하기 좋게 만들어 주겠다는 뜻이 담겨진 것이지요. 스님은 수좌도 열심히 공부하는 스님을 좋아 했고, 그런 스님을 자기의 분신으로 생각했어요.

춘성이 법당을 돌집으로 지은 연유가 여기에서 명쾌하게 드러났다. 이런 증언이 나오면서 혜광도 그 옛날 춘성을 모시고 살았던 그 당시로 돌아간 듯 점차 목소리가 밝아지기 시작했다. 춘성의 최후를 시봉하던 인연을 들려주길 요청했다. 그러자 혜광은 그 이야기 보다 자신의 은사인 석봉의 입적을 춘성이 뒤처리 해 준 사연을 먼저 이야기 했다.

1960년대 후반, 초여름 날 혜광은 동화사 선방에서 수행을 마치고, 은사인 석봉을 모시고 서울 외곽인 세곡동의 토굴로 왔다. 그곳은 방 하나에 부엌 하나있는 허름한 곳이었다. 그런데 토굴에 온 지 삼일 째가 되던 날 석봉의 심신이 이상하였다. 혜광은 은사의 입적을 예감하고, 그 길로 서울 대각사 인근 관수여관에 머물고 있는 춘성을 찾아 갔다. 춘성을 만난 혜광은 아무래도 석봉이 돌아가실 것 같다고 자신의 의견을 말하였다. 그러자 춘성은 알았다고 하면서 "오늘은 늦었으니 먼저 가라. 나는 내일 아침에 가겠다."라고 말을 하였다. 그런 말을 들은 혜광은 부지런히 발길을 재촉하여 토굴에 돌아오니 저녁 여섯 시 무렵이었다. 그 당시만 해도 토굴이 있는 세곡동은 개발이 되지 않았을 때라 서울 시내인 종로를 갔다 오면 하루가 다 가던 시절이었다. 그런데 돌아 와서 석봉을 보니 아무 말도 안 하고 일체의 행동이 없었다. 그래서 은사인 석봉에게 장삼을 입혔더니 그때 마지막 숨이 넘어가는 소리를 듣게 되었다. 잠시 후 은사인 석봉인 고개를 숙인 채로 좌탈입망 하였다.

한편, 춘성은 그 다음날 택시를 대절하여 아침 열 시 무렵에 토굴에 도착해 보니 이미 석봉이 열반하였다. 상황을 판단한 춘성은 석봉의 상좌들에게 오늘 당장 여기에서 석봉의 다비를 하자고 해 혜광을 비롯한 상좌들은 춘성의 결단을 수용하여 다비 준비에 들어갔다. 동네에서 숯, 가마니, 베니아판 등을 가져 와 다비 준비를 하면서 인근에 있는 파출소에 가서 순경에게 다비를 한다는 사실을 알렸다. 그랬더니 사후를 대비하는 차원에서 순경은 사진사를 데리고 와 석봉의 좌탈입망한 모습을 촬영하였다. 지금도 혜광의 방에는 석봉의 좌탈입망한 사진이 액자에 담겨 있다.

이제 다비 준비가 다 되었다. 춘성과 상좌들은 석봉의 시신을 방에서 마당가 다비장으로 함께 운반하였다. 춘성은 다비장에서 경허의 참선곡을 딱 한번 불렀다. 목탁을 치지도 않고, 산에서 바위가 굴러가는 소리와 같은 목소리에서 나오는 춘성의 참선곡만이 그 주위에 낭랑하였다. 춘성은 상좌들하고 석봉의 다비를 다 마치고서 말을 하였다.

이제 모든 것은 끝났다. 나는 갈 터이니 뒷수습을 잘 하거라. 그런데 절대로 사리 수습은 하지 마라. 나는 사리를 인정하지 않는다. 만약 사리가 나오면 그대로 인근 산에다 뿌려라. 절대 상을 내지 마라. 그러면 그 산이 그대로 부도가 되는 것이다. 그리고 이 자리에 부처님 도량을 만들도록 하라. 알겠냐!

춘성의 이런 말을 들은 석봉의 상좌들은 춘성의 당부 이외의 행동은 일체 하지를 않았다. 시신을 수습하다 보니 사리가 엄청 나왔다. 무려 두 되박이나 될 정도였지만, 춘성의 당부로 인해 그것을 그대로 뼈와 함께 부수어 인근 야산에 뿌렸다. 그 당시 남은 석봉의 유물은 오직 걸망 하나였다. 그러면서 혜광은 이런 석봉의 최후는 춘성의 최후와 흡사하다고 회고했다.

춘성 스님의 다비를 하고서 견진 스님과 함께 온양의 비구니 절에 가서 춘성 스님의 걸망을 가져왔어요. 스님께서 거기에다가 걸망을 놓고 왔다고 해서요. 그 절은 온양 온천의 철길 건너의 산 중턱에 있는 옥련암인가? 그럴 거예요. 가서 걸망을 열어 보니 거기에는 조그마한 죽비 하나, 빼놓은 틀니 하나, 주민등록증, 그리고 빤스 하나가 들어 있었어요.

혜광은 석봉의 다비를 다 마치고는 두 달 후에 춘성을 찾았다. 서울 종로 3가에 있는 관수여관으로 가서 뒷처리 한 것을 말씀드렸더니 춘성은 "절 짓고 있냐?"라고 물었다. 그러나 그 시절 혜광은 각처를 떠돌면서 공부하던 시절이라 돈도 없었고, 신도도 없어 절 지을 엄두를 낼 수 없었다. 그래서 "아직 준비가 안 되었습니다."라고 하니 춘성은 "뭘! 그리 오래 걸려." 하면서 "나를 따라 나서라."고 하여 혜광은 춘성의 뒤를 따라 종로에 있는 유명한 불구점에 들어 갔더니, 거기에 있는 잘생긴 관세음보살을 가리키며 말을 하였다.

이 부처님을 모시고 가거라. 가서 얼른 법당을 지어라. 여보 주인장, 이 부처님을 배달해 주어. 얼른 실어다 주어서 절을 짓게 도와 줘.

춘성은 이렇게 말을 하고 먼저 가게에서 나가 버렸다. 혜광과 가게 주인은 영문도 모르고 "예, 알겠습니다."라고 할 뿐이었다. 혜광은 춘성이 마련해 준 불상을 모시고 와 토굴 마루에 모셔 놓았다. 왜냐하면 법당이 없었으니깐.

그로부터 혜광은 모든 정성을 다해서 법당을 짓는 일에 전력을 다했다. 혜광은 화주로 붙일 신도들이 없었기 때문에 개인적으로 돈을 빌려서 하다 보니 목조 법당 하나 짓는 데에만 4년이나 걸렸다. 더욱이 그는 공부하는 수좌이기 때문에 절을 짓는 것에 큰 재미를 느끼지 못했다. 혜광은 사형인 혜철과 상의하여 은사와 인연이 있는 토굴에 부처님 도량을 자그마하게 지었고, 그 법당 주위에 산 전부가 은사의 부도나 마찬가지라고 한 춘성의 말을 실천하였고, 그 절에서 누가 살든 도량만 만들어 놓았으니 공부나 하러 가자고 결정하였다. 그리고 빚을 내서 지었기 때문에 감당할 능력도 없어 수좌 출신인 성수 스님에게 인계하고 거기에서 나왔다. 그 절이 성수의 문도들이 살고 있는 '법수선원'이다. 그리고 혜광은 종로의 관수여관으로 춘성을 다시 찾아 갔다. 그런 결정을 하고 나온 것을 말씀드리기 위해서 춘성을 만난 혜광은 전후사정을 알리고 "막걸리 먹고 나왔습니다."라고 말했다. 그랬더니 춘성은 "잘했다! 이제는 공부나 해라."는 말을 하였다. 그리고 혜광을 데리고 종로2가의 신신백화점 2층에 있는 한식집으로 가서 한정식 한 상을 차려 오게 하고는 혜광에게 "그동안 수고하였다."는 말을 하면서 점심 대접을 거나하게 하였다. 그리고 맥주 제일 큰놈을 가져 오라고 하여 혜광에게 따라주면서 쭉 먹으라고 권하였다. 그리곤 말을 하였다.

> 이제 마음대로 다녀라. 그동안 마음고생 많았다. 그 절은 누가 하더라도 석봉 스님의 부도가 되었고, 영원히 부처님 도량이 되었다. 성수가 잘 할거다.

이렇게 점심 대접을 받은 혜광은 그날 춘성과 함께 관수여관에서 함께 머물렀다. 그것은 춘성이 다음날 함께 망월사를 올라가자고 하였기 때문이다. 이튿날 아침 춘성과 혜광은 여관을 나와 여관 입구에 있는 칠십 먹은 영감이 하는 구멍가게에서 아침을 먹었다. 아침이라고 해 봐야 뎀부라와 콩국수 국물이었다. 아침을 먹은 춘성은 혜광을 데리고 인근에 있는 피카디리 영화관으로 갔다. 그 영화관에서는 역도산이 주연으로 나오는 영화를 상영하고 있었다. 표를 끊고 영화관으로 들어간 춘성은 좌석표에 나온 지정 좌석으로 가지 않고, 영화를 가장 보기 좋은 좌석으로 가 앉았다. 이윽고 영화가 시작되었다. 한국인으로 일본에서 레슬링 선수로 이름을 떨쳤던 역도산을 주인공으로 한 영화였다. 춘성은 역도산이 외국 선수를 집어던지는 장면이 나오면 두 손을 불끈 쥐고서 "잘한다, 잘 한다."라고 소리를 쳤다. 그러나 덩치 큰 외국 선수가 왜소한 체격의 역도산을 차고 메치면 "저런 고얀 놈!" 하고 탄식을 하였다. 그러다가 다시 역도산이 반격을 하면 "야! 잘한다."라고 소리를 쳤다. 그러면 춘성의 주위에 있는 사람들이 춘성에게 와서 "할아버지 좀 조용히 해주세요."라고 말하면, 춘성은 "야! 비켜, 잘하는 것은 잘하는 것이고, 못하는 것은 못하는 거다."라고 하면서 주위 관객의 말을 아랑곳 하지 않았다.

그런데 영화가 어느 정도 시작이 되었을 무렵에 춘성이 앉아 있던 좌석의 표를 구한 관람객이 와 보니 이미 춘성이 앉아 있는 것이 아닌가? 어둠 속에서 가만히 보니 웬 노인네가 앉아서 소리를 지르고 영화를 보니 어찌 할 수도 없었다. 그 관람객은 극장 밖으로 나가서 영화관 사람들에게 사정을 이야기 하였다. 영화관 사람이 상영장 안에 들어 와서 보고, 춘성의 좌석 표를 구한 사람에게 양해를 구했다. 이렇게 춘성은 영화를 보더라도 뻑쩍지근하게 보았다. 그러나 영화를 반쯤 보고서는 혜광에게 "그냥, 가자!"라고 하고는 이내 나와 버렸다.

영화관을 나온 춘성과 혜광은 기차를 타고 망월사역에 내렸다. 거기서부터 망월사를 향해 터벅터벅 걷기 시작했다. 한참 올라 가다가 호텔을 짓는 도봉산 입구에 선 춘성은 갑자기 혜광에게 말을 하였다.

다시 내려가야겠다. 너나 올라가라. 내가 아침에 역도산 영화를 본 것은 그 영화의 힘을 빌려서 절에 좀 올라가려고 한 것인데, 여기까지 오다 보니 그 힘이 다 빠져 버렸어. 그러니 더 이상 올라 갈 수가 없어.

그래, 혜광은 혼자서 망월사로 올라갔다. 춘성은 역도산 영화를 그 이전에 다 보았지만, 도봉산 꼭대기에 있는 망월사를 오르기 위해서 역도산의 기를 받으려고 하였던 것이다. 춘성이 영화광이었다는 증언은 간혹 들을 수 있었지만, 이 같은 역도산 영화에 얽힌 증언은 정말 새로운 이야기이다.

그 이후 혜광에게 망월사와 춘성과 관련된 이야기를 해 주길 요청했다. 그 실마리를 한용운과 만공에 대한 말을 춘성에게 들어본 적이 있느냐에서 찾았다. 혜광은 춘성에게 만해 한용운에 대한 말은 들은 기억이 없고, 만공에 대해서는 그저 정진하고 항시 지도하신 말씀을 한 번도 놔 본 적이 없다는 것, 늘상 가지고 있었다는 것은 들었다고 하였다. 그리고 법상에 올라가서는 '무'자 화두를 들어야 한다고 강조하였지만, 그냥 '무' 하면 '무공(無空)'이 되니, '어째서'를 더 붙이자고 하였다고 한다. 즉 "어째서 '무'인가?"라고 하자는 것이었다. 그런 말을 자주 하였다는 것이다.

혜광은 1960년대 초반 망월사 선방의 조실은 선지식으로 명망을 떨친 정금오가 조실로 있었다는 증언을 하였다. 정금오도 치열한 수좌로 유명하고, 불교 정화운동의 최일선에 섰으며, 조계종의 부종정, 총무원장을 역임한 큰 도인이었다. 이런 정금오를 망월사 조실로 초빙한 것은 능히 짐작할만한 일이다. 정금오가 1966년 법주사 조실, 1968년 입적 이후에는 전강을 조실로 초빙했다는 것이다. 여기에서 춘성은 왜 어떤 이유로 당신의 혼이 배어 있는 망월사를 스스로 퇴진하였는가를 물었다. 구체적으로는 망월사 관리의 후임자로 전강을 지목하였는데, 어째서 문정영에게 넘어 갔는가와 연관되는 것이다. 이에 대해 혜광은 다음과 같이 당신이 춘성에게서 들은 것을 진솔하게 이야기 했다.

제가 아는 것으로는 스님도 그렇게 말씀하셨습니다. 스님은 "망월사는 내가 좋아서 주로 몇십 년 동안을 살았지만, 그것은 내 것이 아녀."라고

춘성이 조실로 있었던 봉국사의
소임자 명단(「대한불교」 1977. 5. 22).

요. 내가 사는 것은 다 대중이 있을 적에 내가 거기에 있는 것이지. 대중이 없으면 나 혼자서 거기에 있을 이유가 없는 것이라고 했어요. 스님의 연세가 팔십이 되어 가니깐 도봉산 꼭대기에 있는 망월사를 올라가고, 내려오는 것이 벅찰 것이에요. 그래서 주로 관수여관을 연락처로 하시면서 절을 관리하는 입장이었습니다. 그렇지만 망월사를 떠났다는 생각은 없었다고 보입니다.

대중들이 망월사로 예전처럼 많이 모이지 않고, 상좌들도 다른 선방에 가서 공부를 하고, 스님 자신이 절에 올라가서 대중들을 외호하기도 어렵고 하니깐 결단을 내린 것입니다. 그래서 처음에는 전강 스님에게 절의 관리를 맡겨서 전강 스님의 상좌들이 와 있었습니다. 그런데 그 사람들이 와서는 절을 정상적으로 관리 운영을 하지 않고 엉뚱한 일을 했어요. 이를테면, 딴짓거리를 두 번이나 해서 춘성 스님이 그것을 알게 되었어요. 두 번이나 당한 셈이었지요. 그들은 망월사 돈으로 자신들의 토굴을 지어 나가곤 했어요. 그 무렵에 스님이 저를 불러서 관수여관으로 갔더니 그런 말씀을 했어요. 그들이 짓다가 만 요사채를 스님이 저하고, 공사하던 업자, 그리고 공사 자금을 댈 회장보살인 법성화를 불러서 그 마무리를 다 해주라고 지시를 하였어요. 그래서 제가 그 뒷처리를 하였지요. 그리고 상좌들에게는 망월사를 차지할 욕심을 내지 말라고 하고서는 문정영 스님에게 연락을 해서 넘겨주고 나온 것입니다.

이런 증언에 나오듯이 춘성은 자신이 수십 년간 수행을 하고 정성을 다해서 복원을 하였던 자신의 분신과 같은 망월사에 대한 욕심을 버리고 손을 털고 나왔다.

이런 증언과 회고를 접하면서 춘천의 심우정사에 오길 잘했다는 마음을 갖게 되었다. 그리고는 춘성의 마지막 여행과 입적 직전까지 시봉을 하면서 보고 들은 것을 들려주길 요청했다. 이런 이야기는 혜광에게서나 들을 수 있는 것이었다.

　춘성은 말년에 치질로 고생을 많이 하였다. 그런데 그것이 진행이 되어 직장암으로 변하였다. 그런데도 춘성은 병원은 가지 않고, 자신이 신뢰하는 중국 한의원의 의사를 찾아서 치료를 하려고 하였다. 하지만 그 한의사를 찾을 수가 없어서 도봉산에 등산을 왔다가 춘성과 인연이 된 백병원의 원장을 찾았다. 박 원장은 춘성을 존경하고, 춘성도 그 원장을 신뢰하였던 터이다. 백병원의 특실에 입원하여 치료를 하였다. 그러나 그때에는 상태가 매우 나쁘게 되어 병원에서는 3~4개월 밖에 살 수 없다는 진단을 하였다. 춘성에게 알릴 수가 없어서 응급조치로 치료를 할 수밖에 없었다. 그러나 어느 순간에 춘성은 자신의 병세를 알게 되고, 자신의 병세를 숨긴 병원장에게 속았다고 하면서 병원을 박차고 나왔다. 자신의 손에 꼽혀 있었던 링게르주사 바늘을 자신이 다 뽑아 버리고, 누비 두루막 하나 걸치고, 이내 봉국사로 와 버렸다. 그때에서야 혜광은 춘성에게 춘성의 병명을 알리고, 병원에서는 고칠 방법이 없음을 말했다.

　자신의 상좌인 혜성이 주지로 있는 봉국사에 온 춘성은 주위 사람들에게 아프다는 말은 일체 하지 않았다. 전국을 바람처럼 돌아다니던 춘성으로서는 절 안에 누워 있는 것이 이루 말할 수 없이 답답하였다. 혜광은 춘성을 시봉하고 가끔 외출을 하였다. 그러나 춘성의 체격이 크고, 병으로 인해 몸에서 나는 냄새가 심하여 그 시봉은 간단한 것이 아니었다. 그러나 혜광은 춘성이 자신을 좋아하고, 자신도 춘성을 은사 못지않게 지극정성으로 모시는 입장이었기에 정성을 다했다. 간편한 작업복으로 갈아입고서 택시를 대절해서 서울 구파발 근처의 자주 가던 진관사로 갔다. 경내로 오르는 돌계단 입구에 택시를 세웠다. 거기에서 절 마당까지는 20여 미터에 불과했다. 그런데 춘성은 병세가 심하여 걸을 수가 없었다. 혜광은 춘성을 자신의 등에 업고, 그 계단을 엉금엉금 기다시피 해서 조금씩 올라 갈 수밖에 없었다. 춘성은 혜광의 목과 어깨를 부여잡고 매달려 있는 형편이었다. 혜광은 온 힘을 다하여 절 마당가에 다가와서 동시에 잔디밭에 나뒹굴어 버렸다. 누운 채로 하늘을 쳐다본 춘성은 말을 하였다. "아! 좋다."라고 하면서, 잠시 후 대중들이 춘성이 왔다는 소식을 듣고서 잔디밭으로 달려 나왔다. 그런데 마침 그때에 수좌로 유명한 향곡이 와 있었다. 달려온 향곡을 본 춘성은 "향곡 스님이구만!"이라고 말을 하자, 향곡은 "몸이 불편하시다는 소식은 들었습니다. 몸은 어떠세요?"라고 하였다. 그러자 춘성은 "응, 그냥!"이라고 답을 했다. 향곡과 진관사 대중들은 오셨으니 안으로 들어가자고 하였으나 춘성은 그를 거절하고, 잠시 후에 다시 택시를 타고 그곳을 떠났다.

  진관사를 나온 춘성은 차를 서울 종로3가의 대각사로 가자고 하였다. 대각사는 그가 1920년대 중반부터 다니던 절이었다. 백용성이 세운 사찰이었는데, 춘성은 그곳에서 『화엄경』 법회를 하였고, 서울 시내에 오면 자주 찾던 절이었다. 대각사에 들어간 춘성은 주지와 몇 마디 대화를 하고 대중들이 머물던 큰 방으로 갔다. 이 방은 자신도 자주 와서 머물던 바로 그 방이었다. 춘성은 그곳에 있었던 노장들과 몇 마디 대화를 하였다.

"춘성 스님! 맥주가 먹고 싶어서 왔구만!"
"아냐! 오늘은 내가 사주려고 왔어."
"스님! 이제 맥주는 다 먹었네."
"내가 너 먹으라고 남겼으니, 네가 먹어."
"스님의 모습이 호랑이 상이라고 하는데, 오늘 보니 호랑이 상이 아니네."
"네가 호랑이를 몰라보는 것은, 내가 너를 안 물었으니 모르지?"

노장들과 이렇듯 다정하면서도 쓸쓸한 말을 나눈 춘성은 대각사를 나와 그날은 봉국사로 돌아 왔다.

그로부터 며칠 후, 1977년 하안거의 결제 무렵 춘성은 혜광에게 오대산에 가자고 하였다. 혜광은 택시를 대절하여 춘성을 모시고 강릉으로 향하였다. 그때는 차를 추가로 대절하여 상좌 견진 등 몇 명의 승려들이 동행하였다. 강릉에 도착한 춘성은 자주 찾던 동호냉면집으로 갔다. 이 냉면집은 춘성이 강릉에 오면 반드시 찾던 그 집이었다. 상좌들은 그 냉면 맛이 별로였지만, 춘성은 그 냉면 맛을 최고로 쳤다. 춘성은 몸이 불편해서 독방에 들어가 냉면 세 그릇을 시켜 먹었다. 혜광을 비롯한 상좌들은 식당 안의 다른 공간에서 냉면 한 그릇씩을 먹고 대기하고 있었다. 냉면을 먹고 나온 춘성은 그날 저녁을 인근 용평스키장에 있는 주와 호텔에 숙박을 하기로 하였다. 그곳은 쌍용양회의 김미희 여사의 기도비서인 명심화 보살이 사전에 예약을 해 놓은 호텔이었다. 춘성은 그 호텔의 제일 큰방에서 하루를 묵고서 혜광을 빼고 따라온 상좌들은 전부 돌아가게 하였다. 그리고는 호텔에서 내주는 차를 이용해서 오대산 월정사로 들어갔다.

월정사에서는 주지를 맡고 있는 희찬의 환대를 받았다. 그렇지만 바로 상원사로 올라가자고 하여 차를 이용해서 도착하니, 절에서 내주는 방에 들어가 쉬더니만 갑자기 혜광을 찾았다. 춘성은 혜광에게 "내일이 결제날이니 내가 결제 법문을 해야 하는데, 기력을 보충해야 잘할 수 있을 터이니 산삼을 구해 와! 그것을 먹고 힘을 내서 법문을 해야 하겠어."라고 하였다. 춘성에게 그런 말을 들은 혜광은 우선은 "알겠습니다." 하고 방에서 나왔다. 그러나 혜광은 앞이 캄캄하였다. 비가 억수 같이 쏟아지는 밤중에 깊은 산속의 상원사 어디에 가서 산삼을 구해 온단 말인가? 혜광은 걱정을 하면서 절의 후원을 둘러보았다. 그랬더니 대추를 말린 것을 담아 놓은 것이 눈에 띄었다. 순간 혜광은 어떤 방편이 머리 속을 스쳤다. 그렇게 해 보자고 해서 실행한 것은 후원에 있는 약탕기에 대추를 넣어 끓이고, 붉은 빛으로 변한 물에다가 월정사 주지인 희찬에게 받은 인삼차를 부어 넣는 것이었다. 그리고 그 물을 큰 대접에 담아서 춘성에게 가지고 가 "스님 여기 산삼을 달인 것을 가져 왔습니다."라고 했다. 춘성은 "용케도 구했구만! 어디 먹어 보지?"라고 하면서 그 물을 벌컥 벌컥 다 마셨다. 다 마신 춘성은 산삼냄새가 난다고 하면서 좋아 하였다. 그러나 얼마 후, 춘성은 그 물이 산삼물이 아닌 것을 알아 버렸다. 혜광의 지극한 정성을 기특하게 여겨 무조건 마신 것이었다. 춘성이 산삼 물을 모를 리 없다. 그러자 혜광은 사실을 고백하면서, 그것은 인삼차를 달인 것이고, 밤중에 차도 없이 비는 오는데 산삼을 구할 수 없었다고 말했다. 그랬더니 춘성은 그 사정을 수긍하더니 이내 그곳에서 즉시 떠나자고 하였다. 비가 오는 한밤중에 도저히 갈 수가 없어 혜광은 아침까지 기다려야 된다고 하였다. 그렇지만 춘성은 막무가내였다. 아침 열 시경이 되어서 상원사로 어느 신도가 차를 몰고 왔다. 그 신도에게 강릉으로 나가서 택시를 대절하여 상원사로 빨리 보내줄 것을 신신당부하였다. 신도가 성의를 다한 결과였던지 오후 한 시경에 택시가 절로 들어왔다. 혜광은 택시 뒷좌석에 비닐을 깔고, 그 위에 춘성을 눕게 하고 강릉포교당으로 향하였다. 춘성은 그곳에서 즐겨 먹었던 동호냉면집에 연락해서 냉면을 배달하여 먹었다. 그러나 춘성은 다 먹고 나서는 동호냉면집의 것이 아니라고 호통을 쳤다. 혜광은 그렇지 않다고 말하였지만, 춘성을 납득시킬 수는 없었다.

그런 다음 춘성이 낙산사로 가자고 하여 갔더니 해수관음상 공사를 한창 하고 있었다. 주지인 원철을 만난 춘성은 택시에 누운 채로,

"원철 스님 혼나네! 고생이 많아, 불사를 잘 하네!"라고 하였다. 그리고는 신흥사로 가자로 하여 들어 갈 때에는 이미 하루가 다 가고 있었다. 그러나 그때까지도 춘성은 몹시 고통스러운 표정이었지만 아프다는 말은 하지 않았다. 신흥사로 들어가면서 혜광은 춘성에게 "스님! 여기는 본래 스님의 고

신흥사 안양암 점안식(1973. 7. 28)을 마친 윤고암, 문성준 스님. 춘성 스님은 안양암 주지를 역임하였다.

향이 아닙니까? 이제 스님이 '환지본처' 하여서 아주 오신 것입니까?"라고 질문하였다. 그러나 춘성은 그에 답하지 않고 설악동 주차장 근처에서 "야! 이제 되었다. 가자!"라고 했다.

그때 춘성이 가자고 한 절은 평택의 비구니 절인 영명사였다. 춘성이 그리로 가자고 한 것은 그 절에서 먹은 평택 쌀밥의 맛을 잊지 못하였기 때문이다. 그러나 혜광은 그곳까지 갈수가 없었다. 그곳에 갔다가 다시 성남까지 오기도 어렵거니와 택시를 대절하였으니 택시기사는 다시 강릉까지 가야 하기 때문이었다. 혜광은 춘성에게 말을 하지 않고, 기사에게만 성남 봉국사로 가자고 하여 밤 열 시 무렵이 되어서 봉국사에 도착하자 승려와 신도들이 마중을 나왔다. 춘성은 택시에서 나오더니, "아니! 영명사로 가자고 했는데, 여기는 봉국사구만! 도로 왔구나." 하고선 더 이상의 말은 않고 절 안으로 들어갔다.

이렇게 마지막 여행을 다녀 온 뒤로 춘성의 병세는 더욱 좋지 않았다. 춘성의 상좌들은 입적을 염려해서 화계사로 옮기자고 해 춘성을 따라서 화계사로 갔다. 혜광은 그날 이후로 화계사에서 만 15년을 살게 되었다. 그 당시 화계사에는 덕숭산 만공 문하에서 춘성과 함께 있었던 덕산이라는 노장 스님이 있었다. 두 분은 서로가 존경하고 법력도 서로 인정하는 사이였다. 덕산은 춘성을 "근년에 와서 내가 들어 보기로, 춘성 스님은 1세기에 한 번 태어나기가 어려운 도인 스님이라!"라고 평하면서 혜광에게 "잘 모셔라!"라고 말했다. 그 무렵 춘성은 몹시 괴로운 모습을 이따금 보였으나 힘들다 혹은 아프다는 말은 일체 안하였다. 혜광은 춘성에게 "도인 스님도 그렇게 아프세요?"라고 농을 하였다. 그러자 춘성은 "야! 이놈아 아픈 것 하고, 도하고 무슨 상관이 있냐? 도인이라고 아프지 않은 것이 어디 있냐?"라고 응수했다.

 춘성은 입적을 준비하는 것처럼 갈수록 말 수가 적었다. 춘성은 1977년 칠월 칠석 다음날에 입적하였다. 혜광은 칠석 전날 춘성을 바라보니 아무래도 느낌이 이상하여 덕산 노장에게 찾아가서 자기의 의견을 말하였다. 덕산은 춘성이 누워있는 방으로 찾아 갔다. 칠석날 새벽 무렵이었다. 덕산은 춘성에게 "스님 오늘은 칠석인데, 절 행사로 바쁜 대중을 불편하게 해서는 안 됩니다. 알지요! 오늘은 참아야 하지요?"라고 했다. 춘성은 누운 채로 커다란 눈을 한번 껌뻑이더니 아무 말도 안 하였다. 덕산은 혜광에게 "오늘은 참아 주실거다! 걱정 말아라! 가서 일 봐라!"라고 했다. 하여튼 춘성은 칠석날을 넘기고, 그 다음날에 입적했다. 그가 평소에 강조한 대중을 위해서, 대중들에게 불편을 주지 않고 갔던 것이다. 혜광은 이렇게 그가 모신 춘성의 최후를 담담하게 고백하면서도 자신이 증언한 내용이 춘성의 진면목을 왜곡시키지나 않았을까? 하는 노파심을 피력했다.

 저에게는 은사인 석봉 스님과 춘성 스님은 다른 스님이 전혀 아니었습니다. 우리 스님도 권속 관념이 없으셨지만, 춘성 스님도 권속 관념이 없었던 분이었습니다. 제가 감히 춘성 스님을 평할 수는 없는 것이기 때문에 저는 다만 제가 지켜 본 것만 교수님에게 말씀드렸어요. 그래서 조심스럽게, 신중하게 표현하려고 신경은 썼지만, 그것이 추후 어떻게 이해될 지가 궁금하네요? 다만 저는 춘성 스님의 행적이 수좌의 근본에서 차후에라도 수좌 스님들에게 교훈이라고 할까? 경책으로 받아들여졌으면 좋겠어요. 스

성남 봉국사 법당 앞에서 주장자를 짚고 있는 춘성 스님의 의연한 모습.

님은 늘상 '무'를 찾았기에 무애도인으로 표현되는 것은 괜찮을 것 같아요. 다만 스님은 종이에 하나라도 남기질 않았고, 남겨 놓은 것이 없어요. 춘성 스님의 다비를 마치고서 저희들은 춘성 스님의 사리가 있든지 없든지 찾지도 않았고, 스님의 유해를 그냥 수습해서 화계사 뒷산에 그냥 뿌렸어요. 하여간 춘성 스님은 가장 활달하고, 가진 것이 없었고, 오직 스님일 뿐이었어요.

한편, 혜광에게 흥미진진한 이야기를 들으면서 다른 인터뷰 대상자들에게 들을 수 없었던 다수의 증언이 나오자 이전부터 풀지 못한 궁금증을 혜광에게 질문하였다. 그것은 무엇보다도 춘성의 비문이 봉국사에 세워져 있는 것 말고도 일타의 비문이 있는 것, 다비식에서 노래자랑을 하였던 것, 수덕사 문중에서 춘성을 참회제자로 처리한 것 등등이었다. 이에 대해 혜광은

자신이 알고 있는 것을 솔직하게 표현하였다.

비문은 두 개를 받았어요. 탄허 스님에게 받은 것은 비석으로 세워져 있고, 수덕사 차원에서 춘성 스님이 수좌이니깐 수좌계에서 명문으로 이름이 난 일타 스님에도 부탁해서 받은 것으로 알고 있어요. 그런데 춘성 스님의 신도의 화주를 받아서 비석을 세워야 했는데, 그 신도가 탄허 스님을 신하는 신도였기 때문에 자연스럽게 탄허 스님의 비문이 새겨진 것이 아닌가? 해요. 그러나 춘성 스님의 사상과 행적으로 보면 비석도 안 맞는 것이지요. 다만 후학과 후예를 위해서 한 것이지만, 그러면 비석도 좋고, 이런 책도 좋지만, 비석을 돌로 보면 돌이고, 비석으로 보면 비석이지요. 문제는 비문을 읽어 봤느냐, 보았느냐가 중요하지요.
다비장에서 저의 역할은 다비장에서 밤새 먹는 것을 조달하는 소임을 보았어요. 그래서 다비식장에서 일어난 것을 알고 있지요. 그때 전국 수좌들이 엄청 모였는데, 거기에다가 노래방을 차렸어요. 양쪽으로 나뉘어서 수좌, 비구니, 신도 등이 동참해서 돌아가며 노래를 하였어요. 동참한 사람들이 술도 많이 먹고, 잔이 없으면 고무신짝에다가 따라서 먹고 그랬는데, 아침에 보니 그곳이 아수라장이었어요. 그때 장의위원장이 월산 스님이었는데, 가만히 보니 다비식장을 보니깐 큰일 났거든요. 그래 걱정이 되니깐, 덕산 스님에게 가서는 "저는 위원장을 못하겠습니다."라고 했어요. 덕산 스님이 그 사정을 알고서는 "그렇다면 자네는 춘성 스님 장의위원장의 자격이 없지."라고 하였어요. 덕산 스님은 "이런 장례는 처음이고 마지막일 것이다."고 하셨어요. 그러나 월산 스님은 그냥 가 버렸다고 해요. 하여간 그 다비식은 전무후무한 다비였어요.
『만공 법어』에 춘성 스님이 참회제자로 나온 것은 제가 덕산 스님에게 들은 것이 있어요. 덕산 스님은 저에게 덕산, 전강, 금오, 고봉 스님이 모여서 춘성 스님을 만공 스님의 입실제자로 받아 주는 것으로 만공의 제자로 인정하자고, 만공 스님에게 말씀을 드렸다고 했어요. 그러니깐 만공 스님이 그를 거절하면서, 그 이유를 말하기를 춘성 스님에게는 한용운 스님이 있는데, 굳이 당신이 받아줄 이유가 없다고 했다는 것입니다. 이것은 만공 스님이 한용운 스님과 친한 사이인데, 도반의 상좌를 자신의 상좌로 만들 수 없다고 여긴 것이 아닌가? 합니다. 다만 만공 스님이 춘성 스님의 이름을 재 城 자에서 성품 性 자로 이름의 한문을 바꾸었다고 해요. 그랬는데 만공 스님이 열반하시고 난 후, 전강 스님과 덕산 스님이 주도해서 위패를 놓고 전법을 하는 의식을 했다고 하지요. 물론 그 의식에는 춘성 스님도 함께 하였다고 했어요. 저는 이것을 덕산 스님에게도 듣고, 춘성 스님에게도 들었어요. 만공 스님의 생전에 춘성 스님이 엊저녁에 꾼 꿈을 갖고 만공 스님에게 말씀을 드리니깐, 만공 스님이 아무 말씀을 안 했기 때문에 춘성 스님도 만공 스님의 법에 대해서 말씀을 안 했던 것으로 알고 있습니다. 그래서 『만공 법어』에 춘성 스님을 참회제자로 하였을 것입니다.

참, 그리고 춘성 스님이 수덕사에 있는 진영각의 고승 초상화를 불사른 유명한 일이 있었어요. 그것도 제가 덕산 스님에게 듣기로는 춘성, 덕산, 전강 스님이 그렇게 하자고 결정을 하고, 고양이에게 방울을 다는 것을 누가 할 것인가를 놓고 설왕설래 하였다고 해요. 마침내 춘성 스님이 자청하여 하였다고 알고 있습니다.

혜광은 보고 들은 것을 다 쏟아붓듯이 솔직담백하게 이야기를 해주었다. 이것은 그가 춘성을 시봉한 사실, 그리고 화계사에서 15년을 살면서 춘성과 친근한 덕산에게 들은 것이 많아서 나온 것이 분명하였다. 춘성의 상좌들은 오히려 춘성을 무서워하고, 어려워 하였으니 자연히 춘성에게 들은 내용이 그나마 적을 수 있을 것이다. 춘성도 자신이 대하기가 좋은 혜광에게 자신이 가슴에 담아둔 삶의 굴곡에 숨겨진 것을 자연스레 전달하였을 것이다.
  혜광과 함께 점심공양을 자연스럽게 하면서 주고받은 대화에서 의외로 진실함을 접할 수 있었다.

제가 듣기로는 춘성 스님의 아버님은 관동팔경 일대를 떠들썩하게 하던 한량이라고 했어요. 집을 자주 비우고 그래서, 춘성 스님은 아버지를 좋아 하지 않았다는 말을 제가 들었습니다. 저는 속으로 관동팔경을 떠들썩하게 하는 종자의 씨를 춘성 스님이 받은 것이 아닌가? 생각했지요. 1960년대 후반 무렵에 주민등록증이 처음으로 시작되었는데, 춘성 스님의 주민등록증을 만들기 위해 저하고, 견진 스님하고 속초 시청을 찾은 적이 있습니다. 그때 시청에 가서 확인해 보니 춘성 스님의 본적은 속초시 설악동으로 되어 있었어요. 그래서 속초 시청에서 확인해 준 문서를 갖고 의정부에 와서 주민증을 만들어 드렸지요.
춘성 스님은 석주 스님이 사시던 칠보사에 큰 연고를 갖고 있다고 저는 들었어요. 그것은 제가 법수선원의 절을 인계시키고, 막걸리 먹고 나왔다는 관수여관에 가서 말씀을 드릴 때 들은 것입니다. 제가 막걸리 먹고, 손 털고 나왔다니깐, 자신도 일정시대에 칠보사를 만들었다가 맥주 한 잔 먹고, 손 털고 나와서 그길로 수덕사로 갔다고 했어요. 그것은 아마 제가 생각하기에 스님이 그 시절 속세와의 인연이 맺어지자 어느 신도가 토굴을 지어 주면서 살라고 했던가 봐요. 그러나 스님은 그것을 뿌리치고 재출가하는 심정으로 만공 스님의 회상으로 가신 것이었습니다.

춘성의 본적이 속초시 설악동에 있었다는 것, 이것은 새로운 내용이다. 이것은 춘성이 일본 강점기에 신흥사 산내 암자인 안양암, 계조암, 내원암의 주지를 한 것은 분명하기 때문에 그 무렵의 흔적이 남아 있었던 것이 아닌가 한다. 이에 대해서는 속초 시청에 가서 확인할 내용이다. 그리고 칠보사가 춘성 스님이 창건주라는 말은 이따금씩 들어 왔지만, 그 정황은 전혀 가늠할 길이 없었다. 그런데 혜광의 증언으로 인하여 그 실마리를 찾은 셈이 되었다. 이는 춘성이 1930년 이전, 서울 장안에서 포교사로 이름을 날리다 단언할 수 없는 인연의 그물에서 벗어나기 위해 덕숭산 만공 회상으로 가서 참선 수행을 한 배경과 그 계기를 전혀 알 수 없었는데, 이에 대한 단서를 확보한 귀중한 증언이라 하겠다.

  이 같이 귀하고 중요한 증언을 해준 혜광은 그러면서도 자신의 말이 혹시라도 춘성의 행적, 사상, 수좌정신을 잘못 이해시키지 않을까? 하는 노파심을 감추지 못했다. 필자는 신중을 다해서 집필을 하고, 문도 스님들에게 보여 드리고 검사를 받아서 책을 내겠다는 약속을 했다. 그 여름날 오후, 심우정사에서 맛있는 점심을 얻어먹고서 춘성 스님과 인연이 아주 돈독한 사람이 가져 온 술을 두잔 얻어 마시고, 가겠다는 인사를 하고 소시장의 앞 길을 터벅터벅 걸어 버스 정류장이 있는 길가로 나왔다. 시원한 바람이 불지는 않았지만 주체할 수 없는 묘한 기분을 간직하고 탐구와 개척으로 의기양양한 기운이 불현듯 다가왔다.

만해제자 · 무애도인

## 진정한 무소유 정신을 실천한 도인

**수명 스님** | 서광사 주지

　　오랜만에 찾아온 겨울 추위가 기승을 부리던 2008년 1월 17일, 경기도 용인으로 향했다. 춘성의 상좌인 수명이 주지로 있는 절인 서광사가 용인에 있기 때문이다. 수명은 춘성의 행적과 사상을 바르게 전해야 한다고 생각하고, 그를 10여 년간이나 마음의 응어리로 안고 있었다. 수명은 격동의 세월인 1960년대 어느 날, 인연 따라 망월사를 찾아 춘성을 은사로 모셨다. 그는 망월사에 6년간 머물면서 춘성을 지근거리에서 시봉하였다. 그리고 춘성이 입적하기 직전에도 시봉을 하였기 때문에 수명에게서는 그간 알려지지 않은 춘성의 비사를 적지 않게 들을 수 있을 것이라는 예견을 하고 두근거리는 심정으로 서광사로 들어갔다.
　　필자는 그를 2007년 8월 춘성의 기제사가 있었던 봉국사에서 처음 만나 춘성의 글쓰기가 어느 정도 진척이 되면 찾아가겠다는 약속을 하였기 때문에 구면이었다. 그는 차 한 잔을 내주면서 그간 마음속에 품었던 응어리부터 내놓기 시작하였다.

　　저도 선방 수좌로서 제방의 큰스님이라 불리우던 동산, 명허, 설봉, 경

북한산 중턱에 자리잡은 망월사의 전경. 망월사는 춘성 사상의 고향이다.

봉, 금오, 효봉, 망봉, 선상, 향곡 스님을 모시고 살아도 보고, 시봉도 해 보았어요. 제가 볼 때 그분들의 책을 쓰는 것은 쉬울 것이라고 여기지만, 우리 스님의 일생을 책으로 만드는 것은 대단히 어려울 것이라고 봅니다. 왜냐하면 우리 스님의 사상이나 사신 것을 잘못 표현하면 엉뚱한 스님이 될 가능성이 많아요. 그만큼 스님을 제대로 정확하게 말한다는 것이 어려워요. 그래서 우리 스님의 책을 내려고 10년 전에 이미 효림 스님과 상의도 하였지만, 책을 내는 것이 스님에게 누가 될지 아니면 후대에 남기는 것이 좋은 것인지에 대해 판단이 안 서요. 책에서 우리 스님이 잘못 표현되는 것이 제일 걱정돼요.

그는 춘성을 문자로 표현하는 것 자체에 신경이 곤두 서 있었다. 그는 춘성의 막행막식처럼 보이는 삶과 육두문자로 나오던 욕이 어떻게 정리될 것인가에 대해 적잖은 고뇌를 하였다는 것을 고백하였다. 그러면서도 그는 춘성이 살아온 것, 그에 담긴 사상을 직접 보고 지켜본 것을 담담하게 회고하기 시작했다.

근래에 우리가 말하는 큰스님들을 제가 지켜본 바에 의하면 대부분은 대접을 받고, 독방에 보약을 쌓아 놓고서 사셨습니다. 그러나 우리 스님은 평생을 독방에 안 가셨습니다. 망월사에서도 주지를 오래 하셨는데, 주지 방이 있었지만 스님은 주지 방에 아예 가질 않았습니다. 그냥 저희들하고 똑같이 큰방에 앉아서 수행하셨어요. 그때 70대 후반, 80이 다 된 노구를 이끌고서 선방 어간에 앉아 계셨어요. 그때 망월사 큰방에는 이불이 없었어요. 당신도 주무실 때에는 드러누우시면 제가 목침을 얼른 갖다 드리고, 배에다가 좌복 하나 얹으면 그만입니다. 지금도 그렇고, 그때도 그렇고, 어느 선방이 이불이 없는 선방이 있습니까? 이런 것이 진실한 무소유를 실천하신 것입니다. 스님처럼 모든 것을 탁! 털고, 진실로 무소유를 실천하신 스님이 많지 않아요. 스님은 옷도 하나밖에 없었어요. 신도들이 옷을 해 드리면 그냥 남을 줘버립니다. 그러니 맨날 단벌신사이었지요.

수명은 춘성이야말로 진실한 무소유자이었다는 것을 힘주어 강조하였다. 그래서 수명은 춘성이 단순히 무소유만을 실천한 것이 아니고, 수좌들의 수행을 진작시켰다고 회고한다. 망월사 선방은 그 당시 북방에서는 유일한 선방이었기 때문에 많은 수좌들이 몰려들었던 것도 당시 수좌들이 춘성을 존경한 것에서 나온 것이라고 해석한다. 수좌들을 감동케 하였던 것은 매일 새벽마다 울렸던 춘성의 염불 소리라는 것이다.

지금도 기억나는 것은 스님의 염불 소리입니다. 말년에는 하지 않으셨지만, 80이 다 되도록 매일 도량석을 하셨거든요. 그 망월사가 겨울에는 얼마나 춥습니까? 한겨울에도 새벽 세 시가 되면 스님이 목탁을 들고 도량석을 합니다. 스님이 쓰는 목탁은 들지도 못할 정도로 굉장히 큽니다. 그리고 목탁 채가 거의 빨래 방망이처럼 컸어요. 새벽 세 시가 되면 그것을 들고 1시간동안 도량석을 하십니다. 그러면 우리 수좌들은 그 소리를 듣고 깨요. 그때 스님이 염불하는 것을 녹음하지 못한 것이 한이 돼요. 제가 염불하는 것을 들어 보면, 스님의 평소 무소유의 목소리가 나와요. 하여간 스님은 아홉 시, 열 시 무렵에 주무시고 열두 시부터 세 시까지 포행을 하십니다. 그러고 나서 세 시에 도량석을 하시는 것이지요. 또 아침 공양을 하시고 점심 때까지도 마당에서 계속 포행을 해요. 그때 망월사에 있던 일등 수좌들이 춘성 스님의 일과를 따라서 하루를 해보더니, 하루도 똑같이 못 따라 해요. 저도 해보았지만 못하겠더라구요.

그러면서 1960년대 초반에는 망월사 선방에는 정일, 견진, 대선, 대기 스님 등 수좌 20여 명이 넘게 늘상 수행을 하였다고 회고한다. 그리고 춘성을 조실스님으로 호칭하지는 않고, 그냥 큰스님으로만 불렀다. 간혹은 선지식으로 유명하였던 전강이 오기도 하였는데, 춘성은 전강을 선배처럼 예우를 잘 하였다고 한다. 그러면서 춘성은 시봉도 잘 안 받고, 늘 혼자 다녔다. 아니 시봉 받을 필요가 없었다. 신도들에게도 따라오지 말도록 하였다.

수명은 망월사를 나와서는 각처의 선방을 다니면서 수행을 하다가, 봉은사에 살았던 적이 있었다. 수명이 봉은사에 있을 때에 춘성이 오면 그 당시 봉은사에 머물던 운허와 영암도 자신들이 쓰던 방을 춘성에게 내주었다. 그렇지만 춘성은 자신에게 내준 방은 쓰지 않고 큰방에서 대중들과 함께 지내고, 그 방에서 공양을 하고 훌쩍 가곤 하였다. 춘성의 무소유는 보통 사람들이면 할 수 없는 기상천외의 경지였다고 수명은 회고한다. 수명이 망월사에 머물 때에 춘성은 망월사 돌집 불사를 하였다. 그러면 상좌들은 불사에 들어가는 시줏돈이 들어오면 예의상으로 항상 춘성에게 그 돈을 갖다주었다. 그러면 춘성은 그 돈을 양쪽 주머니에 넣고 기분이 좋은 상태로 마당을 포행하였다. 한번은 시줏돈 200만 원이 들어와서 수명이 춘성에게 맡기면서, 이 돈은 내일 일꾼들에게 나갈 돈이라고 일러 주었다. 그런데 문제는 바로 그렇게 포행을 할 때에 객승이나 수좌가 가겠다고 춘성에게 인사를 하면 춘성은 주머니에 있는 그 불사금을 그냥 줘버린다는 것이다.

> 다른 절 같으면 스님들의 여비는 종무소에서 준비한 것으로 충당하지 않습니까. 그런데 망월사에서는 객승이 간다고 하면, 우리 스님은 당신 주머니에 있는 것을 손에 잡히는대로 그냥 주는 것입니다. 처음에는 왼쪽 주머니에 오른손의 손가락 두 개를 집어넣어서 한 장이 잡히면 한 장을 주고, 열 장이 잡히면 열 장을 그대로 줘버립니다. 그러나 두 번 이상은 안 들어가요. 그렇게 돈에 대한 관념이 없어요. 낼 당장 쓸 돈인데도 그냥 줘요. 돈을 받은 객승이 너무 많다고 하면 스님은 "야 시팔놈아! 그냥 가져가."라고 할 뿐이고, 한 장을 받은 객승이 너무 적다고 하면 "그냥 가 없어."라고 했어요. 그렇게 나누어 주다가, 왼쪽 주머니의 돈이 다 떨어지면 이번에는 오른쪽 주머니로 손이 들어가는 것입니다. 우리 스님은 그런 식으로 돈을 나눠 줘 버려요. 돈이 다 떨어진 후에 객승이 오면, 주머니에 손을 넣어도 돈이 없잖아요. 그러면 "그냥 가라."고 하지요. 불사금을 준비해서 갖다 드린 것을 그렇게 써버리는, 그렇게 사신 큰스님을 보기 힘들거든요. 그래도 저희는 원망을 할 수 없어요. 그런 것 자체가 어른으로서 참 멋지잖아요. 저도 큰스님을 많이 보아 왔지만, 이런 경우는 보지 못했어요. 그래서 저는 이런 우리 스님을 책에서 표현하는 것 자체를 스님에게 죄송스럽게 생각하고 있어요.

수명 스님이 춘성 스님을 모시고 제주도 여행시 천지연 폭포에서 기념 촬영.

이렇게 무소유를 실천한 춘성은 욕을 잘하는 것으로 유명하였다. 그러나 수명은 춘성의 그 욕을 단순하게 욕으로만 여기지는 않는다고 하였다. 춘성의 욕은 소탈하고, 일상사의 한 부분이었기에 수명은 하루에 한번이라도 욕을 안 들으면 뭔가 빠진 것처럼 이상하게 여길 정도였다. 딴 사람이 욕을 하면, 에이 나쁜 사람이구만, 사람이 왜 그래 할 터인데, 춘성이 욕을 하는 것은 자연스럽고, 담백하게 들렸다고 한다. 그저 소탈하게 살았던, 꾸미는 것을 거부하였던 체질에서 나온 것으로 받아들였다는 것이다.

그러면서 수명은 자신이 춘성이 입적하기 1년 반 전에 춘성을 시봉하고 제주도에 가서 겪은 일화를 들려 주었다. 춘성은 국내만 주로 돌아다니며 수행을 하였기 때문에 제주도에는 70 평생 그때 딱 한번 가보았다고 한다. 그 시절에는 은행에서 온라인으로 돈을 찾던 시절이 아니었기 때문에 수명은 60만 원을 준비하여 춘성과 함께 김포 공항으로 나갔다. 춘성은 비행기를 처음 타게 되었다. 춘성은 죽비 하나, 우산 하나를 넣은 걸망을 지고 비행기를 타기 위해 반드시 거치는 보안 검사를 하는 자리에 섰다. 공항 직원이 머리에서부터 발끝까지 조사를 하였다. 지금은 기계로 하지만, 그때만 해도 손으로 몸 수색을 하니깐, 춘성은 "이 시팔 놈아! 뭐하는 거냐?" 하고 그냥 획하고 지나갔다. 수명이 공항 직원에게 미안하다는 말을 하고 급히 뒤따라갔다. 그리고 비행기를 타기 위해 벌판을 걸어서 가보니, 비행기 트랙 밑에서 보안 검사를 또 하였다. 그러나 춘성은 그에 상관하지 않고 그냥 비행기 트랙을 오르면서 수명이 따라 오지 않자, "야! 새끼야! 안 따라오고 뭐하는 거야."라고 하였다. 춘성은 비행기 안에 들어가서도 자기가 산 표의 좌석으로 가지 않고, 제일 좋은 남의 자리에 그냥 앉아 버렸다. 잠시 후, 춘성이 앉은 좌석의 주인이 왔는데, 그 사람은 영화배우 최무룡이었다. 수명은 최무룡에게 사정을 이야기 하였더니 최무룡은 "그러면 스님이 편히 앉아 가시라."고 하면서 오히려 자리를 양보하였다. 비행기에 앉은 춘성은 비행기가 바로 안 뜬다고 투덜거리다가, 이륙한 지 얼마 후에 음료수를 제공하는 시간인데 갑자기 걸망을 지고서는 수명에게 빨리 일어서라는 채근을 하였다. 수명은 아직 멀었다고 하자, 춘성은 수명에게 "야 임마! 제주도는 가까워서 비행기가 떴다 하면 바로 내린다고 하는데 내려라."고 했다.

　이런 우여곡절을 겪은 춘성과 수명은 제주 공항에 내려 택시를 잡아 타고는 제주 시내에서 조금 떨어진 용바위라는 곳의 전복을 파는 큰 횟집으로 갔다. 아마, 서울에서 전복을 먹어본 춘성은 제주에 가면 맛있는 전복을 먹을 수 있다는 말을 듣고 제주로 간 것으로 보인다. 횟집에 들어간 수명은 비싼 전복을 몇 인분이나 시켰다. 그런데 그 전복을 두 점 먹어 본 춘성은 대번에 수명에게 "일어나라 가자! 비싼 것이 왜 이러냐? 이거 엉터리다!"라고 하면서 그냥 나가 버렸다. 서울에서 먹은 것은 잡은 지가 오래 되니 흐물흐물하고 부드러운데, 제주도 것은 아무래도 현지에서 나온 것이니 여물고 너무 딱딱하니깐 그런 것이었다. 그리고 춘성은 틀니였기 때문에 딱딱한 것은 먹을 수도 없었다. 그리고 춘성은 나가면서 엉터리 전복이니깐 2천 원만 주라고 하였다. 수명은 시킨 것이 거의 만 원이나 되었기 때문에 춘성의 말을 어길 수도 없어서 화장실 갔다 오는척 하면서 만 원을 다 물어 주고 나왔다. 수명은 이번에는 다른 횟집으로 가서 전복죽을 시켜 먹었다. 춘성은 전복죽을 먹고 나서는 참 맛있다고 하면서 이번에는 천 원 밖에 안되는 죽 값으로

만 원을 주라고 하였다. 수명은 춘성의 이런 비사를 소개하면서 춘성은 돈에 대한 생각이 무심한 사람이었다고 회고하였다.

제주도에서 1박을 한 그날 수명은 호텔을 사전에 예약하지 못하여 평범한 방을 잡아 주었다. 그랬더니 다음날 아침 춘성은 수명에게 "이놈의 자식이! 좁은 방을 잡아서 사람을 어지럽게 하였다."라고 호통을 쳤다. 그래 다음날은 호텔에서 제일 큰방을 잡아 주었더니 좋아하면서, 큰방에서 왔다갔다 하면서 포행을 하였다. 호텔에서도 열두 시에 일어나 세 시까지는 포행을 하였다. 이렇게 춘성은 돈에 대한 관념이 없었지만, 물건에 대해서는 항상 최고급과 좋은 것을 썼다. 수명이 봉은사에 머물 때, 춘성은 수명에게 텔레비전을 하나 큰방에 사 놓으라고 하였다. 그 시절만 해도 절에다가 텔레비전을 놓으면 안 되던 때였다. 그렇지만 노장 어른인 춘성이 사 놓으라고 하니 봉은사 주지인 영암도 어찌할 수 없어, 그때 제일 좋은 비싼 흑백 텔레비전을 사서 큰방의 가운데에 놓았다. 그랬더니 춘성은 하루, 이틀을 보더니만 수명에게 이틀 전에 산 텔레비전을 갖다 버리라고 하였다. 좋은 것을 사오라고 하였는데 싸구려를 사왔다는 것이다. 서울 시내에서 볼 때에는 정각이 되면 땡하고 소리가 나는데, 소리도 안 나고 국악도 안 나온다는 것이 이유였다. 이렇게 춘성은 마음에 안 들면 미련을 두지 않았다. 그렇게 단순한 인간이었다.

춘성의 행동의 단순성과 파격성은 종정을 역임하였던 효봉이 1966년 10월 15일에 입적하여 조계사에서 종단장으로 영결식을 지낼 때에도 나왔다고 수명은 회고한다. 효봉이 입적하자, 춘성은 신도에게 부탁하여 상복(喪服)을 마련하여 그를 입고 조계사에서 10월 21일에 거행한 장의식장으로 나갔다. 수명은 춘성을 시봉하고서 조계사에 가보니 굴건(屈巾)을 하고, 상복을 입은 승려는 오직 춘성밖에 없었다. 그러나 그 누구도 그에 대해 일언반구도 할 수 없었다. 그때 춘성은 "대지와 허공이 무너지고 진흙소가 물위를 가는도다(大地虛空裂 泥牛水上行)."라는 만사(輓詞)를 쓰기도 했다. 춘성은 이렇게 특이한 삶을 살았다. 아니 춘성은 남이 못하는 것을 소신껏, 주위의 시선을 의식하지 않고 행하였다고 수명은 증언하였다. 상좌를 야단칠 때에도 주위에 신도가 있거나 말거나 욕이 나오고, 답답하면 상좌에게 한방을 먹여 버려야만 하는 체질이었다. 그래서 그런 성격을 수명은 상(相)이 없는 은사였다고 표현한다.

춘성의 가식 없는 소신은 강릉에까지 택시를 타고 가서 냉면을 먹었던 일화에서도 나온다. 춘성은 고향이 강원도 인제군 백담사 입구여서 그랬던지 국수, 냉면, 옥수수를 좋아하였다. 어느 날 수명은 춘성을 시봉하고서 강릉까지 택시를 타고 가게 되었다. 춘성이 강릉의 냉면집을 자주 가게 된 것은 아마도 가장 배고프고, 목이 마를 때에 먹었던 강릉냉면의 맛을 잊을 수 없었기 때문일 것이다. 수명은 그때 돈 2만 원에 택시를 대절해서 춘성을 시

제자들과 함께 한 춘성 스님(좌측부터 혜성, 성파, 정각, 견진, 수명). 춘성은 내 상좌, 네 상좌를 가리지 않고 불법과 상식에 의거한 교육을 하였다. 사진 속의 신도는 유발 상좌인 성초 거사이다.

봉하여 서울에서 강릉엘 내려갔다. 춘성은 내려가면서 휴게소에 서면 맛이 달아난다고 하여 한 번도 쉬지 못하게 했다. 그런데 강릉에 있는 문제의 냉면집을 가보니 냉면을 전문으로 하는 집도 아니고, 설렁탕도 하고, 찌개도 하는 평범한 일반 음식점이었다. 그 집에서 냉면을 먹고 난 춘성은 "어! 맛있다." 라고 하였지만, 수명은 별로였다. 수명이 볼 때에는 서울의 을지로 오장동에 있는 냉면 전문집이 훨씬 맛이 있었다. 그러나 춘성은 순식간에 먹어치웠다. 그리고 나서는 천 원에 불과한 냉면 값으로 만 원을 주라고 수명에게 명령을 하기까지 하였다. 그리고서는 다시 택시를 타고 서울로 올라왔다.

이렇게 춘성은 당신이 옳다고 하면 누가 뭐래도 요지부동이었고, 남의 설명을 잘 듣지도 않았다. 어찌보면 고집불통이요, 순진무구하였다. 수명은 그 강릉집을 두 번 갔다왔다. 수명의 사형으로 춘성을 시봉하였던 견진도 춘성과 함께 두 번 다녀갔으며, 춘성 혼자서 다녀오기도 했다.

수명이 회고하였던 춘성의 일화에는 가식 없는 인간의 삶을, 담백한 인간성을 여실히 말한다. 춘성이 망월사의 돌집을 지을 때에 공사에 필요한 기계를 서울 청계천에 있는 공구상에 가서 산 일이 있었다. 수명은 춘성이 그 기계를 사러 가자고 해서 그냥 따라나섰다. 공구상에 가서는 제일 좋고, 비싼 것을 정해 놓고서는 그것을 싸 가지고 가자는 것이었다. 그런데 수명은 춘성이 돈이 있어서 그리 한 것으로 알았는데, 알고 보니 돈이 전혀 없었다. 그리고도 수명에게 "져라! 져서 갖고 가자! 돈이 생기면 네가 갖다 주어라!" 라고 하였다. 그러니 주인은 기가 막혀서, "아니! 이런 양반이 다 있어, 돈도 없으면서 물건을 사러온 사람이 어디 있어?" 하면서 납득하지 못했다. 그러자 춘성은 화를 내며, "내가 망월사 주지요, 망월사가 어떤 절인데 이런 쥐꼬리만한 것 갖고 그래!" 하면서 역정을 내었다. 주인이 가만히 보니깐, 춘성의 얼굴을 보니 범상한 얼굴이 아니고, 옆에 서 있는 수명이 "그 약속을 꼭 지키겠습니다."라고 해서 그렇게 하라고 하였다. 수명은 그후 공구값을 몇

다솔사 주지를 역임한 최범술. 춘성은 최범술에게 한용운 자료를 제공했다.

차례 나누어서 같았다. 그래서 그 공구 상의 주인은 춘성을 무척 좋아하고 따르는 신도가 되었다. 이렇게 40년 전의 일을 어제 일처럼 회고한 수명은 그러면서도 대화를 처음 시작할 때에 한 염려스러운 말을 다시 되풀이하였다.

우리 스님은 돌아가실 때에 스님의 사리도 찾지 말고, 탑도 세우지 말라고 하셨는데 스님의 이런 일화를 세상에 말하는 것이 어떤 뜻을 갖게 되는지 정말로 확신이 안들어요. 저희 문도들은 스님이 가신 것이 너무 서운해서 비석과 부도는 세우기는 하였지만요. 제가 우리 스님에 대해서 이야기 하는 것은 제가 상좌로서 말하는 것이 아니라, 진짜 객관적으로 말하는 것이에요. 그리고 우리 스님은 상좌라고 해서 잘해준 것도 없고, 전국에서 망월사로 찾아와서 공부하는 스님들을 다 당신의 상좌라고 보았어요. 하여간 스님은 상좌 개념이 없었어요.

그리고 선방에서 공부를 잘하는 수좌가 있으면 잘한다고 칭찬만 해 주는 정도였지, 다른 스님들과 같이 전법을 하였다거나, 후계자를 정하는 것은 전혀 없었어요. 우리가 보는 앞에서 누구에게 법을 주었다는 소리도 없었고, 그런 것을 써준 일도 없었어요. 제가 스님을 시봉할 때에는 스님의 편지나, 스님이 간혹 게송을 짓거나, 건당 호를 내려 주면 그것을 제가 글씨를 조금 쓴다고 해서 제가 거의 대필하였지요. 그러나 스님 살아 생전에 여러 수좌들이 스님을 따르고 흠모하여 망월사 선방을 많이 다녀 갔지요. 그런데 스님의 가풍은 계승이 잘 안 되는 것 같아요. 저도 건당

수덕사 경내에 있는 만공탑. 춘성의 법사인 만공의 부도탑이다.

호를 우리 스님에게 받았습니다. 저는 건당 호를 받을 때에 우리 스님이 대중을 모아 놓고서 오늘부터 향산이라고 해라, 하시면서 대중공양을 돌리도록 했어요. 우리 스님이 선방에 계실 적에는 스님들이 술이나 고기를 드시는 것은 상상도 못할 시절인데도 해제를 하게 되면 일꾼을 시켜서 고기 몇십 근, 맥주 몇 박스를 일꾼을 시켜서 가져오게 합니다. 그리고서는 대중을 모아 놓고, "그동안 공부하느냐고 고생하였다. 마음껏 먹어라."라고 하셨어요. 그런 것은 당시나 지금이나 대단한 것이었고, 상상도 못할 일입니다. 그리고 망월사에는 요즈음 말이 많은 해제비는 따로 있지를 안 했어요. 그냥 당신 마음 내키는대로 그냥 차비를 주는 것이지요.

그러면서도 수명은 필자가 찾아가겠다는 말을 듣고서, 어떤 말을 해야할지 많은 고민을 하였다고 혼자말을 하였다. 한편 수명은 춘성은 은사였던 만해 한용운에 대해 들은 이야기를 회고하였는데, 그것은 참으로 귀한 내용이었다.

한용운 스님이 감옥에 있을 적에 감옥에 찾아가서 시봉을 하였는데, 비밀 쪽지를 많이 받아 왔는데, 그것을 최범술이 달라고 하여서 다 주었다고 했어요. 그리고 파고다 공원에 세워져 있는 비석을 당신이 찾아가서 보았던지 그 비석에 글자 하나가 틀렸다고 하시면서 저에게 고치라고 했어요. 제가 "그것은 나라에서 세운 것인데 어떻게 고칩니까?"라고 했더니 "야! 밤에 가서 몰래 고쳐 봐."라고 말씀했습니다. 그렇지만 저는 고칠 엄두를 내지 못했습니다. 그런데 저는 그때에 어떤 글자가 틀렸냐고 여쭈어 보지 못한 것이 한이 됩니다. 그리고 그때 저는 속으로 우리 스님이 글자 하나 모른다는 양반이 비석을 읽을 정도이면 대단하다고 생각했지요.

참, 그리고 우리 스님은 서울에 나오시면 종로3가의 백궁다방과 관수여관을 자주 이용했어요. 그리고는 인근의 대각사에 자주 들리시기도 했지요. 백궁다방이 스님에게는 선방이자, 사무소였고, 휴게실이었습니다. 스님은 다방의 한쪽 구석의 의자에 앉으셔서 졸리면 주무시고, 차를 주면 먹고, 쉬시곤 하였어요. 그리고는 돈이 있으면 주고, 없으면 못 주고 그랬죠. 그때 스님은 저에게 화두와 같은 귀중한 이야기를 하였습니다. 그 요지는 "다방의 테이블과 의자를 봐라, 이 의자는 잘난 놈이나, 못난 놈이나 다 받아 주고 또 안아 준다. 그러면서 말도 없고 불만도 없지만, 무자(無字)로 돌아간다."라고 하셨지요. 저는 그 말을 들을 때에 느끼는 바가 있었지요. 그리고 대각사에 포공 처사, 포공 법사로 불렸던 분이 있었는데 우리 스님을 따르고 좋아했어요. 수덕사 중노릇도 한 법사인데, 룸비니를 창설하고 지도 법사를 했어요.

수명은 한용운에 대한 것을 이렇게 회고하면서 춘성이 존경하였던 만공에 대한 이야기도 춘성에게 들은 것을 이야기하였다. 망월사에는 만공의 사진이

허옇게 난 머리를 깎지 않은 사진이 걸려 있었다고 한다. 그리고 춘성은 만공을 워낙 존경하였다는 말을 자주 하였다. 그래서 수명은 경허와 만공의 이야기를 춘성에게 많이 들었다. 한편, 수명은 춘성에게서 만공의 친필 유묵, '백초시불모(百艸是佛母)'라고 씌어진 족자를 받아서 망월사 선방에 걸어 놓았다. 그런데 언제인가 그것이 없어졌다. 소문으로 듣기로는 수좌였던 중광이 그 족자를 가져다가 통도사에 줘서 지금은 통도사 박물관에 가 있다고 하였다. 수명은 그 족자는 춘성에게 받은 선물이라고 하면서 잃어버린 것을 매우 안타까워했다.

우리 스님이 망월사에서 나오실 때 저희들은 망월사에 있던 것을 하나도 가져오지 못했어요. 우리 스님은 "위치에 관여하지 마라, 미련없이 다 줘라, 일절 손대지 마라."라고 하셨기 때문에 저희들은 망월사에 있던 스님이 문건을 하나도 가져오질 않았어요. 그것이 스님의 사상이었기 때문에 저희들도 미련없이 하나 챙기지 않았죠. 다 털고 나왔지요. 저는 망월사에 있던 좋은 벼루를 갖고 나오고 싶었지만, 스님 말씀을 듣고서는 가져오질 못했지요. 나와서도 일체 간섭하지 말라고 하셨습니다. 그때는 서운했지만 지금 생각하면 참 멋있는 일이었습니다. 여기에서도 우리 스님의 성격이 그대로 나올 뿐입니다. 종단에서 큰스님들이 계시는 절은 대부분 여생을 마칠 때까지 다 배려해주었지 않습니까? 그렇지만 우리 스님은 그런 것에 추호도 이의를 달지 않고 그냥 나오신 분입니다. 우리 스님 같은 분이 어디 있습니까. 그래서 저희들은 스님이 도량석 하실 때에 쓰시던 목탁도 두고 나왔지요. 그러니 스님이 돌아가실 때에는 오직 걸망 하나밖에 없었어요. 그 걸망에는 죽비 하나, 우산 하나, 염주 하나가 들어 있었는데, 죽비는 제가 갖고 있지만요.
하여간에 저는 우리 스님의 정신이 후대의 수좌들에게 제대로 전달되어야 한다는 마음은 갖고 있어요. 간혹 저를 찾아오는 수좌들에게 우리 스님 이야기를 해 주면 수좌들은 환희심이 난나고 그래요.

수명은 마지막으로 강조하였다. 지금껏 그가 한 말들은 그가 춘성을 은사라는 개념에서 회고한 것은 결코 아니라고, 수명은 그 자신이 춘성을 말년에도 시봉하였지만, 오히려 다른 큰스님들을 많이 시봉하였다고 언급하면서 춘성을 객관적으로 생각해 보아도 저런 분이 없다는 확신을 갖고 있다고 발언하였다. 지금 수덕사에서는 벽초와 원담으로 이어지는 법맥을 정통으로 보지만, 언제인가는 그 중심에 춘성이 있을 때가 올 것이라는 필자의 의견에 수명도 동조하는 기색이 역력하였다. 큰스님들은 대부분 독방 쓰면서 잘 살고, 신도들의 대접을 잘 받았지만, 춘성처럼 큰방에서 살았고, 방석 두 개로 잠을 자고, 옷은 한 벌밖에 없었고, 신도들의 대접에는 신경도 안 쓰고, 돈이 생기면 남을 다 줘버린 경우는 없었다고 힘주어 말하였다. 그리고 수명은 춘성이 당부한 좌우명이 총무원에 가지 말 것, 주지를 하지 말 것, 독방을 쓰지 말 것, 새끼를 갖지 말 것이었다고 증언하였다. 그래서 춘성의 이 말을 지금의 수행자들이 한번쯤은 되새겨야 할 금언으로 생각하였다.

이렇게 춘성에 대한 다양한 회고와 비사를 다 들은 필자는 공연히 기분이 상쾌해지고 우쭐한 마음이 생겼다. 추후 춘성에 대한 이야기를 다음에 만나 더 할 것을 약속하고 서광사를 나왔다. 그날의 날씨는 쌀쌀하였지만 오히려 그 바람은 상쾌하기만 하였다.

# 참된 염불을 가르쳐 준 스승

견진 스님 | 보현사 주지

춘성은 참선 수행을 지독스레 실천하는 수좌였다. 그것을 신도들에게도 강조했다. 신도들에게는 참선 뿐만 아니라, 염불과 기도를 통한 수행도 강조하였다. 춘성은 우렁한 목소리로 아침 노방석을 하는 것으로 유명하였는데 상좌들에게 염불을 할 때는 배에 힘을 주고, 소리를 지르면서, 자신있게 하라고 가르쳤다.

춘성의 상좌 중에서 염불을 제일 잘하는 승려는 견진이었다. 견진은 고향이 전라도 고창의 무장이었다. 유년 시절 불교의 인연으로 열일곱 살 때에 입산하였다. 1959년 망월사로 와서 춘성을 은사로 해서 정식 출가를 하려고 하였다. 그러나 그 무렵의 춘성은 상좌를 들이지 않았다. 견진은 춘성을 은사로 모시려고 100일간 기도를 하였다. 기도를 하던 중에 꿈속에서 바릿대를 만나는 기이함을 겪었다. 그 꿈 이야기를 신도들이 춘성에게 하자, 춘성은 그제서야 견진을 최초의 상좌로 받아들였다. 견진은 그 누구보다도 춘성의 시봉을 열심히 하였다. 그러나 그는 틈틈이 선방에 가서 수행을 하던 수좌였다.

1970년대 초 가을, 그는 해인사 선방에서 하안거 수행을 마치고 서울에 올라왔다. 도반들을 만나기 위해 어느 절을 가다가 종로 한복판의 길에서 그의 은사인 춘성을 만났다. 춘성을 만난 견진은 길 한가운데에서 춘성을 향하여 큰 절을 올렸다. 춘성은 그 모습을 보고 고개를 끄덕였다. 지나가는 사람들은 고개를 갸우뚱하며 모두 의아해 하였다. 그때 춘성은 양복을 입고 있었기 때문에 스님 차림의 사람이 양복을 입은 속인에게 대로변에서 절을 하니 주변 사람들은 그 상황을 이해할 수 없었기 때문이다. 큰 절을 받은 춘성은 견진에게 말을 하였다.

"그래 공부는 잘 하였느냐?"
"예, 스님!"
"그런데 너는 전라도 놈이라 음성이 좋아. 그래서 염불을 잘할 것이다."
"예……?"
"그렇지만 네가 염불만 하고 참선 공부를 하지 않으면 절대 안 된다. 네가 염불을 하면, 젊은 보살들이 너를 많이 따를 것이다. 그래서 너에게 쌀을 주고, 돈과 옷을 가져올 것이며, 심지어는 몸도 주려고 할 것이다. 그러나 그것은 불교가 아니다."
"……."

그 말을 한 춘성은 바로 그 자리를 떠났다. 그러나 견진은 그 말의 뜻을 알지 못하여 잠시 동안 거기에 서 있었다. 휴식과 만행을 마친 견진은 그해 겨울의 안거 수행을 위해 해인사 선방에 다시 들었다. 지대방에서 도반들의 이야기를 듣던 견진은 자신이 종로 한복판에서 은사인 춘성에게서 들은 법문을 들려주었다. 그러자 도반들은 고개를 끄덕였다. 그 법문은 선방 지대방의 단골 메뉴가 되었다. 필자는 이 법문을 춘성 회상에서 10여 년간 수행하였다는 대선을 통해 듣게 되었다. 대선은 견진이 자기보다 속납이 한 살

더 많았지만, 아주 친근하게 지낸 막역한 사이였다고 회고하였다.

춘성 회상에서 치열하게 공부하였던 견진은 1977년 춘성이 열반하자 큰 충격에 빠졌다. 그렇지만 그는 심신을 추스려 재발심 하는 각오로 수행을 하였다. 춘성의 가풍 진작에도 남다른 노력을 하였다. 그 단적인 예가 『주간불교』 신문(1986.10.15, 31)에 2회에 걸쳐 춘성의 생애, 사상, 일화를 「잊을 수 없는 나의 스승, 李春城 큰스님」이라는 제목으로 소개한 것이다. 춘성에 대한 집약적인 글이 전무할 때 이 글은 춘성 탐구의 길잡이 역할을 하였다. 필자도 이 기사를 스크랩하여 여러 번 읽었다.

견진, 그는 경기도 광주에 보현사라는 작은 절을 짓다가, 그만 과로하여 속납 60도 넘기지 못하고, 1998년에 입적하였다. 그를 아는 도반들은 그 심정을 다음과 같이 표현했다.

> 법회를 위해 동분서주하더니 끝내 과로로…….
> 혈혈 단신으로 사는 비구승이 너무 지나치게 몸을 무리하다 탈이 난 것이여.

견진에 대한 그리움을 가졌던 많은 수행자들은 견진이라는 이름을 쉽사리 지울 수가 없었다. 그 중 한 사람인 효림은 견진에 대한 추억을 정리하여 『현대불교』 1998년 3월 1일의 「이런 스님」 코너에 '호탕한 스님'이라는 제목으로 기고하였다. 그 기고문에서 효림은 그와 견진과의 여러 인연을 소개하였다. 그리고 견진에게서 춘성에 대한 많은 정보를 들을 수 있었다고 회고하였다.

> 그후 내가 스님을 만나 다시 모시고 살 수 있는 기회가 온 것은 몇 년이
> 지난 뒤 오대산 상원사에서였다. 처음 만났을 때 묵언을 하던 것과는 달
> 리 스님은 유머가 풍부하고 입담이 그렇게 좋을 수가 없었다. 방선 시

## 잊을 수 없는 나의 스승 〈7〉

# 李春城큰스님 (上)

金見眞
〈성남 보현사 주지〉

春性大宗師의 諱는 昌林이요, 俗姓은 李氏 본관은 主을이며 法名은 春城이요, 法號는 春性이다. 단기 4224년 3월 30일 강원도인 제군 원통리에서 출생 하셨는데 모친은 태몽에 의하면 푸른 하늘에서 한 동자가 오색구름을 타고 내려와 품에 들어왔다고 한다.

어린 시절부터 기골이 장대하고 총명함이 헤아릴 수 없을 정도였다고 전한다. 9세에 모친을 따라 설악산 신흥사를 찾아 분 중을 울리는 중에 법판에 모셔진 佛像을우 러러 보고는 出家의 뜻을 굳힌바 고했으나 허락을 얻지 못한다. 그로부터 4년이 지 난 후 13세에 萬緣休罷하고 百潭寺에 입산 하여 澤應和尙 슬하에서 祝髮한다.

20세에 금강산 유점사에 들어가, 東宣老 師에게 受具足戒했다. 이로부터 篤學을 전 공하여 특히 華嚴교리로 세상에 명문이 드 높았고 또한 고성의 音으로 念佛에도 長江 流水처럼 능하셨다.

世緣이 깊은 신도들의 힘을 얻어 서훈중

13세에 백담사 入山 萬海스님께 祝髮… 49세에 滿空선사 會下에 들어

토구 삼청동에 칠보사를 창건하셨으며 도 봉산 원통사를 중건하시고, 설악산 신흥사 주지 재임시에는 御田畓을 모으셨다. 49세 에 세상의 무상함을 느끼시고 德崇山에 들 어가 滿空和尙 슬하에 들었다.

「어떤 것이 조사 서쪽에서 온 뜻인가」 하고 깊이 참구하는데 하루는 만공선사 이르시기를 「別傳一句가 在基處로」 하시니 춘성스님이 豁擊一喝하니 만공노사께서 不 肯하시는 춘성스님께서 於是에 別立生涯 하고 更加참心하여 그의 진진에 드시니 수 먹사 山內 장격사 근방에서 불도 쨔지 일 은 채 겨울을 暑醒하셨다.

그후에 금강산 유점사에서 정진증, 장오

려 낸다.

스님께서는 남김없이 상을 비우고 주무 신 후 역시 저녁상과 다름없는 진수 성찬 으로 아침을 드신 것까지는 좋았으나 수중 에 돈 한푼 없는 신세라.

「여보 주인장. 나는 유점사의 주지도 아니 고 돈도 한푼 없소이다. 나를 고이 보내준 다면 만약잇가 들어오는 길에 후하게 값을 치르리다」 하니 기가 막힌 주인은 정장 녀 맺을 불러 스님의 옷을 몸땅 벗기고는 속 옷바람으로 내쫓는다.

하는 수 없이 알몸으로 30여리길을 걸어 가는데 많은 사람들이 인근 절에 큰제사가 있다고 몰려가고 있었다. 춘성스님이 寺內 에 들어가자 요늘 웅성거리기 시작한다.

주지가 나와 연유를 스님께 묻자 어제밤일 을 말하자 「우선 옷을 한벌만 주신다면 내 오늘 재를 지내 드리리다」 하니 쾌히 승락 한다.

이에 춘성스님은 의복을 갖춰 입고 염불 을 하고 법문을 설하니 모인 대중들이 크 게 감응하여 성의껏 보시를 하였다. 스님 의 大法師의 웅중한 대접을 받고 다시 어 제의 여관을 찾아 많은 돈을 내놓으며 주 인을 또 한번 놀란다. 속셈비보다 값집이 나 뒤은 돈을 치루고 태연히 떠나는 스님 의 뒷모습을 본 여관 주인은 그날의 奇緣 으로 인해 스님의 신도가 되었다.

이처럼 後思緣있는 중생들을 제도하시며 전국을 돌아니시다가 왕주 흑국사에서 長 坐不臥精進中 꿈에 만공노선사가 나타나 五 色의 영롱한 蓮花를 들어보이시며 노연히께 달아 別傳一句를 緊然格得하니 頌曰.
蓮花頂에 通身牽이며
大千秒界가 是箕身이다.
若人이 問我別傳句하면
間答이 卽悉佛事라 나오리라 하였다.

한번은 지금의 화점원 청운당 공중변소 에서 50여세 된 남자가 추위에 떨고 있음 을 보시고는 그 자리에 입고 있던 옷을 모두 벗어 주셨다. 그리고는 팬티만 걸친 알몸으로 갈 수가 없어 공중변소에서 해가 저물어 어두워지기를 기다려서야 거리로나 오셨다. 남의 눈에나 해화동 보타나르를 사창동 소프로 도달하여 쪽음 두드리니 나이 어린 사미니승이 나와 문을 열었다.

스님께서 「애야 먼저 들어가라」 재촉하시 니 익히 들던 스님의 음성이라 궁금하여 기다가 상황을 눈치채고는 혼비백산하여 안으로 뛰어 들어갔다. 비구니스님들이 급 한 길에 장삼을 들고 나와 스님께 드리며 「아직은 말평들 나이가 아닌데 어찌 이런 무엄한 짓을 하십니까?」 하며 공박하였다.

춘성스님께서는, 추위에 떨고 있는 중생 을 지나칠 수가 없어서 옷을 다 벗어주고 는 오후 2시부터 어두워질 때까지 공중변 소 속에서 있다가 온 걸취를 말씀하시고 그 곤한 주표 상을 최하셨다. 그 말씀들은 비 구니스님들은 「아이구 스님 그런 줄도모르 고 말평이 드셨다 편장을 드렸다」고 있으 더운 곡과 밥을 대접하고 그 밤으로 스 님이 갖추어 입으실 의복을 지어드렸다. 춘 성스님은 웃음 미소를 지으시며 입으시고는 「어떻게 이 추운 겨울을 지낼런지」 라며 떨고 있는 중생들을 걱정하셨다.

스님께서 안거를 맞아 범어사에서 백룡스 님과 함께 나오시며 「설봉, 우리 작별인사

춘성의 상좌였던 견진이 『주간불교』(1986. 10. 15)에 기고한 글.
춘성 스님의 행적과 가르침을 회고하는 내용이다.

간 같은 때에 지대방에 앉으면 으레 스님의 입담이 시작되었다. 그러면 우리 후배들은 모두 스님의 주변에 모여 귀를 기울이곤 했다. 동진(童眞)으로 출가하여 스님이 된 이후 춘성 노스님을 모시고 살면서 기량과 재질을 가꾸고 여러 가지 범절을 익혔다고 한다. 보고 들은 일이 많아 절 집안에 전해 내려오는 일들을 소상하게 잘 알았다고 한다. 문헌으로 전해지지 않은 옛날 큰스님들의 일화 같은 것을 견진 스님 보다 더 잘 아는 사람은 없었을 것이다. 특히 춘성 노스님의 무애자재한 일화를 가장 많이 알고 계셨는데, 그것을 평소에 정리해 두지 못한 것이 못내 아쉽다.

이렇게 효림은 견진에 대한 추억의 일단을 드러냈다. 효림은 견진을 기질이 활달하고, 힘이 넘쳐났으며, 후배들을 잘 이끌었다고 증언했다. 그래서 효림도 견진을 따라 여러 선방에서 함께 수행을 하였다.

그런데 견진은 나이가 들면서는 큰 절의 선방 같은 대중 처소에 나오지 않았다. 성남에 절을 짓기 위해서였다. 견진은 목청이 좋아 염불을 잘했다. 춘성도 평소 견진을 보고 전라도 광대놈이라 목소리 하나는 좋다고 그의 염불을 인정했다. 그는 여러 절에서 자주 초청을 받았으며, 초청 받은 절에 가서 법문을 해 주었다. 이렇게 법문을 자주 다닌 것은 법문비를 모아서 당신의 절을 당신의 힘으로 지어 보겠다는 평소의 원력을 실천하려는 마음에서 나온 것이다. 그러나 똑똑하고 재주있는 사람은 박덕하다고 했던가 견진, 그는 1998년 초여름에 입적하였다. 견진의 열반 소식을 듣고서 각처에 있는 수행 도반들이 많이 달려왔다. 다비를 하던 그날은 비가 많이 내렸다. 견진의 도반이었던 한 사람이 조사를 하였다.

"우리들 중에 가장 건강하여 늘 건강 하나는 장담을 하더니, 어찌하여 가장 먼저 가신단 말이오. 이것은 도대체 어느 조사의 가풍이오? 말 잘하던 언변으로 한번 일러나 보시오."

비가 오던 그날의 풍경은 그랬다. 그래서 우리는 우리 주위에 있었던 춘성의 상족 제자 하나를 잃었다.

# 그물에 걸리지 않는 바람같은 수행자

**대선 스님** | 요덕사 주지

　전라북도 완주군 비봉면에 깊숙이 자리잡은 수봉산 중턱의 내원골, 그곳에 가면 요덕사와 홍련암이 자리잡고 있다. 높지도 않은 산 중턱에는 요덕사가 있고, 그 금 밑으로 길가에는 아담한 토굴이 있으니 그것이 홍련암이다. 요덕사와 홍련암의 주인은 선사로 이름이 나 있는 대선이다. 불교계 신문에 가끔 대선의 동정이 전하고 있는데, 인터넷 검색을 하면 대선이라는 이름이 꽤 등장한다. 그런데 대선의 이력과 발언에는 항상 같이 나오는 인물이 있거니와 그 인물이 바로 춘성이다. 그래서 지금껏 춘성에 대하여 제일 많은 내용을 알고 있는 승려로서 춘성의 회상에서 10여 년을 수행하였으며, 춘성의 가풍을 실천하는 당사자로서 대선의 성격을 자리 매김 하고 있다.
　춘성에 대한 자료수집, 인터뷰, 글쓰기를 하면서 늘상 대선을 꼭, 반드시 만나야 한다는 강박 관념에 사로잡혀 있었다. 그러면서 대선이 알고 있는 정도 이상의 춘성에 대한 정보를 파악한 연후에 찾아가겠다는 나름대로의 생각도 하였다. 그러다가 2008년 1월 31일 차를 몰고 요덕사를 향하였다. 날씨는 제법 누그러졌지만, 찬바람은 정신을 번쩍 들게 하였다. 그날 대선

만해제자·무애도인

춘성의 가풍, 가르침을 정열적으로 역설하는 대선 스님.

과 춘성이라는 주제를 놓고 많은 이야기를 하였다. 대선은 필자에게 춘성의 일대기를 정리하게 된 것을 복으로 여기고, 이왕 하는 김에 최선을 다해서 춘성이라는 인물을 제대로 밝혀 줄 것을 당부하였다.

대선은 요덕사가 있는 내원골이 고향이다. 그곳에서 태어나 유년시절에는 마을 서당에서 한문을 배웠고, 중학교 시절에는 우연히 『금강경』을 보고 불교를 만났다. 열아홉 살에 불교에 대한 인연을 떨치지 못하고, 1958년 계룡산 갑사로 발길을 옮기게 되었다. 그는 갑사에서 만공 문도인 혜원을 은사로 모시고 출가하였다. 혜원은 만공의 법제자인 용음의 손주 상좌였는데, 해방 직후 입산하였다. 혜원과 같은 또래의 도반은 월산, 벽암, 일현, 원담 등이다. 대선은 절의 관습과 승려로서의 기본 자질을 익힌 이후에는 갑사 내의 북사자암터에 움막을 짓고 혼자서 수행을 하였다. 그때 그는 생식을 하면서 화두참구 수행을 치열하게 하였다고 한다. 대선은 그 움막에서 3년 여의 독신 수행을 한 이후에는 망월사의 춘성 회상으로 가게 되었다. 망월사로 가기 전, 그 당시에는 유명한 선지식(경봉, 전강, 동산, 성철, 향곡, 전강 등)이 많았기 때문에 어디로 갈까를 고민하였다. 망월사로 가게 된 것에는 은사인 혜원의 영향이 작용했다. 그가 정혜사에서 춘성과 같이 살았다는 이야기를 평상시에 하면서 춘성에 대한 말을 대선에게 털어놓았다. 대선은 그 무렵 자신의 꿈속에서 망월사가 나타난 것이 결정적인 계기였다고 고백하였다.
 한편, 대선은 망월사로 바로 가지 않고, 조계사의 천일기도에 동참하였다. 기도를 회향시키고 사형을 따라 밤 열 시에 망월사에 도착하였다. 절에 도착해서 춘성을 찾아 인사를 하였더니 "이 자식아! 올려면 일찍 올 것이지 밤늦게 와야 되겠어, 좆 같은 놈아!"라는 소리를 들어야만 되었다. 이때부터 대선은 춘성의 그림자가 되어 춘성의 일거수 일투족을 보고 배우게 되었다.

 내가 망월사에 간 것이 1960년일 것입니다. 그때에 보니, 춘성 스님은 밤 아홉 시 무렵이면 그냥 주무십니다. 그리고서는 한 시 남짓이 되면 일어나셔서 방 안과 마당을 계속 포행하시는 것입니다. 스님처럼 수행에 철저한 사람은 보지 못했어요. 대체로 나이가 들면 체력이 약해져서 몇 시간씩 앉아서 하는 좌선 수행을 생략하는 수가 많은데, 춘성 스님은 80이 넘으시까지 대중들과 똑같이 정진을 했어.
 그리고 그 스님은 돈에 일체 걸림이 없었지요. 신도들이 당신 용돈에 쓰라고 돈을 갖다 주면 꼭 당신 주머니에 넣고 계셔요. 그러다가 객승이 오거나, 누가 찾아오면 주머니의 그 돈을 그대로 꺼내서 주셔요. 돈을 줄 때에도 손에 잡히는 대로 그냥 주었지, 세어 보고 주지는 않았어. 그러니깐 춘성 스님의 돈은 통장이나, 서랍 같은 곳에 절대 들어간 적이 없어. 돈이 있으면 쓰고, 없으면 마는 것이지. 돈을 모아 놓고서 누구를 챙겨서 주는 법이 없어. 그러니 요즈음에 말이 많은 해제비라는 말은 있을 수가 없지.
 내가 1960년대 초 망월사에 들어가 보니 망월사에서 정진하였던 대중들은 춘성 스님을 모시고 오직 정진만을 했어. 이불도 없었고, 이불이 있을 수가 없지. 그리고 거기에는 지대방이 없었어. 조그마한 방이 하나 있긴 있었는데, 아무도 그 방에 들어가질 않아. 지대방이라는 곳이 수좌들이

망월사 춘성 스님의 회상에서 가르침을 받은 대선과 혜성 스님이 해인사를 방문하고 기념촬영. 대선과 혜성은 춘성의 제자로 제방 선원에서 수행한 선객이었다.

휴식을 하고, 모여서 떠들고, 잡담이나 정치 이야기를 하는 곳이고, 아픈 사람들이 쉬는 곳이 아닌가? 그런데 망월사에서는 감히 누가 그 지대방에 갈 수도 없고, 노장 밑에서는 아플 수가 없지. 다만 춘성 스님은 큰방을 뜨끈하게 만들어 놓기는 하였지. 그래서 스님은 망월사 큰방의 좌복에 앉으시고는 꼭 구름 탄 것 같다고 하셨어. 망월사 선방이 이렇게 좋은데, 이 기분으로 정진을 치열하게 해야 한다는 뜻이었지.

대선은 춘성 회상인 망월사 선방에서 근 3년 여를 철저하게 공부를 하였다. 해제가 되면 여타 수좌들은 모두 새로운 인연처로 가거나 만행을 떠났지만, 그는 망월사를 떠나지 않았다. 해제 기간의 망월사에는 춘성과 그 무렵에 입실 상좌가 된 혜성과 처음부터 상좌로 들어온 견진과 대선만이 남아 있었다. 혜성은 원주 소임을 보면서 외부의 일을 많이 보았기 때문에 춘성의 시봉은 견진과 대선이 주로 도맡아 하였다. 그렇게 해제기간에도 남아서 시중도 들고, 청소도 하면서 공부를 하니깐, 춘성의 수행 경험 이야기와 옛날의 큰스님인 만공 스님과 용성 스님의 이야기 등을 더 많이 들을 수 있는 기회가 있었다. 춘성에게도 각별한 관심을 받을 수 있었다.

그렇게 춘성 스님의 지도를 받아서 공부를 하였지. 그때부터 나는 스님의 애제자 노릇을 한 것이지. 그 무렵에 보니 춘성 스님은 오직 만공 스님을 절대로 추앙하였어. 방 안의 가운데에 만공 스님의 사진을 걸어 놓고서, 오면서 가면서 만공 스님을 바라보는 그 모습이 그렇게 참 좋아 보였어. 우리가 보았던 노스님의 모습을 잊을 수가 없어. 그래서 나는 속으로 저렇게 좋아 하실까 하는 그런 마음이 들더라구. 내가 한번은 춘성 스님의 은사인 만해 스님과 만공 스님을 비교하는 질문을 하였더니 만공 스님은 거의 절대적으로 신판나는 말씀을 하였어. 만해 스님의 이야기는 거의 안 해. 그것은 만공 스님을 도인으로 살리려고 다른 스님을 약간은 격하를 하는 것이었지. 그리고 숨겨진 도인이었던 금봉 스님을 춘성 스님은 인정을 하였지. 금봉 스님은 정화운동 때에 선학원에 머물렀지만, 신도들은 동산 스님이 종정이니깐 동산 스님만을 도인으로 보고서 금봉 스님은 거들떠도 안 보았다고 해. 그래서 춘성 스님이 금봉 스님 방에 가서 담배를 뻐끔뻐끔 피는 것을 보고서 "가풍을 버려서는 안 됩니다."라고 하였다고 하지.

대선은 춘성의 진면목을 더욱 잘 알게 되었다. 일반적으로 세간에 널리 알려진 춘성은 욕쟁이 스님이라는 별명과 도량석을 할 때의 우렁찬 목소리에 대한 실상도 저절로 알 수 있었다.

춘성 스님이 욕을 잘한다는 소문이 많은데, 내가 그 옆에서 지켜보니깐 노스님의 욕은 상스럽지가 않았어요. 유머스럽고, 웃음이 나오게 하고, 말하자면 친근감이 있어. 그러니깐 욕이 욕 같지 않아. 그리고 염불을 할 때에 보면 스님은 기골이 장대하고, 힘이 장사여서 그런지 그 음성은 아주 우렁차고, 단전에서 올라오는 소리여. 산천이 진동해. 그래서 춘성 스님의 염불 소리에 임산부가 놀랬다는 일화도 있어. 그런 말 들어 보셨나? 내가 스님을 모시고 시다림을 하는 곳에 따라 가보면 처음에는 살살하시다가, 어느 때부터는 소리를 벽력같이 지르셔. 따라간 나도 놀랬으니, 그 주변에 있는 여자들은 얼마나 놀랬겠어? 그 소리는 누가 따라올 수 없어. 그 소리를 흉내낸 스님이 지금은 돌아가셨지만, 견진 스님이야. 견진 스님은 나하고 친했고, 오랫동안 같이 살고 그랬는데, 참! 심성이 좋은 사람이었어. 그래서 혜성 스님, 견진 스님, 나 이렇게 세 사람을 삼총사라고 사람들이 불렀어.

대선과의 이야기는 점점 더 흥미진진해지고 있었다. 그간 덕숭 문중에 대한 공부를 할 기회와 인연이 없었다. 이번에 춘성에 대한 자료를 뒤적이면서 덕숭 가풍에 대한 여러 내용을 접할 수 있었다. 덕숭산 선풍은 경허와 만공으로 이어지는 가풍이 그를 상징한다. 오직 선 중심적인 수행 가풍이었는데, 그 이면의 그림자에는 막행막식이 반야에 무방하다는 소문이 상당히 퍼져 있다. 그래서 작금의 불교계와 수좌계의 막행막식에 대한 책임이 어느 정도는 덕숭 산문에 있다는 말도 있음을 부인하기 어렵다. 그러나 필자가 보기에 경허와 만공은 처절한 수행을 하였고, 그래서 깨달음을 얻고, 그 연후에는 각처의 수행자들을 지도하고 일깨워 주었다. 덕숭산에만 응크리고 머물지 않았다. 요컨대 대승불교의 이념인 상구보리 하화중생을 실천하였다. 1960년대 전후의 수행자들은 치열한 수행을 하지 않았고, 경허와 만공의 실상은 배우지 않고, 그 허상만을 따르고 모방했다. 이러한 저간의 사정을 고려하면서 춘성의 살림살이를 보건대 필자는 덕숭 가풍을 그 본질대로 철저하게 실천하였던 수행자는 바로 춘성이라고 본다. 춘성은 막행막식이라고도 부를 수 있는 행동을 하였지만, 결코 그에 물들지 않았다. 춘성은 오직 정진을 강조하고, 80 노구가 넘은 나이임에도 자신의 공부를 쉬지 않았으며, 후학과 신도들의 정진을 독려하였다. 춘성의 가풍에 대한 이런 판단은 더 많은 시간이 필요할 것이다. 이러한 필자의 생각을 대선에게 제시하였다.

> 춘성 스님의 무애행, 무심행은 간단한 것이 아니야. 내가 볼 때 노스님의 무애행은 말년에는 단호하게 딱 끊었다고 봐야 돼. 맥주를 좋아하셨다고 하나, 있으면 "아! 시원하다."고 하시면서 잡수실 뿐이었지. 거기에 탐닉하는 것은 결코 아니었어. 맥주를 으니에 쌓아 놓고서 먹은 적이 없어. 그리고 보살들이나 비구니는 스님 주위에 감히 범접하지 못하게 하였어. 여자들이 다가오는 것을 원수처럼 여기었어. 그것은 원효 스님처럼 칼로 물을 베듯이 대범하게 하였지.
> 춘성 스님은 말이 많으신 분이 아니야. 그런데 당신이 젊었을 때에 봉익동 대각사에 있을 적에 상궁들에게 산해진미로 대접을 받았던 것을 이야기하시더라구. 그러시면서 그렇게 대접을 받을 때에 하두 콩나물 대가리를 많이 먹어서 멀미가 나고, 지겨울 정도였다고 하였어. 그렇게 대우받은 것을 말하시면서 그 추억을 단호하게 끊은 것은 쉬운 것이 아니지. 내가 옆에서 보니 그런 것을 단호하게 하는 것이 보이고, 접근을 안 시켰어. 내가 성철 스님의 회상에서도 있었는데, 성철 스님도 나에게 절에는 공양주로 애기보살은 절대로 두지 말라고 하신 것도 같은 뜻일 게야. 내가 여러 선지식을 모셔 보았는데, 큰스님도 늙으면 마음이 약해지거나

치마폭에 휩싸일 수가 많은데 춘성 스님은 그런 것에 단호했어. 우리는 춘성 스님의 그런 것을 본받아야 해. 큰스님들은 간혹 말기에 더 추잡하고, 자존심을 버리는 수가 있어. 김 처사가 말하는 춘성 스님의 그런 이해는 아주 독특한 발견이라고 보고 싶구먼.

필자가 이해한 덕숭 가풍과 춘성 가풍의 상관성은 추후에 따져볼 내용이 적지 않다. 필자의 주장이 보편성을 얻기 위해서는 춘성에 대한 다양한 자료 수집을 해야 하고, 춘성에게 영향을 준 한용운, 백용성, 송만공에 대한 연구를 하거나 알려고 노력해야 한다. 그리고 춘성의 주위에 깔려 있는 신비한 그림자도 걷어야함은 물론이다. 필자가 보기에 춘성은 한국 현대불교사에 찾을 수 없는 독특한 행적을 남긴 것은 사실이다. 그러한 면의 하나는 탈속한 이미지이고, 무애도인의 성향이다. 그러면서 대선은 자신이 지켜본 춘성의 소신과 무애행의 본질을 뚫는 힘을 가졌던 사례를 들려주었다.

> 망월사에서 있었던 일인데, 그 당시에 탱화를 제일 잘 그려 일인자로 불리는 신상균이라는 사람을 불러서 돈은 넉넉히 줄 터이니 잘 좀 그려 달라고 했어. 시간이 지나 그 사람이 탱화를 가지고 망월사에 올라왔어요. 그 탱화를 보신 춘성 스님은 그 목전에서 그냥 그 탱화를 불살라 버렸어. 마음에 안들어서 "좆같이 해 왔다."고 하시면서, 그렇게 즉석에서 단안을 내리고 결정을 해버리고 그랬어. 이런 것은 춘성 스님이니깐 할 수 있는 것이야.
> 그리고 만공 문도로서 만공 스님에 인가를 받은 고봉 스님이 계셨어. 춘성 스님은 말년에 그 스님이 살던 화계사도 자주 가셨기에 고봉 스님과 친근하게 지냈지. 그런데 고봉 스님이 임종 무렵에 춘성 스님을 보고 싶다고 택시를 망월사로 보내 춘성 스님을 모셔 오라고 했어. 그러니깐 택

시가 망월사 밑에서 기다리고 있었지. 그렇지만 춘성 스님은 그 제안을 일언지하에 거절하고서 심부름을 온 고봉 상좌에게 "네가 효상좌 노릇을 하려면 약 한 봉다리나 사 드려라. 선지식이 그러면 쓰냐, 그냥 뚝! 떠나시라고 그래라."라고 할 뿐이었어. 이렇게 노장님은 단호하시거나 정에 매이지를 안 했어.

대선은 춘성에 대한 추억과 추모를 실타래를 풀어 내는 것과 같이 하였다. 밖에서는 겨울바람이 매섭게 방 안으로 들어오고 있었지만, 점점 더 대선의 회고 속으로 빠져들어 가고 있었다.

내가 볼 때에 춘성 노스님은 호탕하고, 풍류를 즐길지언정 곡차나 먹는 어설픈 양반은 결코 아닙니다. 춘성 스님이 말년을 보낸 봉국사는 춘성 스님이 계시던 1970년대에는 전국 수좌들의 사랑방이었어. 수좌들이 서울에 올라오면 터미널에서 36번 버스를 타고 늘상 봉국사로 갔기 때문에 봉국사에는 늘 열 명, 혹은 이십여 명의 수좌들이 들끓었어. 수좌들이 어떤 사람들입니까? 수좌들이 그렇게 모이는 것은 춘성 스님의 가풍을 좋아하니깐 모이는 것이지. 그리고 노스님의 상좌로서 당시 봉국사 주지를 보던 혜성스님도 덕이 있고, 참된 중이기 때문에 그렇게 된 것이지. 혜성 스님은 소탈하고, 무엇인가 있으면 나누어 쓰고 그랬어요. 수좌들이 얼토당토하지 않아. 그래서 그 시절에는 장좌불와하다가 입적한 혜수 등 조금은 까다로운 정도와 같은 수좌들도 오고 그랬고. 하여간 수좌들이 봉국사에 많이 살았는데, 그것은 다 춘성 스님의 가풍에서 나온 것이지.

필자는 의아심이 많이 들었다. 춘성이 입적한 지 어언 30여 년이 넘었다. 30년이 넘도록 춘성에 대한 기록, 정리, 평가는 이 땅에서 찾을 수 없었다.

만해제자·무애도인

「한겨레」 신문에 보도된 특집 기사, 「깨달음의 자리, 망월사와 춘성」

다만 소문, 비사, 신비한 이야기 등만 떠돌아다녔다. 그는 아마도 무욕과 무소유에 투철한 춘성의 가풍을 체득한 춘성문도회의 노선에서 나왔을 것이다. 춘성에 대한 객관적인 이해는 더 많은 시간이 필요할지 모른다. 대선은 자신에 대한 그간의 행적을 회고하면서 많은 아쉬움이 있다고 고백하였다.

> 사실 나는 춘성 스님에게 귀여움을 많이 받았고, 노스님께서 저를 공부하는 사람으로 만들려고 무척 신경을 쓰셨던 것은 사실입니다. 그런데 내가 제도권 승단에서 이탈하여 지금 이곳으로 내려와 비승비속으로 살다 보니 자연 노스님의 곁을 떠나게 되었어. 1970년대 중반에도 정화운

춘성 스님의 열반 직후 영전 앞에서 조문객을 맞는 제자들. 앞줄은 대선, 견진 스님이고 뒷줄은 혜성, 수명, 원각 스님이다.

동의 후유증이 있어 절집에서 주지 싸움이 일어나고, 수행 풍토가 망가지고, 절이 소란스러워지고, 재산 다툼을 하고, 절이 관광지로 전락되고, 나는 야인 기질이 있어서 그런 것을 참지 못했어. 그 무렵에 내 모친이 노구의 몸이 되어 누가 모셔야 되는데, 모실 사람도 없고, 나는 할 수 없이 이곳 고향 땅에 내려와서 보신을 모시고, 참선을 배우려는 신도들을 지도하면서 지냈어. 그렇게 되자 춘성 스님이 나에 대해서 큰 기대를 하였는데, 결과적으로 노스님에게 실망을 끼쳐 드리게 되었지. 나는 춘성 스님에게 당호도 받지 못했어. 춘성 스님께서 견진 스님에게 나에 대한 우려의 말을 많이 하신 모양이야. 하여간 나는 스님의 가풍을 제대로 계승하지 못했어.

다만 나는 지금 이 순간에는 춘성 스님의 가풍 열 가지 중에서 한 가지라도 제대로 하려는 마음을 갖고 노력하고, 이곳 요덕사 선방에 스님의 사진을 걸어 두고 반성을 하고 있어.

그렇지만 나는 단언합니다. 춘성 스님은 출가 본연의 자세로 살다가 가신 분이고, 멋지게 살다 가신 분이라고. 70, 80 연세에 어느 큰스님이 대중들이 사는 큰방에서 밤이 새도록 정진을 하고 그럽니까? 그런 스님 없어. 춘성 스님이 나를 도인으로 만들려고 하였는데, 나의 성격과 나의 집안

문제로 부응을 하지 못해 미운 자식이 되어 부끄러워. 지금 생각해 보면 춘성 스님이 당신의 제자 하나를 제대로 키우려고 하였다가, 사랑을 주던 그 제자가 말없이 가버렸으니 그 마음이 얼마나 허무하였겠습니까? 하여간에 노스님이 나를 중노릇 제대로 하는 놈으로 만들려다가 내가 그 기대를 벗어나서, 스님의 범주를 벗어난 것이야. 혜성 스님이나 견진 스님은 춘성 스님에게 야단을 맞아도 잘 적응하였는데, 나는 야인 기질과 괴팍한 면이 있었어. 그때에 혜성 스님과 견진 스님은 춘성 스님을 절절히 모시려고 하고, 그에 반해 춘성 스님은 그런 것을 안 받으려고 하였어. 이 시대에 춘성 스님처럼 살다간 분이 드물어.

이렇듯이 대선의 춘성에 대한 진하디 진한 회고는 계속되었다. 그러면서 대선은 춘성이 버티던 망월사 시절의 그 추억을 결코 잊지 않았다. 아니 잊을 수가 없었다. 그는 춘성이라는 이 시대의 도인의 진면목을 지속해서 알리는 일에는 뒤로 물러서지 않을 것임을 조심스럽게 필자에게 피력하였다.

나는 노스님 생각만 하면 부끄러워. 그렇지만 노스님을 모시고 살적의 망월사는 아주 단단하고 천하를 호령했지. 어떤 고관대작이 와서 무슨 말을 해? 그러면 노스님의 야단 한마디에 풍비박산이 나지. 그러시면서 수좌들이 공부하는 분위기를 만들었어. 거기에서는 공부하는 원칙을 만들어 놨어. 요즈음 선방에서 하는 외부에서 사다 먹는 것 그런 것은 없었어. 선방도 쉬는 날이 없이 계속 정진을 했어. 지대방이 없었다니깐. 망월사에서는 도봉산과 절 주변에서 나는 것으로 음식을 해 먹었어. 춘성 스님의 만공 스님에 대한 절절한 흠모는 우리에게 만공 스님을 다시 인식하게 해 주었어. 정혜사 가풍은 선지식, 산부처 중심으로 하는 것이었어. 다른 곳은 불보살 중심으로 하지만. 그리고 춘성 스님은 덕숭산 수덕사의 말만 나와도 금새 환희심을 냈어. 수덕사에서 누가 왔나 하시면서. 하여간 춘성 스님은 불교를 실천한 양반이야. 수덕사 가풍을 이은 분이 춘성 스님입니다. 수좌들을 좋아하시고, 당신의 권속을 두지 않으려 하고, 워낙 탈속하니깐 수좌들의 귀감이 되지.

30년 전의 대선은 춘성의 범주를 벗어났지만, 이제는 춘성의 범주 중심에 있다 춘성에 대한 이야기는 끊이지를 않았다. 이제는 춘성이 시절 인연에 의해 다시 살아나고 있다. 대선은 춘성의 진면목, 가풍, 수행 정신을 바르게 밝히고 정리하여 이 시대 불교인들과 후대의 불교인들에게 알려 주어야 한다고 강조했다. 그러면서 필자에게 그 작업을 맡은 것에 대하여 책임을 갖고 잘해 달라는 신신당부를 잊지 않았다. 수봉산, 요덕사를 나오는 길의 발걸음은 가볍지 않았다. 대선이 말한 어느 절, 어느 곳의 누구를 꼭 만나야 한나고 석어 놓은 메모지가 자꾸 신경이 쓰였다.

만해제자 · 무애도인

# 60방을 맞고 정신을 차렸지요

정일 스님 | 보광사 조실

    서울 우이동에 있는 보광사 조실이었던 정일은 현대 불교의 선승으로 이름이 높았던 승려였다. 1932년 서울에서 태어난 그는 1956년 조계사에서 정금오를 은사로 출가 득도하였다. 그후 40여 년간 망월사, 범어사, 용화사, 통도사, 백련사 등의 선방을 돌며 참선 수행에 매진하였다. 그런 수행력으로 해인사, 불국사, 용화사, 정각사의 선원장을 역임하였으며 선학원 중앙선원장과, 선학원 이사장도 지냈다. 그는 말년에도 한시도 게으르지 않는 수행과 투철한 용맹심으로 후학들의 귀감이 되었다. 평소 그는 신도들에게 중생은 번뇌 망상을 끊임없이 기르는 멍텅구리라고 말하면서 경전을 수백 수천 번을 읽어서 진리를 체득하고 번뇌를 소멸시킬 수 있는 힘을 키워야 한다고 가르쳤다. 그리고 수좌들도 하나의 화두를 갖고 적어도 3년 동안은 쉼 없이 정진을 해야 득력할 수 있다는 소신을 갖고 있었다. 그러다가 2004년 9월 7일에 입적하였다.

    이런 행적을 갖고 있었던 정일은 아홉 살 때에 도살장으로 끌려가는 소의 슬픈 눈망울을 본 이후에는 두 번 다시는 고기를 입에 대지 않았다. 그후 우연히 헌책방에서 서산대사의 『선가귀감』을 읽어 본 이후에 염불에 열중하였

춘성의 정신, 일화가 배어 있는 망월사와 도봉산.

으며, 그를 계기로 불교에 입문할 것을 결심하였다. 입산 이후 그는 각처의 선방을 돌아다니면서 수행을 하며, 당대의 선승인 춘성, 전강, 동산 등의 회상에서 공부를 하였다.

이런 과정에서 춘성을 만났던 것이다. 정일, 그는 선방에서 참선 수행을 하던 1960년 무렵에 망월사의 선방에 방부를 드렸다. 당시 망월사 주지는 춘성이었고, 선원장은 전강이었다. 그곳에서 천일기도를 하면서 목숨을 내놓는 것과 같은 피나는 정진을 했다. 천일 동안 기도 정진을 하면서 몸과 마음의 나쁜 기운을 없애기 위해 그는 새벽마다 냉수 목욕도 거르지 않았다. 천일기도를 하기 전에 춘성을 찾아가니, 춘성은 그에게 말하였다.

"왜? 천일기도를 하려느냐. 여우가 되려고 하느냐."

부지런히 정진을 하여 무사히 천일기도를 마친 정일은 자신의 수행을 점검받기 위해 춘성을 찾았다. 정일이라는 젊은 수좌가 자신의 방으로 찾아오자, 춘성은 그 수좌의 앞에다가 큰 원을 그려 놓고 일갈 하였다.

"들어가도 30방, 나가도 30방!"

정일 수좌가 당황하여 가만히 있자, 춘성은 정일 수좌를 30방을 때렸다. 30방을 맞은 정일 수좌는 그 연유를 춘성에게 물었다. 그러자 춘성은 또다시 30방을 때리면서 말하였다.

"수고하셨습니다."

이렇게 춘성에게 60방을 맞은 정일은 처음에는 그 연유를 전혀 알 수 없었다. 그 이후에 계속 수행을 하면서도 춘성에게 맞은 연유를 알 수 없는 것이 그에게는 화두가 되었다. 어느 정도의 세월이 흐르자 알 수 있었다. 노년의 정일은 그를 다음과 같이 회고하였다.

처음에는 춘성 스님의 말과 행동에 담긴 뜻을 알지 못했지요. 다시 선방으로 돌아와서야 '말놀음에 빠지지 말라.'는 가르침이었다는 것이 느껴지더군요. 불법은 언어의 경계가 미치지 않는 자리에 있어요. 출가 전에 청계천 헌책방에서 『선가귀감』을 구해 읽었는데, 천일기도를 마친 후에 다시 『선가귀감』을 읽었어요. 읽을수록 그 의미가 분명해지더군요. 그 과정에서 머리속에서 우글거리는 번뇌가 뚝뚝 떨어져 나가고, 그 의미도 명료해졌어요. 번뇌가 떨어져 나간 만큼 몸과 마음의 도리가 바르고 착해져 거기서 저절로 환희심이 생겨났어요. 수행정진이란 한두 번으로 결판나는 것이 아니라, 반복적으로 꾸준히 해야 합니다.

정일은 춘성에게 교시받은 그 지적을 화두로 승화시키고, 마침내 자신의 수행의 지침으로 만들었다. 정일은 중단 없는 수행을 하는 수좌로 이름을 떨쳤다. 그가 거친 용화사 법보선원, 통도사 영축총림의 선원, 범어사 금어선원 등에서 3년을 기본으로 수행하였다. 그런 과정에서도 입선 때에는 참선 수행을, 방선 때에는 염불 수행을 하면서 수행자의 본분을 잃지 않았다. 그는 수행자라면 적어도 하나의 화두를 갖고 3년 동안은 한 번의 쉼도 없이 밀어붙여 보아야 하고, 그래야만 마음에 품었던 화두와 의문이 풀릴 수 있을 것이라는 확신을 가졌다. 그래서 3년간 공부하고 선지식을 찾아 문답을 할 때에 선지식에게 질타를 받더라도 다시 선방을 찾을 수 있는 힘을 얻을 수 있다는 것이 정일의 지론이었다.

정일은 이렇게 춘성의 회상에서 얻은 득력을 키워 나갔다. 그는 제방에서 유명한 선사로 대접을 받았다. 정일 선사는 그의 나이 70세가 다 되었을 때에도 대중들과 함께 선방에서 참선 수행을 하였으며, 자신의 상좌가 잘못을 할 때에는 사정없이 매를 들어 제자들을 철저하게 가르쳤던 일화가 적지 않다.

만해제자 · 무애도인

# 냄새는 바람이 불면 사라지는 법

**무비 스님** | 조계종 교육원장

천년 고찰 범어사 경내의 한적한 염화실에서 경전 수행에 매진하고 있는 학승이 있다. 자신이 공부한 것을 인터넷 카페(염화실)에 올려 재가불자들의 수행을 지도하고, 각종 인연처에서 경전 강의를 곡진하게 하여 불교계의 폭발적인 지지를 받고 있는 무비 강백이다.

그는 열다섯 살 무렵, 경북 영덕의 덕흥사라는 절에서 『초발심자경문』을 우연히 듣고 불교와 인연을 맺게 되었다. 불국사로 입산하였지만, 강원 공부를 제대로 하기 위해 범어사로 가서는 여환 스님을 은사로 하여 정식 출가하였다. 범어사에서 성호 스님, 은해사에서 각성 스님에게 공부를 하다가 해인사로 가서 1964년에 해인사 강원을 졸업하였다. 그도 보통 젊은 승려들과 같이 강원을 졸업하자마자 선방으로 달려갔다. 강원에 있으면서도 항상 선방을 그리워하던 무비의 행보는 당연하였다. 해인사 선방으로 간 그는 이번 철에 반드시 장부 일대사의 일을 해내고야 말겠다는 심정으로 3년간 처절한 참선 수행을 하였다. 그러나 그의 가슴에 있었던 의문은 풀리지 않았다. 때마침, 용주사에서 문을 열었던 '역경연수원'이 그를 불렀다. 소정의 시험을 보고, 제1기생으로 들어가 그곳에서 탄허와 운허 등 쟁쟁한 강백의

문하에서 혹독한 경학 연찬을 하였다.

  1969년 겨울, 그는 또다시 선방으로 발길을 옮겼다. 동화사 선방인 금당선원에서는 효봉에게, 용화사 법보선원에서는 전강에게, 묘관음사에서는 향곡에게 지도를 받았다. 이렇듯 각처의 선지식을 순례하면서 참선 정진을 할 때 무비는 춘성을 만났던 것이다. 춘성의 망월사 회상에서 한철 공부를 한 무비는 그때부터 자신의 기억에 가장 남는 선지식은 춘성으로 각인되었다. 그는 탄허 문하에서 경학을 연찬하여 전강을 받고, 1976년부터 통도사 강사, 범어사 강사를 거쳐 그 이후에는 '중앙승가대학교'를 설립하는 주역으로 활동하였다. 무비는 이후 조계종 종립 승가대학원장, 조계종 고시위원회 위원장, 교육원장을 역임하였다.

  2002년 2월 19일 무비가 조계종 고시위원회의 위원장에 내정되자, 당시 『불교신문』 조병활 기자는 범어사 경내에 있는 무비의 수행처인 염화실로 향하였다. 조 기자는 염화실에서 무비의 입산, 경전 공부, 선방 수행 등 다양한 행적을 소상하게 듣게 되었다. 조 기자와 대화를 하던 도중, 무비는 춘성의 회상에서 수행하던 대목에 이르자 목소리가 떨렸다.

    목에 총을 들이대고, 선지식 한 명을 고르라면 춘성 스님을 꼽겠습니다. 참으로 정진을 무섭게 하시는 분이었습니다. 당시 70대 후반의 나이임에도 대중들과 똑같이 정진하고, 취침 시간이 되면 탁자 밑에서 목침 꺼내고, 배 위에 방석 덮는 것이 전부였습니다. 절대 이불을 사용하지 않았습니다. 망월사에는 그 때문에 이불이 없습니다.
    그것만이 아닙니다. 취침등이 꺼지고 10분쯤 지난 뒤, 잠든 다른 스님들 몰래 스님은 일어나 경내에서 포행하십니다. 새벽 두 시까지 그렇게 경내를 돌며 정진하시다 몰래 잠자리에 들어옵니다. 그리곤 예불 시간에 일어나 법당에 참석합니다. 하루도 빠지지 않고 날마다 그렇게 했어요.

곁에서 보고 있는 저도 결코 방일(放逸)할 수 없었습니다.

이렇게 그는 고백하였다. 아니 선언하였다. 이 땅의 첫 번째 가는 선지식은 춘성이었다고 한 무비는 이렇게 가슴 한쪽에 춘성이라는 선지식을 고이 간직하였다. 그러다가 2007년 7월 24일 한국불교역사문화기념관에서 조계종 중앙신도회의 부설 교육 기관인 '불교인재개발원'이 주관한 『서장』 강의에서 참가 대중들에게 그의 속내를 다시 한 번 슬쩍 비추었다.

> 망월사 춘성 스님 밑에서 제가 살았는데, 우리나라에서 제가 50년 동안, 동산 스님으로부터 지금까지 봐 오면서 중 한 사람을 꼽으라면 춘성 스님을 꼽겠어요. 아주 감동적이고 대단한 분입니다. 그때 70대였는데, 당신 이불이 없어요. 당신 요가 없어요. 깔고 앉았던 방석 하나 배에 걸치고, 탁자 밑에 가서 목침 하나 꺼내면 그것이 당신 침구입니다. 대중방에서 그렇게 우리는 같이 잤어요. 우리나라에도 그런 위대한 중이 있었어요. 성남에 있는 봉국사에 가서 영정에라도 참배하세요. 그런 분입니다.

무비는 자신이 간직하였던 춘성에 대한 존경을 신도들에게 전하고, 봉국사에 가서 참배할 것을 권하였다. 무비의 춘성에 대한 애틋한 마음은 여기에서 그치지 않았다. 무비는 2007년 8월 5일, '경전연구회'가 주관한 「진심직설」의 대중 강의에서도 춘성에 대한 그리움을 마음껏 표출하였다. 이번에는 가슴에 담아둔 모든 것을 토해내듯 장시간 그가 보았던 새로운 내용을 회고하였다. 무비가 전하는 이 내용은 춘성에 대한 새로운 일화이기 때문에 그 전체 내용을 찬찬히 들여다보자.

> 춘성 스님이라고, 아주 근래에 큰 도인이 있었어요. 도봉산 망월사에 그

성남 봉국사 일주문 전경. 봉국사에는 춘성의 비석과 진영이 있다.

스님이 선방을 차려 놓고 수좌들을 가르치고 있었는데, 그 스님 회상에서 나도 한 철 지낸 적이 있습니다.

아주 그릇이 커요. 기골이 아주 장대하고, 마음이 넓고, 아주 훤칠한, 평소의 생활에서 어디에도 걸리지 않은 그런 스님이 계셨어요. 지금 열반하신 지 한 30년 가까이 됐나요. 그런데, 나는 그 스님에 대해서 크게 뭐라고 할까? 깨달은 바라고 할까? 내 나름대로 하여튼 충격을 받은 일이 있습니다.

어떤 일인고 하면, 보통 등산객이나 관광객들이 절에 오면 절 주변에서 무엇을 잘 안 하려고 하지요. 그런데 절 주변에 가서 음식을 만든다든지, 뭐 여러 가지 어지럽히는 그런 것들을 하는 경우도 있습니다. 대개 안 하는데, 하는 경우도 있어요. 하면 또 스님들이 기겁을 하고 막 쫓아냅니다. 저쪽에 멀리 가서 하라고, 절 주변에서 하는 것을 아주 싫어하거든요. 신도님들도 안 좋아하고, 스님들은 더 안 좋아한다고요.

내가 망월사에서 여름 한 철을 살았는데, 등산객들이 많이 와요. 도봉산 올라가는 등산 코스인데. 그 스님은 등산객이나 관광객들이 오는 것을 좋아하고, 그 주변의 산에 가서 이렇게 밥을 짓거나, 뭐 찌개를 끓이거나 하면 막 불러요. 자리가 좋다고, 이리 오라고, 전부 절 마당으로 끌어들여서 마당에서 해라, 왜 비탈진 곳에서 하느냐 이거죠.

그리고 또 비가 좀 오면은 전부 처마 밑으로 끌어들입니다. 비 맞지 말고, 처마 밑으로 오라고, 법당 처마 밑에서 하라 이거예요. 고기를 굽든지, 찌개를 하든지, 밥을 하든지, 법당 처마 밑으로 전부 끌어들입니다. 내가 그것을 보고요, 깜짝 놀랐습니다.

어떻게 저럴 수가 있는가? 완전히 우리의 상식을 뒤바꿔 놓는 일을 하시더라구요. 돌아다니면서 전부 끌어들이는 거예요. 비 맞지 말고, 처마 밑에 와서 하라고, 뭐 등산객들이나 관광객들이 산에 와서 하니까, 술을 마시고 고기를 굽고 별별 일을 다 하거든요.

그런데 전부 끌어들여 가지고 처마 밑으로 들어오니까, 뭐 방으로 들어오지, 부엌에 들락거리지, 엉망이 되는 거죠. 사람들이 와 가지고 그렇게 비를 안 맞고 하는 그것을 좋아하시는 거예요. 뭐 여기서 좀 끓여 먹고 간들 무슨 흔적이 있습니까? 아무 표도 없거든요. 가버리면 그뿐이죠. 대중들이 나와서 청소 한번 하면 깨끗하게 끝나는데, 그것을 가지고 시시비비하고, 옳으니 그르니 하고, 되느니 안 되느니, 그래 봐야 한 시간 안에 다 해결되는 문제죠. 한 시간만 지나면 다 깨끗이 언제 있었냐는 듯이 그런 허망한 일인데도, 우리는 그것을 못 참고 절대 안 되는 것처럼 선을 긋고 그런 식으로 하거든요.

그런데 그 스님은 법당 처마 밑이나 또 법당에 들어가도 아무 말도 안 해요. 그렇게 아주 그릇이 크고, 마음이 툭 트이고, 자유자재한, 근래에 참 보기 드문 그런 스님이셨어요. 나는 그래서 우리나라에서 스님을 한 사람만 뽑으라고 하면 춘성 스님이다, 늘 그래요.

팔십이 되었는데도 자기 친구가 따로 없어요. 대중들과 함께 이렇게 공부하시다가 삼경 죽비를 딱! 치고, 잘 시간이 되면 어정어정거려서 탁자 밑에 목침을 쌓아 놓았는데, 거기 가서 목침을 하나 딱! 들고 나와서 당신 깔고 앉았던 방석을 배에 딱! 걸치고 그냥 누워요. 팔십 객의 잠자리가 그것뿐이라고요. 그래서 대중들하고 큰방에서 같이 자는 거예요.

보통 수행하는 사람이 아니고서는 할 수 없는 일입니다. 아무리 아주 큰 스님이라고 하더라도. 자기 방, 자기 이불을 챙겨요. 온갖 폼을 잡고 주변에 사람들 못 오게 하고. 사람이 찾아가려고 하면 무슨 절차를 그렇게 복잡하게 밟아 가지고 오고 그러거든요. 다 그렇습니다.

그런데 그 스님은 그런 것이 전혀 없어요. 정말 내가 본 중에 스님다운 툭! 트인 스님이더라고요. 에피소드가 많아요. 누가 재를 지낸다고, 도인 스님에게 재를 지내면 천도가 잘 된다고 해 가지고. 재물을 받아가지고 올라오다가 그것을 시나가던 불쌍한 사람에게 다 줘버리고는 오늘 재 잘 지냈다고 했어요. 그래 놓고 법당에 가서 위패를 세워 놓고 염불 해 주고, 재물은 하나도 놓지 않고, 염불만 다 해 버려요. 다른 사람한테 큰 공덕 다 지었으니까 그것으로 재는 잘 지냈다는거죠. 그런 일이 한두 번이 아닙니다. 그 스님이 한용운 스님의

도봉산행을 하면 만나게 되는 망월사 표지판. 금방이라도 춘성이 나올 것 같다.

유일한 상좌예요. 딱 한 분뿐인 그런 상좌인데 춘성이라고 봄 춘(春)자 재 성(城)자. 그 스님 밑에서 스님 모시고 살던 한 철이 저도 걸망 지고 다니면서 굉장히 기억에 남는 그런 시간이었어요.

무비는 이렇게 춘성을 우리들에게 새롭게 각인시켜 주었다. 아마도 무비의 이런 회고로 인해 춘성의 진면목은 더욱 더 우리에게 다가와서 살아날 것이다.

지금껏 춘성에 대한 논문이나 책 하나가 없었다. 살아생전에 그의 입적 후 이런 저런 평가를 일체 고려하지도 않았다. 그런 생각 자체를 쓸데 없는 헛마중으로 보았다. 그래서 그는 일체의 기록을 남기지 않았다. 그래서 춘성은 명실상부한 운수납자(雲水衲子)였다.

# 생사를 벗어나려면 촌음을 아껴라

**수경 스님** | 화계사 주지

한국불교의 세계화에 헌신한 주역으로 널리 알려진 숭산의 근거 사찰로 유명한 서울 수유리의 화계사. 2008년 1월 23일 오후 화계사에서 화계사 부주지 소임을 보고 있는 적광과 춘성에 대한 이야기를 나누게 되었다. 춘성과 남다른 인연이 많은 적광과의 대화가 어느 정도 마무리 된 직후, 주지 소임을 보고 있는 수경을 만날 수 있었다. 그 당시 화계사 주지를 맡고 있었던, 수경은 수덕사 출신 수좌로, 제방의 선원에서 치열한 수행을 하였으며, 1990년대에는 조계종단의 승가 단체인 '선우도량'을 이끌었던 핵심 승려였다. 지리산 살리기, 새만금 살리기 등에서 삼보일배라는 불교 수행법을 활용한 걷기를 도입하면서 환경운동에 나선 당사자였다. 요즈음은 환경운동을 대표하는 성직자로 일반 대중에게 널리 알려졌다.

필자와는 예전에 이러 저러한 일로 만나기도 하였던 구면이었다. 그렇지만 찾아가게 된 동기인 춘성에 대한 글쓰기의 개요를 전하고, 춘성과의 인연, 춘성의 정신과 수행에 대한 추억을 들려줄 것을 요청하였다. 그러자 수경은 자못 조심스러우면서도 춘성에 대해서는 자신이 수덕사에서 출가한 직후에 정혜사에 살 때 본 것밖에 없다는 겸양의 표정을 지었다. 그러나 정혜사는 수덕사의 능인선원을 칭하는 절이었고, 그곳은 근대 선불교의 큰스님으로 널리 알려진 만공의 얼이 서려 있는 것을 알고 있는 터에 내심으로는 무척 호기심이 발동하였다.

  수경은 춘성에 대한 추억의 중심을 그가 갓 출가하여 수덕사에 살 때 큰방에서 춘성과 함께 지냈던 장면부터 끄집어냈다. 춘성은 법사인 만공에 의지해서 수행 생활하였던 것이 아주 절절하고, 그 신(信)이 지극정성이었다고 표현하였다. 만공에 대한 믿음은 만공의 법제자인 전강의 경우와 흡사하다고 하였다. 수경이 경험한 전강은 만공, 정혜사, 덕숭산이라는 말만 나와도 흥분할 정도였다고 한다. 전강이 조실로 있던 인천 용화사는 수좌들이 방부들이기가 아주 어려웠는데, 덕숭산 출신이라는 수경의 말만 듣고서는 더 이상 물어볼 것도 없이 "그냥 살아라."고 하였다고 한다. 그리고 그가 겪은 일화를 다음과 같이 회고하였다.

  제가 지켜본 춘성 스님은 어떤 때에는 속복을 입고 다니셨고, 수덕사에서도 그렇게 할 때도 있었습니다. 그렇지만 정혜사에 오실 때에는 반드시 옷을 갈아입고, 중 옷을 입고서 먼저 만공 스님의 체취가 있는 금선대에 가서 참배를 하고, 그 다음에 정혜사로 오셨습니다.
  오시면 큰방에서 저희들하고 같이 살았어요. 그 무렵에는 큰방에서 행자에서부터 큰스님까지 다 같이 자고 그랬어요. 지금도 기억나는 것은 춘성 스님은 오시면 저희들에게 이불을 덮지 못하게 했어요. 망월사에는 이불이 아예 없었다고는 하지만, 정혜사에는 이불은 있었거든요. 그런데 이불을 덮고 자는 저희들에게 "이놈의 새끼들, 도둑놈의 새끼들이 말야 이불은 여읠 이(離)자, 부처 불(佛)자인데 잠이나 처잘라고 이불을 덮고 자!"라고 하면서 소리를 지르고 호통을 쳐요. 그러니 무서워서 이불을 못 덮고 잤어요.

그러면 벽초 스님이 "어린 애들이 하루 종일 일을 해서 피곤하면 잠을 곤하게 자도록 내버려두지 않고, 노장이 공연히 와서 애들 잠도 못 자게 하면 되는가? 자기는 초저녁에 잠을 다 자놓고서 말야."라고 말을 하시면, 춘성 스님은 "알았어! 알았어 잘해 봐."라고 했어요.

이렇게 수경에게는 잠을 못 자게 하였던 스님으로 추억의 서두가 솟아 나왔다. 그때의 수덕사는 혜암, 벽초, 춘성, 월산 등 유명한 선승들이 자주 모였던 시절이었다. 특히 만공의 다례재 때에는 전국의 유명한 선지식이 다 모였다. 그렇게 큰스님들이 많이 모이면 그에 대한 정리를 혜암이 하였다. 만공의 생신 다례재 때에는 사미계 수계를 하기도 하여 수계 법문을 해야 되었다. 그래 혜암이 "요번에 법문은 춘성이 하게."라고 하면, 춘성은 "아, 형님! 땡초가 무슨 법문, 형님이 하세요."라고 양보를 하면서도 혜암의 말에 수긍을 하여 법상에 올랐다. 법상에 오르던 춘성은 법상에 오르기 직전에 노래를 하였다. 흥얼흥얼하면서, "어허! 허! 세상에 개도 웃겠네, 땡초 춘성이가 법문을 다 한다네."라고 하였고, 법상에 올라가서는 "야! 이놈들아 내가 뭐 지키라고 해서 지키고, 내가 지키지 말라고 해서 안 지키겠냐? 형식적으로 하지 말고, 야! 옷 입어."라고 했다. 이렇게 춘성은 간단하게 심지 법문을 나름대로 하였다.

수경은 춘성에 대한 일화를 진솔하게 회고하였다. 그가 지켜보면

마하연 선원 안거증서. 만공이 조실이었다.

서 춘성이 도인이라는 느낌을 받은 적이 있다고 언급하였다. 어느 날, 춘성이 조금 피곤하여 꾸벅꾸벅 앉은 채로 낮잠을 자고 있었다. 그때 해인사의 승려가 정혜사로 왔다가 마침 춘성이 있어 인사를 하였다. 수경은 그 옆에서 해인사 어느 승려가 인사를 드린다고 알려주니깐, 춘성은 그제서야 눈을 번쩍 뜨고서는 자신에게 삼배를 한 직후에 "법체 청정하십니까?"라고 말하는 해인사 승려를 바라보면서 말을 하였다.

"야! 이 자식아. 나 졸고 있잖아? 지켜 보고도 몰라." 그래도 해인사 스님은 춘성에게 자신이 누구 상좌이며, 법명은 뭐인데, 춘성 큰스님에게 인사를 왔다고 했어요. 그러니깐 춘성 스님이 "야! 자슥아. 그게 중이 할 일이야. 중이 할 일은 이뭐꼬를 하는 것이야, 알겠어? 내가 언제 너보고 인사하라고 그랬니, 야! 이놈. 너는 정신 바짝 차리고, 이뭐꼬! 해."라고 말씀하였어요. 그런 장면을 저는 옆에서 지켜 보면서 그런 모습들이 다른 스님과는 느낌이 다르다고 보았지요.

하여간 수덕사에서의 춘성은 별스러운 큰스님이었다. 예전에는 수덕사 대웅전 앞에 조인정사라는 큰방이 있었다. 지금은 헐려서 없어졌지만. 신도들이 계단에서 올라오게 되면 그 큰방을 지나서 대웅전으로 가게 되어 있었다. 춘성은 그 큰방에 있다가 신도들이 막 올라오면 방에서 나와 뒷짐을 지고 마당에서 왔다갔다 하다가 신도들에게 "아! 여기 이방에 있는 부처님이 법당 부처님보다 50년인가 100년인가? 앞에 조성된 부처님이라, 영험이 많습니다."라고 설명했다. 키가 크고, 눈썹이 산신령같이 생긴 노장 승려가 그리 말하니 보살들은 우르르 그 방으로 가서 부처님에게 절을 하고 그랬다. 방에 들어온 보살들은 탁자 위에 돈을 놓고 복을 달라고 간절히 절을 하였다. 그런데 보살들이 계속해서 절을 하고 빨리 안 나갔다. 춘성은 보살들이 나가야만, 그 돈을 갖고 가서 그가 좋아하는 맥주 한 잔을 할 터인데, 보살들이 방에서 절을 오랫동안 하니깐 속이 답답하였다. 그러니깐 춘성이 절을 하는 보살 뒤로 가서 보살의 궁둥짝을 퍽! 차고, "복을 얼마나 받아 가려고 그리 오래 하느냐?"라고 하면서 빨리 나갈 것을 채근하였다. 보살들이 나간 후 춘성은 그 돈을 주머니에 넣고 절 밖에 나가서 그가 좋아하는 맥주 한 잔을 먹고 돌아왔다. 그리고서는 쓰고 남은 돈을 고생하는 행자들에게 나누어 주었다. 잘 안 받으려는 행자들에게는 "내 신세나 니 신세나 마찬가지이다. 이거 노나 쓰자."라고 하면서 다 나누어 주었다.

수경의 은사는 응담이다. 응담은 만공이 중창한 절이었던 간월암의 주지 소임을 보았다. 수경도 간월암에서 은사를 시봉하면서 3년간 지내게 되었다. 춘성은 간월암이 만공의 수행처로 인연이 있는 사찰이었기 때문에 이따금씩 들렀다. 수경이 있을 때에도 춘성은 찾아 왔다. 간월암에 와서도 새벽 도량석은 춘성이 직접하였다. 춘성은 수경이 쓰고 있는 자그마한 목탁은 쓰지 않고, 항상 자기가 쓰던 큰 목탁을 찾아오게 하여서 그걸 이용하였다. 어느 절에 가도 춘성은 큰 목탁이 없으면 큰 목탁을 가져오게 하고 없으면 사오게 하였다. 춘성은 자신이 전용으로 쓰는 큰 목탁을 가지고 도량석을 하였는데, 자신의 독특한 창법으로 참선곡을 하였다. 흔히 들을 수 있는 리듬과 소리가 아니라, "홀연히 생각하니 도시 몽중이로다."라고 하였는데, 그것은 흡사 소리를 지르는 것과 같았다. 그러면서도 근 한 시간이나 하였다.

지극정성의 염불과 도량석은 춘성이 수좌들에게 정진을 철저하게 해야 한다고 가르쳤던 것과 상통하는 것이었다. 춘성은 정진을 잘하는 수좌를 보면 칭찬을 해주고, 깨달은 도인은 지극히 예우하였다. 수경이 지켜본 바에 의하면, 춘성은 당신보다 일곱 살이나 아래였던 전강을 정성으로 대하였다. 자신은 망월사 주지에 만족하고, 전강을 조실로 초빙하였다. 춘성에게 선물로 들어온 귀한 삼을 전강에게 보냈다는 소문을 들었다고 수경은 증언하였다. 후일 춘성을 만난 전강은 "아, 그 귀한 것을 저에게 보냈습니까? 형님이 나 잡수시지."라고 했다. 그러자 춘성은 "니가 먹고 좆이 빳빳하게 서라고 보낸 게야."라고 하였는데, 이는 전강이 만공에게서 인가를 받은 도인이었 음을 인정하고 예우한 것이라고 보여진다. 이렇듯이 춘성은 수좌들이 정진 을 열심히 하고 치열하게 해야 한다고 역설하였다고 수경은 증언한다. 수경 은 자신이 정혜사에서 춘성에게 직접 들은 것이었다면서 그 내용을 비장한 얼굴로 회고하였다.

> 춘성 스님이 정혜사에 오셔서 비구 스님들이 많이 계실 때에 하신 말씀 입니다. 그것은 춘성 스님이 만공 스님의 회상에서 공부를 할 때로 보여 지는데, 만공 스님은 수좌들의 분심(忿心)을 자극하여 정진을 촉발케 하 였다고 합니다. 하루는 만공 스님이 어떤 질문을 하였는데, 그에 대해서 비구니인 법희 스님과 범어사 대성암의 만성 스님은 답을 했다고 해요.

간월암(서산) 전경. 간월암은 만공이 중창을 해서 춘성은 이곳에 자주 들렀다.

그 답이 맞았는지는 모르겠지만 즉각적으로 답을 하였는데, 춘성 스님과 함께 있었던 몇 명의 비구 스님들은 답을 못하였다는 것입니다. 그 일화를 소개하면서 춘성 스님은 그때 "이 자식들아 내가 거기서 그때 당한 것, 그 수모를 생각하면 잠이 안 온다."라고 하면서 잠을 안 자며 수행하였다고 정색으로 회고했어요. 그 무렵 춘성은 비구니 스님들은 공부를 열심히 한다고 보고서 "저 비구니는 공부 잘한다, 정진을 아주 열심히 해 내가 보면 알지, 한 경계씩은 넘었어."라고 하였어요. 그에 반해 비구 스님들은 공부를 열심히 하지 않는다고 강한 질책을 하시니깐, 그 말씀을 듣던 정혜사에 있는 비구 스님들은 아주 숙연해졌어요. 그리고 간혹 새벽에 좆이 서냐! 좆이 서면 그 힘으로 밀어붙여서 공부를 해야 한다고 강조했어요.

제가 살았을 때에는 정혜사가 수덕사에서는 큰집이라 모든 행사를 거기서 했어요. 저도 선우도량 걸사를 처음 시작할 때에 그 의미를 계승해 보려고, 근대 선불교를 중흥시킨 정혜사에서 했지요. 그런데 수덕사에서는 그것에 대해 전혀 관심도 없었어요.

이렇게 수경은 춘성이 참선 수행에서는 지독스러울 정도로 정진을 매섭게 해야 함을 역설하였다고 증언하였다. 이렇게 춘성에 대한 회고와 증언이 풍부해지면서 질문과 대답이 난감한 내용을 대화의 주제로 상정하였다. 이런 주제는 보통의 경우에는 하기 어려운 것이지만, 수경의 성격과 체질을 약간 아는 처지이기에 과감하게 문제를 던졌다. 그는 춘성의 가풍과 그 계승에 대한 문제이다. 1960~1970년대 선방에서는 춘성의 가풍을 어떻게 이야기하였는가이다. 이에 대해서 수경은 솔직하게 그 정황을 털어 놓았다.

제가 여러 선방에 다니던 시절에는 수좌계에서는 막행막식이라는 풍조가 주류를 이루고 있었습니다. 제가 볼 때 춘성 스님은 곡차도 하시고, 고기도 좀 드시고 그랬지만 막행은 모르겠어요. 말년에는 그런 것이 없었어요.

당시 선방에서는 용성 스님의 계열에서는 부처님의 모습과 행동을 통해서 판단해야 된다고 하면서 거기에는 막행막식이란 것은 없다고 보고, 막행막식은 불교의 병폐라고 비판하는 입장이 있었습니다. 그렇지만 당시 선방에서의 주류는 막행막식을 옹호하는 것이었거든요. 그러니깐, 춘성 스님은 우상이었지요. 우상. 수행을 제대로 하지도 않고, 깨치지도 못한 스님들이 춘성이라는 분상이 되어 보지도 못하고서 춘성 스님의 수행력의 깊이와 세상을 보는 관점 등은 말할 수 없어요. 춘성 스님이 행한 표현을 감히 운운한다는 것이 적절치 못해요. 그 시대에 그렇게 한 것이 방편으로 한 것인지를 명쾌히 진단할 수가 없어요. 도인의 경계는 알 수 없는 것이니깐, 왈가왈부 할 수 없는 것이지요. 그러나 저희들은 부처님 가르침대로 승행을 바르게 갖고 수행을 해야 하지요.

한때 수좌들 일부에서 춘성 스님의 가풍대로 살겠다는 '긴 누비파'라고 있었어요. 그런데 그들은 춘성 스님의 외형만을 보고, 흉내내고 그랬어요. 그렇게 부정적인 측면으로 나타났는데, 춘성 스님의 행동보다는 춘성 스님의 정신과 사상을 본받아야 하는데, 그러질 못한 것으로 저는 봅니다.

춘성이 하던 공부와 수행과 정진을 하지도 않고, 춘성의 경계에 가 보지도 못한 입장에서 춘성을 논한다는 것이 어불성설이다. 그러면서 수경은 그 옛날, 어렵던 시절에 춘성과 함께 큰방에서 생활하였던 그 정경은 참으로 낭만적인 정경이었다고 증언하였다. 그 당시에는 매우 괴로웠지만, 수경은 요즈음은 간화선 수행에서 가장 중요한 선지식의 지도자가 거의 소멸되었다고 확신하면서 춘성을 그리워하였다.

제가 춘성 스님과 큰방 생활을 해 보니깐, 스님은 아홉 시 이전에 주무시고서는 밤 열두 시도 안 되어서 깨십니다. 그 무렵 우리들은 새벽부터 밤중까지 매우 바빠요. 공양주 하랴, 나무 하랴, 소를 먹이니 소 여물 주어야지, 농사 지어야지 하루 종일 일을 해야 합니다. 그리고나서 저녁에 은사에게 가서는 초심 배우고, 일을 정리하고 나면 밤 아홉 시에 저희들은 자는데, 일을 마치고 와서 보면 춘성 스님은 좌복 하나 덮고서는 벌써 주무시는 것입니다. 그리고서는 밤 열두 시 전에 일어나셔서는 일어났다가, 앉았다가 하시다가 밖에 나가서 포행을 하시고, 그러다가 새벽 세 시가 되면 겨울인데도 문을 활짝 열어 놓고서는 저희들에게 잠을 쳐 잔다고 야단을 하십니다. 저희들은 잠을 조금 더 자야하는데 죽겠지요. 죽을 지경이었습니다. 지금에 와서 보니 춘성 스님이 마당을 포행하시는 것이 지독스러운, 리얼하게 정진하는 것이었어요. 그렇게 정진하는 것은 모르고 밖으로 표현된 것만을 보고 말하는 것은 위험스러운 것입니다. 그분의 세상을 보는 눈은 갖지 못하고서 현상만 보고 평가 운운하는 것은 말이 안 돼요.

간화선의 입장에서도 그래요. 제가 해 보니 간화선은 스승이 없이는 공부 못 해요. 춘성 스님은 만공 스님이 돌아가셨어도 돌아가신 것이 아닙니다. 만공 스님에 대한 그 절절한 믿음이 춘성 스님의 스승인 것입니다. 제가 전국에 있는 지금의 선방을 보니깐, 선지식에 의지하여 공부하는 그 맥이 끊어졌어요. 내가 보기에는 거의 없어요. 제대로 지도하는 데가 아마 없을 거예요. 거의 끊어졌어요. 없어요. 봉암사라는 데가 제일 큰 선방인데, 거기에서도 10년이 지나도록 상당 법문 자체도 없고, 소참 법문도 없어졌잖아요? 그리고 요즈음 조실과 방장이라는 스님들이 하는 법문도 너무 고답적이기만 하고, 공부하는 사람들이 정진할 수 있게 담근질을 해주어야 하는데, 구체적인 그런 면이 없어요. 그리해서 되겠어요? 무릇 수행자는 일상적으로 가장 양심적이어야 하고, 진실해야 합니다. 저는 간혹 인천에 송담 스님 회상에 가서 수행을 합니다. 거기는 아직도 전강 스님 법문을 녹음 테이프로 먼저 들려주고, 송담 스님은 자칭 도반이라는 입장에서 조금 거들어서 설명을 하는 차원에서 설법을 해요. 이런 것이 양심적인 정진이라고 저는 봅니다. 그런데 가당치가 않은 곳이 있어요.

수경은 자신의 심정과 판단을 위와 같이 진솔하게 고백하였다. 그리고는 춘성은 양심적인 수행자이었다는 것을, 이따금씩 생각나는 어른이라고 힘주어 열변을 토하였다.

제가 모시고 살았다고 해서 그런 것이 아니라, 다른 곳에서는 큰스님들

만공과 춘성이 수행을 하였던 정혜사 전경. 정혜사는 능인선원으로 불리웠는데, 경허, 만공사상의 심장부이다.

과 같은 방에서 수행하거나 생활을 할 수가 없어요. 저는 춘성 스님에게 발로 터져 가면서 부대꼈기 때문에 가슴에 많이 남아 있어요. 베개를 갖고 잠을 자면 베개를 집어던지고 난리가 납니다. 춘성 스님은 "이놈들아! 목침 하나 갖고 자다가, 거기서 굴러 떨어지면 바로 일어나서 정진을 해야지, 잠을 자려고 작정하고 달려든 놈들아! 이 도둑놈아! 밥 도둑놈아!"라고 하셨어요. 그렇게 부딪히면서 모시고 산 분이 없잖아요. 그러니 엄청 생각나지요. 하여간 춘성 스님은 실참 속에서 직구(直句)로 바로 바로 말씀하시니 가슴에 와 닿죠.

저는 스님에게 꿀밤도 맞았고, 그 당시에 뒤에서 춘성 스님을 껴안고 가랑이를 잡고서 장난을 치고 그러면, 춘성 스님은 "야! 이놈들 봐라, 허허."라고 하시기도 하였습니다. 참, 그리고 그때가 1967년인가 만공 스님의 다례재 때인가 가을인가 그랬는데, 서울에서 연락이 오기를 혜암 스님이 종정이 되었다고 했어요. 그러니깐 춘성 스님이 덩실 덩실 춤을 추면서 "이 덕숭산의 광영이라네, 우리 혜암 형님이 종정이 되었다네."라고 하면서 좋아했어요. 그러니깐 혜암 스님이 "그 쓸데없는 소리 하지 마라."라고 해도, "아닙니다, 이것은 덕숭산의 광영입니다."라고 말씀했어요. 그런데 그 다음날 연락 오기를 청담 스님으로 종정이 바뀌었다고 했어요.

수경이 보고 들은 회고를 통하여 춘성의 진실한 인간성과 내면성을 새롭게 들을 수 있었다. 수경은 이런 증언을 하면서 덕숭 문중과 용성 문중 사이에서 나왔던 서로 간의 불편한 이야기를 역사적 성찰 차원에서 극복해야 한다는 제안을 하였다. 그 대안으로 자료에 근거하고 불교의 어른 스님들에게 고증과 증언을 받아서 그 모두를 정리하면 가능할 것이라고 하였다. 그런 것은 학자들이 하면 가능할 것이라고 보았는데, 이에 대해 필자는 우선은 각 문중, 문도, 본사 내부에서 자기 정리를 먼저 하고, 그 연후에 학자들이 개입하는 가운데 공동 작업과 평가를 계승을 할 수 있을 것이라는 의견을 부연하였다.

   바람이 매섭게 화계사를 몰아치던 그날, 춘성의 진면목에 다가갈 수 있는 수많은 자료와 정보 등 여러 가지 이야기를 얻었다. 세월은 가고, 계절은 바뀌고, 사람도 가고 오지만 춘성의 정신은 화계사에서도 생생함을 느낄 수 있었다.

## '긴 누비파'의 두목이었던 춘성 스님

**명진 스님** | 봉은사 주지

서울 강남의 대표적인 사찰인 봉은사의 주지 명진. 그는 1994년 조계종단 개혁의 주인공이었다. 명진은 불교계의 대표적인 운동권 승려로 널리 알려진 것처럼 그의 이력에는 1980년대에는 불교의 사회화, 불교의 민주화의 최일선에 서 있었던 불교계 운동권의 치열한 투쟁의 행적이 자리잡고 있다. 그는 젊은 시절 선방에서 치열한 수행을 하였던 수좌였다.

유년 시절에 부모를 다 잃은 그는 가슴 한 켠이 늘 아렸다. 열여덟 살에 대학입시 공부를 준비 하려고 절에 갔다가, 우연히 만난 선승으로부터 "너는 누구냐."라고 하는 충격적인 질문을 받고는 1969년 해인사 백련암을 찾아가 성철 밑에서 출가하려고 하였다. 그러나 성철에게서 불경을 보려면 우선 일본어부터 배워야 한다는 말을 듣고는 그곳을 도망하다시피 나왔다. 1974년, 법주사에서 탄성을 은사로 하여 정식 출가를 하였다. 출가 직후 그는 제방의 선방에 방부를 들이면서 수좌로서의 체질을 익히던 그 무렵에 춘성을 만났다. 망월사 선방에서 1974년에는 한철을 났고, 춘성이 말년을 지낸 봉국사에서 만났기 때문에 잦은 접촉을 하면서 춘성의 가풍을 지켜보았다. 그동안 춘성의 가풍에 힘을 얻었는지, 2006년에는 봉은사 주지로 취임하였으며, 서울 시민이 사랑하는 사찰로 만들기 위한 다양한 실험을 모색하고 있다. 자신의 수행을 추스리고, 외부 출입을 일체 하지 않고, 하루 세 차례의 기도를 통해 1천배의 정진 수행에 매진하였다.

 2007년 8월 21일 조계종 불학연구소의 소장 현종과 선임연구원 서재영이 업무 협의차 봉은사 주지인 명진을 만나러 가는 길에 동행하였다. 명진이 봉은사 신도들을 상대로 하였던 법문에 춘성을 이야기하였다는『한겨레』신문의 보도를 읽었기 때문이다. 보도 내용은 명진이 춘성의 영결식 날에 전국 수좌들의 노래자랑대회를 촉발케 하고, 명진은 춘성이 즐겨 부른 노래인 '나그네 설움'을 불렀다는 것이다. 그래서 보도 기사의 내용을 명진에게 직접 듣고 싶은 충동을 이기지 못해 봉은사로 갔다. 불학연구소의 업무 협의가 윤곽을 잡아 가자, 필자는 신문에 난 춘성의 열결식에서 노래를 부르게 된 사정부터 질문하였다.

 그거는 사실입니다. 춘성 스님이 좋아하셨던 '나그네 설움'이라는 노래를 끝까지 다 했어요. 춘성 스님의 영결식은 추석 한 달 전쯤으로 기억되는데 여름이었어요. 저는 향천사에 있다가 춘성 스님이 입적했다는 연락을 듣고는 바로 화계사로 갔지요. 가서는 공식적인 영결식을 마치고, 화계사 뒷산에서 다비식을 하기 위해 춘성 스님의 시신을 실은 상여를 저를 비롯한 젊은 수좌들이 매었습니다. 그때 월산 스님이 상여에 돈을 찔러 주시기도 했지요. 다비식을 하던 밤중에 불이 타는 그곳에서 노래를 불렀던 것이지요. 사실은 노래를 하기 이전에 저를 비롯한 젊은 수좌들이 맥주를 조금 먹었던 상태였습니다. 춘성 스님이 생전에 맥주를 아주 좋아하셨어요. 그래서 저는 춘성 스님의 가풍대로 춘성 스님도 한 잔 하시고, 나도 한 잔 한다는 마음으로 술을 먹고 춘성 스님이 좋아 하셨던 '나그네 설움'을 뽑은 것이지요.

춘성 스님의 다비식 장면을 보도한 『대한불교』(1977. 9. 4) 화보.

보도를 한 『한겨레』 신문에서는 단순히 영결식에서 일어난 일이라고 나와 있어 많은 의아심을 가졌다. 그런데 대화를 해 보니 다비식장에서 있었던 일이라는 것을 알게 되어 약간 편안한 마음으로 명진의 발언을 들을 수 있었다. 그러면 명진은 춘성을 어떻게 알게 되었는가?

저는 출가 초기인 1975년에 해인사에 살다가 방부까지 들여 놓고서 저하고는 잘 맞지 않아서 망월사로 가서 그곳 선방에서 한철을 났습니다. 그때, 춘성 스님 회상에서 수행을 하면서 춘성 스님의 가풍을 따르게 되었지요. 그때에 보니 스님은 정진하시려고 무척 애를 쓰셨어요. 그곳에서는 수좌들이 잠을 자는데 이불을 깔고 자면 중으로 치지를 않았습니다. 스님은 목침을 베고, 배에 좌복을 걸치고 대중과 함께 주무십니다. 저희들은 목침도 못 베고, 좌복으로 베개를 하고 잡니다. 목침을 베거나 이불을 깔고 누우면 춘성 스님이 "중놈의 새끼들이 뭐 이래!"라고 하시면서, 그대로 밟아 버리십니다.

겨울에는 얼마나 춥습니까? 춘성 스님을 따르는 수좌들은 이불을 덮지 못하고 자니깐, 누비를 이불로 삼아야 하니, 누비를 길게 해서 입었어요. 그래서 누비가 길고, 무겁고, 시커멓고 그랬습니다. 누비로 이불을 대용해야 하고 목에서부터 발목까지 덮어야 하니 누비가 우선 길었습니다. 다음에는 누비를 따뜻하게 하려고 자꾸 겹을 댔습니다. 그러니 얼마나 무겁습니까? 그리고 누비가 때를 안 타게 하려고 시키면 누비를 만들어 입었습니다. 이렇게 해서 만든 무거운 누비옷을 치렁치렁 입고 다니니깐, 전국에서 욕을 많이 했어요. 수좌계에서도 말들이 많았지요. 저희들은 수행자로서 열심히 살려는 의지의 표현이었지만, 다른 승려들은 '긴 누비파'라니, 양산박의 '긴 누비파'라고 하면서 떠들어댔지요. 간혹은 '깡패 새끼들'이라고 말한 승려도 있었습니다.

그렇게 저희들이 깡패라고 말을 들은 것에도 다 이유가 있었습니다. 같이 수행하던 도반들이 아프게 되면, 저희들이 본사 사찰이나 경제적으로 큰 절에 가서 사정을 이야기하고 약값을 얻어 오지요. 그런데 간혹 그에 응하지 않으면 저희들은 돈을 주지 않는 승려들을 그대로 패고 그랬어요. 그러니 본의 아니게 깡패라는 말들이 나왔지요. 그러나 달리 보면 수행자들의 착한 본성이 드러난 것입니다. 그 시절에는 큰 절이나 수입이 좋은 절에서는 사찰의 돈을 주지가 마음대로 쓰고 그랬어요. 그래서 저희들의 행동이 잘못되었다는 생각은 별로 안 들었어요. 수좌계에서 '긴 누비파', 양산박이라고 부르면서 저희들을 비판한 것은 사실입니다.

'긴 누비파', 이것은 정말 새로운 증언이다. 춘성의 가풍을 따르던 일단의 수좌들이 있었으니 그들이 바로 '긴 누비파'였다. 이불을 덮지 않고 정진하려고 애쓰던 그들의 고뇌와 괴로움은 이제 추억으로 남았다. 명진은 망월사에서 수행한 인연으로 그 이후에도 춘성을 지극한 마음으로 대하였다. 명진은 자연스럽게 춘성의 진면목을 색안경을 끼지 않고 볼 수 있는 여유가 생겼다.

제가 볼 때 춘성 스님은 정진하는 수좌를 끔찍하게 아꼈습니다. 그리고 욕심도 없었고요. 다른 스님처럼 폼 잡고, 공부한 것도 없는데 공부한 것이 있는 양 하지 않았습니다. 이 스님은 가식이 전혀 없는 양반입니다. 그러니 말이 본성대로 나오지요. 그래서 자연 말이 거칠었어요. 다른 승려처럼 이렇게 말하면 사람들이 좋아할까? 이렇게 말하면 중이 아니라고 말할까? 이렇게 말하면 젊잖지 못하다고 할까? 하는 그런 생각을 일체 안 하시고, 생각나는대로 툭툭 말을 그대로 했어요. 그렇게 소탈한 분입니다. 그리고 무엇을 싸 갖고 있었던 분이 아닙니다.

그렇다. 춘성은 일체의 가식과 허위의식을 완전히 버린 순수 인간이었다. 수좌들이 참선 정진을 하는 것이 바로 춘성과 같이 되려고 하는 것이 아닐까? 본래 무일물(無一物)이니, 견성(見性)이니, 성불(成佛)한다고 부르는 거창한 구호보다 춘성과 같은 정직하고 담백한 인간으로서 욕심 없이 사는 것이 불교의 이념일 것이다. 이 대목에서 명진에게 혹시, 춘성에게 야단 맞은 일이 없냐고 기습 질문을 하였다. 그랬더니 명진도 수좌 출신이라 그런지 즉각적으로 그 답이 돌아왔다.

> 춘성 스님은 녹두죽을 좋아하셨어요. 한번은 스님이 법주사에 오실 때에 제가 시봉을 하면서 모셨어요. 그때 스님이 좋아하시는 녹두죽을 만들어 드렸지요. 죽이 간이 안 맞았던지 스님은 저에게 "야 자슥아! 죽도 간이 맞아야 돼, 이 자식아!"라고 그래요. 그때는 말년이셨는데 이빨이 없으셔서 입이 합죽하여 하브작, 하브작 하시면서 그러셨습니다. 저는 "그러시면 제가 죽은 만들었으니, 스님이 소금을 넣어서 간을 맞추어 잡수세요." 라고 했지요. 그러니깐 스님은 당장 "야 시부랄 놈아! 미리 간을 맞추는 것하고 소금을 넣어서 간을 맞추는 것은 맛이 달라 자식아."라고 하는 말이 날아오더라고요.

이렇게 녹두죽을 대접하였던 명진은 춘성을 모시고 냉면집에 자주 갔다. 그래서 명진은 그 시절 춘성과 함께 다녔던 종로4가 시계골목의 곰보냉면집을 잊지 못하고 있다. 최근까지도 명진은 친근한 승려나 재가불자들과 함께 그 곰보냉면집을 다녔다고 회고하면서 춘성에 대한 그리움에 한껏 젖어들었다. 춘성의 일화 중에서 잘 알려지지 않은 것을 소개해 줄 것을 요청하였다.

> 육영수 여사가 보문사에 왔을 때 육 여사가 "좋은 법문 좀 해주세요."라고

하니, 춘성 스님이 "입이나 한번 맞추지, 남녀 간에 만나서 입 맞추는 것보다 더 좋은 것이 어디 있어."라고 했답니다. 이것은 그대로 활구(活句)입니다.

그리고 이것은 춘성 스님의 상좌였지만 지금은 입적해서 없는 견진 스님에게 들은 것입니다. 스님은 용맹정진을 많이 하고 잠도 자지 않고 해서 말년에는 힘이 빠져서 이빨이 다 빠졌어요. 천안에 있던 홍치과병원의 의사가 있었는데, 스님들에게 그렇게 잘했어요. 1970년대에 70객이었으니, 지금은 돌아가셨을 거예요. 이 의사가 춘성 스님을 좋아해서 스님에게 틀니를 해 드렸어요. 그래서 그 의사가 해준 틀니를 끼고 강화도 보문사를 가기 위해 배를 탔어요. 그런데 그 틀니가 잘 안 맞았던지, 춘성 스님은 배에서 "이것 거북해서 쓸 수가 있나."라고 하시면서 그 틀니를 빼서 바다에다 던져 버렸답니다. 그것이 그때 당시 돈으로 몇백 만 원짜리이기에 시봉을 하던 선신낭은 "스님! 그래도 며칠은 있어야 되지, 금방 그것이 맞습니까? 버려도 이런 데에 버려야 다시 줍지요, 왜 바다에다 던지세요."라고 하면서 팔짝팔짝 뛰었어요. 그러니 춘성 스님은 "야! 시팔 놈아! 그러면 네가 가서 주워 와라, 이 좃같은 놈아!"라고 말씀을 하셨어요. 스님은 안 맞으면 갖다 버리지, 그것을 무엇 하러 갖고 다니냐는 식이었지요.

춘성의 적나라한 성격을 여실하게 보여준 일화이다. 일부러 숨기고, 허식으로 행함이 일체 없음을 말해 준 이야기이다. 이쯤해서 명진에게 다비식에서 노래를 한 것에 대하여 다비식 현장에서는 비판하는 말들이 없었는가를 물어 보았다.

하여튼 제가 발동을 걸었더니 거기에 있었던 수좌들이 자진하여 노래를 하는 등 난리가 났었지요. 화엄사 출신인 종표가 사회를 보기까지 했으니깐요. 그래서 전국 본사 대항 수좌들의 노래자랑 경연대회가 된 것입니다. 그리고 말미에는 춤판까지 벌어졌고요. 제 생각은 앉아서 지장보살, 지장보살을 찾는 것보다는 그렇게 하는 것이 훨씬 더 춘성 스님의 가풍다운 다비식으로 생각하였던 것입니다.

그때 신도가 5~6백 명이 있었는데, 일부 신도는 너무한다는 말도 하였고, 일부 신도들은 절집 다비식이 다르다면서 긍정적인 반응을 보인 사람도 있었어요. 스님의 입적, 열반, 해탈이라는 것을 노래와 춤으로 보여준 것이지요. 그때 맥주도 먹고, 소주도 먹고 해서 술이 취했던 것은 사실입니다. 춤을 추었고, 술잔도 없어서 고무신짝에 술을 담아서 먹고 그랬어요. 한참 하다가 제가 춘성 스님의 상좌인 견진당에게 "엔간하게 하였으니 그만 할까?"라고 하였더니, 견진 스님이 "지금 끝내나, 더하다 끝내나, 욕을 먹는 것은 똑같으니, 계속 놀아 버려."라고 해서 계속하게 되었지요. 아마 지금처럼 인터넷이 있었으면 저희들은 엄청나게 욕을 먹었을 것입니다.

명진은 이러한 이야기를 봉은사 신도들에게 다 털어놓았다면서 껄걸 웃었다. 그러면서 명진은 춘성 스님의 가풍을 따랐던 '긴 누비파'의 주역이었던 자신이 이렇게 봉은사라는 큰 절의 주지가 될 줄은 꿈도 꾸지 못하였던 일이라고 말끝을 흐렸다. 그러면서도 그 표정에서는 춘성에게 부끄럼이 없는 사찰을 만들어 보겠다는 열의가 담겨 있음을 알아차릴 수 있었다. 그래서 봉은사를 나오는 필자의 발걸음은 무겁지만은 않았다.

세월은 흐르고 흘러, 명진은 봉은사를 떠났다. 그는 봉은사에서 재정공개, 새로운 불사 진작 등 많은 업적을 이뤘지만 정치권과 조계종단 사이에서 전개된 파열음의 여파로 봉은사를 떠날 수 밖에 없었다. 그날, 명진과의 인터뷰에 동행한 현종 스님도 이 세상을 떠났다. 아 무심한 세월이여!!

# 바랑 하나 누비옷 한 벌 남기신 분

**효림 스님** | 경원사 주지

　충남 세종시의 비산비야에 자리한 경원사에서 수행중인 효림은 춘성과 인연이 깊다. 그는 조계종단 개혁지향의 승려로 명망이 높다. 문필적인 능력이 뛰어힌 그는 시인으로 네뷔아섰고, 백담사 만해마을에 있는 만해사상실천선양회의 사무총장을 역임하였다. 춘성의 문도 사찰인 봉국사 주지를 할 때에 춘성사상의 계승에도 적지 않은 고민을 하였다.
　효림은 1968년 신소천을 은사로 범어사에서 출가하였다. 그는 강원을 마친 이후에는 각처의 선방에서 수행하였던 수좌였다. 그러다가 1980년대 중반부터 불교의 사회화를 위한 최일선에 서면서 점차 불교개혁의 중심부에 들어갔다. 이런 배경하에서 1994년 조계종 종단개혁을 주도하였다.
　그는 설악산 백담사의 조실이며 만해사상실천선양회 이사장을 맡고 있는 오현을 만난 이후로 시인이 되었다. 몇 권의 시집도 발간한 그는 어엿한 시인이 되어 문학 방면에서 다양한 활동을 하고 있다. 만해사상실천선양회의 사무총장 시절에는 백담사 만해마을에서 행해지는 다양한 문화사업을 열성적으로 추진하기 위해 땀을 흘리기도 했다.
　효림은 1972년에 강원을 마친 후 범어사 선방에서 한철을 나고는 통도사 극락암에 가서 방부를 들여 수행을 하였다. 통도사에는 경봉의 회상에서 수행하는 수좌 50여 명이 용맹스러운 정진을 하고 있었다. 당시 통도사 산내 암자인 극락암 주변의 산판을 하여, 아름드리 소나무가 많이 잘려 나갔다. 이를 걱정한 경봉은 수좌들에게 더 이상 나무가 베이지 않도록 당부하였다. 그래서 수좌들은 안거 도중이지만 짬을 내서 경봉 스님의 토굴인 아란야 근처에서 소나무를 베던 인부들이 작업을 하지 못하도록 제지하였다. 그때 수좌들은 산판은 중지되어야 한다는 진정서를 청와대에 제출하였는데 그 문장을 쓴 당사자가 바로 효림이었다.

  이 사건으로 큰절인 통도사와 극락암 수좌들은 불편한 관계가 형성되었다. 그래서 효림은 해제를 불과 10여일을 남기고 극락암을 나와 망월사로 향했다. 당시 효림 연배에서는 한국불교의 선지식을 이야기 할 때 춘성, 경봉, 전강이 거론되었는데 늘상 가장 도가 높은 고승은 춘성이라는 말이 오고갔기에 그에 대한 막연한 동경심이 작용한 것이다. 망월사에 도착한 그는 춘성의 상좌인 견진에게 사정을 이야기 하고 망월사에 머물 수 있었다. 그리고 바로 춘성을 찾아가 인사를 하였다. 춘성을 처음 만난 효림은 춘성이 아무 말도 않고 그냥 당신이 찾아온 사정을 듣기만 하였다고 한다. 첫인상이 풍채가 좋고, 훤하게 생긴 80대의 노스님으로 효림에게는 기억되었다. 효림은 그 뒤로도 망월사로 발길을 몇번 옮겼지만 주로 객으로 찾아갔고, 춘성이 말년에 병석에 누워 있을 때 봉국사에서 춘성을 시봉하였다.

  효림과 절친한 도반이었던 종태는 광주 시외버스 터미널에서 춘성을 우연히 만났다. 효림과 종태는 어디로 가려고 정한 상태는 아니었다. 아는 도반이 사는 지리산의 토굴이나 찾아가려던 참이었다. 효림은 먼발치에서 춘성을 알아보았으나, 그때만 해도 춘성과는 막역한 관계가 아니었기에 쫓아가서 인사를 드릴 형편은 아니었다. 그러나 종태는 효림보다는 춘성을 더욱 잘 아는 처지였기 때문에 효림과 종태는 반가운 마음으로 춘성에게 달려가서 공손히 인사를 드렸다.

"큰스님 안녕하세요. 스님 어디 가십니까?"
"그걸 너희들이 왜 묻나? 내가 어딜 가든지 너희들이 알아서 뭐 해. 그러니 너희들 갈 길이나 가라."

효림과 종태는 춘성을 뒤따라서 함께 가고 싶은 마음이 발동했던 터였다. 춘성은 귀찮다는 듯 전혀 대꾸를 하지 않았다. 다만 손짓으로 빨리 가보라고 하였다. 젊은 수좌인 효림과 종태는 존경하는 큰스님인 춘성을 시봉하고 싶은 마음이 간절하였다. 춘성은 젊은 수좌들을 피해 터미널의 이 구석, 저 구석으로 가면 효림과 종태도 계속해서 따라 다녔다. 마침내는 춘성의 걸망을 거의 뺏다시피 하였다.

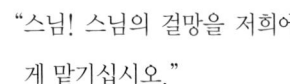
봉국사 주지(효림) 취임식(2007. 3. 11)에 참가한 이상국 시인과 필자(우측)가 춘성의 비석을 찾아 기념 촬영.

"스님! 스님의 걸망을 저희에게 맡기십시오."
"필요 없다. 시팔 놈들, 가라면 가지."
"그래도 어디 그렇습니까. 자, 어서 이리 내세요."
"아니 이 새끼들이, 지 갈 길은 안 가고 왜 나를 괴롭히나. 자 그러면 이 걸망이나 받어."

그리고서는 춘성은 터미널에

있는 화장실로 향하였다. 화장실에 간 춘성이 시간이 한참이나 지났는데도 나오지 않자 효림과 종태는 화장실에 들어가 춘성이 보이지 않자 화장실의 각 칸을 뒤져 보았다. 어디에도 춘성은 없었다. 춘성은 또 다른 문으로 벌써 가 버린 뒤였다.

그렇게 효림은 춘성이 맡기고 간 바랑을 갖게 되었다. 효림과 종태는 춘성이 두고 간 바랑에 무엇이 들었나를 보기 위해 바랑을 열어 보았다. 그 안에는 가사 하나, 죽비 하나, 화장지로 쓰는 휴지가 있을 뿐이었다. 말년의 춘성은 치질이 심하였는데 휴지가 제법 많아 바랑이 불룩하였다. 내용물을 확인한 효림은 황당할 뿐이었다. 그후 효림은 춘성의 바랑을 한참 동안 사용하였다.

그후 효림은 이 선방, 저 선방을 바람처럼 왔다갔다 하였다. 그러던 도중 한번은 서울 대각사 객실에서 잠을 자게 되었는데 아침에 일어나 주위를 살펴 보니 춘성이 있었다. 효림은 객실에 있는 대중들과 함께 춘성에게 깍듯하게 절을 올렸다. 당시 춘성은 80을 훌쩍 넘긴 노승이었는데도 불구하고 객실에서 대중들과 함께 잠을 청하였던 것이다.

대중들과 함께 큰방에서 바루 공양을 한 춘성은 당시 대각사에 머물던 노장 승려인 동헌과 이런 저런 이야기를 나누더니 이내 발길을 돌렸다. 효림은 큰방에 있던 춘성의 누비 두루마기를 척하니 들고서 대각사 대문으로 따라 나갔는데 이번에도 춘성은 효림에게 따라 오지 말라고 하였다.

"스님, 이제 가십니까?"

"따라 오지 마라, 시팔 놈아."

춘성은 대각사 입구에서 불과 10미터 떨어진 길가에 마침 서 있었던 택시를 타고 횡하니 가버렸다. 효림은 멍하니 춘성이 타고 간 택시의 뒤만 바라

보고 있을 뿐이였다. 효림의 손에는 춘성의 두루마기가 들려 있었고 두루마기는 광목이 아닌 캐시미론 솜으로 만들어진 아주 가벼운 것이었다. 효림은 그 두루마기를 7년 동안이나 입고 다녔다. 하도 오랫동안 입어서 때가 타고 해져서 입을 수가 없었다.

 세월은 흐르고 흘러, 효림은 춘성이 말년에 머물던 절이고, 춘성의 부도와 비석이 있어 저절로 춘성 문도회의 거점 사찰이 된 봉국사의 주지로 2007년 봄에 취임하였다. 효림이 봉국사로 오게 된 것이 춘성의 바랑과 두루마기를 받아 쓰고, 입었던 인연의 그물에서 나온 것이 아닌가 하는 생각을 떨칠 수가 없었다. 인연은 이렇게 강하고, 질긴 삶의 원동력이다.

만해제자 · 무애도인

------

## 죽는 날까지 정진하라

------

**진관 스님** | 진관사 회주

　서울 구파발, 북한산 외곽의 진관사에는 비구니계의 큰 어른인 진관이 주석하고 있다. 필자는 수년 전 오대산 도인이었던 한암과 그 상좌이면서 현대불교의 대강백으로 유명한 탄허의 옛날 이야기를 인터뷰하기 위해 진관사를 방문한 적이 있다. 오랜만에 다시 진관사를 찾은 것은 2008년 2월 2일 오후였다. 춘성 회상에서 10여 년간 수행하였던 선승인 대선으로부터 춘성이 말년에 진관사를 자주 찾았으며, 춘성의 상좌인 견진도 춘성의 심부름차 진관사를 자주 왕래하였다는 말을 듣고 부리나케 진관사를 방문하였다.
　차가운 날씨였지만, 한암과 탄허에 대한 그리움, 춘성을 정성껏 시봉하였던 추억을 생각하며, 진관사 회주인 진관은 필자를 따뜻하게 맞아주었다. 그러면서 벌써 40년이 지난 예전의 일들을 하나씩 회고해 주었다. 진관은 춘성, 청담, 탄허, 운허, 석주 등 진관사를 찾았던 고승들에 대한 아련한 추억을 되새기며, 지금은 진관사를 드나들었던 그 고승들과 같은 승려를 볼 수 없었다는 것을 매우 안타깝게 여기었다. 춘성은 진관사를 무척 좋아했고, 진관사를 자주 찾았다고 증언해 주었다. 진관사에 온 춘성은 진관사의 비구니와 신도들에게도 오직 참선 정진을 철저히 해야 함을 강조하였다고 한다.

춘성 스님은 납월 초8일에 이곳 진관사를 오시면 밤을 새우면서 공부하라는 소리밖에 하지 않으셨어. 다른 소리를 한 적이 없어. 그때 춘성 스님은 큰방에서 그냥 좌복 깔고, 그 위에 앉으셔서 모여 앉아 있는 신도 60~70여 명의 신도들에게 당신이 공부하던 경험 이야기를 해 주셨어. 중이고, 속인에게 진짜로 자기 마음을 제대로 발견해서, 마음이 부처인데 다른 데에서 찾지 말고, 마음을 꼭 깨달아야 부처님 법을 제대로 알게 된다. 경전을 아무리 보아도 죽을 때까지 아무 소용이 없다, 결코 깨달을 수가 없을 것이라는 그런 말씀을 했어. 그러시면서 마음공부를 안 하고, 깨치지를 못하면 지옥벌이를 하는 것이라고 우리에게 말씀하였어. 정진을 잘하는 사람을 만나면 잘한다고 칭찬을 하고 그랬어.

그리고 그 노장님은 우리 보고, 너희들은 앉아서 졸아라, 침을 질질 흘리면서도 졸아라. 졸더라도 좌복 위에 앉아 있어야 된다고 하셨어. 오시면 숫제 아자! 이불을 드리면, "이불이 무슨 필요가 있냐! 주접다 저리 치워라."라고 하시면서 조그만 방을 왔다갔다 하시면서 포행을 하시고, 밖으로 나가셔서 마당을 포행하시곤 했어. 춘성 스님은 행전을 찬 채로, 동방을 입은 채 쓰러져서 잠시 누워 계시다가 이내 일어나셔서 포행을 하였지. 그 노장님은 숫제 주무시지 않아.

이렇게 춘성은 진관사에 가서도 오직 정진만을 가르쳤다. 진관사를 자주 찾은 것은 그의 말년 시절이었지만, 그의 정진에 대한 열정과 잠을 거의 자지 않는 수행은 결코 쉽지 않은 것이었다. 진관사에서도 그의 유명한 도량석은 멈추지를 않았다. 진관사에 있는 큰 목탁을 이용하여 딱! 딱! 일자 목탁을 치면서 우렁찬 염불을 하였다. 진관사의 비구니가 도량석을 하면 "야! 시원찮다, 목탁은 그리 치는 것이 아니다."라고 하면서 당신이 직접 도량석을 하였다. 지금은 비구니계의 거목이 되었지만 40여 년전, 진관은 그 당시 선지식들에게는 인기 있는 비구니였다. 진관은 진관사에 1963년도에 들어와서 천막을 치고 기도하면서 오늘의 진관사를 키워낸 진관사의 중창주이다. 큰스님들과의 인연은 1963년 무렵 강석주가 위원장이 되어 청담, 영암, 춘성, 자운 등의 선지식들이 선학원에서 진관사 불사를 추진하는 위원회를 조직해 준 것이 결정적인 인연이 되었다. 당시 선지식들이 만든 모임인 남은돌(돌무덤, 여석회)의 회원이었던 큰스님들을 지극정성으로 모셨다.

그런데 춘성은 여석회 회원이 아니었다. 춘성은 어떤 회나 모임 같은 것은 일체를 거부하였다. 그런 것을 아주 질색했다. 진관이 여석회 모임에 왜 가입하지 않느냐고 물었더니, "그게 다 무어냐?"라고 말을 하였다. 그럼에도 불구하고 진관사를 자주 찾은 것은 큰스님 시봉을 정성껏 하였던 진관의 마음 씀씀이가 작용한 것으로 보인다.

춘성 스님이 돌아 가시기 전에 나는 춘성 스님이 입원하였던 병원에 가 본적이 있어. 갔더니 나보고 잘 왔다고 하면서, "내 머리를 삭발해 주게."라고 하였어. 그런데 상좌들이 삭발시키지 말라고 해서, 나는 "조금 있다 깎아 줄게요."라고 하고서는 그냥 왔어. 그리고 돌아가시기 직전에 몸이 불편하실 때 돌아다니시지도 못하고 일어나 앉지도 못하시는데 택시를 대절해서, 누워서 이곳에 오셨어.

춘성 스님을 지극하게 모신 진관 스님.

그래서 큰방에 잠시 누워 계시다가 가셨지. 그때에는 약도 잘 안 잡수시고 그랬는데, 그래도 내가 약을 드리면 잡수시고 그랬어. 그 무렵에 노장님이 여기 오셔서 팥죽을 먹고 싶으시다고 해서, 불시로 팥죽을 만들어 드리니깐, 한 그릇을 다 잡수시더라구. 하여간에 노장님은 진관사를 너무 좋아했어.

그리고 춘성 스님은 나에게 당신이 중노릇 할 때의 여러 이야기를 많이 털어놓았어. 그런데 세월이 많이 지나서 기억이 안 나지만, 스님에게 들은 이야기를 다 할 수도 없어.

진관사를 찾았던 말년의 춘성은 거의 욕을 하지 않았다. 그래서 진관은 다른 사람들이 춘성을 욕쟁이 스님으로 부르는 것을 이해하지 못하였다. 한 번도 욕을 하는 장면을 보지 못하였다. 그리고 춘성은 모든 사람에게 다 맞아떨어지는 스님으로 즉 무에히고 걸림이 없있던 설출한 도인으로 진관은 표현하였다. 춘성은 사람도 크고 잘생긴 사람을 좋아하였고, 물건도 잘생긴 최고급의 것을 좋아하였다고 진관은 회고했다. 이와 관련해서 진관은 춘성에게 직접 들은 것을 자세히 증언해 주었다.

어느 해 춘성은 오대산 상원사로 결제하러 갔다. 선방은 나무, 간장, 쌀만 있으면 살 수 있는 곳으로 보았다. 그런데 상원사에 갔더니 기본적인 필수품도 준비해 놓지 않았다. 그러자 화가 치민 춘성은 이내 그곳에서 내려왔다. 그때가 10월 중순이었는데, 상원사에서 월정사로 내려오는 그 길을 내려오다가 넘어졌다. 그곳 산골짜기는 초겨울 날씨임에도 얼음이 얼고 길이 미끄러워 춘성은 그만 넘어져서 팔이 부러지는 불상사를 당하였다. 성남 봉국사에 도착한 춘성은 병원에 가서 팔을 치료하다가, 며칠 후에는 팔에 감은 깁스를 풀고서 바람을 쐴 겸하여 진관사로 와서는 그 전후 사정을 진관에게 털어놓았다. 그런데 진관이 춘성의 팔을 보니 아직도 부기가 가라앉지 않았다.

그래서 진관은 광화문에 있는 접골원으로 춘성을 모시고 가서 치료를 하도록 하였다. 그 접골원의 선생은 정성껏 춘성을 치료해 주었다. 선생은 키가 크고 잘 생긴 사람이었다. 춘성은 접골원을 나와서는 진관에게 그 선생이 자신에게 정성껏 해준 치료를 감탄해 마지않으면서, '진짜 의사'라고 발언하였다.

필자는 진관에게 조용히 물어보았다. 지금의 스님들이 춘성에게 배울 점이 무엇인가를. 그 말에 대해서 진관은 즉각적으로 답을 하였다.

> 공부를 철저히 하는 것, 그리고 무엇보다 돈에 욕심이 없는 것, 아무 것도 소유치 않는 것은 지금 스님들이 배워야 합니다. 그 노장은 이 곳에 오실 때에도 갑자기 불현듯이 오세요. 그런데 오실 때에 거의 혼자서 죽비 하나 들어 있는 걸망을 매고서 택시를 타고 오십니다. 그런데 택시비로 100원을 주어도 될 것을 1,000원씩이나 마구 줘 버려요. 그러면 제가 왜 그렇게 하시냐고 하면, "그런 것 이야기 할 필요도 없다. 그 사람도 그런 것 갖고 먹고 살아야 돼."라고 하실 뿐이었지.
> 어찌되었든, 그 노장은 좀 괴물이셔, 다른 말로 하면 기인이라구. 어떤 것에 걸리는 것이 없어. 내가 돌아가시기 직전에 화계사에 가서 "노스님 제일 마음에 걸리는 사람 없으세요?" 하고 물어보았지. 그랬더니 그 노장은 "그런 년놈도 없다."라고 하셨어. 그 노장은 그렇게 숨기는 것이 없어. 하여간 춘성 스님은 걸림이 없어.
> 춘성 스님의 기이한 점을 내가 겪은 것은 몇 가지 있지. 청담 스님이 돌아가셨을 때에 사람이 많이 모이고 그랬잖아. 청담 스님 화장을 할 때에 춘성 스님은 이곳 진관사에 계셨어. 그때 청담 스님의 사리가 많이 나왔다는 말이 나오니깐, "사리는 무슨 사리냐! 청담의 사리는 묘엄이다!"라

고 하였지. 그리고 효봉 스님이 입적하였을 때에는 굴건 상복을 입고 상여를 따라가는 것을 내가 보았어.

진관은 춘성에게 여러 이야기를 들어서 그런지, 춘성에 대한 이면사를 상당수 알고 있었다. 춘성이 『화엄경』을 갖고 법문을 할 때에 보니, 『화엄경』을 줄줄 외우는 것을 지켜보았다고 한다. 춘성이 어떤 절에 가서 법상에 올라, 『화엄경』 강의를 하였다. 그러니깐 그 절의 주지가 하루 더 유숙하고 추가적인 강의를 해 줄 것을 요청하자, "필요 없다!"라고 하면서 그냥 나왔다는 말을 춘성에게서 직접 듣기도 하였다.

이렇게 진관은 춘성에 대한 적지 않은 비사와 인연을 갖고 있었다. 그리고 진관은 1970, 1980년대의 불교계를 빛낸 고승과 큰스님들을 정성껏 시봉하면서 많은 것을 배우고 익혔다. 그것을 진관사 중창 불사의 원동력으로 삼았다.

하여간 춘성 스님은 모든 것에 탈속하고 담백하게 살았어. 내가 무엇을 드리면 "야! 지저분스럽다 저리 치워라."라고 했어. 춘성 스님을 비롯한 큰스님들에게는 배울 점이 많아. 배울 점이 확실히 있어. 이제는 춘성 스님과 같은 그런 스님이 나올 수가 없어. 지금 고승, 고승해도 예전과 같은 고승이 없어. 어쨌거나 돌아가신 큰스님들과 같은 그런 스님이 없어. 참, 그리고 춘성 스님을 엄청 신하였던 보살이 많았는데, 노장님이 망월사에서 나오니 갈 곳이 애매하잖아. 그래서 춘성 스님에게 "스님 이제 저희들은 어느 절을 다녀야 합니까?"라고 했어. 그러니깐 노장님은 조금 생각하더니 "진관사를 다녀라!"라고 했어. 그래서 우리 절에 다닌 보살이 세 명이 있었는데 이름이 뭐더라, 지금은 그 보살들이 다 돌아가셨어.

진관사의 비구니들은 진관의 철저한 가르침 뿐만 아니라, 춘성의 가르침에 힘입어 열심히 수행정진을 하였다. 진관사 주지 소임을 보고 있는 계호 도 춘성에게서 보고 들은 것에 의지하여 수행을 열심히 하였다고 회고한다. 특히 춘성은 열심히 기도할 것을 강조했다. 진관사의 대웅전 뒤편에 있는 젖 봉우리와 같이 생긴 유봉을 거론하며, 좋은 터에서 기도를 열심히 하면서 자기 자신을 잘 닦아야 한다는 그 말을 아직도 기억하고 있었다.

밤이 되어서 이불을 갖다 드리면 이불은 필요없다고 하셨고요. 춘성 스님은 국수를 좋아하시고, 찰밥도 좋아하셨어요. 그런데 반찬이 많은 것을 걱정하셨어요. "아서라! 아서라." 하시면서 반찬은 한두 가지면 족하다고 하셨지요. 저는 1968년에 출가하였는데, 그 무렵에 진관사를 자주 들르신 춘성 스님의 말씀은 즉 잠을 자지 마라, '무'자 화두를 들어라, 오직 정진을 철저히 해라 등을 마음 속 깊이 새기고 춘성 스님의 가풍을 다 받아들였지요.
그리고 텔레비전에 미스코리아가 나오면 전생에 불공을 잘해서, 전생에서 잘 닦아서 금생에 저리 잘난 것이라고 하셨고, 금생인 지금에 사는 우리들은 각자가 잘 닦아야 한다고 말씀했어요. 사람은 마음을 닦고, 바른 생각을 갖고, 반듯하게 살아야 한다고 가끔씩 강조하셨어요. 스님은 불현듯 진관사로 오십니다. 그래서 택시를 타고 오시면, 주머니에 있는 것을 택시 기사에게 다 줬어요. 그래 제가 뭐라고 그러면 "지저분하게 그런 소리 하지 마!"라고 했어요. 그냥 집히는 대로 주는 것입니다. 제가 볼 때에 배 이상을 준 것 같아요.

이렇듯이 춘성의 가풍은 진관사에서도 여실하게 나타났다. 그래서 춘성의 가르침은 지금도 진관사에서 살아 있는 것이다. 진관사의 입구 왼쪽 편에는 진관사 사적비가 서 있다. 2005년 11월에 세워진 그 비석은 진관과 인연이 적지 않은 오대산 승려인 삼보의 제안에 의해 세워졌다. 그런데 그 비석의 한쪽 면에는 다른 사적비에서는 나오지 않는 증명법사 명단이 나온다. 진관사 사적비의 증명법사는 진관사에 도움을 주었거나, 인연이 많은, 왕래가 잦았던 현대 고승들의 법명을 새겨 놓았다. 그 중간 부분에서 필자는 춘성의 이름을 찾을 수 있었다. 춘성은 진관사의 역사의 한 페이지에 명백하게 각인되어 있다.

만해제자 · 무애도인

## 좋은 옷은 네가 입어라

**연호 스님** | 팔정사 회주

　춘성은 입고 있던 옷을 지나가는 거지나 불우한 사람들에게 그냥 벗어 주었다는 일화가 많다. 춘성이 옷을 벗어 주었다는 대표적인 일화는 창경궁 정문에서 옷을 벗어주고, 그곳에 있던 화장실에서 몇 시간을 기다리다 저녁 무렵, 팬티 바람으로 인근의 팔정사로 갔다는 것이다.

　필자는 춘성을 탐구하면서 늘상 팔정사를 가고 싶은 생각이 굴뚝같았다. 그러던 어느 날, 2008년 2월 18일 조계사 인근의 향림식당에서 불교교단사연구소 소장인 원두 스님, 그리고 평소 알고 지내던 선명화 보살과 점심 식사를 하게 되었다. 이런 이야기, 저런 이야기를 하다가 팔정사가 어디에 있으며, 어떤 절이냐고 묻게 되었다. 그러자 선명화 보살은 당신이 그 절의 신도라는 것을 말하면서, 팔정사의 노비구니와 주지 스님 등에 대한 자세한 이야기를 일러 주었다. 옛말에 등잔 밑이 어둡다는 것이 바로 이런 경우를 두고 하는 말일 것이다. 그래서 여러 이야기 끝에 그날 당장 성북동의 팔정사를 가자는 데 합의했다. 선명화 보살의 승용차에 동승하여 즉시 조계사 인근에서 팔정사로 향하였다.

　선명화 보살을 앞장 세우고 팔정사로 들어가자, 일흔아홉의 노비구니인

연호는 피곤한 기색임에도 불구하고 우리들을 반갑게 맞이해 주었다. 필자는 춘성에 대한 추억과 기억에 남는 것 등을 듣고 싶어서 왔다고 하였다. 그러나 비구니계의 어른인 연호는 춘성이 팔정사를 다녀가던 그 시절에는 당신이 철이 없었으며, 생각 없이 살았고, 너무 순박하였기에 특별히 말할 것이 없다는 겸양의 발언을 하였다.

춘성 스님이 이 절에 자주 온 것은 덕숭산의 큰스님인 혜암 스님이 이 절에 와서 계셨던 것에서 연유합니다. 춘성 스님은 이 절에 오셔서 법문을 많이 하셨는데, 저는 그런 것을 기억하고 있지를 못합니다. 또 저는 춘성 스님이 오시면 오신 줄로 알고, 가시면 가실 줄을 아는 것 뿐이었지요.

필자는 이런 말을 들었지만 춘성이 팔정사에서는 새벽 도량석을 하였는지, 아니면 염불은 안 하였는지를 물어 보았다. 그러나 팔정사에서는 비구니들이 도량석을 잘 하였고, 노스님인 춘성에게까지 그런 것을 하도록 내버려두지는 않았다고 했다. 그리고 이불을 갖다 주기는 하였지만 춘성은 그 이불을 거의 사용하지 않았고, 밤중에도 자지를 않고, 마당을 포행하였고, 갈 때는 언제 갔는지도 모르게 갔었다고 회고했다.

부처님오신날 광고(1972. 5).

그 어른은 수덕사에서 열리는 만공 스님의 제사와 생일 때에 있었던 법회에는 꼭 참석하였어요. 그리고 수덕사는 10월 보름 결제를 하지 않고 만공 스님 제사를 하고서는 바로 안거에 들어갔어요. 저도 수덕사 중이라서 참석하였는데, 그때 춘성 스님이 예참을 했어요. 그러면 그것을 중 중- 해 가다가 어느 지점에 가시면 억! 또는 악! 하고 소리를 질러요. 그 때 우리들은 다 엎드려 있다가 춘성 스님의 그 소리를 듣고서 벌떡 일어나고, 얼마나 놀랐는지 몰라요. 우리들도 그렇게 놀랐는데 임신한 여자의 애가 떨어졌다는 말을 이해할 수 있을 거예요. 그래서 그 후에 춘성 스님에게 제가 물었지요. 아니, 스님! 그런데 왜 갑자기 소리를 그렇게 지르세요! 하였지. 그러니깐 스님은 저에게 내가 원래 그런 데가 있다고 하시더라구요.

수덕사 조실을 역임한 혜암 스님. 만공의 법을 받았고, 춘성과는 도반이었다.

연호는 춘성과 같은 덕숭산 승려이다. 그는 마곡사의 영은암에서 일곱 살 때에 입산하여 해방되기 이전에도 만공 스님을 친견하였다. 만공의 법제자인 혜암과 춘성이 서울에 오면 팔정사에 자주 유숙을 하였기때문에 혜암과 춘성을 큰스님으로 시봉하였다. 그래서 연호는 춘성이 거주하였던 강화 보문사와 망월사도 자주 찾아가서 인사를 하였다. 그렇지만 연호는 당신보다 어른인 춘성에게 인사를 하고는, 그 절에 가서 기도를 하는 정도였다.

그리고 갑자기 생각나는 것은 불교 정화 때 기가 막히는 일을 겪었어요.

조계사에서 저는 아리랑 고개에 있는 만법사에 있었는데, 나는 얼마나 바쁜지 조계사에서 일어난 일이 궁금해 죽겠는데, 낮에는 가지 못해 저녁에 가서 조계사 마당에서 잤어요. 그 조계사 뜰의 계단 있는 곳에서 멍석을 깔고 다른 비구니들과 하늘의 허공을 바라보고 추운 줄도 모르고 자기도 했어요. 그렇게 하고서는 부지런히 아침에 다시 절로 돌아오곤 했어요. 그때 다른 스님들과 사진도 찍고 그랬지요.

불교 정화 때의 일도 회고해 주었다. 그래 필자는 춘성이 팔정사에서 지나가는 사람들에게 옷을 벗어 주었다는 일화를 보고 들은 것을 질문하였다.

하여간 그 스님은 옷을 훌떡 잘 벗어 주었어요. 우리 절에서 계시다가 가시면 제가 용채를 조금 드리면 지나가는 불쌍한 사람들에게 그것을 그냥 다 줘버렸어요. 그리고는 이 밑에서 버스를 타는 삼선교 종점으로 내려 가시다가, 그 종점 부근에 있는 공중화장실에서 일을 보시고 나와서 누구인가 옷을 제대로 입지도 못하고 벌벌 떨고 있으면 옷을 후딱 벗어 주고는 거기서 택시를 타고는 아는 신도집으로 가셨어요.
춘성 스님은 우리에게 맨날 참선하라는 말씀만을 하셨어요. 참선하는 방법은 말하지 않고, 정진을 잘 하라고만 하셨지요. 그래서 저는 스님이 어디에 가서도 애쓰신 것만 알고 있죠. 여기서는 법문만을 하시고, 염불 같은 것은 우리가 직접 다 했지요. 법당에서 법에 대한 이야기를 많이 했지만, 법당 밖에서 제3자에게는 법 같은 이야기는 잘 안했어요. 그리고 포행을 많이 했어요.
그리고 춘성 스님은 거짓말을 안 하고 살았어요. 또 돈을 세지 않았어요. 내가 지켜 본 예전의 큰스님들은 돈을 센 그런 어른은 없었어요. 혜암 스님은 신도가 돈 봉투를 주면 세지도 않고 가지고 있다가 수덕사 산중기도 할 때에 내놓았지. 참 그리고 혜암 스님이 춘성 스님의 대범한 행은 따를 사람이 없다고 하셨어요. 그에 비해 혜암 스님은 얌전했지.

이런 증언을 솔직하게 해 주면서도, 특별히 알려 줄 것이 없다고 사양을 하였던 노비구니인 연호는 예전에 팔정사에 자주 오던 큰스님과 도인들에 대한 아련한 추억을 마음 속에 차곡차곡 담아두고 있었다. 그리고 가장 친근하게 지내던 상륜 스님이 당

법희선사(비구니, 견성암)의 장례식(1975. 4. 24)에 참석한 춘성. 좌로부터 경산, 월산, 벽초, 춘성 스님이다.

신보다 먼저 갔다면서, 이제는 세월의 무게를 껴안기가 쉽지 않은 표정을 지으면서도 절의 경내를 같이 둘러보았다. 절의 경내를 돌다가 팔정사 주지인 연우 스님의 방으로 들어가서 차 한 잔을 얻어마셨다. 춘성이 팔정사를 올 즈음, 그 당시에 연우는 강원 공부를 위해 밖에 나가 있었기 때문에 특별한 인연은 없다고 하였다. 그러면서 윤비 마마가 돌아가셨을 때에 춘성이 상복을 입고, 상여 행렬을 따라간 것이 신문에 났다고 추억의 뒷켠에서 되살려 냈다.

선명화 보살과 절의 구석구석을 둘러보면서, 절의 어딘가에 남아 있을 춘성의 자취를 찾아보았다. 그러나 그러한 자취는 찾을 수 없었다. 세월이 너무 많이 지났다. 그런 세월의 자취를 뒤로 하고 팔정사를 빠져 나왔다. 사람의 흔적은 쉽게 지워지지 않는다는 것을 새삼 느끼면서 말이다.

# 호방 질탕한 선승

고은 | 시인

한국을 대표하는 시인을 꼽는다면, 고은이 우선적으로 지목된다. 매년 노벨상이 발표될 즈음이면 그의 동정은 뉴스의 초점이 된다. 그리고 그의 집 앞에는 기자들이 진을 치는 풍경이 벌어진다. 그런데 고은은 불교와의 인연이 적지 않다. 고은은 1951년 입산하였고, 통영 미래사에서 효봉 문하로 정식 출가하여 승려로 활동을 하다, 1958년에 시인으로 데뷔하였다. 사람이 그리워서 1962년 7월에 하산하여, 세속 생활을 하고 있다. 『씨울의 소리』(1978. 12)에 기고한 「나는 왜 산에서 내려왔는가?」에서는 "술을 고래고래 마실 자유를 위해서 내려 왔다."라고 그 서두를 시작했으며 말미에서는 "불교를 실천하려고 내려 왔다."라고 했다.

때문에 그의 작품에는 불교의 냄새가 물씬 풍겨져 나온다. 그는 산에서 내려오면서도 불교를 버리고 온 것이 아니라고 했다. 이런 배경에서 나온 책이 『한용운 평전』(민음사, 1975)이다. 고은은 『한용운 평전』을 쓰기 위해 춘성을 만나 만해에 대한 다양한 행적을 인터뷰하였다. 그러다 보니 자연적으로 춘성에 대한 성격, 일화, 비화를 많이 알게 되었다.

그는 우주적 세계관으로 다양한 시적 소재를 갖고, 민족과 함께 하는 수

만해제자 · 무애도인

고은이 승려시절 제주에서 시인 구상(앞줄 왼쪽), 독자와 기념 촬영(1961).

많은 시를 읊은 우리 시대의 기인이요, 위대한 작가이다. 이런 배경에서 나온 것이 1986년부터 발간된 『만인보』이다. 민족와 함께 한 영웅, 성인, 지도자에서부터 평범한 민중에 이르는 3천여 명의 다양한 인물을 서사시로 그려내고 있다. 그래서 『만인보』는 문학적 서사시에 머물지 않고, 민족의 대하 기록이라는 성격도 담보하고 있는데, 그 중에는 승려들의 삶과 행적을 복원하는 내용도 많이 나온다. 『만인보』 25권에는 도인 춘성을 소재로 한 시, 「춘성」이 나온다. 그 전문을 보면 다음과 같다.-

만해 용운께서는

산중 괴각(乖角)이시라
상좌도 딱 하나밖에 두지 않았다
상좌도

산중괴각이라
승어사(勝於師)
산중괴각이시라

춘성 선사

만해 용운이 감옥에 갇혀 계실 때
만해의 독립이유서를
몰래 받아내어
상해 임시정부 기관지에
보내었다

춘성 선사

그는 아예 상좌 하나도 두지 않았다
이불 없이 살았다
하기야 절 뒤안에 항아리 묻어
거기 물 채워
물속에 들어가
머리 내놓고 졸음 쫓는
선정(禪定)이니
기어이 수마를 모조리 내쫓아 버렸으니

경찰서에 불려가 신문 받을 때
본적 어디냐 하면

우리 아버지 자지 끝이다
고향이 어디냐 하면
우리 어머니 보지 속이다

누군가가
부활을 말하자
뭐 부활
뭐 죽었다 살아
죽었다 살아나는 건
내 자지밖에 보지 못했다.
이놈
한밤중에 다 잠들었는데
그는 마당에 나와
돌고 돌며
행선삼매라

신새벽 잠깐만 눈 붙이고
다시 새벽 선정에 새치롬히 들어간다 무릇 아지 못해라

  이렇게 춘성을 노래하였다. 고은은 이 시말고도 『만인보』 15권에 수록된 「춘성선사」, 24권의 「두 상좌」에서도 춘성을 소재로 한 시를 읊었다.
  고은은 그 자신이 승려 생활을 거쳤고, 승려 시절에 시인으로 활동하였기 때문에 만해 한용운에 대해서 큰 관심을 가졌다. 더욱이 만해가 비승비속으로 살면서 시를 비롯한 다양한 문학작품 활동을 한 것은 어찌 보면 그 자신의 삶과 닮았다. 그가 불교를 처음 접하였던 곳은 1951년 사미승으로 시작한 군산의 동국사이다. 그 절에서 송기원에게 만해 한용운이 시인이자 승려였다는 것을 처음으로 들었다. 그 심정을 그의 자전 소설, 『나, 高銀』(민음사, 1993)에서 다음과 같이 회고했다.

> 나는 만해(卍海)라는 이름을 처음 들었다. 온몸이 그 이름의 전류에 휘감겨버리는 것 같았다. 만해, 만해 한용운, 승려 시인! 그렇다. 승려 시인이란 낱말에 심취하지 않을 수 없었다. 승려 시인 한용운을 어느새 시인 고은으로 바꾸어보았다. 달 떠오르는 마음속에서.

그때부터 그는 만해에 취하였고, 만해를 흠모했다. 그래서 만해의 일대기를 썼다. 그런 인연으로 고은은 춘성을 만났고, 춘성을 알게 되었고, 춘성의 진면목을 확실히 파악했다. 고은은 출가한 이후 각처를 도보 여행, 구걸 여행을 많이 했다. 만행은 그의 취미였지만, 이따금씩 선방에 그의 그림자를

조계종을 개혁하려는 소장파 승려들의 모임. 도우회(道友會) 창립 기념. (조계사 대웅전 앞, 1959. 음력 8. 2). 고은 시인은 일초라는 법명을 갖고 승려 생활을 하면서 도우회의 부회장으로 활동했다. 두 번째줄, 우측에서 다섯 번째가 고은이다.

드리웠다. 그리고 한때에는 해인사와 전등사와 같은 고찰도 그의 수중에서 유지되기도 했다. 1950년대 후반에는 서울의 조계사와 선학원 등지에 그의 흔적을 남겼다. 당시 그는 은사인 효봉을 시봉하면서 어수선하고, 생경(生硬)하게 새출발하고 있었던 조계종단의 총무원 끝자락에서 많은 일을 하였다. 그것은 인재가 거의 없었던 조계종단의 한계로 인해 그가 여러 일에 관여될 수 밖에 없었던 사정이다. 그의 박학다식의 능력은 그 무렵에는 제법 희귀한 사례였다. 그 일에는 조계종단 대변인과 불교 개혁을 선도하려고 조직되었던 도우회(道友會), 혹은 한용운이 일제하에서 발간한『불교』지의 복간 기획,『불교신문』초대 주필 등이 포함된다. 서울 등지의 사찰을 순례도 하면서 큰스님들을 만나 불교 이면사의 중심부로 들어가기도 했다. 바로 그 무렵 도봉산의 망월사와 천축사에 그의 자취를 남겼는데, 그 행보는 자전소설『나, 高銀』에서 찾을 수 있다. 거기에는 춘성에 대한 정보도 나온다.

고은은 망월사를 만해 한용운의 유일한 제자인 이춘성 노장의 대장부 기상을 떨치는 곳으로 단정했다. 그리고 춘성을 다음과 같이 묘사했다.

> 망월사 춘성 노장은 큰소리로 껄껄 웃으며 숨찬 나를 환영한다. 그는 종단 따위의 일에는 일체 관여하지 않는 초탈자다. 그리고 그는 그가 만해의 제자라는 것도 말한 바 없다. 눈도 크고 입과 코와 귀도 크다. 목소리도 크다.
> 서울 조계사에서 어쩌다 그 스님을 대웅전 상당(上堂) 법문에 초청해서 법상 위에 앉혀 놓으면 거기에 모인 청중 신도의 대부분이 보살(여자신도)들인 것을 휘둘러 보고 나서 설법 벽두에 한마디.
> - 아이구! 보지를 달고 나온 년들 때문에, 그 구멍에서 나는 냄새 때문에 이 중의 코가 꽉 막혀 버렸구나!
> 하고 소리친다. 그렇게 되면 법회 분위기는 전혀 달라지고, 여러 보살

들은 얼굴빛이 진해지는 것이다. 아니 이것으로도 모자라.

– 아! 딱따구리가 밤새도록 부리를 쪼아 구멍을 내는데, 그놈들 참 불쌍해 …… 구멍을 뚫을라치면 침을 발라가며 뚫어야 하는데 침이 나와야지 …….

하는 데까지 이르러서는 아예 보살들이 고개를 들지 못하는 것이었다. 이런 춘성의 무애(無碍) 설법은 그 누구도 흉내 내지 못하는 그만의 특허품과도 같았다.

– 이 씹혈 놈의 것 같으니라구! 따위의 말이 설법의 군데군데 끼어들어 그것이 외설의 방출인지 진법문(眞法門)인지 모르게 될 정도인 것이다. 법상에서 내려온 뒤 그 법회가 끝나면 으레 그 노장은 나에게 다가온다. 네놈밖에 알아들을 놈 없다는 암시를 주는 것 같았다.

– 어떻더냐! 내 말 잘 들었냐.

– 스님 말씀이 어디 말인가요. 똥찌끄릭지지요.

– 허! 이놈 제법이로구나. 어디 네 똥구멍 성한가! 내놓아 보아라.

– 오줌 마려우면 함께 오줌 누십시다.

– 오냐! 내 자지도 그런 기별을 내고 있는 중이니라. 가자! 가서 이놈의 좆 덜렁 내놓고, 한바탕 소나기 쏟아버리고, 청천백일하에 바람이나 쐬러 가자.

그는 다방에 가서 어린 처녀들하고도 친해서.

– 고년 밤중에 요분질깨나 치겠구나.

하고 막된 소리도 한다.

나는 이 스님을 좋아 한다. 어떤 뜻에서 임제(臨濟)의 고함 소리와 덕산(德山)의 몸뚱이를 함께 몸으로 이어 받은 그런 호방 질탕한 장골(壯骨)이었다.

하지만 그는 남이 자는 한밤중 내내 혼자 이슬 퍼붓는 도량의 여기저기를 돌며, 몇십 년 동안 거의 빠지지 않고 『천수경』을 독송하고, 독송하기를 이어온 심야의 정진으로 살고 있었다. 그의 『천수경』 독송은 밤이라 자는 사람을 방해하지 않도록 낮은 소리이지만, 그 소리 가까이 가면 실로 장중한 여운으로 되어 있음을 알게 된다.

그런 밤 자정이 넘은 신새벽에 나도 잠을 깨어 그 스님 뒤를 따라 다니며 그 독송을 함께 하다가 장엄염불(莊嚴念佛)이 끝나고 나면 그때에야 밤새 소리 한두 개가 남아서 소리를 잇는 것이다.

— 스님.

— 뭐냐! 네놈이 나와서 남의 지랄에 상관하냐.

— 지랄이라뇨?

— 그럼 내가 지랄했지! 뭘 했겠니 …… 서방정토 아미타불이라는 놈네 에미타불이다.

그가 그렇게도 경건하고 지성으로 불러 섭수(攝收)를 기원한 『천수경』이 끝나면 그것을 지랄이라고 해버리는 막말을 누가 있어 막아 버릴 수 있겠는가?

바로 이 스님이 젊은 시절 그의 스승 만해의 감옥으로 면회를 가서 그 면회 철창 사이로 인찰지 꼰 것을 받아 그것을 상해 임시정부 기관지 『독립신문』에 보내어 「조선독립의 서」가 세상에 발표되게 한 것이다.

이 스님과의 인연은 그 뒤로도 더 끈질기게 이어지지만, 나는 이런 망월사의 중국 원세개(袁世凱) 자취가 있는 도량을 자주 가지는 못했다.

고은은 문학의 범주에 춘성의 이름과 행적을 올렸다. 그래서 문학인들도 춘성을 자연 알게 되었다. 이렇게 역사의 뒤안길은 흘러갔다. 만해는 갔고, 춘성도 갔고, 그러나 고은은 시인으로 아직도 우리 곁에 남아 있다.

# 분별하지 말라

박경훈 | 『불교신문』 편집국장

박경훈은 미국에 건너가서 살고 있다. 그는 1934년 목포에서 태어나 1955년 서울대학교 사범대 국어교육과를 졸업하였다. 그리고 1956년에 불교와의 묘한 인연으로 입산하였는데, 수좌로 이름을 떨친 금오 문하에서 월탄이라는 법명을 갖고 승려 생활을 하였다. 그러나 그는 자신의 호인 유찬으로 더 알려졌다. 그는 입산 초기인 1959년에는 『동아일보』 신춘문예에 시 부문에 당선된 시인의 이력을 갖고 있었고, 문필의 재능이 뛰어나 『대한불교』, 『불교신문』, 『법보신문』 등의 편집부에서 30여 년간 신문 제작 일을 하였다. 당시로서는 그의 학력과 문필의 재주는 뛰어나서 큰스님들에게 귀여움을 많이 받았던 인물이다.

그는 승려로 지내던 1950년대 후반, 조계사에서 춘성과 함께 밤을 지낼 기회가 있었다. 그때는 승려들이 서울에 오면 잠자리가 마땅치 않았다. 그래서 조계사 법당에서 방석을 베개 삼고, 방석으로 배를 덮으면 그만이었다. 요즈음 승려들이 서울에 오면 호텔이나, 오피스텔 등에서 숙박을 하지만 예전에는 이런 풍속 자체가 없었다.

어느 날 조계사 법당의 기둥에 등을 대고 박경훈은 춘성과 이런 말, 저런 말을 하다가 우연히 춘성의 발을 보게 되었다. 그런데 춘성의 양말이 짝짝이었다. 춘성은 흰것과 검은 것을 짝짝이로 신고 두 다리를 쭉 뻗고서도 천연덕스럽게, 그리고 자연스럽게 앉아 있었다. 그래서 박경훈은 웃음을 띠면서 말하였다.

"스님! 양말이 짝짝입니다."
"별놈 다 보겠구나. 따로 따로 보지, 두 발을 함께 보고서 분별을 하느냐?"

춘성이 신은 짝짝이 양말은 남이 신고서 버린 헌 양말이었다.
1960년 박경훈은 고독을 이기지 못하였을 뿐만 아니라, 절 집안의 관습과 타협하지 못하여 환속하였다. 얼마간 집에 있던 그에게 조계종단 서무국장 소임을 보고 있었던 고광덕이 부탁한 것은 『대한불교』의 편집국장을 맡아서 신문을 책임지고 만들라는 것이었다. 범어사 선방과 부산지역의 암자에서 수행을 하였던 박경훈은 범어사 출신인 광덕과는 친근한 사이였기 때문에

관악산 연주암의 법당 신축 회향법회(1973)에서 설법하는 춘성 스님.

흔쾌히 승낙을 하였다. 신문사에 근무하다 보니 다양한 승려들을 만날 기회가 많았다.

박경훈이 『대한불교』 신문사에 근무하였던 시절인데, 하루는 노신사 두 사람이 박경훈을 찾아 왔다. 두 노신사는 춘성과 범어사 선방에서 수행하였던 기유담이었다. 춘성은 당시로서는 대단히 귀한 영국제 양복을 입은 채였다. 밤색 싱글이었는데, 조끼를 받쳐 입었으며, 나비 넥타이까지 맨 상태였다. 거기에다가 카키색의 버버리 코트와 챙이 짧은 중절모도 쓰고 있었다. 한마디로 온갖 멋은 다 부린 모습이었다. 그때 춘성의 나이 70살이 조금 넘었을 때로 박경훈은 기억한다. 춘성은 그러한 자신의 모습을 평소에 알고 지내던 박경훈에게 자랑하고 싶어 신문사에 나온 것이다.

"내 모습이 어떠냐."

"하! 멋집니다. 스님 오늘 엔일이 입니끼? 모양을 나 내시고."

"내가 입고 싶어서 누구에게 부탁을 하였더니 이렇게 해 주더만."

춘성과 같이 온 유담이란 수좌는 피리를 잘 불어 부산에서도 방송국에 자주 나가 피리를 불었다. 그런데 이날은 서울의 KBS TV에 출연하게 되어 상경한 것이다. 그래서 친하게 지내던 두 노객이 저녁을 멋지게 지내기 위한 조연자로 박경훈을 선택한 것이었다.

그런데 박경훈은 자신이 두 노스님의 여흥을 즐기는 데에 조연자로 뽑힌 것을 기뻐하면서도 내심은 걱정이 앞섰다. 여흥과 파격에 남다른 두 분을 제대로 모시려면 응당 점잖은 곳에 가서 대접을 해야 하지만, 박경훈은 호주머니 사정이 빈약하였다. 그래서 그는 외상이 되는 일식집으로 안내를 하였다. 예전에는 어른들과 함께 식사를 하거나, 술을 먹게 되면 그 돈은 응당 후배나 젊은이가 내는 것이 도리이고 당연한 것으로 여기었다. 박경훈도 자신이 음식 값을 내는 것을 당연하게 생각하고 그렇게 하였다.

그래서 춘성과 유담은 박경훈이 안내하는 신신백화점 안에 있던 일식집으로 갔다. 일식집은 백화점의 2층에 있었다. 자리에 앉자마자, 술과 안주를 시키는데, 춘성은 맥주를 유담은 청주를 시켰다. 유담은 안주로 장어구이를 시켰지만, 춘성은 맥주를 마시면서 안주는 김이면 만족했다. 이들은 소식(小食)을 하였고, 술을 취하도록 먹지도 않는 스님들이라 박경훈은 술값 걱정은 하지도 않았다.

그런데 그 일식집에는 기이한 것이 있었으니, 그것은 마담과 지배인 남자가 모두 성이 옥 씨(玉氏)라는 점이다. 초저녁부터 방을 차지한 노신사들이 시킨 안주가 값이 나가지 않는 것을 시키니, 마담은 주문을 잘못 받은 것이 아니냐면서 지배인과 서로 티격태격 싸우게 되었다. 그래서 그 논란을 종료시키려는 마담과 지배인이 춘성이 자리를 차지하였던 방으로 들어와서 주문을 확인하였다. 사정을 파악한 춘성은 다음과 같이 재치있게 물었다.

"각 씨들이 무슨 일인가. 옥(玉)이 둘이니 합하면 각(珏)씨가 아닌가, 다투지 말고 사이좋게 지내야지."

그러자 그제야 마담과 지배인은 입을 막고 웃었다. 마담은 춘성에게 이처럼 말을 하였다.

"스님이 절더러 스님의 각시라고 부르는 줄 알았습니다."

이때부터 춘성과 박경훈은 그 남·녀를 각 씨로 불렀다. 그런데 해프닝은 그 직후 일어났다. 춘성은 갑자기 일어나 바지를 벗어서 지배인에게 주면서 입으라고 하였다. 영문을 몰라 어리둥절하는 지배인에게 다가간 춘성은 강제로 지배인의 검정색 바지를 벗기고는 자신의 바지를 입혔다. 그리고는 춘성은 지배인의 바지를 입고, 나머지 저고리와 조끼도 벗어 지배인에게 주었다. 놀란 사람은 새 옷을 얻어 입은 지배인뿐만이 아니다. 그때에는 일식집에 술시중을 드는 여성들과 술과 안주를 나르는 여성들도 있었는데, 일식집의 종업원들은 이 소식을 듣고 모두 놀랄 수밖에 없었다. 처음에 종업원들은 지배인을 놀리는 줄로 알았다고 박경훈은 회고하였다. 그래 박경훈은 춘성에게 물어 보았다.

"스님! 모처럼 부탁해서 해 입은 새 옷을 하루만 입어 보시고 남을 주시면 됩니까?"
"입고 싶은 옷, 하루 입었으면 족하지, 평생 입든 이틀을 입든, 언젠가는 벗어야 할 껍데기다."

그제서야 일식집 사람들은 춘성의 말을 믿게 되었다. 옷을 받아 입은 지배인은 춘성에게 백번 감사해 하였고, 주인도 감사의 뜻을 표하였다. 춘성의 파격적인 그 덕에 박경훈은 그날 저녁 식사 값을 아주 저렴하게 부담하였다. 춘성의 인기가 일식집에서 대단해진 것은 물론이고, 멋쟁이 스님을 모시고 간 박경훈도 덩달아서 인기가 상승하였다. 그후 박경훈이 그 일식집에 혼자 갔을 때에도 인기가 좋았다.

만해제자 · 무애도인

## 우리 시대에 환생한 원효

**목정배** | 동국대 명예교수

　동국대 명예교수인 목정배, 그는 불교계의 마당발이다. 제도권 대학 강단에서 수십 년간을 교수로 재직하다가 몇 년 전 정년 퇴임한 이후에도 그의 불교학에 대한 정열은 식지 않았다. 그가 평생을 일구어 온 대한불교법사회의 사무실 겸 포교당인 절에서 대중들에게 강의를 하곤 했다. 그는 해동고등학교를 다니던 학생 시절부터 포교의 일선에 섰고, 만해와 인연이 깊은 통도사 극락암의 경봉 스님과 인연을 가졌으며, 동국대학교 불교학과에 입학해서는 석사와 박사과정을 거쳐 동국대 불교학과 교수를 역임했다. 교수로 재직하면서도 포교 활동과 불교 문화 활동을 지속한 다방면의 전문가이다. 한마디로 그는 불교계의 기인이다. 그러나 목정배도 세월의 무게를 이기지 못하고 2014년 2월 8일, 이 땅을 떠났다.

　2008년 2월 19일 오후, 목정배가 활동하고 있는 서울 신당동의 법수사를 찾아 춘성에 대한 옛 추억을 떠올리면서 여러 대화를 하였다. 필자와는 1990년대 초반부터 여러 일로 잦은 만남이 있었기에 이야기는 부드럽게 진행되었다. 목정배는 대학원을 다니던 시절, 1960년대 중반에는 『불교신문』의 전신인 『대한불교』의 기자를 하였고, 그 이후에는 불교운동의 일선에도 있었기 때문에 큰스님과 고승들에 대한 정보를 누구보다도 많이 알고 있는 터였다. 필자는 조계종에서 주관하는 유교법회의 학술연찬회 관련에 대한 자료와 내용에 대한 이야기를 마치고 찾아온 목적을 개진했다. 춘성에 대한 정보의 보따리를 풀어 달라는 것이었다. 목정배는 춘성에 대한 실마리를 진관사 대웅전 상량식에서 보고 들은 욕 법문부터 시작했다. 당신이 신문기자로서 그 상량식에 참석해서 직접 들었던 춘성의 욕 법문으로 인해 진관사 불사가 불이 붙었다는 것이다. 법상에 오른 춘성이 "혼사에는 좆이 제일이요, 불사에는 돈이 제일이다."라고 하였던 기발한 선지 법문을 소개하였다. 그리고 그가 겪은 춘성의 진면목을 소개했다.

내가 기자되기 전에 UBC라는 단체가 도봉산으로 등산을 갔어. UBC가 뭐냐 하면, 1963년부터 서울 시내 대학인 동국대, 연대, 서울대, 한양대, 건국대 등의 학생들을 모은 불교통일 그룹이야. 유니파이드 부디스트 클럽이란 약자인데, 한문으로는 유비시(流飛詩)라고 표기했지. 자 이것 보라고, 유비시의 일지가 있잖아. 내용인즉은 풍류도 하고, 비상하려는 모임이었지. 내가 그 단체의 총섭이고, 본부는 초동에 있는 동국대 기숙사였고, 그 현판은 청담 스님이 써 주셨지. 그 단체에는 선서문도 있었고, 행진가도 있었지. 어디에 가거나 등산을 갔다 오면 일지를 쓰곤 했지.
하여간 그 유비시(UBC)가 겨울에 도봉산으로 등산을 갔어. 기차를 타고, 버스를 타고 해서 망월역에서부터 걸어 올라갔지. 도봉산에 가기 전에 망월사를 갔더니만, 춘성 스님이 마당에서 당신이 직접 빨래를 하고 있더라구. 그런데 등산객들이 스님 뒤에 가서 스님 궁둥이를 쳐다보고 있어. 이상해서 나도 가보니, 스님이 아랫 도리에 아무 것도 안 입었어. 겉에는 얄궂은 것을 하나 걸치고서는 빨래를 하였어. 그래서 우리는 엉거주춤 있다가 빨래가 끝난 후에 내가 스님에게 물어 봤지. 왜 옷도 안 입고 빨래를 하시냐구. 그랬더니 스님이 말씀하시기를, 좋은 옷이 있었는데 어제 어떤 걸중이 왔길래 그 옷을 벗어 주었고, 지금 빨고 있는 바지를 빨아서 입으려고 한다는 것이야. 춘성 스님은 그런 스님이야. 그때가 망월사 석축 선방, 돌방을 지을 때야.

이렇게 춘성에 대한 흥미진진한 비사를 소개하였다. 춘성이 옷을 잘 벗어 준다는 말은 많이 있었지만, 이와 같은 사실적인 묘사는 흔치 않은 증언이다. 그러면서 목정배는 그가 불교신문사 기자 시절에 지켜 본 일화도 들려주었다.

목정배(법명, 목철우)가 UBC 총섭으로 등산의 일정을 알린 『대한불교』의 광고(1967. 2. 26).

춘성 스님은 늘 종로에 오시면 가는 곳이 있었어. 지금 공평아트홀 뒷골목에 철강빌딩이 있었어. 그 빌딩에 불교신문사가 있었는데, 그 빌딩 건너편에 중국집이 하나 있었지. 스님은 종로에 오시면 그 중국집에 가셔서 안주 하나를 시키고서는 배갈 두 병을 자셨어. 그러나 스님은 무일푼이었기 때문에 당신의 모자를 맡겨 놓고서는 다음에 주시겠다고 하고서는 그냥 가시는 것이야. 그리고서는 다음에 스님이 오실 때에 따라 온 사람이 와서는 먼젓번의 값을 치러주고 가곤 했어. 춘성 스님은 이렇게 살았던 분이야. 그리고 어느 신도가 춘성 스님이 이가 아프다고 하니깐, 그 치아를 고치라고 돈을 많이 주었어. 치아를 고칠 수 있을 만큼. 그런데 저기, 지금의 분당 근처의 남한산성에 있는 암자에다가 그 돈을 다 줘버린거여. 이런 분이 춘성 스님이여. 스님의 목탁과 염불 소리는 유명하지. 망월사에 있는 목탁은 엄청나게 커서 아무나 못 들었어. 춘성 스님이 그 목탁을 두드리면 저 건너 불암산과 수락산까지 들렸다고 할 정도로 그 목탁은 컸어. 이런 이야기는 내가 누군가에게 들은 것이야.

이런 증언을 들은 후, 춘성이 만해 한용운의 상좌인데, 탑골공원에 있는 한용운의 비석을 세울 때에 비협조를 한 연유를 물었다. 그리고 춘성과 한용운과 관련하여 보고, 들은 이야기를 말해 줄 것을 요청하였다. 이에 대해서 목정배는 춘성이 한용운의 비석을 세울 때에 참여하지 않은 것은 그 사업을 추진하는 사람들이 가만히 있다가, 갑자기 나타나서 그런 일을 하겠다고 하니까, 그 목적이 순수성을 의심에서 그리한 것이라는 해석을 내 놓았다.

김 선생, 김관호 선생이라고 아시나? 여의도에 살던 딸깍발이처럼 생긴 김관호 선생하고, 춘성 스님 둘이서 만해 스님이 돌아가실 때, 임종을 했답니다. 그것은 내가 김관호 선생에게서도 듣고, 최범술에게서도 그 이야기를 들었어.

『만해 전집』을 신구문화사에서 내기 전에, 나하고 효당이 사과 궤짝에 담은 그 원고를 갖고서 시발택시에 싣고, 노산 이은상 집에 갖고 간 일도 있지. 효당이 한번은 나를 제헌동지회 사무실로 불렀어. 갔더니 전집을 그대로 낼 수는 없으니 유명한 노산에게 한번 보여서 윤색과 윤문을 봐야 한다고, 그래서 원고를 갖고 안암동 로터리에 있는 노산 이은상의 집을 가져가서 언제까지 봐달라고 맡긴거. 그런데 노산이 바쁘니깐, 6~7개월이 지나도 봐주지를 안 해. 그러니깐 효당 선생님이 다시 제헌동지

만해제자 · 무애도인

목정배가 춘성을 회고하면서 필자에게 기념으로 건네준 글씨.

회 사무실로 오라고 해서 갔더니, 원고를 안 봐주니 원고를 다시 찾아와야 하겠다고. 그래서 우리는 노산 집에 원고를 도로 찾으러 갔지. 그러니깐 노산이 자기가 봤다는 기록을 남기려고 그러는지, 봐줄 터이니 기다리라는 것이야. 그러니 어떻게 해. 하지만 결국은 또 안 봐줘서 원고를 다시 찾아왔어.

이런 일이 있었는데 신구문화사에서 한용운 전집이 나올 때 김관호, 최범술, 춘성 스님, 나하고 이렇게 신구문화사에 가서 언제 책이 나오냐고 물어 보기도 하였고, 만해 스님의 기일날(6월 29일)에 맞추어서 책을 내 달라는 말도 했어. 그때에 춘성 스님은 스님 책이 나온다고 굉장히 좋아했어.

그때 일부에서는 춘성 스님을 자기 스님에 대해서 사업을 하는데 돕지 않는다고 본거라. 말만 만해 스님의 상좌라 하고, 이런 사업은 안 한다고 하면서 그리고 일부에서는 춘성 스님이 음주식육을 마음대로 하면서, 불교의 기준에서는 돼먹지 못했다고 했어. 저 스승을 잘못 섬긴다는 말들을 한 것은 사실이야. 그런데 춘성 스님은 우리 스승이 독립운동을 할 때나, 해방 직후나, 1950년대에는 가만히 있다가 갑자기 나타나서 일을 하겠다고 하니 지랄한다고 그랬어. 내가 보기에 독립운동을 국외에서도 하고, 미국에서도 하고, 국내에서도 했는데, 국내에서 그래도 제대로 한 사람은 만해 한용운이고, 백용성 스님이야. 그런데 만해 선생의 묘지가

춘성 스님의 가풍, 비사를 증언한 목정배 교수. 목정배는 시인, 예술가, 포교사로 활동했다.

망우리에 지금도 있고, 국립묘지에 안장이 안 되었어. 그래 내가 「잿빛 안개 자욱한 망우리 공동묘지」라는 제목으로 쓴 글도 있어.

그러면서 목정배는 당신하고, 그 무렵 동국대 신문사 주간을 하였던 송혁과 함께 대불련의 이념에 만해사상을 놓으려고 신경을 썼다는 비사도 회고했다. 『만해 전집』이 나온 이후 김관호, 송혁, 목정배, 전보삼이 함께 만해 유품을 모으자는 회의도 하였는데, 그 결과로 나온 자료의 상당 부분이 지금 남한산성에 있는 만해기념관으로 갔다는 비사도 공개하였다. 그 모임의 뒤에는 효당 최범술이 있었음도 부연하였다. 그러면서 목정배는 춘성에 대한 성격과 위상에 대한 자신의 의견을 솔직하게 말했다.

내가 볼 때 춘성 스님은 뭐라고 할까? 한국불교에서 진묵 스님, 경허 스님, 만공 스님의 가풍을 1940년대, 1950년대에 이은 분이고, 그런 흐름에 있었던 선풍을 진작시킨 분이라고 봐. 이 스님은 술을 잡수셔도 선풍이 있었고, 욕을 하면서도 선풍이 있었고, 그 다른 뭐를 해도 다 나름대로 공부한다는 뜻이 표현되었어. 이런 춘성 스님의 가풍을 못 보는 사람들은 춘성 스님이 하였던 전부를 다 살려 낼 수 없는 것이지. 그런 사람은 춘성을 그저 하나의 물건으로 밖에 보지 못하고, 자기의 마음에 들지 않으니 춘성 스님의 곧은 신심을 알 수 없는 것이지. 춘성 스님의 깨끗한 마음을 바로 볼 줄 알아야 하는데, 그것이 아쉬워. 간혹 춘성 스님을 거지승, 타락승, 벙거지승으로 본다 그말이여.

목정배는 춘성을 바로 보아야 한다고 역설하였다. 그러면서 당시 세간에 소문이 나기를 춘성은 참선을 하는 데에도 요지부동이었다고 하였다. 그래서 누군가가 망월사의 방의 창호지를 뚫어서 춘성의 참선 모습을 지켜 보았다는 것을 회고하였다. 춘성이 오뚝이처럼 참선을 하였다는 것이다. 그리고 목정배는 성철이 망월사에 우연히 왔을 때, 성철이 장좌불와 한다는 소문을 듣고 춘성이 문틈으로 성철이 밤새도록 참선하는 장면을 지켜보았다는 설. 그래서 두 가지 설이 있었다는 것을 전하였다.

> 사람들이 춘성 스님의 막행을 비판하지만, 마음만 안 버리면 되지, 음주 식육에 대한 경계심을 가지면 안 됩니다. 다시 말하면 마음이 선을 여의지 않으면 된다고 봐요. 아무튼 춘성 스님이란 분은 신체도 걸출하고, 마음 씀씀이도 그렇고, 선의 공부 어디에 걸림이 없었어. 만약에 춘성 스님이 신라 시대의 사람이라면 원효야.
> 그리고 참, 나는 춘성 스님이 이불을 태우는 것은 보지 못하였지만, 춘성 스님은 이불은 너덜너덜해야 하고, 중이 부드러운 이불을 덮으면 공부가 안 된다고 했어. 그래서 세(細)이불, 비단 같은 매끄러운 이불은 절대 덮지 말아야 한다고 했어.

목정배 교수는 춘성에 대한 성향을 단적으로 표현 하였다. 신라 시대에 태어났다면 원효라는 단 한마디로 정리하였다. 그러면서 그가 『대한불교』 신문사에 기자로 근무하던 시절, 춘성이 갑자기 휙하니 나타나서는 "야! 오늘은 뭐 살끼야."라고 하던 호탕한 그 말을 재연하였다.

만해제자 · 무애도인

# 노 변호사의 사미인곡

**황석연** | 변호사

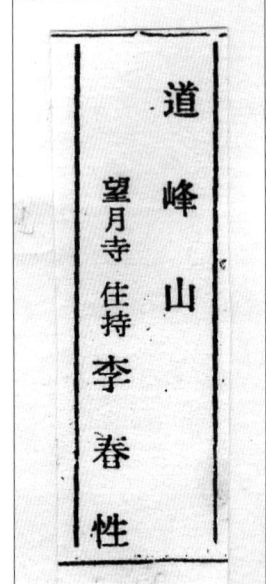

망월사 주지가 춘성 스님임을 알린 광고(『대한불교』1961. 5).

필자가 『춘성』을 2009년에 발간하자, 수많은 언론에서 특별하게 보도하여 준 덕택으로 수천 부가 팔려 나갔다. 그리고 다양한 사람들에게서 문의 전화도 꽤 왔다. 그렇지만 한편으로는 춘성 스님과 인연이 있는 모든 사람들을 다 만나지 못하고 책을 발간하여 내심으로는 부담이 적지 않았다.

그런 대상 인물 중에서 한 사람이 황석연 변호사이다. 춘성에 대한 자료를 뒤적이던 어느 날 『대한불교』의 여시아문(如是我聞)이라는 칼럼(1980. 5. 11)에 황석연(대한불교 홍법회장)이 기고한 「망월사의 추억」이라는 내용이 필자의 시선을 사로잡았다. 그 내용은 1954년 무렵 망월사에서 고시공부를 할 때 춘성을 만난 인연의 이야기였다. 내용을 미루어 보면, 황석연은 망월사에서 공부하여 사법고시에 붙고 법조인으로 생활을 하고 있음이 분명하였다. 그래서 황석연을 만나고 싶었지만 연락처를 알지 못하여 속으로만 전전긍긍하였다.

그렇지만 『춘성』을 발간하고 나서 한 달이 지난 2009년 4월 초순에는 황석연 변호사가 기고한 글을

황석연 변호사가 춘성 스님과 망월사의 추억을 회고한 기고문(『대한불교』, 1980. 5. 11).

다시 뒤적이면서 그를 꼭 만나야겠다는 열정에 사로 잡혔다. 그래서 그가 살아있다면, 변호사 단체에 인적사항과 연락처가 수록되어 있을 것이라고 생각하였다. 필자의 생각이 맞아떨어져, 세 차례의 전화 연락을 하고 2009년 4월 24일, 시청 앞 프라자 호텔 뒤에 있는 가화다방에서 그를 만나서 춘성에 대한 인연 이야기를 들을 수 있었다.

그를 만나는 날은 가랑비가 내렸다. 그가 기고한 「망월사의 추억」을 다시 한번 읽고, 그를 만나러 가는 길은 약간 들뜬 상태였다. 우선 그의 기고문을 살펴 보자.

내가 처음 망월사에 간 것은 6·25의 격전도 포성이 멎고 부산으로 피난 갔던 서울 시민들이 돌아오던 1954년대의 어수선한 때였고 대학의 동창들도 자기 갈 길을 찾느라 분주하였다.

나는 아버지의 뒤를 따라 책보따리를 싸들고 의정부행 버스를 탔다. 장수원 도봉산 망월사 입구에서 내렸다. 지금은 망월사 부근이 주말이면 명동거리 같지만 당시에는 나무가 울창한 산길이었다. 나무숲을 헤치고 올라가는 산길은 마치 호랑이라도 나올 것만 같았다. 망월사에 도착하여 주지 스님이신 춘성 스님을 뵙고 큰 절을 드렸다.

부리부리한 눈매, 낭랑한 목소리, 내가 느낀 첫인상이었다. 어딘지 위압감이 느껴졌다. 망월사에서 당분간 기식할 것을 부탁드리고 산사생활이 시작되었다.

아침에는 예불에 참석하고 낮과 밤에는 사랑 애(愛)자 하나 없는 법률서적과의 씨름이 시작되었다. 간간이 춘성 스님으로부터 설법도 들었다. 적은 일에 대범하시고 일체의 소유욕이나 집착을 버린 큰스님이신 것을 시간이 흐를수록 느꼈다. 도봉산이 울리는 듯한 독경소리는 인간의 영혼을 뒤흔들어 놓는 것 같았다. 큰스님께서 민가에 내려가시면 산사를 나 홀로 지키는 날이 많았고 젊음과 다망한 활기를 눌러 버리고 책과 씨름하는 나에게는 뼈에 스미는 고독과 불안이 엄습했다.

밤이면 멀리 들리는 동물의 울음소리! 은은히 울리는 풍경소리는 하나의 교향악처럼 나의 귀를 때렸고 유일한 나의 벗이었다.

억수같이 쏟아지는 빗소리와 천둥소리로 공포에 떨면서 담요를 뒤집어 쓰고 밤중에 건너 산에 있는 광법사로 혼자 찾아가 외로움과 무서움을 피하는 날도 여러 번 있었다. 책에서만 읽었던 불교 교리가 망월사 생활에서 실존의 이론으로 나를 이끌어갔다. 매일 1시간씩 법당에 올라가 정좌하고 참선과 기도를 했다.

고독과 잡념에 헤매이던 나의 정신세계는 이 정좌 시간에 고요히 가라앉고 먼 수평선상에 떠오르는 태양을 눈부시게 느끼는 것 같았다. 나는 혼자서 중얼거리면서 소원을 기원했다. 인간의 마음은 이런 때일수록 약해

지나 보다. 부처님에게 수없이 배례하고 기원했다.

산사에서의 오랜 시간이 흘렀다. 법률공부도 많이 했고 불교의 깊은 뜻도 조금이나마 나의 마음 한 구석에 찾아온 것 같은 착각에 빠진 날 나는 산사를 떠날 준비를 했다. 절을 떠나는 날 큰스님은 나에게 "어제 저녁 꿈에 자네가 옥돌을 지게에 지고 법당 쪽으로 올라가는 것을 봤네." 하면서 격려의 말씀을 해주셨다. 이제는 다 지나간 일들이지만 나에게는 무지개 빛 같은 아름다운 추억들이다. 큰스님도 가시고, 원세개가 썼다는 망월사 현판이 있던 목조 산사도 차디 찬 돌집으로 변했다. 한번 가면 돌아오지 않는 無常을 느낀다.

가화다방에서 10여 분을 기다리자 한 70대 중반의 신사가 들어왔다. 직감적으로 그가 황석연 변호사임을 알 수 있었다. 반갑게 인사를 하고 커피 한잔을 시키고 대화는 시작되었다. 초점은 춘성이있는데, 그 무렵 시켜본 춘성에 대한 인상과 어떤 연고로 망월사에서 고시공부를 하였으며, 망월사에서 나온 이후의 생활 등이었다. 그는 55년 전의 일을 타임머신을 타고 돌아간듯 하나씩 풀어 놓기 시작하였다.

내가 망월사에 간 것은 서울대 법과 대학 3학년 때입니다. 아버지가 망월사에 가서 공부를 하라고 해서 따라 간 것이지요. 아버님은 황의돈이라고 하는데 사학자로서 동국대에서 강의도 하셨지요. 아버님은 일제시대에 만해 한용운과도 교분이 있는 사이였어요. 어떤 때는 한용운 스님과 함께 최남선에 대해서 막 욕을 하였다고도 하였어요. 아마도 아버님은 심우장을 자주 드나들었기 때문에 자연스레 한용운의 상좌인 춘성스님을 알고 지내신 것 같아요.

이것은 역사의 오묘함이다. 황의돈 선생의 자제가 황석연 변호사라니, 이 말을 듣는 순간 주체할 수 없는 격정에 사로 잡혔다.

제가 그곳에서 공부를 할 때에는 한달 가야 신도 한두 명이 올 정도였어요. 그리고 초파일에도 할머니들이 조금 올라올 정도였고, 당시만 해도 우리 불교는 치마불교때였으니 법회가 있을 수가 없었지요. 절에는 춘성 스님 밖에 없었고, 밥을 해주는 할머니 한 사람이 있었지요. 그때 보니 춘성 스님은 걸출하셨고, 말씀을 하실 때마다 욕이고, 여자 이야기를 막 하시고 그랬어요.
저는 새벽 예불을 할 때 참석하여 스님이 독경을 하실 때면 뒤에 앉아 같이 염불을 하는 정도였고요. 스님은 저에게 그저 공부를 열심히 하라는 정도의 말씀만 해 주었어요.

이런 이야기를 들으면서 그 당시에 황변호사가 춘성 스님이 한용운의 제자라는 것을 알았는가에 대해 물어보았고 망월사에서 내려와서도 춘성 스님을 자주 만나게 되었는지도 질문하였다.

그때는 한용운의 제자라는 것을 알지 못했죠. 다만 만공 스님에 대해서 이야기를 하신 것은 들었습니다. 이번에 박사님이 쓴 책의 보도 내용을 보고 한용운 스님의 제자라는 것을 알게 되었지요. 제가 망월사에서 한 1년을 있다가 1955년 3월 경에 내려 왔어요. 시험을 보려고 시험 일자에 맞추어서 내려온 것이지요. 그리고 사법고시에 바로 붙었어요. 그래서 망월사에 올라가서 스님에게 고맙다는 인사를 드리고 몇 번은 뵀었는데, 제가 그 이후로 주로 서울에서만 판사생활을 20년이나 하였지만 춘성 스님과는 더 이상의 인연은 없었습니다. 아버님은 방학 때면 망월사에 가셔서 참선을 하셨는데, 춘성 스님과는 불법 공부에 있어서 맞수처럼 보였어요.

지금에 와서 보니, 춘성 스님은 무학대사, 서산대사를 이을 큰스님임이 분명하다고 봅니다. 춘성 스님은 도가 높으신 스님이었고, 모든 것을 정말로 방하착 하신 분입니다. 제가 망월사에 있을 적에도 스님은 상(相)을 내면 안 된다, 사리와 비석 그것도 상이다라는 말씀을 평소에 늘 하셨습니다. 제가 망월사와 춘성 스님의 인연으로 불교를 알게 되고, 더욱이 아버님이 큰스님들과 인연이 많아서 저도 자연스럽게 불교계 스님들을 많이 알게 되었지요. 저의 집에는 탄허 스님, 청담 스님, 경산 스님, 능가 스님, 효봉 스님 등이 많이 왕래하셨어요. 특히 불교 정화운동을 할 때에는 우리 집 문턱이 닳도록 오셨지요. 특히 동산 스님이 정화 재판에 관여된 판사집에 혼자 가시기는 뭣 하니깐, 동산 스님이 부탁을 해서 제가 함께 모시고 갔고, 정화 재판의 법 해석에 내한 자문도 많이 하였습니다. 탄허 스님이 나오시면 꼭 우리집에 오셔서 부친과 한문으로 주고 받고, 선담을 하시곤 하였어요. 제가 옆에서 보니 춘성 스님과 탄허 스님은 기질이 정반대로 완전히 양면성을 갖고 있는 것 같았어요. 춘성 스님은 무소유이시고, 사상을 탈피하셔서 참선으로 경지에 올라가신 분이고, 탄허 스님은 역경을 하시고, 8만대장경을 다 꿰뚫어서 대가가 되신 분이지 않습니까? 이렇게 스님들을 많이 접촉하였지만 저에게 딱, 피부로 느낌이 강렬하게 와닿는 스님은 춘성 스님이었습니다. 춘성 스님처럼 필링이 오는 스님이 없어요. 지금도 춘성 스님의 생각이 많이 나요. 최근에 거물급의 큰스님들이 많다고 하지만 그것은 후학들이 만들어서 그런 것이라고 나는 봅니다. 춘성 스님과 같이 딱, 가슴을 누르는 도력(道力)이라고 할까, 그런 것을 찾기가 어려워요.

춘성 스님에 대한 책이 언젠가는 정리되어 나오리라고 생각지요. 왜냐하면 그 스님은 거목이시고 언젠가는 정리하고 넘어가야 하지 않나 하고 평소에 생각하였습니다. 하여간에 나는 춘성 스님을 무학대사, 서산대사를 이은 고승이라고 봅니다.

이렇듯 그는 춘성에 대한 그의 인연을 순식간에 풀어 놓았다. 그는 춘성과의 인연으로 돈독한 불자가 되었고, 판사의 소임을 보면서도 조계종단의 정화운동을 위해 큰 봉사를 하였다. 동국대와 명성여고를 인수하던 그 현장에도 황변호사가 있었다. 그의 집이 이른바 조계종단(비구승단) 큰스님들의 사랑방이었음에서 그 사실은 분명하다. 조계종단에서도 황석연 변호사의 공로를 인정하였다. 그런 연고로 동국대 재단의 법인 이사로 6년간이나 근무하고 동국대 이사로 근무할 때 같이 근무하였던 진경, 월주, 경우, 지관 스님 등 귀에 익숙한 스님들의 이름이 그의 입에서 자연스럽게 흘러나왔다.

망월사에서 춘성에게서 배운 불교의 인연은 황석연 변호사의 삶의 구석구석에 향기로 남아 있었다. 바쁜 약속이 있다며 자리에서 먼저 일어선 그는 필자에게 선친인 황의돈의 문집을 보내 주겠다는 말을 뒤로하고 비오는 거리로 나섰다. 그날 오후의 풍경은 그랬다. 부처님의 핵심 가르침은 인연법임을 새삼 절감하였다.

# 스님, 저 막내예요

**법계심** | 망월사 막내보살

봄 기운이 완연하던 2008년 3월 8일, 필자는 지하철 1호선을 타고 가다 망월사역에서 내렸다. 그리고는 원도봉산으로 올라가는 등산로 우측 입구에 있는 산아래 옛흥 길 전시관의 마당에서 누군가를 기다리고 있었다. 만날 주인공은 춘성과 뗄레야 뗄 수 없는 망월사에서 재무 보살로 불리던 할머니였다. 그 당시 재무를 맡아보았으면 흥미진진한 추억과 회고가 나올 것이라는 기대에 자못 설레었다. 10여 분을 기다렸나, 하얗게 머리가 센 할머니가 중년 딸의 부축을 받아 전시관 마당으로 들어오고 있었다. 직감으로 바로 재무 보살이라는 것을 느꼈다. 인사를 하고 전화로 춘성에 대해 물은 당사자라는 사실을 알리고 불편한 몸으로 나와 주신 것에 대해 감사의 말을 하였다. 날씨가 많이 풀렸고 재무보살로 불린 할머니가 다리가 불편하여 다른 장소로 옮기기에도 어려움이 있어 그 전시관 마당의 벤치에서 춘성의 이야기를 듣게 되었다.

법계심 보살은 지금은 칠십대 후반이지만, 춘성을 처음으로 만나 망월사를 다닐 때에는 20대의 앳된 새댁이었다. 그러니깐 6·25전쟁이 끝나던 무렵이었다. 이북에서 피난을 와서 결혼을 하였는데, 그의 남편이 세무서를 다녔다. 세무서의 공무원들이 망월사를 다니면서 불교를 배웠기 때문에 자연 그도 남편을 따라서 망월사를 출입하고 춘성을 만나게 되었다. 법계심은 이북에서 절이나 교회도 나가지 않았기 때문에 불교나 스님에 대한 것은 아무것도 몰랐다. 절에 갈 때에는 다홍치마에 연두저고리를 입고 갔던 그야말로 살풋한 새색시였다. 그렇게 세월은 흘러 춘성은 가고, 새색시는 칠순 노파가 되어 50여 년 전을 회고하게 되었다.

춘성 스님은 누가 뭐래도 큰스님이예요. 요즈음 큰스님이라고 말들을 하는 스님들을 보면 어느 구석에도 큰스님이라는 것을 찾을 수 없어요. 진짜로 춘성 스님 같은 스님은 아무리 둘러 봐도 없어요. 요즘 3천배 하라고 하는 큰스님도 계시지만, 내가 아무리 살펴도 큰스님이 아닌 것 같아. 나는 그래서 오직 우리 춘성 스님을 큰스님으로 생각하고 여지껏 살아 왔어.

춘성에 대한 회고가 자못 짠하다. 지금은 무릎이 좋지 않아 산꼭대기에 있는 망월사를 올라갈 수 없어 동두천에 있는 청량사에 나가지만, 망월사와 춘성에 대한 애정과 그리움은 누구 못지않게 열성적이었다.

예전에 망월사역에 내려서 절에 올라 갈 때에는 우리 보살들이 2천 원씩 내서 만 원어치의

보살들과 함께 한 춘성(좌측은 보리심, 우측은 법성화). 춘성은 부처님 가르침을 따뜻하게 알려주어 따르는 보살이 많았다.

포도를 한 짐 사서 짐꾼을 시켜서 지고 올라갔어요. 이 부근이 옛날에는 다 포도밭이었거든요. 그렇게 망월사를 올라 갔지요. 그런데 6·25 직후에는 망월사에서 4월 초파일 행사를 해도 신도가 30여 명이 모이기가 힘들었어요. 왜냐하면 그 시절은 가난하고, 살기가 어려웠으니까. 제가 절에 가면 스님이 저를 막내라고 불렀어요. "야, 막내야."라고 하시면서.

이야기는 흥미진진하게 들어가고 있었다. 지금껏 만난 다른 증언자보다도 가장 리얼한 이야기가 나올 참이었다. 본격적으로 춘성의 돈 문제와 이불 등 가장 기본적이며 예민한 물음을 던졌다.

그 양반은 돈을 당신이 가지고 있는 법이 없어요. 그때 망월사에서 무슨 행사가 있으면 상이군인들이 참 많이 올라옵니다. 그러면 신도회장님이 저에게 그래요, "기도가 어지간히 반이 끝나면 법당의 불전함에 있는 돈의 반은 네 주머니에 넣어 두고 있어."라고 그러는 거예요. 그리고 남아 있는 돈은 헤쳐 놓으라고 그래요. 저는 처음에 왜 그러나 했지요. 그래도 회장님이 시키는대로 돈을 헤쳐 놓고 그랬어요.
그러면 상이군인들이 와서 법당을 들여다보면 춘성 스님이 "어! 이리 들어와."라고 하시고서는 법당에 있던 그 돈을 슥슥 긁어서 상이군인들에게 "여기 있다, 옛다! 다 먹어라."라고 하시면서 세지도 않고, 한 웅큼씩 줍니다. 그래 내가 스님에게, "그러시면 절은 뭘 갖고 살아요?"라고 하면, 스님은 "야! 그래도 다 살게 마련이다."라고 할 뿐입니다. 감춘 돈이 남아 있는 것은 혜성 스님을 드렸어요. 그렇게 스님은 남을 잘 주셨어요.
그리고 나는요, 망월사에서 춘성 스님이 이불을 덮고 자는 것을 못 보았거든요. 주무시는 것과 퍼져서 앉아 있는 것을 못 보았어요. 그때는 스님들은 공부를 하기 위해 잠도 잘 안 주무시는구나, 그렇게만 알았지요. 누워 있는 것을 못 봤습니다. 춘성 스님은 방에서 가부좌를 하고 앉아 있어요. 그래 내가 스님이 뭐하시나 하고 궁금해서 근처로 가보면 스님은 그저 눈을 감고 잠시 한잠을 잘 뿐이지요. 그러다가 깨시면, 부근 산을 한 바퀴 도시고 그랬어요. 저는 스님이 자리에 누워 있는 것을 한 번도 보지 못했어요. 저는 대개 스님들은 늘 그런 줄 알았어. 춘성 스님이 망월사에서 내려가시고 다른 스님이 올라왔는데, 세상에 이부자리가 얼마나 호화스러운지 몰라요. 나는 깜짝 놀랐어.

막내 보살은 스님들은 다 그렇게 잠도 안 자면서 공부를 하는 줄 알았다. 그러나 그 이후 여러 스님들을 만나보니, 기절초풍할 일이 한두 가지가 아니었다.

그리고 스님은 공양을 하실 때에도 상을 차려서 잡수시는 것을 나는 못 봤어요. 우리가 부엌에 있으면 당신이 부엌에 들어오셔서 이만한 양재기에 밥을 한 움큼 담고, 나물 몇 가지에 국을 찔끔 쳐 갖고서는 뒤켠에 있는 층층다리에 앉아서 잡숴요. 제가 가서 물을 떠다 드리면 다 먹고 나서, "아! 잘 먹었다."라고 하시고는 양재기를 가지고 부엌으로 오셔서 설거지 통에 넣어 두고 나가셔서는 뒷짐을 지고 마당으로 나가셨지요. 그러고는 각 방에 가서 밥을 먹는 신도들에게 "많이들 먹어, 그리고 갈 때는 차비만 남기고 가라."라고 그랬어요.

춘성은 이렇게 검소하게 담백하게 살았다. 그러면서도 신도들에게는 자상하게 대해 주었고, 불쌍한 사람을 만나면 입던 옷을 그냥 벗어 주곤 하였다.

저는 그때 회장님 하고, 은행댁, 동대문시장에 있는 보살하고 다섯이서 절에 잘 다녔어요. 그렇게 절에 올라가 보니, 스님이 방 안에서 홑이불을 뒤집어쓰고 있었어요. 그래서 회장님이 "스님! 왜 그러세요. 우리 기도 안 해 주세요?"라고 하면, "내가 기도해 주면 너희들이 다 도망갈 터인데."라고 하니, 회장님이 "왜요?" 했어요. 그것은 스님이 옷이 너덜너덜한 스님이 절에 찾아와서 벗어 주고서는 입은 게 없으니 그리 한 것이지요. 그것을 한번 보았고, 또 한번 갔더니 그때에도 옷이 없이 가사만 입고 계시더라구요. 그래서 우리가 옷이 어디 갔느냐고 하니, 스님은 "빨래를 해서 널었더니 바람이 먹어 버렸다."라고 그래요. 그러고 나서는 스님이 기도를 해 줄 터이니 우리 보고는 저쪽에 가서 서 있으라고 그래요. 왜냐하면 가사가 얇아서 속이 다 비치니깐 그랬어요.

그래서 회장님이 우리 보고는 여럿이 다니면 불편하니, 우리에게 절에 있으라고 하고 얼른 산을 내려가 그게시 근처에 있는 승복 집에 가서 옷 한 벌을 사오기도 했어요. 그러면 우리들이 얼마씩 돈을 걷어서 두 번 정도 옷을 사다 드린 것은 알아요.

법계심 보살은 춘성의 유명한 염불 소리도 기억하고 있었다. 그리고는 춘성의 염불을 녹음을 못한 것이 한이 된다면서, 한번은 녹음을 하려다가 되게 혼이 났다고 기억해 냈다.

스님은 새벽 세 시에 일어나셔서 절과 절 근처에 있는 동대라는 고개와 근처의 조그마한 절까지 가서 염불을 하면서 한바퀴 돌고와야 예불을 하십니다. 그런데 그 목소리가 얼마나 우렁찬지 이곳 호원동까지 들린다고 했어요. 망월사 가는 산길 커브 바위에 누군가 거기에서 천막을 치고 잠을 자다가 춘성 스님의 염불 소리를 들었던가 봐요. 잠을 자다가 이상한 소리가 들리니깐, 그 사람은 그것이 호랑이 울음 소리가 난다고 벌벌 떨었대요. 가만히 들으니 우, 우 하는 그런 소리가 들려서요. 그런데 알고 보니 춘성 스님의 염불 소리였다고 그랬어요. 우리가 절에서 내려오니깐, 그 사람이 우리에게 그런 이야기를 해서 알았지. 스님 염불하는 목소리가 너무 좋거든요.

그리고 춘성 스님은 당신 기분대로 모든 것을 했어요. 절에 있는 신도 축원카드도 당신이 직접 뽑고, 우리네가 뭐라고 그러면 당장 카드를 아궁이에다가 다 태워 버려요. 방생법회를 뚝섬에서 한 적이 있는데 견진 스님이 오시는데, 이 스님도 염불을 잘하고 스님이 제일 귀여워 해준 상좌인데, 가끔 방생장에 늦게 왔어요. 그러면 스님이 뚝섬이 떠나갈 정도로 막 야단을 쳤습니다. 스님이 욕을 하실 때에는 중놈의 새끼가 제대로 하지 않는다고 하시면서 악을 쓰시는데, 그럴 때에는 무서워요. 눈썹도 호랑이처럼 생겨서 무섭지요.

무애도인다운 기백이다. 당신의 기준에 어긋나면 일체의 고민도 하지 않고 거리낌없이 그냥 할 뿐이었다. 그렇지만 법계심의 마음 속에는 따뜻한 자비를 베풀어 주던 스님으로 남아 있었다. 여기에서 춘성의 무애행에 대한 질문을 했다.

이 스님이 시내 나가실 때에는 간혹 저를 데리고 갔어요. 막내야 가자 하시고서는 시내를 가십니다. 그러면 신사복을 떡 하니 차려 입고, 넥타이 매고, 모자를 쓰고, 키가 늘씬한 스님이 가면 외모로는 스님이라고 보는 사람이 없어요. 그리고 머리는 반들반들 대머리이지만, 모자를 쓰면 알 수 없잖아요. 그렇게 가서는 시내 을지로6가에 신도가 하는 불고기집에 갑니다. 가서는 당신은 "나는 곡차 한 잔 다오."라고 하시고는 저에게는 "애는 불고기를 먹어야 하니 고기를 많이 줘라."라고 하셨어요. 그 곡차는 맥주 한 잔이었고, 저는 당시에 빼빼했기에 저에게는 고기를 사 주었어요.

이렇게 스님은 화를 내실 때는 엄청 무섭지만, 평상시에는 아주 자상했어요. 그래서 꼭 친정 아버지 같았다니깐요. 그러니 보살들이 집안에 속상한 일이 있으면 스님께 가서 이야기를 합니다. 스님은 그것을 다 들으시고 "이렇게 해 봐라." 하고 알려 주십니다. 그래 보살들은 누구든지 같이 살아 보고서는 우리 친정 아버지 같은 스님이 돌아가셨다고 그랬어요. 생긴 것은 무섭게 생겼는데, 그렇게 따뜻하게 대해주시고 그랬는데, 지금은 그런 스님이 없어!

막내 보살의 춘성 스님에 대한 사랑이 식을 줄을 몰랐다. 이북에서 내려왔기 때문에 더욱 더 친정 아버지에게서나 느낄 수 있는 사랑을 받아서 그럴 것이다. 그러나 그의 춘성에 대한 그리움과 간절함은 50년이 지난 지금에도 변하지 않았다. 아니 더욱 살아나는 것이 분명했다.

그리고 이 스님은 돈을 몰라요. 돌집을 지을 때에 망월사 뒤쪽에 있는 곳에서 돌을 깨서 절로 가져 와서 공사를 하기로 했는데, 본래는 목수쟁이가 가짜로 석수라고 속이고서 돈 500만 원을 가지고 도망가 버렸어요. 돌집을 져준다고 하면서. 그러니 어쩝니까? 그래서 우리 회장이 우리 신도들도 잘못한 것이 있으니 우리가 부담하자고 해서 저도 100만 원, 50만 원, 그리고 문짝 값으로 10만 원을 냈어요. 그때 돈 500만 원은 엄청 컸어요. 집을 200만 원이면 살 때이니깐.

스님이 돌로 법당을 지은 것은 불나는 것을 막고, 또 나무로 하면 벌레들이 나무를 갉아먹는다고 해서 그리 한 것이에요. 스님은 돌로 하면 3천 년은 간다고 그랬어요. 그런데 춘성 스님이 내려가시고 후임 주지로 오신 능엄 스님이란 분이 그 돌집을 부수었어요. 그래서 우리들이 능엄 스님에게 울면서 돌집을 절대 부수지 말라고 얼마나 사정했는지 몰라요. 춘성 스님이 3천 년 간다고 했는데, 왜 그것을 부수냐고 엄청 애원했어요. 그래도 우리 말을 안 들으시더라구요. 너희들이 알지도 못하면서 그런다고 그러면서, 스님들 고집을 누가 꺾습니까? 아무도 못 꺾어요.

아! 이렇게 역사의 비밀의 문은 열리는 것이다. 돌집의 운명이 그렇게 해서 소멸되었던 것이다. 돌집을 그대로 두고 재건 불사는 할 수 없었던 것일까? 그 돌집은 예전 망월사의 전경 사진도 흔치 않는 마당에 더욱 더 돌집의 그리움이 진하게 나타난다. 그리고 산악인 엄홍길이 춘성에게 어떤 영향을 받았는가를 물었다.

홍길이 아버지가 절에 와서 막일을 하고 해서 난 처음에는 홀아비인 줄 알았어요. 그런데 얼마 후에 홍길이 엄마가 애들을 데리고 와서 산 중턱에서 살았어요. 홍길이 아버지와 나는 동갑이라 친했고, 그 집을 잘 알지요. 그때 홍길이가 조그마한 때부터 먹고, 뛰고, 놀고 그런 것을 다 보았지. 춘성 스님이 홍길이를 무척 이뻐해 주시고 그랬어요. 홍길이네가 잘 살 수 있도록 춘성 스님이 뒤에서 배려를 해 준 것으로 보살들은 알고 있어요.

막내 보살 법계심은 춘성이 망월사를 떠난 이후 새롭게 조직된 신도회의 재무를 맡아서, 망월사에 다니던 보살들은 재무 보살이라고 부른다. 그는 남편이 세무서에 나갔기에 집안 형편도 괜찮았고, 자신도 인삼 사업과 광산을 경영 하였기에 경제적으로 여유가 있었다. 그래서 망월사와 춘성을 위해서 많은 보시 바라밀을 실천했다. 요즈음은 다리가 아파 다른 절에 나간다. 막내 보살은 춘성이 망월사를 떠나자, 성남의 봉국사로 가서 춘성을 만났다. 그런데 춘성이 입적 직전인 말년에 잠시 있었던 화계사에 있을 때에 찾아 가니, 자신을 잘 기억하지 못한 것이 지금도 마음에 남는다고 했다. 그러나 막내 보살은 지금도 자신의 신행 생활을 가르쳐 주고 기둥이 된 대상은 당연히 춘성이라는 확신을 하고 있다.

> 저는 춘성 스님에게 배운 것이 너무 많아요. 우리들에게 욕심을 내지 마라, 남의 것을 탐내지 마라, 수중에 들어오는대로 살지 많이 가지려고 하지 마라 등등 좋은 말씀을 해 주셨어요. 저는 항상 스님 생각을 많이 하면서 살아요. 스님 말씀을 좌우명으로 해서 살아 왔다니깐요.
> 스님은 우리에게 법당에서는 설내로 남의 초나 향에 손대지 말라고 했어요. 법당에서는 옷을 깨끗하게 정장을 차려 입으라고도 했어요. 저는 지금도 여름에도 반소매 옷을 입고 법당에 안 들어갑니다. 더우면, 긴 옷을 보자기에 싸 가지고 가서 법당에 들어갈 때에 입지요. 이런 것을 요즈음 젊은 애들에게 말하면 이해하는 사람도 있지만, 오해하는 사람도 있더라구요. 저는 스무 살 때부터 춘성 스님에게 그리 배워서, 그렇게 합니다.

그렇지만, 막내 보살 법계심은 슬프다. 요즈음 춘성 같은 스님을 찾을 수 없는 것이, 자신은 춘성을 만나 한평생을 불교와 함께 좋은 인연을 짓고 잘 살아왔다. 그러나 지금의 신도들은 어떤 스님을 만나 의지하고 좋은 수행을 할 것인지 그것이 걱정된다.

> 저는 이제껏 춘성 스님이 말하신 것만 생각하고 살았지. 다른 스님은 생

각도 안 해. 저는 그때는 춘성 스님을 그저 존경만 하고 따랐기 때문에 잘 몰랐는데, 그 후에 몇 분 스님을 겪어 봐도 춘성 스님 같은 그런 분은 없어요. 앞으로도 스님들은 많이 나오겠지만, 춘성 스님 같은 분은 나올 수 없을 거예요. 그리고 춘성 스님에 대한 것은 혜성 스님의 말이 정확할 것입니다.

춘성의 가르침은 아직도 이 땅의 구석구석에 살아 있었다. 그러나 점차 춘성의 가르침이 사라질 것이라는 불길한 예감은 비단 글을 쓰는 이 만의 걱정은 아닐 것이다. 이런 대화를 하던 무렵에 산 사나이 엄홍길이 우리들 앞에 나타났다. 그의 산행을 전시한 전시관에 잠시 들렀다가 우리를 만난 것이다. 초면이었지만 반갑게 악수를 나누고 어린 시절부터 알아 왔던 막내 보살에게는 깍듯한 인사를 하였다. 막내 보살이 엄홍길을 친아들과 같이 대하는 모습이 따뜻한 봄 햇살 같았다. 막내 보살은 귀하디 귀한 증언을 소낙비와 같이 퍼붓고서는 다리가 아프다면서 망월사역으로 향하였다. 모레쯤 엄홍길의 엄마를 만날 것이라는 말을 남기고.

# 내 삶을 지탱해 준 도인

**평등행** | 보살

춘성의 추억과 일화를 찾아 여러 사람들을 만나다 보니, 춘성을 지극정성으로 모신 보살들이 하나 둘이 아니라는 것을 알게 되었다. 그러던 중 춘성이 입고 있던 옷을 벗어 주었으며, 사진까지 넘겨준 보살이 있다는 말을 듣고서는 그 당사자를 만나기 위해 가슴을 졸였다. 마침내 그 당사자인 평등행 보살을 2008년 3월 27일, 인사동 한식집인 산골물에서 춘성의 상좌인 수명, 그리고 만남을 주선해 준 고영희 여사와 함께 만났다. 주체할 수 없는 호기심으로 춘성을 만나게 된 인연부터 단박 질문을 하였다.

저는 임신생(77세)인데, 제가 스님을 만난 것은 제가 서른다섯에 애 아버지가 돌아가시고 혼자가 되었을 때입니다. 그해에 하루는 우리 막내를 데리고 선학원을 갔어요. 갔더니 범행 스님이 계시는데, 어느 스님 49재를 지내는 날이라 법복을 입고 있는 스님들이 가득해요. 저는 그것을 보니 눈물이 났어요. 그후 보름 있다가 또 선학원에 갔지요. 그런데 춘성 스님이 넥타이를 매고 계셨어요. 제가 범행 스님에게 저 할아버지는 어드런 분이시냐고 물었어요. 그러니깐 범행 스님이 저 할아버지는 도인이라고 그러셔요. 저는 그 도인이라는 말에 그만 정신이 혼미해지고, 춘성 스님에게 끌리게 되었지요. 그날 춘성 스님은 법문을 하시고 나가시는 데에 제가 스님 앞으로 가서는 "스님 어디 계세요." 하고 물었더니, "저기 망월사!"라고 했어요. 그때부터 망월사를 다니기 시작하면서 스님을 모시게 되었지요.

이렇게 평등행 보살은 춘성을 선학원에서 만나 그의 삶의 기둥으로, 등불로 여기고 진짜 도인으로 생각하게 되었다. 그래서 평등행은 바로 망월사를 찾아 나섰다. 그런데 몇 번을 가도 춘성을 만날 수 없었다. 그는 보통 스님이 아니고, 도인이라 바쁜 모양이구나, 하고 여겼다. 그런 어느 날 새벽녘에 집을 나와 망월사를 올라가다 도봉산 중턱에서 춘성을 만났다.

글쎄 망월사를 올라가다가 그 산중턱에서 스님을 뵈었지 않았겠습니까. 저는 너무 반가워서 "스님! 어디 가세요." 하고 물어 보았더니, 스님은 수덕사를 가신다고 하면서 절에는 뭐하러 가느냐고 그래요. "저는 불공 드리러 갑니다." 하니깐, 스님은 그 불공을 드리려는 돈을 다 스님에게 내놓으라고 그러셔요. 그래서 저는 그 돈을 그냥 다 드렸지요. 그랬더니 스님은 저에게 절에 가면 스님들이 많이 있으니 가서 부탁을 하면 잘해 줄 것이라고 하시면서 내려가셨어요. 그 다음부터는 더욱 열심히 다녔지요.

이렇게 평등행 보살은 망월사를 다니면서 남편이 없음으로 인해서 생긴 허전함을 달래고, 어린 네 딸을 잘 기르면서 독실한 수행을 하였다. 그가 망월사를 가서 보니 춘성은 늘 대중, 신도들과 함께 공양을 하였지, 도인이라고 하여, 주지라고 하여 공양을 혼자하는 것을 보지 못하였다. 그리고 참선 수행을 할 때에도 신도들과 함께 하였고, 잠을 자는 것을 보지 못하였다. 방석 위에 앉아서 참선을 하고 포행만을 할 뿐이었다. 춘성은 과부가 된 몸이면서도 애들을 잘 키우고, 신행을 열심히 하는 평등행 보살을 자비스러운 마음으로 지켜 주었다. 그래서 서울 시내에 가면 그의 집을 들르기도 하였다. 한번은 춘성이 그의 집에 들르자, 그는 하나 밖에 없는 춘성의 승복을 깨끗하게 빨고, 다려서 새 옷처럼 만들어 입혀 주었다. 이렇게 지극정성으로 춘성을 보필하였다. 춘성은 평등행 보살에게 큰 선물을 주었다.

청담 스님이 가시고 얼마 안 있어서 생긴 일이었는데요. 춘성 스님께서 보문사에 갔다가 우리 집에 들르시더니 "옛다! 이 옷은 너나 입어라."라고 하시면서 스님이 입던 옷을 주셨어요. 저는 그 옷을 부처님 옷으로 생각하고, 너무 고마워서 그것을 금덩어리처럼 여겼지요. 그런 보물이 어디 있어요. 그 옷은 지금 우리 애들이 미국에 사는데, 둘째 딸네 집에다가 잘 모셔 누었시요. 그것을 모셔 놓으니깐 제 마음이 그렇게 든든해요. 김 선생님이 저를 만나고 싶다고 해서 미국으로 연락을 하여 그 옷을 이렇게 사진으로 찍어 보내라고 해서 오늘 이렇게 가져 왔습니다. 이 옷은 여름 베옷인데, 어떤 사람은 이 옷을 줄여서 입으라고 그러는데 그렇게 중요한 걸 그렇게 하겠어요? 그것은 못 가지고 다녀요. 그리고 스님은 저에게 사진도 두 장이나 주셨어요. 저는 그 사진도 애들 머리 위쪽에 걸어 두고 있었는데, 참 이상하더라구요. 스님 사진을 두어서 그런지 제 마음이 다 든든했어요. 지금은 그 사진을 미국의 딸네 집의 서랍에 잘 보관해 두었어요.

춘성과 평등행의 인연은 간단하지 않았다. 평등행은 춘성을 단순히 절의 스님으로만 생각한 것은 아니었다. 이를테면 평등행 삶의 기둥이었기 때문에 춘성을 절대적으로 신뢰하며 살았던 것이다. 그런데 평등행은 딸 넷을 기르는 속세의 생활을 하면서 수행을 하기에는 벅찬 것이 적지 않았다. 춘성은 그 무렵에 법상에서 '무'자 법문을 자주하였다. 일상생활에서도 신도들에게 '무'자 화두를 들라고 강조하였다. 그렇지만 평등행은 화두 참선이 잘 되지 않았다.

> 저는 스님이 '무'자 화두를 들라고 가르치셨지만, 그것이 잘 안 되었어요. 스님에게 "큰스님! '무'자 화두만 찾으면 될까요?" 하였더니, 가만히 저를 보시더니 "너는 애가 넷이니, 너는 애만 잘 키우면 도 닦는 거와 같다."고 하셨어요. 그 말씀을 들으니 저는 그렇게 속이 후련하고 마음이 놓이더라구요. 그 전에 연주화 보살이라고 스님 시봉을 잘하는 보살이 있었는데, 그 보살이 저보고 애들을 버리고 절에 들어가라고 그래요. 그러나 나는 애들을 바라보고 사는데 그게 말이 됩니까? 그 보살은 복과 도는 같이 가는 것이라고 하였지만, 애들을 버리고서는 그리 할 수 없는 것이지요. 그런데 춘성 스님의 그 말씀을 들으니 걱정이 싹 없어지고, 아이구! 진짜 부처님 말씀이라고 여겼지요. 그때서야 마음이 놓이더라구요.

춘성의 여름 옷. 이 옷은 춘성이 평등행 보살에게 주었는데, 현재는 평등행 보살의 딸이 살고 있는 미국에 있다.

그래서 저는 참선은 안 하고, 주로 염불을 많이 했습니다. 그후로는 유명한 절에는 다 가보고, 자꾸 절에만 찾아가고 그랬어요. 큰스님이 계신다고 하면 어디라도 다 찾아갔지요. 성철 스님이 계시는 해인사에 생전예수재를 할 때 제 어머니하고 같이 해서 삼천배를 하다가 천배 밖에 하지 못하고 나온 적도 있었지만요. 그런데 그렇게 제가 여러 절, 여러 큰스님을 다니며 봐도 난 춘성 스님 하고 무슨 인연이 있는지 스님이 가시고 나니 깐 도인은 춘성 스님 밖에 안 계신 것 같고, 그렇게 허전하더구만요.

평등행 보살은 그의 법명도 춘성이 지어 준 것이라고, 그 이름을 받을 때의 사정도 털어놓았다. 그가 망월사를 나가던 초기에 어느 날, 춘성은 신도와 보살들에게 이제는 절에서 내려가라고 하였다. 춘성의 불호령이 떨어지자 대부분은 절에서 나가고 없었다. 그러나 평등행은 춘성을 자주 친견할 수 없는 것이 불만이어서 절에 그냥 있으면서 이일 저일을 자원해서 열심히 챙겼다. 그렇게 부지런한 모습을 본 춘성은 평등행을 불렀다. 그리고 불명을 지어준 것이 바로 평등행이었다. 춘성은 그 이름을 지어 주면서 어디 가나 모나게 그러지 말고 화합해서 살라고 말해 주었다. 그리고 한 부처님만 모시지 말고, 모든 부처님을 골고루 모셔야 된다고 하면서 그에 걸맞는 이름을 지어 주었다. 춘성은 평등행이라는 이름까지 지어 주어서 그런지 평등행에게 자그마한 부탁을 하였다. 한번은 망월사 행사를 마친 후, 춘성은 평등행에게 아래 동네에 있는 파출소의 순경에게 돈을 갖다 주라고 하였다. 평등행이 의아해 하자, 춘성이 "그 사람들이 신장님이야!"라고 해서 돈 심부름을 한 적도 있었다. 또 한번은 평등행 보고, 부처님을 모시는 방석을 만들어 오라고 하였다.

저는 망월사에 이불을 해 간 적은 없고, 스님이 저에게 부처님 방석을 해 오라고 그러셔서, 울긋불긋한 것 말고, 은색으로 반짝이는 것으로 해서 부처님 세 분을 올려놓을 수 있는 것을 해 갔지요. 그 세 개를 쌓으면 제 머리 꼭대기까지 올라갔는데, 그것을 산 밑에서부터 망월사까지 쉬지 않고 지고 올라갔지요. 그렇게 고생을 해서 절에 가지고 올라갔더니 스님께서 방석을 깔아 놓고서는 만세를 부르셨어요. 스님이 제가 한 것에 대해서 그렇게 좋아하시니깐, 저는 스님을 저의 부모님 같이 생각했어요. 그래서 저의 큰딸이 학교를 졸업하고 받은 졸업장을 절에 가서 스님에게 갖다 드렸어요. 그랬더니, "아이구! 과부가 이렇게 공부를 잘 시켰다."라고 하시면서 만세를 불렀어요. 저는 스님의 그런 모습, 그런 말씀을 듣고는 바로 거기에서 힘을 얻었어요. 야! 이거 부처님이 알아주시는데 무슨 어려움이 있냐고 생각하고, 그러면서 열심히 살았어요.

평등행은 춘성을 의지하고, 춘성을 부처님으로 여기고 삶을 억척스럽게 살았다. 춘성은 여자 홀몸으로 모진 세파를 이겨가며 착실하게 신행 생활을 하고 있는 평등행 보살을 격려하고, 용기를 주었던 것이 분명하다. 이것이 바로 중생구제요, 대승불교의 실천이었다. 평등행은 춘성을 부처님으로, 도인으로 여겼다. 그 결과로 평등행 보살의 네 딸은 다 공부를 잘하고, 세상에 나가 꿋꿋하게 살았다. 세 딸은 미국에 가서도 잘 살고 있다. 평등행은 한국과 미국을 오가면서 생활을 하고 있다. 그러나 그의 삶을 지켜준 춘성을 그녀는 결코 잊을 수 없었다. 그녀가 미국에 건너 갔다가 귀국을 하니, 춘성이 입적하였다는 마른 하늘에 벼락과 같은 소식이 전해졌다. 그는 그 즉시 춘성의 영정이 있는 봉국사로 가서 참배하였다. 그의 부모님이 돌아가셨을 때 이상으로 슬펐다.

지금도 평등행은 돌아가신 부모님은 잘 생각나지 않지만, 이상하게도 춘성은 자주 생각난다고 한다. 그에게는 그리운 큰스님으로 가슴에 자리잡고 있다. 그래 평등행은 "큰스님! 보고 싶어요."라고 말하는 듯한 눈망울로 그 날을 회상하였다.

# '무'자 화두로 삶의 생기를 되찾게 해 준 은인

**고영희** | 사업가

춘성의 부도와 비석은 현재 봉국사 경내에 있다. 대광명전 뒤켠에 단아하게 서 있다. 춘성의 무애자재하였던 삶처럼 부도와 비석도 군더더기 없는 그런 모습이다. 그런데 춘성의 자료를 찾아 인터뷰를 하는 도중, 봉국사에 있는 것 말고, 춘성의 비석을 새로이 세우려고 마음을 낸 보살이 있다는 이야기를 들었다. 그런 말을 들은 필자는 귀를 쫑긋 세우고, 그 당사자를 만나려는 마음을 단단히 먹었다. 그렇게 작정을 하고, 그 보살을 잘 알고 지내는 서광사 주지인 수명에게 연락을 하고 시간을 정해서 2008년 3월 13일 인사동 음식점인 산골물에서 만날 수 있었다.

그의 이름은 고영희이다. 30대 시절에 망월사와 보문사에서 춘성과의 인연이 무척 깊었던 보살인데, 법명은 대적광이었다. 칠십을 넘긴 나이였지만, 밝고 건강한 모습으로 흔쾌히 자신과 춘성과의 인연을 털어놓았다. 그런데 그의 발언 일성이 예사롭지 않다. 그는 봉국사에 있는 춘성의 비석의 비문을 대강백인 탄허가 짓고 썼는데, 탄허 자신이 그 비문을 해설한 녹음테이프를 보지 못하였는가를 묻고 있었다. 그리고 그런 사연의 중심에 당신이 있다고 30여 년 전으로 무대를 옮겨 놓았다.

우리 엄마가 탄허스님을 무척 존경했어요. 그런데 우리 엄마가 돌아가시고, 내가 정신을 못 차리고 헤매고 있었어. 모친이 돌아가시고 나서 엿새째 되던 날 탄허 스님이 나를 오라고 해서 갔더니, 진묵대사 모친 49재의 법문을 쓰셔서 병풍을 만들 수 있도록 나에게 주시더라구. 나는 그것이 너무 좋아서 다 외워 버렸지. 그렇게 나와 탄허 스님과의 인연이 있었어요.

그런데 춘성 스님이 돌아가시니깐, 춘성 스님 상좌스님들이 주지도 못 맡고, 돈도 없고, 비석을 세우려고 해도 누가 비문도 안 써 줘. 탄허 스님에게 가서 비문을 써 달라고 해도 안 되니깐, 견진 스님 하고 몇이 저한테 오셔서 비문을 받아 내 달라고 부탁을 하셨어. 내가 탄허 스님에게 가서 부탁을 하였지. 그래서 탄허 스님이 해 주시겠다고 해서 당신이 비문의 문장과 글씨까지 써서 주었고, 그것을 갖고 만들었지. 그래서 지금의 비석이 섰지. 밝히기는 그렇지만 그때 돈 1,300만 원인가를 내가 다 내서 비석 불사를 하였어요.

고 여사는 원래 서울 토박이다. 서울깍쟁이인 그는 이화여고를 나와 이화여대를 다녔기 때문에 본래는 기독교인이었다. 그런데 결혼을 하고, 딸을 둘 낳고, 아들을 하나 낳았는데 그 귀한 아들이 1년 만에 저 세상으로 갔다. 그는 어렵게 얻은 아들이 갓난아기 때에 먼저 갔으니 기가 막힐 뿐이었다. 그렇게 어린애가 죽고 나니, 애가 울고불고 하는 소리와 모습을 찾을 수 없고 막막한 심정은 이루 말할 수 없었다. 그는 허전한 마음을 달래려고 5년간 전국을 돌아다니면서 한국의 도인을 찾아 나섰다. 미션스쿨 출신이었기 때문에 아는 목사를 찾아 갔더니, 천당과 지옥만을 이야기하는 것이 도저히 납득이 가지 않았던 터에 불교에서 말하는 유명한 큰스님들을 찾아 나섰던 것이다.

나는 먼저 간 우리 애가 나의 선지식이라고 생각해. 나를 불교로 인도해 주고, 죽음과 세상을 생각하게 만들어 주었으니. 그때는 세상이 너무 허무해서 머리 깍고 절로 들어가려고도 했지.

그러다가 어찌어찌 해서 춘성 스님을 만나게 된 것이지. 그것이 너무 오래되어 기억이 가물가물한데, 스님을 따르던 평등행 보살하고, 월산 스님을 따랐던 대구의 유명한 보살인 천수행 보살과 내가 인연이 되어서 그리 된 것은 분명해. 그런데 한국여성협회장을 하였던 선생님이 의정부시에 있는 비구니 절인 약수암에 나를 데리고 갔어. 그때는 내가 불교도 모르던 때이니 부처님 앞에서 절도 못하고 우두커니 서 있고 그랬어. 그후 흥국사에도 갔고, 그 다음에 망월사를 간 것 같아.

망월사에 갔더니, 춘성 스님이 파란 빵덕모자를 쓰고 있어. 나는 속으로 참, 신기한 스님이라고 여겼지. 그러니깐 스님이 나에게 "어떤 중놈이, 미친놈이 빵덕모자를 썼다고." 하셔, 그것은 내 생각을 미리 말한 것이

춘성(좌측)과 탄허(우측). 탄허는 춘성의 비문을 지은 강백인데, 『화엄경』을 비롯한 강원에서 교육하는 경전 전체를 번역하였다. 고영희 여사는 춘성과 탄허와의 인연이 돈독하여 춘성의 비석 불사에 화주 역할을 하였다.

야. 법당에 갔더니 불상이 세 개가 있어. 그래 내가 어떤 부처님이냐고 하니깐, 스님이 다 똑같은 부처님이다고 하시더구만. 그리고 내가 절은 몇 번 할까요? 하니, 딱 세 번만 하라고 그랬어. 그후로 나는 절은 세 번만 하는 것으로 알았지.

그후 하루는 봉은사에 스님과 함께 가게 되었지. 그때는 뚝섬에 가서 배를 타고 갔어. 봉은사에 가서는 큰방채로 들어가시더니 나보고, 그 방을 보라구 그러셔. 그러시면서 이거 잘되었다고 하시면서 나보고 그 방의 설계 도면 세 장을 해오라는 것이야. 그러니 스님이 그렇게 말씀하시니 어떡해. 할 수 없이 수소문을 해서, 한옥 설계사를 구해 설계를 해서 춘성 스님에게 갖다 드렸지. 그랬더니 스님이 무릎을 딱! 치면서 "이제 집 다 지었다."라고 하시고는 그것을 둘둘 말아서 강화 보문사에 갖고 가신 것이야. 그런데 보문사에 가 보니, 스님이 석굴암에서 절을 수백 번이나 해. 아니, 나에게는 세 번만 하라고 그러시더니 당신은 한도 없이 하는 것이야. 그것은 절을 잘 짓게 해달라는 것이었겠지.

또 한번은 스님이 자주 머물던 관수여관을 갔더니 방 안에 고구마가 서너개가 뒹굴고 있었어. 그래서 내가 스님이 웬 고구마냐고 물었지. 그랬더니 스님이 내일 아침에 먹으려고 놔둔 것이라고 그래. 그래서 내가, 아니 고구마 갖고 아침이 되냐고 했더니, 소리를 꽥 지르면서 쓸데없는 소리는 하지 말라고 그랬어.

육영수 여사가 보문사에 왔던 이야기도 내가 스님에게 들었어. 보문사에 갔더니 스님이 나를 보고 며칠 전 밤에 꿈을 꾸었는데 하얀 옷을 입은 사람이 오더래. 그랬더니 다음날에 육영수 하고, 그 동생과 헌병하고 네 명이 왔대. 육영수가 와서는 자기가 박정희 마누라라고 그러니깐, 스님이 여기는 위험한 적전지구이니 빨리 가라고 하였대. 그런데도 육영수가 "제가 뭘 도와 드릴 것이 없나요."라고 물었나 봐. 그래서 스님이 그런 것

없다고 하시면서 다만 큰 방채인 선방을 짓는데 화주나 하라고 하였나 봐. 그래서 며칠 후에 그 관수여관으로 육영수 동생이 돈 300만 원을 갖다 드리니깐, 스님은 그 돈을 받고서는 바로 보문사 주지에게 갖다준다고 하면서 버스를 타고 갔어.

스님은 불사하는 돈을 받으면 절대 주머니에 안 넣고, 손에 든 채로 바로 절로 가셨어. 그렇게 지극정성으로 보문사 불사를 해서, 집을 지어 놓고서는 그 새로 지은 집에서 하루도 더 안 주무시고 그날로 보문사에서 내려오셨어.

고영희의 증언은 끊이질 않고, 춘성에 대한 비사가 무궁하게 나왔다. 그는 망월사를 자주 드나들면서도 오직 춘성만을 만나고 바로 내려갔기 때문에 다른 보살들이나 춘성의 상좌들하고도 친근하게 말도 하지 않았다. 그가 망월사를 가면 춘성이 그를 데리고 절 뒤에 있는 바위 쪽으로 데리고 가서 이런저런 대화를 많이 하였다. 이는 춘성이 대화의 상대로 그를 택한 것에서 나온 것일지 모른다. 그가 들은 이야기에는 춘성의 은사인 만해 한용운의 일대기도 들어 있었다. 그는 자연히 다른 사람들이 알지 못하는 춘성의 비사를 적지 않게 알게 되었다.

스님은 양말을 신을 때에는 신기 전에 먼저 미농지 같은 것을 발바닥에 대고 양말을 신어. 이것은 스님이 발바닥과 발톱이 동상이 걸려서 다친 후유증이지. 김 선생은 그걸 아시나. 스님의 손톱과 발톱이 죽은 것을. 그것은 스님이 망월사 돌바위에서 참선 수행을 지독하게 해서 눈이 오나, 비가 오는 것도 모르고 하다가 삼매에 들었던가 봐. 그렇게 수행을 하다가 그만 손톱하고 발톱이 동상이 걸려서 그게 다 썩어서 손톱하고 발톱이 새로 안 나와. 그것을 나에게 말해 주어서 알지. 스님이 망월사에서 수행할 때에는 호랑이가 공양주 보살을 물고 갔다고 스님이 그러시더라구. 스님은 손과 발이 그랬는데, 망월사에는 수많은 사람들이 산에 올라 오다보니, 그 산악인 중에는 의사도 있고, 한의사도 있고 별의별 사람이 다 있을 것이 아닌가? 그래서 절에 다녀간 의사나 한의사들이 와서는 내가 고쳐 주겠다, 걱정하지 말라고는 하였지만 효력이 없었어. 그래 스님은 나에게도 당신이 이것만을 고치면 편히 가겠다고 해. 내가 그런 스님의 말씀을 듣고서는 그냥 "스님 제가 고쳐주겠습니다."라고 했지. 그런데 내가 무슨 의학 지식이 있겠어. 그때 내 심정은 심청이가 쌀 300석을 내어서 심봉사의 눈을 고쳐 주겠다는 심정이었지. 그래 밤새 고민하고, 궁리를 해서는 고려병원의 내과에 있었던 의사인 이상종 선생님을 찾아갔어. 그 선생님은 나의 생명의 은인이야. 찾아가서는 발이 갈라지고, 발톱이 썩어가는 증상, 이만저만한 전후 사정을 이야기를 하니, 처방전을 끊어 주시더라구. 그걸 갖고 요기 안국동 수도약국에 접수하여 약을 받아서 스님이 잡수시게 하였지. 한 달 치를 지어서 갖다 드리고 얼마 후에 가보니, 보름 만에 그것을 다 잡수신 것이야. 내가 "아니 스님! 그것을 다 잡쉈버리면 어떻게 되냐."라고 했지. 그러니깐 "너는 쓸데 없는 소리 하지 마라."고 그러셔. 그래서 할 수 없이 내가 또 사다 드렸어. 그랬더니 얼마 후에 스님의 손톱과 발톱에서 새순이 돋아난 것이야. 그러니깐 스님이 나를 보더니 무릎을 탁! 치면서 "대적광이 내 엄마다!"고 소리를 쳤어.

그는 이렇게 춘성을 지극정성으로 시봉하였다. 그의 불명인 대적광도 춘성과의 인연에서 나온 것이다. 춘성이 예우를 갖추어 대하였고, 당시 인천에 있었던 선지식 전강에게 부탁을 해서 받게 한 것이다. 불명을 받을 때, 그의 모친, 동생과 함께 가서는 이름을 받고 춘성에게 왔더니, 춘성은 그에게 잘 간직해서 쓰라고 다정하게 말했다. 이렇게 춘성과의 돈독한 인연을 쌓아 갔던 그가 춘성이 이 땅을 떠난 지 어언 30여 년이 지난 지금에도 잊지 못하는 것은 그 나름의 사연이 있었다. 그는 춘성에게 '무'자 화두를 들어야 한다는 간곡한 말을 수도 없이 들었던 것이다.

내가 스님에게 들은 것은 이 세상살이와 다 들어맞는 이야기였어. 스님은 나를 만날 때마다, 나에게 똥뚜깐에 가서도 배추를 찾지 말고 '무'를 찾아라고 했어. 앉으나 서나 '무'를 찾아야 한다고 했어. 그런 말을 스님에게 들을 때는 젊은 시절이라 그게 무슨 소리인지 몰랐지. 저 노인네가 왜 저런 말을 하나 그랬지. 스님이 돌아가실 무렵에는 '무'를 찾아라, 그리고 "만법귀일 일귀하처니라." 만법은 하나로 돌아가는데, 그 하나는 어디로 가는가를 찾아야 한다고 그랬단 말이야. 그거를 알라고 했어. 그랬는데, 내가 우리 집이 한때에는 수입 쇠고기를 배로 들여오는 사업을 했는데, 한번에 30억 원어치나 들여올 정도였어. 또 선박회사를 해서 차관으로 냉동선을 사서 사업을 하였으니 그래도 제법 크게 한 것이지. 그리고 절에 다니다 보니 나는 그렇게 땅이 좋더라구. 절에 가면 산, 물, 공기 같은 것이 그렇게 좋아. 그래서 전국에 땅도 많이 사 놓았지. 그런데 사업을 하다 보니, 어떻게 잘못돼서 재산이 다 날아가고 땅도 없어지고, 회사의 빚이 IMF 직후에는 10억이나 된 적도 있었어.
그렇게 잘 살다가 빚을 지게 되니 밤만 되면 잠도 안 오고, 미칠 지경이야. 신경을 쓰고, 노이로제가 걸리니 심장이 쿵하고 멎는 것 같더라구. 바로 그때 스님이 말씀해 주신 '무'자 화두를 들었지. 밤에 혼자 앉아서, '무' 하고 참선을 한 것이야. 그러니깐 차츰 머리가 깨끗해지고, 마음이 가라앉고, 시원해지더라구. 그때 지옥 공부를 했어.
사실 나는 불교 공부를 큰스님들에게 많이 배웠거든. 대원정사에서는 변

춘성 스님과 운허 스님(좌측, 전 봉선사 조실). 운허 스님은 현대불교의 대강백이었고, 항일운동을 한 독립운동가이었다. 이런 연고로 두 스님은 친근하게 지냈다.

설호 스님에게 『치문』을 시작으로 해서, 탄허 스님에게는 『금강경』, 『원각경』을 배우고, 운허 스님에게는 『능엄경』을 배웠어. 주로 삼보법회에 가서 배웠지. 그리고 지관 스님에게도 비구니 스님 31명 하고 같이 『화엄경』을 배웠지. 그때에는 불교가 좋아서 머리를 깎을 생각도 해서 춘성 스님에게 말씀을 드렸더니 머리를 깎고, 꼭 삭발을 하고서 불교를 공부할 수 있는 것은 아니고, 유발(有髮)도 공부하는 데에는 지장이 없다고 해서 출가까지는 안 했지. 그 무렵에는 내가 『주역』도 배우고, '육효'를 다 배웠어. 그래 내가 춘성 스님에게 주역을 배운다고 하니, 그런 것을 뭐하러 배우냐면서 주역은 무슨 주역이냐, 주역은 붉은 '주'자에 좇 '역'자라고 그랬어. 그 말씀은 음양설과 점술에 빠지지 말라는 뜻이었지. 그래서 후퇴하고, 더 이상은 하지 않았지만.

그렇게 불교 공부를 제법 하였지만, 막상 내 집안의 일로 그렇게 되니 감당이 안 되었는데, 스님이 말한 '무'자 화두를 들고서 내가 살아난 것이지. 그렇게 하니 심장이 멎을 것 같은 것이 싹 없어졌어. 진통제를 먹은 것처럼. 스님 살아생전에 배추를 찾지 말고, '무'자를 찾으라고 했고, 그때는 그 말을 알아듣지 못했는데, 그것을 해서 내가 살아났고, 사업도 다시 일으키고 돈을 벌었단 말야.

고영희 여사는 자신의 삶과 사업에 생기를 불어넣어 준 사람이 바로 춘성임을 거듭해서 강조했다. 그러면서 그는 망월사 돌집과 선방을 지을 때에 등탑도 하나 시주를 하였다고 증언했다. 그가 또다시 춘성의 비문을 드는 것은 춘성이 세상에 나온 흔적을 만들어야 한다는 것에서 나온 것이지만, 춘성의 사상에 비추어 보면 안 좋은 생각이 들기도 한다고 고백하였다. 춘성은 당신이 가면 제사도 지내지 말라고 부탁하였다고 한다. 그러면서 춘성이 입적한 이후 망월사에 춘성의 부도를 세우려고 자신이 노력을 하였지만, 잘 안 되었다는 비사도 공개하였다. 자신이 춘성에게 어디를 가시냐고 물어보면, 그런 것은 알 필요가 없다고 말하였다면서, 자신이 보기에 그 시절은 간월암과 보문사를 자주 간 것으로 회고하였다.

그리고 참, 처음으로 말하는 것인데, 스님의 목에 걸었던 염주를 내가 갖고 있어. 다른 보살에게 스님의 염주를 내가 받고 싶다고 하니깐, 어림도 없는 일이라고 하였지. 그리고 나서 절에 올라갔더니 스님이 마당에 계셨어. 스님의 목에 걸고 있는 염주를 갖고 싶어 달라고 하였더니 선뜻 내주셨어. 그것을 내 목에 걸고 그날 밤에 잠을 잤더니 그렇게 편히 잘 수가 없었어. 그것을 내가 지금 갖고 있지. 또 스님에게 받은 사진도 두 장이나 갖고 있어. 독사진을 나에게 주시더라구. 그러니깐 나는 스님에게 사랑을 받은 것 같아.
참으로 스님은 멋쟁이였어. 김 선생은 스님의 귀신 이야기를 들어 보았

나. 스님의 법문인데, 이 세상에 귀신이 어디 있으며, 귀신의 방귀가 이 세상에 어디에 있으며, 이 세상에 귀신의 방귀털이 어디 있냐는 것이지. 얼마나 멋져. 멋있지 않아? 춘성 스님은 경전 이야기는 안 했지만, 같은 이야기를 두 번 안 했어. 그만큼 대화의 소재가 무궁무진하다는 것이지. 춘성 스님은 요즈음 스님네와 전연 다르신 분이었어. 내가 스님에게 누비옷을 해다 드리면 어린애처럼 좋아서 난리였지. 그러다가 누가 오면 그 옷을 줘버리는 것이야. 그때 보니 스님은 옷이 두 벌 이상이 없어. 그리고 배낭 하나 메고 나가시는 것이야. 한번은 내가 스님의 배낭을 열어 보자고 하니깐 보여 주셨어. 그 안에는 수건 하나, 치약 하나, 칫솔 하나, 가사 하나, 죽비 하나가 들어 있었어. 주무실 때도 단전의 배 위에 방석 하나만 덮고 밤 아홉 시면 주무시다가, 밤 열두 시면 딱 일어나셔서 밖에 나가서 계속 포행을 하셨지.

그리고 이 스님은 열쇠가 없어. 당신 방이 없어. 스님의 거처가 없다는 것이지, 그러니 무착(無着)이지. 말을 하자면 무착 스님이야. 봉은사에 가셔도 대중방에 계셨지. 그때 스님은 중들이 돈만 찾고, 나쁜 짓만 한다고 그랬어. 스님은 우리들을 만나면 매일 만 원만 내놓으라고 했어. 그것을 드리면 절에서 내려오면서 사람들에게 다 나누어 주었어. 나도 나이가 드니깐 우리네들이 잘못 산 것 같아. 최근에 법정 스님의 책을 읽어 보니깐 '버리고 떠나기'라는 그 말이 이제는 들어오더라구. 그러니깐 뭐든지 있으면 나누어 주어야 돼. 매일 나는 춘성 스님을 생각하는데, 요즘 세상에는 그런 스님이 없어.

이렇게 그는 춘성의 진면목을 캐고 또 들추어냈다. 마치 금광을 캐듯이. 그러면서 춘성의 책을 쓰면서 어려운 점은 없는가를 자상하게 묻기도 했다. 자신이 갖고 있는 춘성의 비문을 해설한 탄허의 육성을 녹음한 것과 춘성의 사진을 복사하여 제공하겠다고 약속했다. 추후에 다시 만날 것을 약속하고 그는 바쁜 걸음을 재촉하였다.

　인간은 이 땅을 떠나도, 이렇게 그의 흔적과 사상은 길이 남는 것임을 새삼 느꼈다. 춘성이 이러하거늘, 부처님의 생애와 사상은 더욱 무궁할 것임을 믿어 의심치 않았다.

만해제자 · 무애도인

# 이불은 부처와 이별하게 하는 덮개

보현심 | 보살

 춘성이 말년을 보냈으며, 부도와 비석이 있는 봉국사는 효림이 2007년 봄에 주지로 부임한 이래 작은 변화가 일어나고 있었다. 봉국사의 역사와 전통을 정비하고 신도들의 신행생활을 새롭게 하는 것이다. 그 일환으로 효림은 신도들에게 『금강경』 강의를 직접 담당하였다. 효림은 출가 은사가 신소천이다. 소천은 6·25전쟁 기간 부산, 마산 등지에서 『금강경』 독송 구국원력대를 조직하여 130여 회의 강연과 법회를 열었고, 『금강경』을 3만부나 배포하는 등 반야사상에 의한 국민의 자각운동을 전개하였던 큰스님이다. 소천은 민족의 분단과 갈등을 해소하기 위해서는 민족 구성원들이 아집, 상(相)을 버리는 것이 지름길이라고 보고 『금강경』 읽기 운동을 전개하였다. 소천은 환도 후에는 서울 대각사를 근거로 그 운동을 지속하였는데, 그는 해방공간 당시부터 불교계에서는 최고의 사상가로 불렸다. 이런 소천을 은사로 출가한 효림이었기 때문에 봉국사 신도들에게 새로운 신행생활을 주도하면서 『금강경』 강의를 시작하였다.
 2007년 11월 말 필자에게 효림으로부터 전화가 걸려 왔다. 그 요지는 12월 9일에 있을 예정인 자신의 『금강경』 강의에 특강을 해 달라는 것이었다.

그 제안을 흔쾌히 수락하고, 특강의 주제로 「봉국사와 춘성 큰스님」이라는 주제를 준비하여 갔다. 쌀쌀한 날씨에도 불구하고 특설 강의장에는 40여 명의 신도들이 나와 있었다. 필자는 한국의 큰스님은 어떤 스님들이었을까를 이야기 실마리로 잡고서 강의를 시작하였다. 춘성이야 말로 큰스님이 분명하다는 확신에 찬 강의 내용을 진행하면서 그 실례로 춘성이 있었던 망월사 선방에서는 이불이 없었고, 심지어는 신도들이 기증한 이불을 불태웠다는 이야기를 전달하였다. 이불을 기증한 신도가 돌아간 후에 태운 것이 아니고, 이불을 기증한 신도가 보는 앞에서 그랬다는 것을 강조하였다.

 이불을 태웠다는 것을 설명 하면서 신도들의 반응을 살폈다. 대부분의 신도들은 의아한 표정을 지으면서도 필자가 힘주어 이야기를 하자 우선은 받아들이는 것 같았다. 그런데 맨 앞줄의 중앙에 앉아 있었던 노보살이 고개를 끄덕이는 것이 아닌가. 그 노보살에게 혹시나 하여 살며시, "혹시 그 장면을 보았나요?"라고 물었더니, 그렇다고 다시 한번 고개를 끄덕이는 것이 아닌가. 그래서 필자는 대중들에게 "여기 앞에 계시는 보살님이 그것을 보았다고 합니다." 하고서는 보살님에게는 강의를 마친 후에 잠시 뵙자는 말을 하였다. 흥분에 가득찬 심정으로 강의를 마치고 노보살에게 다가가서 전후 사정을 캐물었다. 그랬더니 노보살은 40년이 넘는 옛날 이야기의 보따리를 풀었다. 당시 필자는 노보살의 이야기를 잠시 듣고 메모하기에 바빴고, 날씨도 추워서 긴 이야기를 할 처지가 못 되었다. 그후 봉국사 종무소에 전화하여, 그 보살의 전화번호를 알아내어 의문 내용을 재차 확인하였다. 그리고 전화를 하고 난 이후 봉국사에 몇 차례 간 적이 있었는데, 간혹 노보살을 만나면 다정하게 인사를 하는 처지가 되었다.

 춘성이 이불을 태우던 그 장면을 본 노보살은 보현심 보살인데, 연세가 여든 한 살(2007년)이었다. 보현심 보살은 봉국사에만 50년을 넘게 다닌 봉국사를 지독스럽게 아끼는 신도였다. 보살의 집은 성남시 모란시장 근처의 삼세약국집이라고 한다. 보현심 보살은 춘성 스님이 봉국사에 오기 이전, 비구니(법운) 스님이 주지를 할 때인 6·25전쟁 기간이었던 1952년부터 지금까지 봉국사 신도였다. 같이 절에 나가서 기도를 함께 하였던 보살의 친구이며, 남대문에서 우동집을 하는 보살하고 친근하게 지냈다. 남대문 보살은 춘성 스님이 주지로 있던 망월사 신도였다. 그래 보현심 보살은 남대문 보살을 따라서 망월사도 가고, 춘성 스님을 만나 몇 차례 인사도 하였다. 그 때에는 그저 무서운 인상으로만 다가온 춘성이었다.

  그러던 어느 해 가을날, 남대문 보살이 망월사에 이불을 시주한다고 하여 같이 가게 되었다. 그날은 화양리에 있는 보살도 함께 동행하였다. 망월사 인근에 있는 역에서 만난 보살들은 남대문 보살이 준비해 온 이불 수십 채를 짐꾼에게 지게 해서 망월사로 올라갔다. 이불을 지고, 이고 올라갔던 것이다. 고생 고생을 하여서 이불을 망월사로 가져갔던 남대문 보살은 이불을 가져 오게 된 사정을 춘성에게 말하였다. 그런데 "고맙다, 수고하였다."는

신도들과 함께 한 춘성(봉국사 대광명전 앞). 춘성은 평소 사진 찍는 것에 응하지 않았으나, 춘성의 제자와 재가불자들의 강력한 요청으로 촬영에 응한 장면이다.

말은 듣지 못하고, "왜 이런 것을 해 왔느냐."고 하면서 오히려 화를 내는 춘성의 노기만을 접하게 되었다. 그러니까, 남대문 보살은 기가 막혀 아무 말도 할 수 없었고 어찌할 줄을 몰랐다. 춘성은 상좌를 부르더니 마당에 쌓여 있는 이불 수십 채를 지금 당장, 여기에서 불태우라는 말씀을 하시는 것이 아닌가. 춘성의 지시를 받은 스님은 두말 하지 않고 그 이불에 불을 놓았다. 춘성의 말에 대해서는 그 누구도 말릴 사람이 없었다. 춘성은 이불이 불타는 것을 보면서 "이불은 수행자들의 공부를 망치는 것이고 부처님과 이별을 하게 하는 것이야."라는 말만 할 뿐이었다.

 이 광경을 지켜 보았던 남대문 보살의 심정은 어떠하였을까? 보현심 보살은 이런 정황을 마주하면서 몸 전체에서 일어나는 두려움과 놀라움에 그저 멍하게 그 불을 보고 있었다. 기가 막혀 울고 있는 남대문 보살을 부축할 수밖에 없었다. 이불이 다 탄 것을 본 춘성은 무심한 표정으로 방으로 들어갔다. 보현심 보살은 화양리 보살과 함께 정신이 나간 남대문 보살을 달래고, 끌어안고, 부축하면서 망월사를 내려왔다.

 그후 세월이 흘러 춘성은 봉국사에 머물게 되었다. 보현심 보살은 예전에 망월사에서 인사도 드리고, 이불 태우던 광경을 지켜본 당사자였기 때문에 내심으로는 반가운 마음도 들었다. 보현심 보살은 봉국사에 자주 나가 춘성을 지켜볼 수 있었다. 그런데 어느 날 봉국사 마당에서 행사가 있을 때에 보현심 보살은 춘성에게 다가가서 따뜻한 물 한 잔을 올리게 되었다. 그랬더니 춘성은 보현실 보살의 호의에 대하여 "필요 없어."라고 하면서 매정하게 뿌리치는 것이 아닌가. 보현심 보살은 서운한 마음이 다시 들었다. 보현심 보살은 춘성의 법의 깊이도 잘 모르고, 얼마나 큰스님인가도 가늠할 수 없었지만, 그 당시에 겪었던 춘성에 대한 기억은 아직도 가슴 깊숙이 자리잡고 있었다. 그후 춘성은 열반에 들었기 때문에 노보살은 다시는 봉국사에서 춘성을 만날 수 없었다. 다만 봉국사 대웅전 뒤편에 있는 춘성의 부도와 비석만이 보현심 보살의 마음을 달래주었다. 시간은 가고, 세월이 흘러 보현심 보살도 어느덧 팔십년을 넘게 산 나이가 되었다. 이제는 춘성의 깊은 뜻과 매정하기만 하였던 그 행동이 이해되기도 한다. 그러나 춘성은 가고, 춘성의 자취와 사상을 정리하겠다는 효림과 필자를 대하는 보현심 보살의 마음 한 켠에는 어떤 생각이 일어날지 자못 궁금하기만 하다.

춘성에게 이불을 시주하였던 남대문 보살은 성은 조 씨였는데, 십년 전 미국으로 이민을 가서 살고 있다고 한다. 보현심 보살은 남대문 보살을 만나고 싶은 생각이 굴뚝같지만, 그 허전한 마음을 달래기 위해 봉국사에 열심히 다니면서 수행을 하고 있다.

# 세계적인 산의 사나이를 키우다

**이맹임** | 산악인 엄홍길의 어머니

한국 산악인의 자존심 엄홍길, 그가 세계적인 산악인으로 성장한 것에는 어떤 비결이 있었던 것일까? 평소 그는 용기란 '나 자신의 한계를 이겨내는 것'이라고 강조하면서 산을 누볐다. 그는 강인한 정신력과 지칠 줄 모르는 체력을 바탕으로 에베레스트산을 비롯하여 8천미터가 넘는 히말라야 16개 봉우리를 등반한 산의 사나이다.

이런 엄홍길의 성장의 이면을 말할 때에 늘 등장하는 것이 도봉산이다. 의정부의 도봉산 중턱에 살면서, 유년 시절부터 제집 드나들 듯 오르내렸기에 그럴 만도 한다. 그는 이런 사연을 "걸어다닐 수 있을 때부터 산에 있었다. 사람이라고 보이는 건 등산객 뿐이었다. 나무하고, 토끼 잡고, 개울가에서 밥해 먹고, 그렇게 살았다."고 회고하였다. 이렇듯이 오늘의 엄홍길을 키워준 산은 바로 도봉산이다. 도봉산은 엄홍길에게는 또 하나의 어머니였고, 친구와 스승이었다. 중턱을 오르다 보면 길가(호원동, 산 92번지)에 이런 팻말이 붙어 있다.

### 산악인 엄홍길 대장이 살던 곳

이곳은 의정부시 홍보대사인 산악인 엄홍길 대장이 세 살(1963년)부터 40살(2000년)까지 37년간 살았던 집터이다. 이곳에서 엄홍길 대장은 도봉산을 오르내리며 산과 인연을 맺었고, 세계 최초로 히말라야 8,000미터봉 15좌를 완등하는 쾌거를 이뤘다.

이렇게 엄홍길은 도봉산을 오르내리면서 집 근처에 있는 망월사를 자주 다니다가 자연스럽게 불교에 접하였다. 불교가 그의 생활의 일부가 되었다. 엄홍길은 8천미터가 넘는 산을 오르기 위한 캠프의 텐트 한쪽 구석에 불상과 염주를 놓고 혼란스런 마음을 진정시킬 정도로 신심이 돈독하다. 불의의 위험이나 사고를 당하면 그는 저절로 나무아미타불, 관세음보살을 염하여 평상심을 가지려고 노력하였다. 그가 험한 산을 수도승이 구도하듯이 한 발 한 발 오르는 겸허한 자세도 불교의 하심에서 나온 것이다. 엄홍길의 이 같은 생활은 그가 '부처님은 내 도전의 동반자'라고 한 표현에서 모든 설명이 가능하다.

엄홍길에게 전화로 연락을 하여 30분 정도라도 만나서 산에 살던 이야기, 불교 신앙생활과 함께 유년 시절에 만난 도인 춘성과의 인연을 들려줄 것을 요청했다. 그러나 그는 자신은 유년 시절에 춘성을 만났기 때문에 아는 것이 적고, 자기보다는 오히려 당신의 모친을 만날 것을 제안하였다. 자신은 춘성에게서 귀여움을 받았을 뿐이고, 춘성이 만해 한용운의 상좌라는 것만 알고 있는 정도에 불과하다는 겸양을 표하였다. 2008년 3월 7일 망월사역 인근에 있는 어느 아파트를 찾게 되었다. 그 아파트에 엄홍길의 모친이 살고 있었기 때문이다.

엄홍길의 모친, 이맹임 여사는 1963년부터 도봉산 중턱에 있던 집에서

1999년까지 37년간을 살았기 때문에 춘성을 먼발치에서 만났다. 그리고 춘성의 상좌들하고는 식구처럼 친근하게 지냈던 인연을 갖고 있었다. 그가 도봉산에 37년간이나 살고, 망월사에서 춘성을 만나고, 그의 아들인 엄홍길이 춘성을 알게 되었던 것은 지금부터 50여 년 전의 일에서 비롯되었다. 그는 엄홍길의 선친인 엄금세가 망월사에서 처사로 생활하였던 인연의 너울에서 나온 것이다.

엄홍길의 선친인 엄금세는 1999년도에 세상을 떠났는데, 그의 고향은 경남 고성이었다. 문수암이 있는 고성에서 결혼을 한 그는 처자식은 고향 집에 두고 도회지인 서울로 올라왔다. 서울에서 직장 일을 하다가, 그의 형이

도봉산에서 망월사로 오르는 산 중턱에 서 있는 표지판. 엄홍길은 춘성의 귀여움과 도봉산 정기를 받아 히말라야 16좌를 정복하고 세계적인 산악인이 되었다.

근무하는 도봉산 너머의 미군 통신부대를 찾아갔다. 어떤 연고인지는 모르지만, 도봉산을 왕래하다가 산꼭대기에 있는 망월사에서 1959년 무렵부터 5년간을 처사로 생활하였다. 성격이 칼칼하고, 남의 밑에서 구속을 받는 체질이 아니었기에 직장 생활은 거북해서 절에 있었다고 한다. 아마도 춘성의 너른 가슴과 호탕한 기개에 이끌렸을 것이다. 그는 춘성을 도우면서 망월사의 크고 작은 일들을 도맡아 했다. 고향에 남아 있던 처자식을 데려올 형편이 마땅치 않아 편지로 연락을 할 뿐이었다. 그러나 고향에 남아 있던 엄홍길의 모친은 엄홍길의 삼촌에게 길 안내를 받아 불원천리 길인 서울을 거쳐 도봉산을 향했으니, 그때가 1963년이었다. 엄홍길은 세 살이었기에 등에 업고, 여섯 살인 누이는 손을 잡아 걸려서 망월사를 올라갔다. 그는 망월사에서 그리던 남편을 만났다. 그후 엄홍길의 가족은 망월사를 오르는 길가의 중턱에 별장으로 있던 집을 인수하여 경남상회라는 가게를 내고 장사를 하면서 생활을 하였다.

  이런 아련한 옛날 이야기를 듣고, 춘성에 대해 보고 들은 것이 있으면 들려줄 것을 이맹임에게 요청하였다. 그는 장사하기도 바빠 망월사에는 자주 올라가지 못하였다고 하면서 다만 남편에게 들은 것과 친근하게 지내던 망월사 보살들에게서 들은 것을 들려주었다.

  제가 그때에 보니 춘성 스님은 덩치가 크시고, 풍채가 좋으시고, 눈썹도 도인 같았어요. 스님이 양복을 걸쳐 입고 빵모자를 눌러 쓰시고 산을 오르내리시는 것을 보았지요. 하여간 춘성 스님은 도인이었지요. 춘성 스님은 아무 욕심도 없으시고, 불쌍한 사람을 보면 당신의 주머니에 있는 것을 다 줘버리시고, 돈을 세지도 않고 그냥 사람들에게 나누어 줬다고 했어요. 그래서 망월사에서 돈을 취급하고 관리하는 보살들이 망월사에 누가 온다고 하면 불전함의 돈을 감추었다고 해요. 춘성 스님이 그냥 줘

버리는 것을 막기 위해서요. 제가 본 것은 아니고 그런 말을 들었어요. 그 옛날에는 상이군인, 나병 환자, 그리고 없는 사람들이 얼마나 많았어요. 그런 사람들이 4월 초파일이나, 무슨 행사가 있으면 무진장 올라 갔어요. 망월사가 후하다고 소문이 나서 무엇을 받아 올 수 있으니깐요. 올라가면 무엇이나 많이 주니깐, 어떤 사람은 쌀 몇 말을 얻어가기도 했어요. 그 스님은 누구를 가리지 않고, 베푼 것이지요. 옷도 그 당시는 귀했어요. 스님은 입고 있던 승복을 헐벗은 사람에게 줘버리고는 방 안에서 홀랑 벗고, 포대기를 둘러쓰고서는 보살들이 방에 들어가면 내 옆에 오지 말라고 했다고 해요.

이렇게 이맹임 여사는 춘성의 이야기 보따리를 풀어 놓았다. 그러면서 그 시절에는 애들이 어려서 망월사에 자주 갈 형편도 못 되었고, 장사해서 먹고 살기가 바빠서, 불교를 잘 몰랐다고 솔직하게 고백했다. 스님이라는 말도 쉽게 하지 못하였다고 회고했다. 그렇지만 도봉산 중턱에 살면서부터는 서서히 춘성 스님의 상좌들하고는 아주 가깝게 지냈다. 그것은 엄홍길의 선친이 망월사에서 근 5년간을 살았던 것, 그리고 산중턱에서 장사를 하였지만, 이따금 가서 춘성을 지속적으로 도와 주었던 것에서 나온 것이다.

저는 그 당시 20대였는데, 춘성 스님의 상좌들하고는 연령이 비슷해서 아주 친근하게 가족처럼 지냈어요. 특히 혜성 스님하고는 절친하게 지냈는데, 그 스님은 참 좋았습니다. 혜성 스님하고 홍길이 아버지는 나이가 같아 친구처럼 지냈어요. 그리고 원주를 보던 견진 스님도 그렇고, 수명 스님도 기억나는군요.

이제는 40년 전의 그 시절로 완연하게 들어갔다. 이맹임 여사의 목소리도 흥분되었고, 인연 있는 춘성의 상좌들과의 추억을 말할 때에는 기쁨이 넘치는 것 같았다. 도전적으로 춘성의 욕 법문에 대해 물었다.

저는 직접 듣지를 못했는데, 춘성 스님은 욕 법문을 잘 한다고 들었어요. 홍길이 아버지에게 들은 것이지요. 보살들이 앞에 있는 데도 서슴치 않고, 생각나는대로 육두문자를 쓰면서 하였다고 하지요. 참, 그리고 그 스님은 맥주를 좋아하셨다고 하는데,

산악인 엄홍길이 필자를 만나, 춘성 스님을 이야기하면서 기념으로 준 친필 사인.

그런 것을 잡수시는 것도 가리지 않았다고 합니다. 누구를 야단칠 때도 그냥 거리낌없이 하셨다고 해요.

이 대목에서도 춘성의 진면목이 여실하게 나온다. 이것은 진실이다. 누가 감출 수도 없는 것이다. 세월은 가도 진실은 남는 것인가? 인간의 흔적은 이렇게 무서운 것이다. 그래서 다시 질문하였다. 춘성이 요즈음 승려들과 다른 점이 무엇인가를.

이 스님은 자기가 큰스님이다, 도인이다 하는 상이 없었습니다. 예전에 도봉산에는 등산객이 엄청 많았어요. 그러니 망월사에도 등산객이 얼마

나 많이 왔는지 모릅니다. 그런데 춘성 스님은 그런 등산객을 허물없이 가리지 않고 대했어요. 이 스님은 무엇을 가리지 않아요. 그때에는 망월사에 철조망도 없었어요. 탁 털어놓고 그리 살았어요.
비가 오거나 그러면 스님은 등산객들에게 "절 안에 들어와서 먹어라."라고 합니다. 스님들 하고 같이 먹자고 그러시면서. 그러니깐 아주 도인이지요.

그리고 필자는 세계적인 산악인으로 성장한 엄홍길이 춘성의 담대함, 기개를 배우지 않았을까를 물었다. 춘성이 엄홍길을 귀여워해 주었다거나, 어렵지만 꿋꿋하게 살아야 된다는 말씀을 해주지 않았을까도 질문했다.

글쎄요. 제가 우리 애 홍길이와 춘성 스님과의 인연은 잘 모르겠습니다. 그 무렵에 홍길이는 초등학교를 입학한 전후였기 때문에 그런 것이 있었는지 모르겠구요. 그런데 혜성 스님께서 홍길이를 보고, 홍길이 같은 애는 잘 되면 아주 큰 인물이 될 것이고, 그렇지 않으면 그냥 보통 사람이 될 것이라고는 했어요. 홍길이 그 애가 어렸을 적부터 별났거든요.

그리고 언제부터 진실한 불자가 되었는가와 요즈음에는 망월사에는 가지 않느냐고 물어보았다.

홍길이가 산에 다니기 시작하면서부터는 망월사에 올라가서 기도를 했어요. 홍길이가 산에 가면 제가 불안하고, 허전하고, 일이 잘 안 잡히고 그래서 망월사에 올라가서 불공을 드리고 기도를 했어요. 그때부터는 열심히 다녔지요. 춘성 스님은 망월사에서 나가셔서 성남 봉국사에 가 계시고, 혜성 스님도 계셔서 홍길이 아버지는 그 절에도 자주 갔어요. 그러니깐 춘성 스님 후임으로 오신 능엄 스님이 주지로 있을 때입니다. 능엄 스님이 오셔서 춘성 스님이 지은 돌법당을 부수고, 새로 선방을 지었고, 지금은 다 바뀌었지요.
지금도 망월사에 가면 홍길이 아버지 생각이 나고, 홍길이 아버지가 고생한 것이 생각납니다. 예전에는 이곳 호원동에서부터 장을 봐서 그 높은 망월사까지 지고 올라가야 했거든요. 망월사 가면 홍길이 아버지와 춘성 스님의 생각이 간절합니다.

이렇듯이 그는 세계적인 산악인을 길러낸 강인한 어머니이기 이전에 평범한 우리네의 이웃집 할머니와 같은 내음으로 옛날을 회상했다. 요즈음은 아주 독실한 불자로 생활을 한다고 한다. 이렇게 그가 독실한 불자가 되자, 엄홍길도 모친의 은근한 권유에 의해서 외국 등반을 떠나기 전에는 모든 동료들의 무사 안녕을 망월사에서 빌었다. 그리고 엄홍길이 히말라야 8천미터급 14개 봉우리를 모두 밟고 귀국한 이후 허탈감에 빠지고, 동반 산행을 하다 사고로 먼저 간 8명의 대원들의 환상에서 헤매였을 때에는 모친의 권유로 망월사에서 천도재를 지내 먼저 간 영혼을 위로하였다. 엄홍길과 모친인 이맹임이 불교를 만난 것은 도봉산과 망월사라는 자력에 의해서이다.
하여간 이맹임은 당신의 남편이 춘성의 품에서 일을 하였고, 그 인연으로 이 땅의 남쪽 끝자락에 있던 고성에서 도봉산으로 이사와서는 춘성과 같은 도인을 만났고, 정을 붙이며 제2의 고향으로 생각하며 산 지 어언 45년이 되었다. 그런데 바로 이런 인연의 섭리에 의해 엄홍길이 도봉산에서 크고, 체력과 정신을 갖게 되었고, 나아가서는 세계적인 산 사나이가 되었다. 엄홍길도 춘성의 무애자재한 도력에 힘입어 오늘의 그가 된 것이라고 생각하는 것은 비단 필자만의 생각은 아닐 것이다.

하여간에 저는 춘성 스님은 단지 도인이라고만 생각합니다. 자기 마음 속에는 욕심이라는 것은 없고, 자신의 몸뚱이에 있는 것은 다 남을 줘버리는 그런 스님으로 기억하고 제 마음에 담고 있었어요.

이러한 말을 듣고 아파트를 나와서 멀리 보이는 도봉산을 바라보았다. 높고, 깊은 도봉산의 웅대함도 대단하지만, 그 한 자락에 위치하면서 중생들의 아픔을 보듬었던 망월사의 역사와 문화도 다시 한번 생각해 보았다. 그런데 지금의 망월사에 사는 스님네들은 춘성의 진면목을 제대로 알기나 하는지 그것이 궁금했다.

만해제자 · 무애도인

# 문학을 일러 준 선승

**이행자** | 시인

　이행자는 시인이다. 그는 1942년 서울에서 독립운동가의 딸로 태어나, 1980년 광주항쟁을 겪으면서 민족과 사회의 모순에 눈을 떴다. 그 이후로 그는 민주화운동을 하다 희생된 가족들의 후원회의 중심에 서면서, 그 방면 사람들에게는 언니로 통한다. 1990년 제3회 전태일문학상 시 부문에서 「병상일기」가 우수상에 뽑히면서 시인의 길로 들어섰다. 시인이 된 이후 그는 시집 『들꽃 향기 같은 사람들』(1991)을 비롯한 몇 권의 시집을 내고 『시보다 아름다운 사람들』(1999)과 같은 산문집도 펴냈다.
　그를 만나서 춘성에 대한 이야기를 듣게 된 것은, 그가 2006년에 펴낸 『아, 사람아!』(지성사)를 읽은 것에서 비롯되었다. 2007년 가을 무렵, 춘성의 일대기를 쓰기 위한 자료 수집을 하다가 그의 저서 『아, 사람아!』를 인터넷에 소개한 만해 스님과 춘성 스님의 이야기를 확인하고, 그 책을 읽어 본 후에는 필히 만나야 될 대상자로 지목하였다. 그러다가 2008년 2월 설 직후 봉국사 주지인 효림에게 연락처를 부탁하여 만났다. 춘성의 인연을 40여 년간 간직한 추억을 듣게 되었다.
　이행자는 20대의 처녀 시절, 여름이 되면 망월사로 이따금 놀러갔다.

1960년대 중반 무렵이었다. 그는 일요일이 되면 외갓집 식구들과 함께 도봉산에 놀러 가면 꼭 망월사를 들러 춘성을 만나곤 하였다. 이렇게 춘성과 인연을 갖게 된 것은, 회사를 다니던 1964년 여름휴가를 망월사 인근의 암자로 간 것이 계기가 되었다. 그는 변호사 사무실에 근무하였던 친구 김정자와 단둘이서 외숙모가 기도하러 다니는 망월사 지근거리에 있었던 비구니 암자였던 광법사로 휴가를 겸해서 놀러갔다. 그 암자는 비구니 둘이 있었다. 이행자는 절에 신세를 지고 싶지 않아서 해 먹을 것과 그릇까지 준비하여 갔다.

절 근처에서 밥을 해 먹은 처녀 둘은 산에서 내려오는 계곡에서 발을 담그고 놀았다. 그러다가 그 계곡에 놀러온 청년들과 함께 한 팀을 이루어 하루 종일 이야기도 하고, 노래도 하면서 재미있는 시간을 가졌다. 놀다보니 밤늦은 시간이 되어서 청년들은 산을 내려갔고, 처녀들은 암자에 들어가 잠을 잤다. 그런데 다음날 그 암자의 비구니들은 처녀들이 풍기가 문란하다는 판단을 내리고는 절에서 나가 줄 것을 요청했다. 이행자는 하룻밤만 암자에서 자고는 쫓겨난 셈이 되었다. 화가 치민 이행자는 짐을 꾸려서 내려오다가 망월사로 들어가서 휴식을 취하다가 춘성을 만난 것이다.

이행자가 망월사를 들르게 된 데에는 그만한 사연이 있었다. 이행자의 선친은 이몽이다. 그런데 이몽은 일제 강점기 때에 『조선일보』 기자를 한 지식인이었다. 이몽은 서대문 감옥에서만 10년을 수감되었을 정도로 지조가 강하고 민족운동을 한 언론인이었다. 이몽은 서대문 감옥에서 수감되었을 때 만해 한용운을 만나기까지 하였다고 한다. 그리고 해방 직전에는 묘향산 보현사에서 승려 생활을 일시적으로 한 특이한 경력의 소유자였다. 이행자는 부친인 이몽에게 망월사에 있는 승려가 춘성인데 대단한 인물이라는 말을 얼핏 들었던 것이 생각나서 친구에게 망월사나 들어가 보자고 하였다. 마침 절에 들어갔더니 마당에서 포행하는 춘성을 만나게 되었다. 그리고 자연적

만해제자 · 무애도인

道峯山 望月寺

글 · 未堂 徐廷柱
〈詩人 · 東大교수〉

그림 · 朴同玄
〈德成여대 교수〉

「永遠性만의 달」보며 對話할만한 곳

미당 서정주가 망월사를 찾아 쓴 기고문,「대한불교」(1977. 1. 16). 펜화로 그린 '돌집'이 잘 묘사되어 있는데, 춘성은 이 돌집을 짓는데 심혈을 기울였다. 그런데 지금은 이 돌집은 없어지고 현대식의 선방으로 건축되어, 이름도 천중선원으로 바뀌었다.

으로 이행자는 춘성과 대화를 하였다.

"스님! 저희는요. 조용한 절에서 쉬고 싶어서 옆의 암자엘 왔는데요. 쫓겨났어요."
"쫓겨난 이유가 뭔데?"
"있잖아요. 스님 저희가 요 아래서 밥을 지어 먹고 놀다가요 두 남자를 만났는데, 아주 밝은 사람들이어서 물에 발 담그고 종일 얘길 나누다가 밤이 돼서 남자들은 내려가고 저희는 암자에서 잤거든요. 그런데 밤새 누가 다녀갔는지 광법 스님이란 분이 노발대발하시는 거예요. 저희들이 산을 더렵혀 놓았다면서 당장 내려가 외숙모를 만나고 싶지만 다음에 내려가겠다고 으름장을 놓으면서요."
"미친년들, 아니 처녀 총각이 만나 노는데 왜 지랄이야? 질투가 났나 보지. 선남선녀가 놀면 강산이 아름다워지지, 왜! 너러워시냐+."

춘성에게서 이런 말을 듣게 된 이행자는 어리둥절하여 어찌할 줄을 몰랐다. 이행자는 외숙모에게 망월사 주지 스님이 도깨비 같고, 호랑이 상이라는 등 파격적이라는 말을 듣기는 하였지만, 상식을 뛰어넘는 말에 입이 다물어지지 않았다.

"……."
"아무 걱정하지 말고, 휴가 끝나는 날까지 뒷방에서 쉬어 가. 밥도 여기서 먹고."
"스님! 그럼 싸 갖고 온 거는요?"
"바보들아! 제법 똑똑한 줄 알았는데,…… 여기다 풀어놓고 가면 되잖아?"

이행자는 춘성을 만나 몇 년간 아름다운 추억을 만들게 되었다. 외삼촌 가족들이 일요일에 망월사 계곡으로 놀러 가면 낑낑거리면서 망월사로 올라가 춘성을 만나 인사를 드리고 재미난 이야기를 듣기도 하였다. 그는 매년 여름 휴가철이 오면 친구와 함께 일주일간의 휴가를 무조건 짐을 싸서 망월사로 쳐들어가곤 했다.

그러던 어느 날 이행자는 서울 시내인 미도파 백화점 앞에서 버스를 타려다 우연히 춘성을 만났다. 춘성은 미군 부대의 물품을 파는 노점상에서 캔맥주를 하나 사서 막 뚜껑을 따려는 참이었다. 춘성을 만난 이행자는 너무도 반가웠다.

"어머! 스님 어쩐 일이세요? 와아, 너무 반갑다!"
"야! 숨 좀 쉬어 가면서 말해라."
"아 네, 스님은 어쩐 일로 내려오셨어요?"
"어쩐 일은 무슨 일, 입 맞추는 영화 보러 내려왔지. 너도 같이 갈래?"
"스님! 전 약속이 있어요."
"그럼, 그 나이에 약속 있으니까 나왔겠지, 빨리 가 봐라."

춘성과 친근하게 대화까지 할 수 있게 된 이행자는 그 이후로 망월사를 자주 찾아갔다. 망월사 공양간의 뒷방이 이행자의 단골 방이었다. 춘성은 절에 올라온 이행자가 약간 늦게 일어나면, 누룽지를 주면서 "야! 이것 먹고 물을 먹으면 누른밥과 똑같아."라고 하면서 따뜻하게 대해 주었다. 이행자가 망월사에 가서 보니 춘성은 바지는 승복을 입었지만, 윗도리는 늘상 러닝셔츠 차림이었다. 그리고 이행자는 망월사에 가서 며칠을 공짜로 얻어먹고 오는 것이 미안해서 무거운 쌀을 짊어지고 갔다. 또한 쌀을 내는 것도 부족한 생각이 들어 기와 값이라도 내려고 하면 "나, 돈 많아, 좀 줄까?"라고

춘성 스님을 만나던 시절의 이행자, 망월사 돌법당 앞.

하면서 돈을 내지 못하게 하였다. 춘성이 이것저것을 가리지 않고 먹으면 "스님! 복숭아도 드시고, 오징어도 드세요?"라고 이행자는 질문하였다. 그러면 춘성은 "없어서 못 먹는 사람이 얼마나 많은데, 사람이 먹는 것은 다 먹어야 돼."라고 말하였다. 그렇지만 이행자는 춘성이 망월사에 돌집을 짓는 것을 보고는 실망하였다. 그는 돌집 이전에 있던 기와집 법당이 초라하다는 생각을 안 해서, 새로 짓는 돌집 법당이 여관같이 보였고, 모습도 마음에 안 들었다. 그래서 꼴십이 여관 같다고 춘성에게 이야기를 하자, 춘성은 "모르면 가만 있어라."고 했다. 그러자 이행자는 "알았어요, 안 오면 되지요."라고 했다. 이렇듯이 이행자는 신경질이 나서 그 이후로는 망월사 출입이 뜸하였다.

하지만 명동 거리에서 춘성을 만나면 끌어안고 난리를 피우듯이 재회의 즐거움을 표했다. 그러니깐 춘성도 기분 좋은 얼굴이 되었다.

"스님! 뭐하러 내려 오셨어요?"
"뭐하러 내려오긴, 뽀뽀하는 영화 보러 왔지. 그런데 너 요즈음 왜 절에 안 오냐? 너 돌집 졌다고 안 오지, 돌집이 싫어서 기분 나빠서?"
"그래요……"
"그래도 가끔 놀러와."
"……"

그러나 돌집이 거의 다 지어졌을 때, 이행자는 갑자기 망월사에 가고 싶어 갔더니 춘성은 없었다. 그는 돌집을 배경으로 사진 한 장을 찍고, 사진 뒷면에 다음과 같은 글을 썼다.

1966년 9월 18일 망월사. 얼마 전에 헐고 새로 지었는데, 절 같지 않고 꼭 여관방 같죠?
이 절에 주지 스님이 기가 막히게 좋답니다. 내가 참 좋아했죠.

이행자는 이 사진을 40년간 고이 간직하였다. 이행자는 그후 시인이 되었는데, 민주화운동 유가족협의회의 부회장을 하다 보니, 자연적으로 『한겨레』 신문을 보게 되었다. 그러다가 어느 날 신문에 보도된 조연현 기자가 춘성의 일화를 쓴 기사를 보게 되었다. 춘성에 대한 기사를 쓰기 위해 빗길 몇 백 리를 달려온 조연현 기자의 정성에 감격한 상좌 대선은 인터뷰를 하면서 40년간 가슴에 고이 간직한 춘성의 추억이 떠올랐다. 이행자도 40년간 간직한 추억을 더듬어서 그 무렵에 원고를 작성한 『아, 사람아!』의 「만해 스님과 춘성 스님」 부분에 포함시켰다.

인사동 아지오에서 찻잔을 사이에 두고 마주한 필자는 이행자에게 만해 한용운과 춘성의 일화를 전해 준 이행자의 선친에 대한 궁금증이 일어났다. 그러자 이행자는 주섬주섬 자신의 선친에 대한 쓰라린 기억을 들추어냈다.

저는 아버지에 대해 어렸을 적에는 좋지 않은 감정이 많았어요. 제 아버지, 백사 이몽은 와세다 대학 출신이었는데, 춘원 이광수가 『조선일보』 편집국장을 할 때에 최연소의 나이로 『조선일보』 기자로 입사를 하였다고 해요. 그런데 춘원의 얼굴에 청주를 부어 버리고서는 『조선일보』를 나왔다고 했어요. 한 3, 4년간 근무한 것 같아요. 성질이 대쪽 같고 괴팍하였는데, 서대문 감옥의 독방에만 5년, 3년, 2년 해서 전부 10년을 갇혀 있었어요. 백백교 사건 때에 감옥에 있었다는 이야기를 들었어요. 그때 한용운도 만났다고 그래요. 그러다가 북한의 묘향산 보현사라는 절에 가서 출가 생활을 3년 하다가 해방이 되자, 그 절 주지 스님이 저의 아버지에게 중질 할 놈이 아니니 서울로 내려가라고 해서 내려왔다고 합니다. 1985년 8월인가 『월간 조선』의 기자가 서대문형무소에 대한 시리즈 기사를 쓸 때 저희 아버지에 대한 것을 취재하여 쓰기도 했어요.

제 아버지는 서민호 씨가 사회대중당 당수를 할 때에 사무총장을 역임하였어요. 그리고 저의 아버지는 경제적 능력도 없었고, 혹은 가족을 부양하겠다는 책임감도 없이 그저 유아독존적인 사람이었어요. 그러니 저희 집안의 곤궁함은 이루 말할 수 없었지요. 그래서 미국에 있는 제 오라버니는 초등학교도 못 다녔고, 저는 외갓집에 보내어져서 소외감과 쓸쓸함을 맛보아야 했어요. 그래 중·고교도 힘늘게 다녀야만 되었습니다. 저는 어릴 때 아버지를 안 본다고 했고, 아버지 같은 사람, 글쓰는 사람이 되지 않겠다는 혼자만의 굳은 약속도 하였어요. 내가 글을 쓰면 내 손가락에 장을 지진다는 말까지 하였다니깐요.

이렇게 인연은 모질고, 질긴 것이다. 만해와 이몽과의 인연, 그 인연이 만해의 제자와 이몽의 딸과의 지속된 인연으로 이어졌다. 이런 이야기는 공식적인 역사에서는 찾을 수 없다. 역사의 이면의 무대에서만 나올 법한 이몽 집안의 그림자가 망월사에서 예전의 추억으로 재현되는 것이다. 이행자는 자신의 핏속에 불교의 그림자가 깔려 있었고, 그것이 춘성과 친근하게 지낼 수 있었던 것이 아닐까 하였다.

아마, 그 때 광법사 비구니에게 심한 말을 듣고 망월사에 들어가고픈 마음의 충동이 있었던 것은 제 마음에 스님과 불교에 대한 연민에서 나온 것 같아요. 제 아버지는 춘성 스님을 대단한 스님이라고 하였어요. 제 아버지는 "나라 잃은 백성이 나라를 찾는 것이 당연한 것인데, 그것으로 정부에 공훈 신청을 해서 밥 먹고 살 바에는 차라리 굶는 것이 낫다."라고 말씀을 하실 정도로 깐깐한 사람이었어요.

그리고 망월사에 들락거리던 그때 저는 그 당시에 춘성 스님을 참 좋아했어요. 춘성 스님은 호탕하시고, 지적이면서도, 그 무렵에 제가 보기에는 도통하신 것 같았어요. 그 전에 비구니 스님과 외숙모를 통해서는 이상한 스님, 도깨비 같은 스님이고 몹쓸 스님이라는 말만을 들었는데, 직접 만나 보니 잘생기시고, 체격과 틀이 좋으시고, 그랬어요. 하여간 굉장히 젊어 보였어요.

이렇게 이행자는 망월사에서 춘성과의 기묘한 인연을 이어갔고, 그를 가슴 속에 40여 년간이나 묻어두었다. 필자는 이행자와 춘성이 4년 여를 망월사에서 친근한 관계를 유지한 것을 납득할 수 없었다. 그때 이행자의 나이는 25세 무렵이었고, 춘성은 75세 무렵이었다. 50년을 뛰어 넘을 수 있는 그 무엇이 있지 않으면 정상적인 대화는 불가능하였을 것이다. 더구나 한 사람은 남자를 가리던 한창 나이의 처녀였고, 다른 사람은 산전수전을 다 겪은 70이 넘은 노스님이 아니었던가. 이런 점을 이행자에게 단박 질문을 했다.

사실 저는 부산에서 병원에 입원하였을 때인 중학교 1학년 시절에 병원에 세계 명작 같은 소설을 거의 다 읽어 보았어요. 그리고 저와 망월사에 같이 간 친구도 웬만한 소설을 다 읽어 보았을 정도였어요. 춘성 스님과 그늘에 앉아서 이야기를 두세 시간을 하였는데, 춘성 스님은 모르는 것이 없을 정도였어요. 당신이 책 읽은 것, 여행 간 이야기 등등 그 소재는 무궁하였지요. 춘성 스님은 세계 명작을 다 읽어 보신 것 같았어요. 특히 러시아 문학을 좋아하셨다고 그랬어요. 그러니깐 말이 통하는 것이지요. 그리고 춘성 스님은 유명한 영화도 많이 보신 것 같았고, 영화를 보는 안목도 대단하였어요.

춘성 스님은 당신이 궁금한 것이 있으면 책을 보고서 확인해야지 그냥 넘어가지 못한다고 하시면서 꼭 찾았다고 했어요. 그리고 젊었을 때에는 책을 많이 보았다고 하시면서 우리에게도 책을 많이 보아야 한다고 말씀했지요. 그래 1년 만에 만나면, 저희에게 1년간 책 몇권을 읽었냐고 묻더라구요. 하여간에 제가 그때에 보니 안 읽은 책이 없더라구요. 그래서 한참 이야기를 하다가 우리가 스님보다 더 잘날 것이 없다는 말까지 했다니깐요. 스님은 무슨 이야기를 해도 막힌 적이 한 번도 없었어요. 몇 시간을 이야기해도 지루하기도 했고요. 오죽하면 저는 스님은 욕쟁이 스님이라고 하는데 언제 욕하시지, 그랬어요. 저나 제 친구도 책을 무척 좋아했고, 그래서 춘성 스님은 우리를 좋아했어요. 그 바람에 더욱 친해지게 되었지요. 그리고 제 외삼촌이 "행자가 까다로운 애인데, 행자가 그 스님을 그리 좋아하는 것을 보니 그 스님이 훌륭한 스님인가 보다."라는 말도 했어요.

이행자가 춘성을 좋아한 것을 납득할 수 있었다. 그러나 이행자는 춘성을 승려로서 좋아한 것이 아니라, 인간으로서 좋아하였다고 털어 놓았다.

제가 존경하는 시인이었고, 선배이었던 김남주라는 분이 있었어요. 김남주 시인도 저에게 그런 말을 하였는데, 그는 종교인은 인간으로 훌륭해야 한다고요. 춘성 스님도 저에게 절에 다니는 것보다 사람답게 잘 사는 것이 낫다는 말씀을 했어요. 제가 어렸을 적에 발을 다쳐서 왼쪽 발을 구부리질 못해 절을 할 수가 없어요. 그래서 춘성 스님에게도 "스님 죄송해요. 고맙다고 절을 해야 하는데."라고 하면 스님은 "절을 100번 하는 것보다 잘 사는 것이 중요하다."라고 하셨지요. 제가 존경하였던 문익환 목사도 그렇지만 제대로 된 종교인들의 말씀은 다 똑같은 것 같아요.

이렇게 이행자와 춘성은 인간으로서 교류하였다. 춘성은 이행자라는 처녀에게 자기가 읽은 소설, 자기가 본 영화에 대한 소감을 솔직하게 피력하였다. 이행자는 춘성을 인간으로 신뢰하고, 존경하고, 배울 점이 많은 종교인으로 자신의 가슴에 받아들였다.

저는 그때에도 춘성 스님을 대단한 분으로 보았어요. 제가 갑자기 절에 쳐 들어가면 춘성 스님은 공양주 보살에게 "내가 없더라도 잘해 줘."라고 하셨고, 공양주 보살도 참 희한하다고 하면서 제가 절에 올 때마다 꼭 춘성 스님이 계신다고 그랬어요. 그 때에 스님은 가리지 않고 모든 것을 잡수셨어요. 그래서 제가 스님에게 "그렇게 아무 것이나 잡수시면 소문 내요."라고 하면 스님은 "나는 소문 다 났어."라고 할 뿐이었지요.

40년간 가슴에 묻어 둔 추억을 자신의 책에 공개하였던 이행자는 필자가 만나자고 요청한 전화를 받은 직후에는 더욱 더 가슴이 마구 뛰었다고 한다. 한시간 동안 춘성을 소재로 한 다양한 대화를 나눈 이행자는 춘성은 어찌 보면 불교 역사에 남겨져야 할 인물이라는 혼잣말을 하였다.

이행자의 추억을 통해 필자는 춘성의 새로운 면을 알게 되었다. 그것은 춘성찾기의 새로운 화두였다. 춘성이 세계 명작을 다 읽었다? 언제 어디에서, 그것이 궁금해지기 시작했다.

## 3부

# 역사로 만나는 춘성

- 탑골공원에서 만난 무애도인
- 만해를 만나 머리를 깎다
- 옥바라지를 하며 배운 독립정신
- 저자거리에서 사자후를 하다
- 달마는 왜 서쪽에서 왔는가
- 도봉산 호랑이가 되어
- 돌장승이 아이 낳는 도리
- 만해 · 만공의 선풍을 잇다
- 삼세 불조도 볼 수 없는 곳으로 떠나다

만해제자 · 무애도인

# 탑골공원에서 만난 무애도인

서울에는 명소가 많다.
종로의 탑골공원은 서울의 명소로 당당히 그 이름을 뽐낸다.

3·1운동이 일어났던 무렵의 탑골공원.

서울의 한복판인 종로에 가면 무애도인 춘성(1891~1977)을 만날 수 있다. 그곳은 종로2가 38-1번지에 위치한 3·1운동의 성지인 탑골공원(사적 354호)이다. 이 공원은 조선시대 원각사(圓覺寺) 터에 1897년에 세워진 근대식 공원으로 한때에는 파고다공원이라고 불렸다. 원각사가 있던 그 자리에는 고려시대에는 흥복사(興福寺)가 있었다. 그러나 숭유억불이라는 조선초기의 정책에 의거하여 태종 때에는 폐사되었다. 그러다가 조선 세조 10년 절이 중건되면서 원각사로 이름이 바뀌었고 10층 석탑도 세워졌다. 원각사는 도성 3대 사찰의 하나로 번창하였으나 연산군이 승려들을 몰아내고 그 자리에 기생과 악사들을 관리하는 장악원(掌樂院)을 두게 되자 자연 내리막길을 걸었다. 그후 중종 무렵, 사찰로서의 역할이 중단되면서 터만 남게 되었다.

제국주의 침탈로 나라의 운명이 풍전등화 같던 시절인 대한제국 원년(1897), 탁지부 고문이었던 영국인 브라운(한국명 柏卓安)은 원각사 터에 서구식 소공원을 건립할 것을 건의하였다. 이로 인해 원각사터에는 공원이 세워지고, 파고다공원으로 불렸다. 그러나 건립 초기에는 빈 땅에 울타리를 둘러서 몇십 그루의 나무를 심고, 의자를 놓는 정도에 불과했다.

이렇게 자그마한 공원에 불과한 이 곳이 치열한 저항의 시대를 거치면서 한국 근대사의 중심지로 부각되기에 이르렀다. 1919년 3월 1일 거족적인 3·1운동이 본격적으로 전개된 곳이 바로 이곳이기 때문이다. 민족대표 33인은 이곳에서 학생, 시민들과 함께 독립선언서를 낭독하고, 우리 민족의 독립에 대한 타당성을 전세계에 선언할 예정이었다. 그러나 민족대표는 3·1운동을 최종적으로 점검하던 1919년 2월 29일의 모임에서 독립을 선언할 장소를 탑골공원에서 다른 장소로 옮길 것을 정하였다. 그 이유는 탑골공원에 다수의 학생과 시민들의 군중심리에 의한 폭력사태가 예상된다는 것과 일제 경찰이 폭동의 구실을 만들어 악독한 탄압 수단을 취할지도 모른다는 것이었다. 박희도가 제안한 이 내용을 수용한 민족대표들은 명월관 지

3·1운동이 태동한 태화관 자리 터에 세워진 기념 표석.

점인 종각 근처의 태화관으로 선언 장소를 이전하였다. 1919년 3월 1일 오후 2시, 당시 태화관에 모인 민족대표들은 다급한 마음으로「독립선언서」를 보면서 만해 한용운의 기념 연설을 듣고, 만세 삼창을 하는 정도로 간략하게 기념식을 거행하였다.

바로 그날, 아침부터 탑골공원에 모여 있었던 시민, 학생, 노동자 등 수천의 민중들은 민족대표가 오기만을 기다리고 있었다. 그런데 약속 시간인 오후 2시가 다 되어도 도착하지 않자 학생대표인 강기덕과 2~3명의 학생은 태화관으로 달려갔다. 학생들은 약속 위반임을 지적하며, 민족대표 한사람이라도 탑골공원으로 와서「독립선언서」를 낭독해 줄 것을 요청하였다. 그러나 민족대표는 자신들의 취지를 설명하며 학생들을 돌려보냈다. 그러나 탑골공원에 있었던 학생과 시민들은 이런 돌발적인 사태에 당황하지 않았다. 군중의 일원이었던 경신학교 졸업생인 정재용은 공원의 중심인 팔각정에 올라갔다. 팔각정에는 이미 태극기가 걸려 있었고, 학생을 비롯한 4~5천 명의 군중은 정재용을 응시하였다. 정재용은 「독립선언서」를 낭독하고 독립만세를 선창하였다. 그러자 학생을 비롯한 군중들은 태극기를 꺼내 흔들며 일제히 대한독립 만세, 조선독립 만세의 구호를 소리 높여 외쳤다. 당시 종로 근처에는 3월 3일이 고종황제의 국장이었기 때문에 전국 각처에서 올라온 수만의 대중이 있었다. 공원을 나선 만세 시위 대열은 대한문으로 향하였다. 공원을 나서던 초기에 이미 수만의 군중으로 불어난 시위 대중은 일제의 총칼을 무서워하지 않고 민족의 독립을 염원하는 만세를 드높이 외쳤다. 이렇게 최고의 한국 민족운동의 분수령의 의미를 갖고 있는 3·1운동의 불길이 바로 이곳 탑골공원에서 타올랐던 것이다.

탑골공원은 수많은 노인들이 모여 무료한 시간을 보내는 대표적인 공간으로 불리지만, 이처럼 우리 민족 독립운동의 성지였다는 귀한 역사를 갖고 있다. 시민단체, 애국단체, 종교단체가 의견을 발표하는 장소로 널리 이용

탑골공원의 정문, 삼일문. 이곳에서 춘성의 흔적을 만날 수 있다.

하는 것도 이러한 역사적 의의를 계승, 차용하려는 것과 무관할 수는 없다.

이에 서울시에서는 위와 같은 탑골공원의 역사성과 기념성을 기리기 위해 1979년 3·1운동 60주년을 맞이하여 공원을 넓히고 재정비를 단행하였다. 그리고 1991년 10월 25일, 이 공원을 사적 제354호로 지정하였다. 이는 겨레의 독립운동 발상지를 잘 보존하고, 나아가서는 민족 정기의 산 교육장으로 삼으려는 기획에서 나온 것이다. 공원 내에는 독립을 선언하고 만세를 부른 팔각정, 민족대표인 손병희 선생의 동상, 3·1독립선언 기념탑, 독립만세 부조판 등이 있다.

탑골공원에 있는 한용운의 비석.

이렇듯이 민족운동, 3·1정신의 얼이 스며 있는 바로 이곳 탑골공원의 한 구석에 만해 한용운의 비석이 서 있다. 3·1운동의 정신에 비추어 보면 한용운의 비석이 탑골공원에 서 있는 것은 어색한 것은 아니다. 그러나 한용운의 비석이 한용운의 생가, 한용운의 묘지(망우리), 출가 사찰인 백담사를 제쳐두고 이곳에 세워진 것은 3·1정신의 발상지라는 점에서 특기할 만한 역사이다.

한용운은 1944년 6월 29일 이 땅을 떠났다. 고대하고 기다렸던 민족의 독립을 보지 못하고 한용운은 일제와 처절한 투쟁을 하다가 입적하였다. 그의 입적 이후 민족은 해방을 맞이하였으나, 그에 대한 추모와 계승 작업은 지지부진하였다. 이에 불교계 인사들을 중심으로 1965년 5월, 묘비 건립을 추진하였다. 여러 난관을 거쳐서 마침내 1970년 3·1절을 기해 한용운 비석을 탑골공원에 세울 수 있었다. 높이 2미터에 불과하지만 한용운의 일생을 정리한 비문은 현대불교의 최고 강백으로 불렸던 봉선사 승려인 이운허가 짓고, 서예가 김충현이 쓴 글씨로 새겨져 있다.

이렇게 숱한 우여곡절을 겪고 탑골공원에 세워져 있는 "용운당대선사비"에 한용운의 일생을 정리한 문장은 대표적인 시조인 「춘주」(春晝)와 「우리 님」으로 마무리되었다. 이 비석에서 한용운의 삶을 조명하는 문장에는 한용운의 법윤(法胤), 즉 제자 3명의 이름이 전하고 있다. 그 대상자는 춘성 창림(春城 昌林), 동파 연하(東坡 延夏), 용담 초안(龍潭 初眼)이다. 바로 여기에 나오는 춘성 창림이 이 책의 주인공이다. 동파 연하는 어떤 승려인지 자료상으로 확인되지 않은 베일에 싸인 인물이고, 용남 초안은 선학원 계열 수좌로 해방 공간에서는 선학원을 거점으로 전통 선 수호 활동을 한 재단법인 '선리참구원'의 부이사장, 불교혁신운동의 중추 단체인 '불교혁신총연맹'의 총무로 불교혁신을 실질적으로 주도한 인물이다.

이와 같이 춘성의 역사와 체취를 탑골공원에서 만날 수 있는데, 춘성이 한용운의 제자였다는 진실은 우리들의 마음을 두근거리게 한다. 무애도인 춘성, 대자유인 춘성이 한국 근대불교와 근대문학을 뜨겁게, 아니 무섭게 달구었던 영원한 시인, 민족운동가, 혁명가, 선사인 만해 한용운의 제자라는 사실 자체가 기이한 인연의 넝쿨이다. 아니 흥미로운 역사이다. 이제 그 기이한 인연, 흥미로운 역사의 뒤안길로 들어가 보자.

만해제자 · 무애도인

## 만해를 만나 머리를 깎다

　춘성은 강원도 인제군 북면 용대리, 백담사 입구 동리에서 1891년(고종 28) 3월 30일에 출생하였다. 본관은 평창이고, 속성은 이(李) 씨이며, 속명은 창림(昌林)이었다. 춘성은 부친 이인오(李仁五)와 모친 박 씨 사이에 3형제의 둘째 아들로 태어났다. 춘성(春城)은 그의 법명이고, 춘성(春性)은 법호이다.
　지금껏 전하는 그의 행장과 비석 등에는 출신지를 인제군 원통리로 전한다. 원통은 인제군 북면의 면소재지를 일컫는 지명이기에 원통리나 용대리는 모두 인제군 북면임은 분명하다. 지금도 백담사 입구 마을인 용대리에는 춘성의 친척이 식당업을 하며 거주하고 있다. 춘성의 손주뻘이 되는 그들은 이명수와 이명규이다. 이들의 말에 의하면, 춘성의 생가는 지금 백담사 입구에 있는 주차장 근처에 있었다. 용대2리 907번지에 있었던 생가는 없어지고, 그 터에는 지역 주민들이 공동으로 경영하는 된장공장이 자리잡고 있다. 그런데 그 터는 본래 백담사 땅이었음을 고려할 때에 춘성의 부친은 아마도 백담사의 땅을 부치던 소작인이 아닌가 한다.
　한편, 그의 모친은 춘성을 잉태할 때에 한 동자가 오색구름을 타고 내려와 품안으로 들어온 꿈을 꾸었다고 한다.

춘성이 입산, 출가한 사찰인 백담사 전경(1960년대).

 춘성은 어린 시절부터 기골이 장대하고 총명하여 그 소문이 마을에 사사하였다고 한다. 집안의 환경이나 어린 시절에 대해서는 전하는 것이 없어서 알 수 없다. 그런데 그의 나이 9세에 모친을 따라 설악산 신흥사를 갔다가 불공을 올리는 승려의 모습과 법당에 있는 불상을 보고 감흥이 있어 출가하겠다는 마음을 가졌다. 그러나 그의 부모가 허락하지 않아 뜻을 이루지는 못하였다.
 그러나 불교에 대한 인연을 거부할 수 없어 그의 나이 13세(1904)에 속세의 모든 것을 떨쳐버리고 마을에서 제일 가까운 백담사로 출가하였다. 백담사에 행사로 입산한 그는 절에서 필요한 일을 하면서 불교의 소양을 익히게 되었다. 백담사에서 온갖 허드렛일을 하던 그는 정식 사미로서 출가의 길을 가게 되었다. 그런데 당시 백담사에는 충남 홍성에서 올라온 청년(26세) 승려인 한용운이 머물고 있었다. 한용운은 1879년생이기 때문에 춘성과는 불과 열세 살 차이였다. 한용운은 향리에서 서당 선생을 하다 19세(1897)에 1차 출가를 하였다. 그러나 격동의 근대사의 여파로 인해 1차 출가 이후의 삶이 간단치 않았다. 이에 그는 고향에 돌아와 있었지만, 1903년에 2차 출가를 단행하여 백담사에서 수행을 하고 있었다. 춘성이 입산을 한 1904년에는 백담사 본사인 건봉사 강원에서 수학을 하고 있었다. 그리고 1905년 1월 26일에는 은사인 김연곡과 전영제를 계사로 하여 구족계를 받고 정식으로 재출가의 길을 가고 있었다.

바로 이 무렵에 춘성이 백담사로 들어왔던 것이다. 춘성은 그 오지의 절인 백담사에서 불교의 미래를 개척하기 위한 준비 기간을 가졌다. 즉 하심을 하면서 절에서 필요로 하는 모든 일을 하며, 절의 관습을 익히고, 불교의 소양을 키워 나갔다. 그러면서 자연스럽게 한용운을 은사로 모시게 되었을 것으로 추정된다. 이때 한용운은 불같은 열정과 문명사회에 대한 동경심을 억누를 수가 없어 궁벽한 오지의 절인 백담사에 머물러 있지 않았다. 1906년부터 1909년까지 백담사를 떠나 있을 때가 많았다.

백담사 입구. 당시 백담사는 깊은 산속에 있는 궁벽한 사찰이었다.

이렇게 백담사 보다는 금강산 일대의 사찰을 무대로, 나아가서는 국외에까지 다 달았던 한용운의 발길과 열정은 춘성에 대해 각별하게 관심을 기울일 여건 자체가 안 되었다. 한용운은 1910년 3월 당시 중추원에 승니(僧尼)의 가취(嫁娶)를 자유스럽게 선택할 수 있는 제도를 요구하는 건의서를 제출하였다. 한용운의 그 건의가 당시 불교계에 미친 파장은 상당한 것이었다. 불교계에 파란을 일으킨 한용운이 백담사로 다시 들어온 시점은 1910년 6월이었다.

이때서야 춘성은 은사인 한용운을 지근거리에서 시봉하며 배울 기회를 얻었다. 춘성도 스무 살의 청년 승려로 성장하였다. 춘성은 한용운의 열정과 패기를 저절로 익히게 되었다. 더욱이 남성적으로 웅장한 백담의 계곡, 격정적으로 휘몰아치는 물소리가 저절로 춘성의 심성을 자극하였으리라. 백담사로 돌아와 한용운이 한 일은 불교혁신의 당위성과 방향을 제시하는 자신의 소신과 견해를 글로 작성하는 것이었다. 이 글이 한국 근·현대사를 뜨겁게 달구었던 『조선불교유신론』이었다. 한용운이 이 글을 작성할 때 춘성은 그 시봉을 정성껏 하였다.

1910년 8월 여름이었다. 일제에게 나라를 강제로 빼앗기던 바로 그 시절이었다. 그럼에도 한용운은 백담사에서 조선시대의 산중 불교, 승려 중심의 불교, 천박하게 매도당한 불교에서 벗어나 도회지 불교, 대중 중심의 불교, 시대의 중심에 선 불교로 가야 한다는 자신의 옹골찬 주장을 문장으로 만들어내기에 고심하였다. 한용운은 적지 않은 노력을 많이 하였다. 그

춘성의 은사인 한용운. 춘성이 입산한 무렵, 불교개혁을 고민하던 시절의 모습.

『조선불교유신론』. 춘성은 한용운이 이 저서를 집필할 때 한용운을 시봉했다.

에 비례하여 춘성의 심신도 피곤하였을 것은 쉽게 이해할 수 있는 대목이다.

바로 그때 강렬한 햇빛이 작렬하던 한여름의 정오에 갑작스런 소나기가 백담사를 기습하였다. 그 여름날, 시원스레 퍼붓는 소낙비는 백담사에서 머리를 쥐어짜며 글을 쓰던 한용운이나, 그를 옆에서 지켜보던 춘성에게는 달콤한 청정수 그 자체였다. 아니 인습과 허위의식을 때리는 자연의 충동이었으리라. 춘성은 자신의 내부에서 솟구쳐 오르는 원시적인 충동을 이기지 못하였다. 그는 몸에 걸치고 있던 허름한 옷을 마당에 던져 버리고, 소낙비를 마음껏 맞으려는 듯이 춤을 덩실 덩실 추기에 이르렀다. 그리고 방 안에서 베잠방이를 입고 웅크리고 있던 은사를 불러내었다.

"스님! 스님! 나와 보세요. 비가 와요, 소나기가 쏟아진다니까요."

한용운은 춘성의 예고 없는 격정 소리에 놀라 방문을 열고 마당으로 나왔다. 춘성은 더욱 더 춤을 추며 외쳤다.

"허이! 허이! 이놈의 요망스런 감령수야, 왜 중생의 애를 태우고 이제야 퍼부어 대느냐? 이 망할 년 같으니라구 허어 허어!"

갑작스런 소낙비에 놀란 노승들도 나와 있었지만, 춘성은 비를 온몸으로 맞으면서 불알을 덜렁거리면서 춤을 계속하여 추었다. 어떤 노승에게서 "저 놈이 미쳤나, 저 녀석이 벌써 깨달았나?"는 말이 나오기도 하였으나 그 누구도 춘성의 춤을 막지는 않았다. 한용운도 춘성의 춤을 그저 바라볼 뿐이었다. 얼마 후 소나기는 멈추었다. 그리고 땡볕이 쨍쨍 백담사에 다시 쏟아졌다. 다시 요란스런 매미 소리가 백담사 경내를 휘감았다. 그렇게 백담사가 정적에 빠지자, 한용운은 자신의 상좌인 춘성을 불렀다.

"옷을 벗고 소나기를 맞는 것은 괜찮다만, 춤을 춰야 되겠느냐?"

그러나 춘성은 정색을 히면서도 검언찍은 얼굴로 납을 하냈다.

"옷을 벗으면 춤밖에 출 게 더 있습니까? 스님의 불사가 회향하려는 이 때, 때마침 기다리던 비가 오니 기쁜 일이 아닙니까? 그래서 절로 춤이 되던걸요."
"고얀 놈! 으흠 좋다 좋아."

이렇게 백담사에서 한용운과 춘성은 서로 닮아 가고 있었다. 춘성은 허위적 수행이 아니라, 인간의 본성을 알몸처럼 드러내는 처절한 수행을 하였다. 그래서 한용운이 '나를 능가할 놈(勝於師)'이라고 중얼거렸다는 소문이 전해지고 있다.

백담사에서 『조선불교유신론』의 초고를 완성한 한용운은 금강산 표훈사를 거쳐 장단의 화장사로 갔다. 그곳에서 강사로서 학인들을 가르쳤다. 그러나 그는 1910년 9월 다시 서울로 올라와 승려의 결혼을 자유롭게 해야 한다는 취지의 건의서를 통감부에 제출하였다. 나라가 망한 지 불과 한 달밖에 안 된 정황에서 승려의 결혼 자유를 주장한 한용운의 행동은 납득하기 어려운 면도 있었다. 지사는 나라가 망한 것이 부끄러워 자결하고, 나라를 되찾으려고 만주와 러시아로 망명한 의병들이 속출하는 그때에 말이다. 그러나 한용운은 자신이 제출한 건의서에 대한 결과에 초연히 백담사로 돌아왔다.

바로 그때 한국불교계에 큰 사건이 일어났다. 당시 한국불교를 대표하는 종단인 원종(圓宗)의 종정인 해인사 승려 이회광이 1910년 9월 말 일본에 건너가 일본의 일개 종파인 조동종(曹洞宗)과 비밀조약을 맺은 내용이 전 불교계를 강타하였다. 그 비밀조약은 구 한국정부와 통감부에 정식 인가를 받지 못한 원종의 인가를 일본의 조동종이 도움을 주는 대신, 원종은 조동종의 한국 포교에 협조를 한다는 것이다. 그러나 내면적으로는 한국불교를 조동종에게 팔아버렸다는 비판을 들을 수밖에 없는 굴욕적인 조약이었다.

그 격문이 백담사에 전해지자 한용운은 주체할 수 없는 혈기를 억제하지 못하고 전라도로 가쁜 발길을 돌리게 되었다. 백담사를 떠나기 전날 밤, 한용운은 춘성을 불렀다. 그리고 춘성에게 자신의 혈육과 같은 불교혁신을 주장한 글의 초고를 잘 간수하기를 당부하면서 다음과 같이 말했다.

> "마침 내가 이것을 마무리할 때 너는 나의 시봉이 되었다. 그러니 너는 내정신을 이어서 장차 이 땅의 산문(山門)을 새 시대에 맞게 활짝 열어라."

당시 그 정황을 춘성은 다음과 같이 회고하였다.

스님은 그때 여름 내내 쓴 글을 나에게 다 맡기고 "이것을 네가 잘 간수하되 그냥 두지 말고 밤마다 조금씩 읽어 보아라. 앞으로 새 시대의 불법은 이 글 가운데에서 찾도록 하라. 그렇다고 노스님이나 여러 큰스님들이 가르치는 바를 업수이 여겨서는 지옥에 떨어진다."라고 말씀 하였어. 스님은 늘 밤에 "왜놈의 머슴살이 같으니라구!" 하여 혼자 욕설을 퍼붓는 일이 많았지. 나에게 글을 맡긴 다음날 새벽에 바랑도 놓아둔 채로 보따리 하나 들고 백담사를 떠나셨지. 그때가 초겨울이야.

이렇게 한용운은 백담사의 새벽을 뒤로 하고 임제종운동의 시발지인 광주 송광사로 떠났다. 그는 가쁜 숨을 몰아쉬며 발길을 재촉하였다.

춘성은 은사인 한용운이 떠나간 새벽의 어스름을 지켜보면서 많은 생각을 하였다. 더욱이 한용운이 신신당부를 하면서 맡기고 간 『조선불교유신론』의 초고 뭉치를 보듬으며 자신이 할 일을 더듬어 보았다. 춘성은 심연에

일제 강점기의 유점사 전경. 춘성은 유점사에서 수계를 하였다.

서부터 우러나오는 처절한 고독을 느꼈다. 자신의 곁에서 자신을 붙들어 준 은사 한용운이 있었던 그 공간을 채울 수 있는 것이 무엇인가?도 따져 보았다. 이제 춘성은 홀로 서야 했다. 근대불교의 새벽이고 횃불인 만해 한용운에게서 그는 독립을 해야 했다. 그로부터 춘성이 적지 않은 고뇌와 번민을 하였다는 것은 쉽게 추측된다. 그해 백담사의 겨울 추위가 윙윙거리며 스산하게 몰아치는 백담 계곡의 바람소리를 춘성은 더욱 더 두렵게 느꼈을 것이다.

춘성은 그 겨울 내내 자신에 대한 성찰을 깊이 하면서 자신의 진로를 고민하였다. 이제 그는 승려로서의 정식 출발을 다짐하였다. 그때까지는 사미라는 예비단계의 승려였다. 그는 정식 승려로서의 자격을 인준하는 구족계(具足戒)를 받기로 작정하였다. 이러한 판단에 따라 그는 1911년 봄, 유점사(楡岾寺)로 향하였다. 당시 유점사에는 율사로 유명한 김동선(金東宣)이 주석하고 있었다. 김동선은 1929년 1월 각황사에서 열린 승려대회에서 한국불교를 대

춘성이 강원 공부를 하였다고 전해지는 석왕사의 동쪽 출입구.

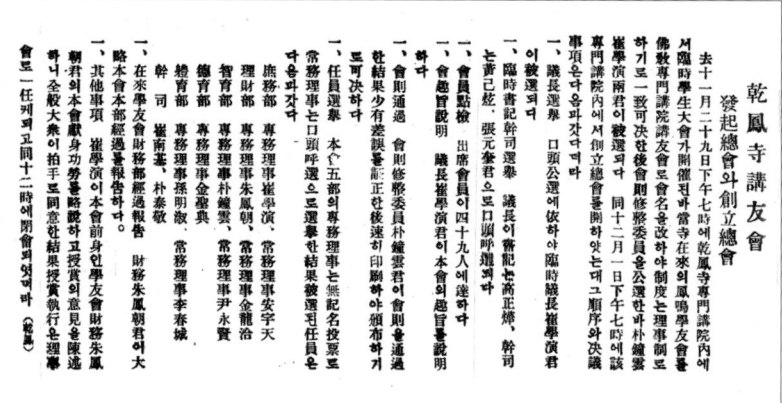

춘성이 건봉사 강우회(講友會)의 체육부 상무이사를 하였음을 전하는 기사. 『불교』 43호(1928. 1).

표한 7인의 교정(敎正)을 선출할 때에 뽑힌 당대의 대율사였다. 마침내 유점사에서 김동선에게 정식 승려라는 자격을 인정하는 구족계를 받은 춘성은 다시 백담사로 돌아왔다. 춘성은 백담사에서 자신의 진로를 더욱 더 심사숙고하였다. 그는 한용운의 상좌에서 비구승 춘성으로 거듭 성장하기 위한 길을 생각하였다.

마침내 춘성은 그 길을 결정하였다. 그것은 다름이 아닌 불교에 대한 공부를 제대로 하는 것이었다. 지금까지는 은사인 한용운을 시봉하며, 절의 허드렛 일이나 하면서 지냈기에 자신은 불교에 대한 교리, 신앙, 사상에 대해서는 잘 알지 못하였다. 그래서 춘성은 보다 큰 절로 가서 불교를 익히기로 마음을 다부지게 먹었다. 즉 춘성은 교학 과정을 전문적으로 가르치는 강원으로 떠났다. 그러나 춘성이 어느 강원으로 갔는지는 정확하지 않다.

현전하는 춘성의 일부 행장에서는 그가 수학한 강원이 석왕사(釋王寺)이며, 1915년에 석왕사 강원의 대교과 과정을 마쳤다고 전한다. 그렇지만 필자가 근대불교의 자료를 더듬고 춘성의 자료를 수집·분석하면서 춘성이 석왕사에서 강원 과정을 이수하였다는 1차 기록은 아직 찾지 못하였다. 자료를 찾다 보니 석왕사 기록은 보지 못하였지만, 유점사에서도 공부하였다는 가능성을 전하는 기록은 하나가 있다. 그리고 1920년대 중반에는 건봉사(乾鳳寺) 강원에서 공부하였음을 보여주는 기록은 몇 건이 있다. 우선 건봉사의 기록부터 살펴보자.

건봉사는 백담사의 지근거리에 있는 본산이기에 건봉사 강원에 가서 공부하는 것이 자연스럽게 보여진다. 『불교』지 43호(1928.1)에는 건봉사 강우회(講友會) 발기총회와 창립총회의 내용이 전한다. 즉 1927년 11월 29일 건봉사 강원에서 임시 학생대회가 열렸다. 그 대회에서 학인들은 기존의 '봉명학우회'를 '불교전문강원 학우회'로 단체명을 바꾸고 조직체는 이사제를 하기로 만장일치로 가결하였다. 그 모임에서 박종운과 최학연을 회칙 수정위원으로 선출하였다. 이런 절차를 거친 후 12월 1일, 건봉사 강원에서 창립총회를 갖고 회칙을 통과시켜 임원선거를 하였다. 바로 이날의 창립총회에서 춘성은 체육부 상무이사로 선출되었다. 이렇게 건봉사 강원강우회에서 상무이사로 선출되었다 함은 건봉사 강원과 연고가 분명하다는 것을 웅변적으로 말해준다. 요컨대 춘성은 건봉사 강원에서 수학하였다. 하지만 1927년 춘성이 건봉사 강원에 재학중이었는지, 이미 졸업했는지는 분명치 않다. 이를 따지는데 참고가 되는 다른 기록을 보자.

춘성과 건봉사와의 연고를 알려주는 기록은 『불교』지 50호(1928. 9)에 건봉사 전문강원 제16회 졸업식의 보도 내용이다. 이 기록에는 건봉사 강원의 졸업식과 수업식이 1928년 7월 22일에 거행되었다는 내용과 그 대상자들을 전하고 있는데, 바로 여기 『기신론(起信論)』 수료생 명단에 춘성이 포함되어 있다. 즉 춘성은 강원의 정규 과정이 아닌 특별 과정에서 『기신론』을 이수하였다. 예전의 강원은 4년, 혹은 10년 기간의 정규 과정 이외에도 개별적인 경전만을 공부하는 특별 과정을 두고 있었으며, 그 과정을 마치면 정식 수료증을 주는 형식의 강학 교육제도를 운용하였다. 『불교』지에 나오는 기록에서 우리는 춘성이 건봉사 『기신론』 과정을 1928년에 수학하였음을 알 수 있다.

또한 『불교』지 56호(1929. 2)에는 건봉사 '봉명강우회'의 망년회(忘年會) 기사가 있다. 1928년 12월 31일, 건봉사 경내의 보안원(普眼院) 대강당에서 특별 강연과 함께 망년회가 개최되었는데, 춘성은 「고진감래(苦盡甘來)」라는 주제로 강연을 하였다. 이 망년회 기사도 춘성과 건봉사 강원과의 연고를 더욱 설명해 준다.

당시 춘성은 속세 연령으로는 37세의 청장년이었다. 한용운이 임제종 운동에 참

춘성이 건봉사 강원 졸업식에서 『기신론』을 수료하였음을 전하는, 『불교』 50호(1928. 9)의 기사.

건봉사 강원 졸업자 모임인 '봉명강우회'의 강연회에서 춘성이 「고진감래」라는 제목으로 강연을 하였음을 전한 『불교』 56호(1929. 2)의 기사.

가하러 간 시점이 1910년이었으며, 춘성이 한용운의 그늘에서 벗어나 불교를 제대로 공부하겠다고 강원으로 간 시점은 그의 나이 20세이었던 1911년이었다. 이런 내용을 종합해서 필자는 춘성의 강원교육을 다음과 같이 정리한다.

춘성이 석왕사에 가서 강원교육을 받았다는 1차 기록은 찾지 못하였지만, 일단 석왕사 강원에서 공부한 것으로 볼 수 있다. 현재 그의 부도가 있는 봉국사의 춘성대선사비문에는 "20세에 유점사 동선에게 귀의하여 구족계를 받

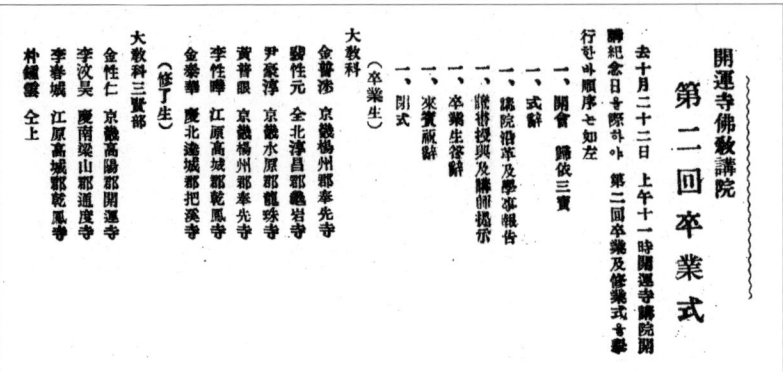

춘성이 개운사 강원에서 대교과 과정을 마쳤음을 전하는 『불교』 56호(1926. 11)의 기사.

앉으며 그후로(自次) 경학을 전공하였는데 특히 화엄법사로 명성을 드날렸다." 고 적혀 있다. 이렇듯 강원교육을 받은 사찰 이름이 나오지 않는다. 그러나 필자는 석왕사에서는 일반적인 4년 과정의 강원교육을 이수한 이후, 추후로 유점사와 건봉사에 가서 특별한 강학 과정을 공부한 것으로 보고 있다.

그 근거로 유점사 강원에서 특별 과정을 이수하였음을 전하는 3건의 기록이 있다. 우선 첫 번째는 춘성의 입적(1977) 직후 율사로 이름을 날린 김일타도 춘성의 비문을 작성하였으나 어떤 연고인지는 모르지만 채택되지는 않았다. 일타가 지은 비문에는 "금강산 유점사에 행각(行脚), 대율사 동선(東宣) 화상에게 구족계를 수지(受持)하고, 이에 거듭하여(仍乃) 경학을 전공하니 사(師) 나이 30대에는 화엄법사라는 칭호와 함께 설통(說通)이 무애(無碍)하였다."고 기술되어 있다. 이 문장에서 유점사에서 구족계를 받고 계속하여 경학을 전공하였다는 내용을 주목할 수 있다.

두 번째의 근거로 『불교』지 45호(1928. 3)에는 1927년 12월 20일에 거행된 건봉사 강원 졸업식의 졸업자와 수료자 명단이 전한다. 사교과(四敎科) 『능엄경』 수료자 명단에 이춘성이 나오는데, 그의 출신 사찰을 유점사로 표기하고 있다. 이는 춘성이 건봉사 강원에 오기 이전에 수학한 강원이 유점사임을 말하는 것이다. 때문에 춘성이 강원의 기본 과정을 이수한 사찰은 석왕사이지만, 그 다음으로 특별과정을 거친 곳은 유점사 강원이라고 추측할 수 있다. 춘성은 불교의 진리를 탐구하려는 열정으로 유점사에서 특별 과정을 수료하였지만, 10여 년 후인 1920년대 후반에는 건봉사 강원 특별과정에 다시 들어가서 불교의 진리를 더욱 익힌 것으로 볼 수 있다.

세 번째의 근거는 춘성의 은사 한용운이 3·1운동으로 옥에 3년간 수감되었다가 출옥 직후에 간 곳이 유점사 경성포교당이었다는 점이다. 한용운도 유점사에서 수학하였지만, 춘성이 유점사와의 연고가 특별하였기에 출옥 즉시 유점사 포교당으로 간 것으로 볼 수 있다. 이 점도 춘성이 유점사에서 수학하였을 가능성을 추론하는 자료이다. 그밖에도 춘성은 대승사와 동학사 강원에서 공부를 하였다는 구전이 있으나 언제 무렵인지는 알 수 없다.

그간 우리들에게 전해졌던 춘성의 내용과 소문은 주로 선사적인 이미지였다. 탈속 도인이니, 무애도인이니, 파격적인 언중유골을 구사하는 선사 등등이 그것이었다. 그러나 간혹 춘성은 『화엄경』에 정통한 법사였다거나, 『화엄경』을 거꾸로 읽었다는 구전도 많이 있다. 만공 스님도 춘성이 교학적인 분위기에 젖어 있기에 정혜사 선방의 방부를 거절하였다는 일화도 있듯이 춘성이 강학과 교학을 제대로 공부하였음을 추론하는 것은 어렵지 않다.

『불교』지 65호(1929. 11)에는 개운사 불교 강원의 졸업식 보도 내용이 있다. 즉 1929년 10월 2일, 당대의 최고 강백인 박한영이 주관하는 개운사 강원의 졸업식에서 춘성은 대교과 삼현부(三賢部) 과정을 마친 수료생으로 나온다. 삼현부는 『화엄경』을 세부적으로 익히는 과정으로 보살 수행의 지위인 10주, 10행, 10회향 단계에 있는 보살에 대한 내용을 말한다. 춘성이 『화엄경』에 통달하였다는 저간의 소문이 그냥 우연히 나온 것이 아님을 여기에서 거듭 확인한다.

  이렇게 춘성은 나이를 고려하지 않고 그가 배울 수 있는 곳이면 어디든지 가서 불교를 정열적으로 배운 승려였다. 그는 이제 한용운의 그늘에서 벗어나 독자적으로 세상을 바라볼 수 있는 안목을 당당히 갖춘 강사로 성장하였다.

# 옥바라지를 하며 배운 독립정신

춘성이 한용운과 떨어져 석왕사 강원에 가서 불교 공부를 한 이후, 언제 백담사로 돌아왔는지는 알 수 없다. 아마도 4년의 강원 과정을 마치고 1915년에는 돌아와서 백담사에 있었을 것으로 보인다. 석왕사에 가서 강원 과정을 익히면서도 백담사는 춘성 불가분의 관계이기 때문에 자주 왕래 하였을 것이다. 더욱이 은사인 한용운은 서울에서 불교운동과 항일운동을 하다가 심신이 피곤하면 백담사로 돌아와 재충전의 시간을 갖고 했다. 그때마다 춘성은 한용운을 지근거리에 시봉하였다.

한용운이 서울에서 『조선불교유신론』 출간(1913), 『불교대전』 출간(1914), 『정선강의 채근담』 출간(1917)을 마치고 백담사로 돌아와 오세암에서 참선에 들었던 1917년 겨울에도 춘성은 한용운의 옆에서 시봉을 하였다. 한용운은 그해 12월 3일, 참선중 바람이 불어 무엇이 떨구는 소리를 듣고 홀연히 깨달음의 경지를 맛보았다.

한용운은 그동안 품었던 일체 의문의 근본을 보았다. 이제 그는 거칠 것이 없었다. 우주, 자연, 자신, 중생, 민족, 겨레, 불교 대중화가 이제 하나가 되었다. 불교 대중화가 곧 민족을 위한 것이요, 인류를 위한 것이다. 그래서 만해는 깨침의 경지로 다시 저자거리로 나아갔다. 서울 시내로 나간 그는 새 시대의 도래를 준비하는 청년들의 자각을 일깨우기 위한 종합 교양지를 펴냈거니와 그것이 바로 《유심》이었다.

그러나 한용운의 《유심》지 발간은 불과 3호로 마감되었다. 그는 한용운이 예고한 새로운 세계질서가 도래하고 독립을 갈망하는 우리 민족의 자주 · 자존 · 자립의 민족운동인 3 · 1운동이 발발하였기 때문이다. 당시 한용운은 불교계를 대표하여 3 · 1운동 민족대표로 운동의 최일선에 서 있었다. 1919년 3월 1일 오후 2시, 서울 종로의 태화관에서 열린 독립선언 기념식에서 기념연설을 하고 만세 삼창을 선도하였다. 그 길로 한용운은 일제에 피체되어 서대문 감옥에 갇혔다.

한용운이 옥에 수감되자 춘성은 한용운의 옥바라지를 위해 서울로 나왔다. 그는 거처를 서울의 외곽에 있는 절인 망월사로 정하고 서대문감옥을 드나들면서 한용운을 정성껏 시봉하였다. 그러나 은사를 시봉하는 일도 간단치 않았다. 춘성의 옥바라지 하는 것 자체를 한용운이 언짢게 생각하였기 때문이다. 나라를 빼앗긴 상황에서 만세운동도 성공하지 못하고 옥에 수감된 형편에서 외부에서 들여다 주는 옷이며, 음식을 기쁘게 여기지 않았다. 한용운은 옥에 수감되어 있으면서도 변절하는 독립운동가를 꾸짖고, 일제의 회유에 일체 응하지 않았던 매서운 지조를 갖고 있었기에 자신의 상좌가 옥에 왕래하는 것도 불편하게 여겼다. 그러나 춘성은 은사가 독립운동을 하다 옥에 수감되어 있는 것을 보고 나몰라라 할 수도 없는 형편이었다. 춘성은 망월사에 머무르면서 추운 겨울에도 이불을 덮고 자지도 않고 냉골 방에서 참선하며 밤을 지새웠다고 한다. 그때 망월사를 들렀던 어떤 스님이 땔감이 절에 가득한 데도 불구하고 불을 때지 않은 냉방에서 자는 것을 이상하게 여겨 춘성에게 물었다.

"아니, 저렇게 땔나무가 많이 있는데 어째서 아궁이에 불을 지피지 않고, 냉방에서 잠을 자는 게요?"

"그야 그렇지만, 제 스승이 독립운동을 하다 왜놈들한테 붙잡혀 지금 서대문 감옥의 추운 감방에서 떨고 계신데, 그 제자인 제가 어찌 따뜻한 방에서 잠을 잘 수 있겠습니까?"

춘성은 이처럼 한용운이 감옥에서 나오기 전에는 줄곧 냉방에서 자며 수행을 하였다. 당시 망월사에는 불교계 민족대표인 백용성(해인사)의 상좌인 하동산(범어사)도 큰 성과 힘께 수행을 하면서 백용성의 옥바라지를 하고 있

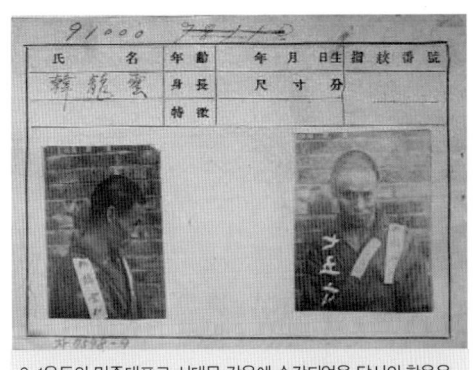

3·1운동의 민족대표로 서대문 감옥에 수감되었을 당시의 한용운.

었다. 춘성과 동산은 한달에 한번씩 면회를 하고 오면 약속이나 한듯이 나란히 앉아 정진을 하였다. 춘성은 동산에게 건강을 생각해 쉬어가며 하라고 하였다. 그러자 동산은 "우리 스님이 감옥에서 갖은 고생을 하는데 내가 어떻게 편히 지내며 잠이나 자겠소."라고 하였다. 춘성과 동산은 서로 격려해 가며 수행도 하고, 서대문 감옥을 오가며 옥바라지를 하였다.

춘성의 지극한 옥바라지에 화답을 하듯 한용운도 일제의 철창을 선방으로 여기며 매서운 수행을 하면서 일제의 탄압을 견디어 냈다. 한용운에게 그 철창은 단순한 감옥이 아니었다. 한용운은 감옥을 수행 도량으로 승화시켜, 독립정신의 실험의 무대로 여겼다.

이렇듯이 옥중에 갇혀서도 항일 정신을 잠시도 잊지 않은 한용운의 옥바라지를 하였던 춘성은 해방 이후, 그 정황을 다음과 같이 고백하였다. 이 피력은

1973~1974년, 『서울신문사』에서 펴낸 잡지인 《서울평론》에 『한용운 평전』「님의 침묵, 님의 절규」를 52회로 연재하였던 시인 고은에게 털어놓은 말이다.

> 말 말게. 스님의 고집 때문에 더 고생이었지. 절에서 무엇을 만들어 가지고 면회에 나서면 '이건 뭐하러 가지고 왔느냐 내가 아홉 귀신 먹다 남은 것을 먹을 줄 알았느냐!'라고 내던지기가 일쑤였지. 감옥의 간수들도 '저 중놈이 제일 간이 큰 놈이지! 저놈한테는 당해낼 수가 없어.'라고 저희들끼리 중얼거렸지. 옆방의 동지와 몰래 통화를 하다가 들킨 것밖에는 아무런 사고도 없으니 간수들도 결국은 내버려 두었지. 그때 나는 주로 그분의 사식 따위가 아니라 바깥의 공기라든지 그분이 몰래 써 준 글을 밖으로 가져오는 일이 중요했어. 「조선 독립의 서」를 끈을 똘똘 말아서 내 손으로 받아 왔지.

역사의 한 장면을 명명백백하게 확인해 주는 이 고백은 민족운동사에 길이 남을 문장인 「조선독립의 서」를 옥 밖으로 나오게 한 장본인이 춘성임을 알게 해 준다. 옥중에 수감되어 매서운 지조를 지키던 한용운은 조선독립에 대한 명분, 당위성을 일체의 책을 참고하지 않고 1919년 7월 10일에 집필하여 일제의 재판관에게 제출하였다. 그러면서 한용운은 그 글을 휴지에 써서 똘똘 말고, 종이 끈으로 만들어 옥 밖으로 내보내는 자신의 옷의 갈피에 숨겨 춘성에게 전달하였다. 그러자 춘성은 항일 불교청년운동을 수행하면서 한용운을 열렬히 따르던 범어사 청년 승려인 김상호에게 그 문건을 전달하였다. 김상호는 이를 상해 임시정부에 군자금을 보내는 불교계의 비밀루트를 이용하여 상해의 대한민국 임시정부에 제공하였다.

그리하여 임시정부 기관지인 『독립신문』 25호(1919. 11. 4)에 그 전문이 게재되었다. 『독립신문』에서는 이 문건을 게재하면서 그 사정을 다음과 같이 소개하였다.

차서(此書)는 옥중에 계신 아대표자(我代表者)가 일인(日人) 검사총장(檢事總長)의 요구에 응(應)하여 저술한 자(者) 중의 일(一)인데 비밀리에 옥외(獄外)로 송출한 단편을 집합한 자(者)라.

이로써 만해의 이「조선독립의 서」는 독립운동가들이 돌려가며 읽고 외웠기에 만리 이역땅에서 조국의 독립을 위해 투쟁하였던 독립운동가의 가슴을 뛰게 하였다. 그러나 국내에서는 배포시킬 수 없었기에, 아는 사람만 아는 지하의 비밀 문건이었다. 한용운은 출옥 후에 이 문건을 자필로 작성하여 그가 입적하는 그날까지 자신의 방 문갑 안의 찢어진 봉투속에 소중히 간직하였다. 그후 한용운이 자필로 쓴 이 논문의 원본은 한용운을 따르던 항일승려인 최범술이 배접을 하여 소장하였으나, 현재는 그 행방이 묘연하다.

한용운의 자유, 평화 사상에서 나온 명 논설인「조선독립의 서」는 한국 근대의 명문장으로 만해의 독립정신을 극명하게 나타내고 있다.

자유는 만물의 생명이요, 평화는 인생의 행복이라. 고(故)로 자유가 무(無)한 인(人)은 사해(死骸)와 같고 평화가 무(無)한 자(者)는 최고통(最苦痛)의 자(者)라. 압박을 피(被)하는 자의 주위의 공기는 분묘(墳墓)로 화(化)하고 쟁탈을 사(事)하는 자의 경애(境涯)는 지옥이 되나니, 우주 만유(萬有)의 이상적인 최(最) 행복의 실재는 곧 자유와 평화라. 고로 자유를 득(得)하기 위하여는 생명을 홍모시(鴻毛視) 하고 평화를 보(保)하기 위하여는 희생을 감이상(甘飴嘗)하나니 차(此)는 인생의 권리인 동시에 또한 의무일지로다. 그러나 자유의 공례(公例)는 인(人)의 자유를 침(侵)치 아니 함으로 계한(界限)을 삼나니 침략적 자유는 몰(沒) 평화의 야만(野蠻) 자유가 되며, 평화의 정신은 평등에 재(在)하니 평등은 자유의 상적(相敵)을 위(謂)함이라.

## 朝鮮獨立에 對한 感想의 大要 (附錄)

七月十日

此書는 獄中에 계신 我代表者 가 日人檢事總長의 要求에 應하야 著述하신 中의 一인대 秘密裏에 獄外로 送出한 斷片을 모아 合한 者라

一、槪論

自由는 萬有의 生命이요 平和는 人生의 幸福이라 故로 自由가 無한 人은 死骸와 同하고 平和가 無한 者는 最苦痛의 者라 壓迫을 被하는 者의 周圍의 空氣는 墳墓로 化하고 爭奪을 事하는 者의 境涯는 地獄이 되나니 宇宙의 理想的 最幸福의 實在는 自由와 平和라 故로 自由를 得하기 爲하여는 生命을 鴻毛視하고 平和를 保하기 爲하여는 犠牲을 甘飴視하나니 此는 人生의 權利인 同時에 또한 義務일지라 然하나 自由의 公例는 他의 自由를 侵치 아니함으로 界限을 삼나니 侵略的 自由는 絕對 自由가 안이라 放縱이며 平和의 精神은 平等에 在하나니 平等의 平和가 안이면 眞正한 平和가 안이라 故로 참된 自由는 반드시 平和를 保하고 참된 平和는 반드시 自由를 伴할지니 自由 平和는 實로 人生의 本領이라 …

(略)

二、朝鮮獨立宣言動機
日本이 朝鮮民意를 不顧하고 獨立을 不認하야 朝鮮人民을 壓迫하야 經濟上이나 精神上이나 到底히 行치 못함으로 四千年의 歷史를 有한 朝鮮民族이 獨立을 宣言하기 發動함이라

一、朝鮮民族의 實力
日本이 朝鮮民意를 不顧하고 朝鮮을 合倂한 動機는 朝鮮民族을 擡頭시 …

二、世界 大勢의 變遷
現世에 用하던 新舊의 色彩를 變하야 大運動의 原動力이 되는 것은 文明의 基礎를 新하여 二十世紀 初頭부터 國民의 歷史的 傳統的 統一心과 自覺과 自立的 思想을 基本으로 한 것이라

---

한용운이 서대문 감옥에 수감되었을 때 작성한 「조선독립의 서」. 한용운은 옥중에서 조선독립의 당위성을 웅변적으로 피력하고, 그를 일제 당국에 제출하였다. 한용운은 그 글을 추가로 1부를 써서, 옷 갈피 속에 숨겨 춘성에게 전달하였고, 춘성은 이를 상해 임시정부에 전달하였다.

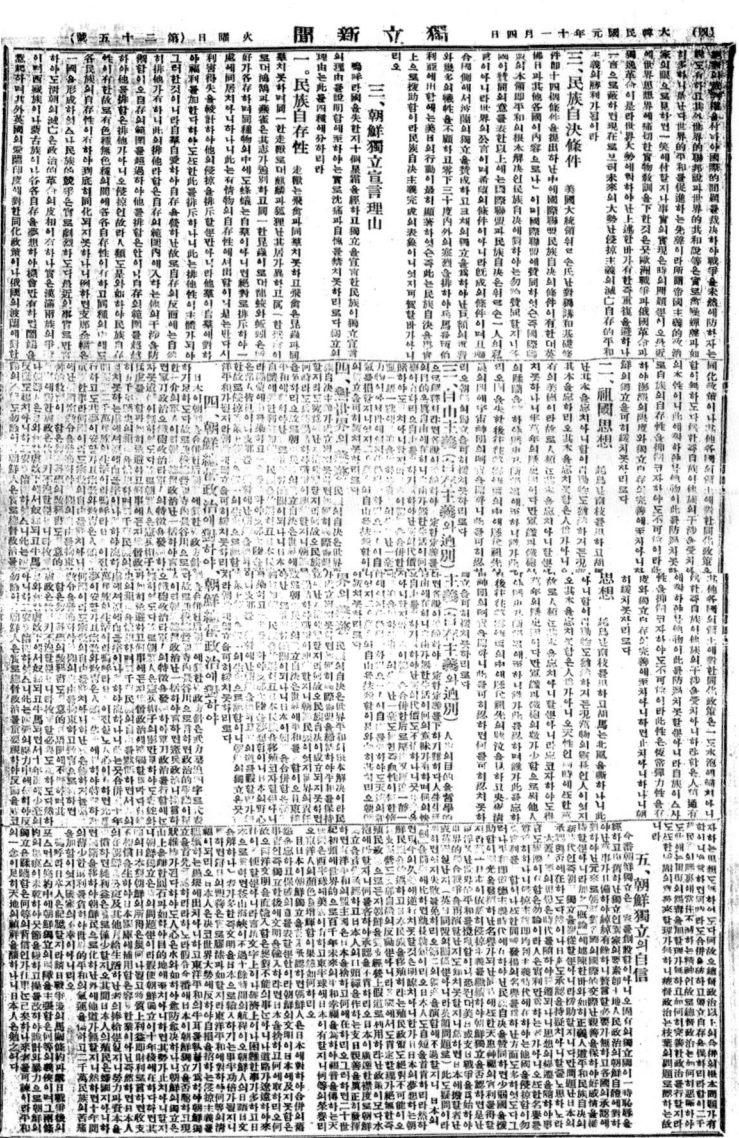

임시정부 기관지인 『독립신문』 25호(1919. 11. 4)에는 「조선독립에 대한 감상의 대요」라는 제목으로 수록되어 독립운동가들의 민족의식을 고취케 하였다.

고로 위압적 평화는 굴욕이 될뿐이니 진(眞) 자유는 반드시 평화를 보(保)하고, 진(眞) 평화는 반드시 자유를 반(伴)할지라. 자유여, 평화여, 전인류의 요구(要求)일지로다.

한용운은 「조선독립의 서」의 서론격인 위의 개론에서 자유가 인간과 만물의 생명임을 갈파하고, 자유가 유지되는 것이 평화임을 지적하였다. 여기에서 한용운은 한민족의 독립운동이 존립될 수 있는 사상적인 명분을 확고하게 구축하였다. 자유와 평화를 유지하기 위해서는 생명을 버리면서까지 싸우는 것이 인간의 권리이며, 의무라고 강조하며, 독립의 필연성을 뚜렷하게 피력했다.

한용운의 「조선독립의 서」는 그간 조선독립에 대한 감상, 조선독립감상의 대요, 조선독립 이유서, 독립 이유서, 3·1독립선언 이유서, 3·1독립 이유 답변서, 독립 이유서 등으로도 불렸다. 당시 그 글을 읽은 일본 검사도 한용운의 탁월한 인격과 고매한 사상에 감복하고 경의를 표하였다. 해방 전, 한용운의 거처인 심우장에서 한용운을 잠시 만났던 시인 조지훈은 한용운을 혁명가, 선승, 시인의 일체화로 평가하였다. 조지훈의 한용운에 대한 이러한 평가는 한용운 연구사에 고전이 되었다. 조지훈은 한용운의 「조선독립의 서」를 우리가 많이 알고 있는 최남선의 독립선언문보다 문장과 내용에서 한 발 앞섰던 글이라고 평가하였다.

바로 이 같은 독립운동사, 3·1운동사에 영원히 빛날 「조선독립의 서」를 빛을 보게 한 숨은 공로자가 바로 춘성이었다. 춘성의 열렬한 시봉과 한용운에게 배운 춘성의 독립정신이 없었다면 「조선독립의 서」는 역사의 무대에서 사라졌을 것이다. 여기에서 역사의 조연자, 역사의 무대에서 빛을 보지 못하고 생을 마감한 수많은 무명인에 대한 복권 및 재평가도 후세를 사는 우리들의 몫이 아닌가 하는 생각을 해 본다.

# 저자거리에서 사자후를 하다

서대문 감옥에서 춘성에게 독립정신을 일깨워 준 한용운이 차디 찬 일제의 감옥에서 출옥한 것은 1921년 12월 21일이었다. 출옥하는 그날, 춘성은 감옥의 입구에서 은사인 한용운을 맞이하였다. 당시 한용운을 보러온 인파가 제법 모여 있었다. 그 중에는 먼저 출옥한 민족대표도 있었고, 한용운이 민족대표로 서명을 요구하였으나 거절한 사회의 저명 인사도 있었다. 한용운이 감옥 문을 나오자 그들은 한용운에게 다가와서 고생하였다는 위로의 말을 건넸다. 그렇지만 한용운은 그들이 내미는 손을 매정하게 거절하였다. 그리고는 그들의 얼굴을 쳐다보면서 말하였다.

"그대들은 남을 마중할 줄을 아는 모양인데, 왜 남에게 마중을 받을 줄은 모르는가?"

춘성과 함께 한용운은 유점사 경성 포교당으로 갔다. 한용운은 출옥 후 찾아온『동아일보』기자가 근황을 묻자, 창백한 얼굴이지만 침착한 어조로 답하였다.

"저 자신의 옥중 생활은 고통 속에서 쾌락을 얻고, 지옥속에서 극락을 구한다는 말을 확실히 알게 된 것이 모든 것을 다 말해 줍니다. 저는 이를 감옥 안에서 직접 체험으로 깨달았소이다. 앞으로는 불교를 위하여 일할 계획이니 그리 아시기 바랍니다."

얼마 후 유점사 포교당에서 선학원으로 거처를 옮긴 한용운은 불교만을 위한 일에 전념할 수는 없었다. 그러나 그는 그 자신이 불교계 출신이기에 불교의 유신과 개혁을 위한 일부터 착수하였다. 한용운이 출옥 후 먼저 착수한 것은 그가 감옥에 수감되었을 때 건립된 선학원(禪學院) 사업의 동참하는 일이었다. 서울 종로구 안국동 40번지에 위치한 선학원은 1921년 11월 30일에 준공되었다. 그리고 선학원을 거점으로 1922년 3월 30일에는 수좌들의 조직체인 '선우공제회(禪友共濟會)'가 결성되었다. 선학원은 일제 식민통치, 일본불교의 침투로 한국의 전통적인 선불교가 무너지는 것을 염려한 승려들의 치열한 현실인식에서 가시화되었다. 송만공, 백용성, 김남전, 강도봉, 오성월, 백학명 등 그들은 민족불교 지향을 꿈꾸던 인사들이었다. 그들 중 일부는 한용운과 함께 임제종 운동에 참여하였으며, 임제종 산물로 나온 선종 중앙포교당에서 이들은 항일적인 승려들이었다. 때문에 선학원은 항일적인 승려들의 연락사무소 혹은 항일불교의 중심처였다.

한용운의 옥중 감상, 「지옥에서 극락을 구하라」, 「동아일보」(1921. 12. 14). 한용운은 수감되어 있었지만, 일제와 타협하지 않고 처절한 수행을 하였다.

선학원이 건립되자, 그

선우공제회(禪友共濟會) 취지서. 한용운과 춘성은 선우공제회 발기인이었는데, 공제회는 한국불교의 전통을 수호하고 자립적 수행을 추구한 수좌의 모임이었다.

것을 배경으로 자주적, 선동석인 참선으로 수행하는 선방 수좌들의 친목을 도모하는 조직체가 등장하였으니 그것이 바로 '선우공제회'였다. 한용운은 공제회를 발기한 수좌 79명의 일원으로 동참하였으며, 총회에 참석하면서 자신이 할 일을 모색하였다. 그러나 한용운은 선학원의 사업에 주도적으로 참여하지는 않았다. 그 공제회에 관여된 사실은 1924년 총회 때에 임시의장으로 활동한 것과 수도부 이사로 선출되었다는 내용 정도이다. 한용운과 선학원과의 연관은 선학원이 한용운의 1920년대 주 거주처였다는 점이다. 그런데 바로 선우공제회의 발기인으로 춘성이 참여하였음이 선우공제회 취지서에 부속된 발기인 명단에 나온다. 추정하건대 은사인 한용운이 참여하게 되자, 춘성도 시봉하면서 자연스럽게 동참한 것이 아닌가 한다. 그러나 선우공제회가 출범한 이후, 1920년대 중반에는 춘성이 활동하였음을 보여주는 기록은 전하지 않는다. 그렇지만 수좌로 활동하기 시작한 이후의 춘성에게도 선학원은 빼놓을 수 없는 곳이 되었다.

이렇게 한용운이 선학원에 정착하게 되자, 춘성은 더 이상 한용운의 곁에 있을 필요가 없었다. 그 무렵에 신흥사 주지 소임을 보고 있었기 때문에 선학원에 머물 이유도 없었다. 지금은 신흥사가 조계종 제 3교구 본사 사찰이고, 1년 내내 등산객이 몰려 오는 관광사찰이었지만, 당시는 건봉사의 말사로서 설악산 오지의 궁벽한 사찰이었다. 당시 춘성은 속납이 32세, 법납이 20세나 되었던 청년 학승이었다. 그런데 춘성이 신흥사 주지 소임을 보았다는 구전의 이야기만 전해 오지 언제부터, 언제까지 주지로 근무하였다는 문헌적인 기록은 찾지를 못하였다. 때문에 신흥사 주지 시절의 춘성의 활동에 대해서도 전하는 것이 거의 없다.

한편, 1920년대 초기 춘성이 '조선불교청년회' 발기인이었다는 내용이 『조선불교총보』 22호(1921. 1)에 나온다. 이 기록에는 조선불교청년회 발기인 60명의 명단이 가나다 순으로 전하는데, 그 가운데에서 이춘성의 이름을 찾을 수 있다. 춘성이 조선불교청년회 발기인이었다는 것은, 그가 한용운의 불교개혁 정신, 독립정신을 계승하였다는 측면에서 간과할 수 없는 중요한 사실이다.

조선불교청년회는 동국대 전신인 중앙학림에서 1920년 6월 15일에 발기총회를 갖고, 조계사의 전신인 각황사에서 승려 및 재가 불교청년 100여 명이 참가한 가운데 동년 6월

조선불교청년회 발기인 명단. 춘성도 발기인으로 나오는데, 청년회는 항일불교 활동을 전개하였다.

20일의 창립총회를 통해 출범하였다. 조선불교청년회는 근대기 중앙차원의 불교청년회의 효시이다. 청년회는 불교개혁과 불교발전을 기하기 위한 다양한 활동을 하였다. 청년회는 토론회, 강연회, 운동 경기, 지방 순회 강연 등을 전개하면서 교단 개신활동을 정력적으로 추진하였다.

그래서 청년회에서는 1921년 1월 30본산 주지총회에 8개 항의 불교유신의 내용을 건의하였다. 그 유신의 핵심은 조선불교는 만사를 공의(公議)로 처리, 30본산 연합제규의 수정, 사찰 재정의 통일, 불교교육의 주의와 제도의 혁신, 포교방법 개신, 서울에 포교원의 설립, 의식 개선, 인쇄소 설립 등이었다. 이런 건의를 한 이후 청년회에서는 그 여세를 몰아 사찰령 철폐운동을 전개하였다. 이는 일제의 불교정책을 정면으로 부정하고 한국불교의 자주성을 구현하려는 움직임이었다. 청년회는 이와 같은 불교혁신을 강력하게 추진하기 위해 '조선불교유신회'라는 별동대 조직체까지 만들었다. 청년 승려들은 전국을 돌며 사찰령 철폐에 대한 동의를 받아냈거니와 그 수가 무려 2,284명에 달하였다.

선학원 전경. 선학원은 일제하 식민지 불교 체제에 저항한 수좌 스님의 본부였는데, 한용운과 춘성은 이곳에서 거주하였다.

춘성이 조선불교청년회에서 행한 구체적인 활동은 알 수 없다. 이렇듯이 춘성이 발기인으로 참여한 것은 그가 한용운을 시봉하기 위해 서울로 올라와 서대문 감옥에서 옥바라지를 하던 시절에 항일 승려들과의 잦은 교류에서 나온 것으로 보인다. 추정하건대 춘성은 발기인으로 참여하였을 뿐, 한용운의 옥바라지에 전념을 하였던 사정, 그리고 신흥사 주지 소임으로 인해 깊은 개입은 없었던 것 같다.

그러나 은사인 한용운의 심신이 피곤해지자, 1925년 춘성은 서울 선학원으로 올라가 자신의 절인 신흥사로 내려와서 쉬도록 권유하였다. 한용운도 3·1운동의 참가로 1918년 이래로 설악산의 백담사를 찾지 않았기에 상좌 춘성의 권유를 받아들였다. 한용운은 강릉을 경유하여 설악산으로 들어갔다. 설악산 입구의 물치에 도착한 한용운은 동해의 푸르른 바다를 한없이 응시하였다. 한용운은 그 바닷물의 짠 내음을 마음껏 들이마시면서 지친 마음을 달래었다. 그때 춘성은 신흥사 대중들과 함께 한용운을 환영하고 신흥사로 안내하기 위해 물치 삼거리까지 마중 나갔다. 춘성은 스승을 위해 조랑말을 준비했다. 한용운을 조랑말 위에 태운 춘성은 대중들과 함께 만세, 만세를 외쳤다.

물치 삼거리에서 신흥사까지는 20여 리가 된다. 그 길을 대중들과 함께 걸어 온 춘성은 한용운을 신흥사 뒷편의 안양암에 머물게 하였다. 한편, 안양암에는 춘성 말고도 한용운을 정성껏 시봉하였던 속가의 보살이 머물면서 한용운을 돌보았다. 춘성은 주지 소임으로 인해 지속적으로 한용운을 시봉할 형편이 아니었기 때문이다. 그 보살은 한용운의 공식적인 역사에서는 누락되었지만, 한용운의 야사에는 단골손님처럼 등장하는 여연화(如蓮花) 보살이다. 여연화 보살은 한용운이 건봉사에서 수행할 때 우연한 기회로 한용운과 인연을 맺은 사이로 전해진 여연화는 멀리서, 혹은 가까이서 한용운을 후원해 왔다. 여연화는 속초지방 선주의 미망인이다. 경제적 여유가 있어서

춘성이 한용운을 시봉했던 신흥사의 안양암(1950년대 전경).

한용운이 『불교대전』을 출간할 때에는 재정적 뒷받침을 하였다. 한용운이 3·1운동으로 옥에 수감되었을 때에도 찾아 간 적이 있고, 출옥 후 선학원에 머물 때에도 왕래를 하였다. 이런 인연을 갖고 있는 여연화였기 때문에 한용운의 상좌인 춘성과는 잘 알고 지내는 사이였다. 선학원에 머물던 수좌들이 수군 수군 하였던 바로 그 여인이었다. 그래서 춘성은 여연화에게 한용운에 대한 모든 것을 맡겼다. 간혹 한용운의 「님의 침묵」에 나오는 님의 대상으로 여연화가 지적되는 것도 그 때문이다.

안양암에서 한 달간 머물던 한용운은 피로를 풀고 심신을 달래고서는 이내 짐을 챙겨 백담사로 향했다. 한용운이 안양암에 머물자 일제의 형사들이 자주 와서 감시를 하고 그것을 불편하게 여긴 한용운의 심정 변화도 작용하였다. 그 당시 신흥사에서 10여 리 떨어진 곳이 도천면 면소재지였는데, 그곳에 있는 일제의 경찰 주재소 형사들이 한용운의 모든 행동을 예의주시하였다.

춘성과 여연화는 한용운을 시봉하여 이제는 백담사로 가게 되었다. 그런데 백담사는 1915년의 화재의 여파로 불사가 완결되지 않아 예전과는 다른 어수선한 분위기였다. 그래서 춘성은 한용운을 모시고 오세암으로 올라 갔다. 춘성은 신흥사 주지 소임으로 인해 오랫동안 오세암에 머물 수가 없었다. 이번에도 춘성은 한용운의 시봉을 여연화에게 맡기고 자신은 신흥사로 내려 갔다. 오세암에서 여연화가 한용운을 시봉하였던 것은 춘성이 고은에게 이야기한 내용에서도 확인이 된다.

> 첫여름의 오세암에서 십현주해(十玄註解)에 열중하고 있을 때 여연화 보살의 시봉은 극진했어. 그런가 하면 가을 한철을 백담사에서 계실 적에도 그 보살은 거의 백담사 객실에서 살다시피 했지.

춘성은 한용운에 대한 모든 것을 여연화에게 맡기고서야 자신의 일을 찾을 수 있었다. 한용운이 임제종운동의 참가를 위해 백담사를 떠날 때 춘성은 석왕사 강원으로 가서 자신의 공부를 한 것처럼, 이번에는 한용운을 여연화에게 위임하고 자신의 정체성을 고뇌하였다. 그 고뇌는 한용운으로부터의 독립이었다. 한용운의 영향을 완전 배제하지는 못하겠지만 자신이 승려로서 1920년대 중반기의 불교라는 무대에서 진정으로 해야 일이 무엇인가를 찾아내는 것이었다.

이렇게 춘성은 신흥사와 산내 암자인 안양암에 그의 자취를 남겼다. 필자는 이 사정을 더 확인하기 위하여 그에 연관된 문헌자료를 찾았다. 그러나 그에 적절한 자료는 보지 못하였다. 그런데 선우도량, 한국불교 근·현대사 연구회에서 실무 작업을 하여 조계종 총무원이 2001년에 발간한 『일제시대 불교정책과 현황, 조선총독부 불교관련 자료집』 상권, 497쪽에는 1925년 1월 21일자로 신흥사의 산내 암자인 내원암, 계조암, 안양암의 주지로 이창림(李昌林)이 취직 인가되었다고 전한다. 이창림은 춘성의 속명이다. 지금도 그렇지만 예전의 주지 발령은 승려들의 속명으로 관보에 게재한다. 요컨대 춘성이 1925년부터 3년간 위 세 암자의 주지로 근무하였다는 것이다. 그런데 그 자료집에서 더 이상의 춘성과 관련된 자료는 찾아내지 못하였다.

그렇지만 『불교지』 42호(1928. 1)에 신흥사 주지선거 결과를 전하는 기사에 춘성이 나오는 것을 유의해야만 된다. 춘성은 1927년 9월 25일에 개최된 주지선거에서 총 득표수 21표에서 8표를 얻어 2위에 머물렀다. 추후에는 이런 문헌기록과 구전의 내용을 아우르는 설명을 해야 한다. 이 점은 후일을 기다릴 수밖에 없다.

그리고 1925년에 춘성이 석왕사 주지를 하였다는 행장이 있다. 이 행장은 춘성의 입적 당시 불교계의 유일한 주간신문인 대한불교에 나온 내용이다. 춘성이 석왕사 주지를 하였다는 기록을 필자는 아직까지 확인하지 못하였다. 춘성을 지근거리에서 만난 승려들은 이런 내용을 춘성에게서 들었다고 증언했다. 반면 10여 년간 춘성의 회상인 망월사에서 수행한 수좌인 대선은 그런 말을 춘성에게서 듣지 못하였다고 필자에게 털어 놓았다.

춘성은 백담사에서 출가하였고, 백담사 본사는 건봉사였다. 때문에 춘성의 출신 본사가 아닌, 31본사의 하나로 사격이 있는 석왕사 주지를 30대 중반의 춘성이 할 수 있었을까? 하는 의구심을 배제할 수 없다. 그러나 이에 대한 단정은 유보하고, 춘성의 행적을 좇아가 보자.

춘성은 그 무렵 자신이 가야할 길을 구체적으로 모색하여 불교의 진리를 다시 한번 점검하려는 생각을 품었다. 그는 신흥사의 본사인 건봉사 강원의 특별 과정에서 『능엄경』, 『기신론』을 재수강하였다. 재발심에서 우러나온 곡진한 공부는 세상, 불교, 사찰, 중생을 다시 볼 수 있는 기회를 제공하였다. 춘성은 재발심과 재공부를 통하여 불교의 본질을 더욱 되새겼고, 은사 한용운이 평소 주장한 대중불교의 본질도 이해할 수 있었다. 한용운은 『조선불

『교유신론』 발간 이후 불교가 나가야 할 노선이자 이념을 대중불교(大衆佛敎)에서 찾았다. 한용운이 주장하는 대중불교는 조선후기 불교의 모순을 극복하고 불법의 근원으로 바로 들어가기 위해서는 산중중심 불교에서 도회지 불교로, 승려중심 불교에서 대중이 중심이 되는 불교로 가야한다는 것이었다. 이 같은 한용운의 대중불교는 근대 사회의 중심에 불교를 정착시키려는 고뇌에 찬 대안이었다.

춘성은 자신부터라도 대중불교론의 취지에 걸맞는 일에 뛰어 들고 싶은 충동을 느꼈다. 그러한 기회가 갑자기 찾아 왔다. 조계사의 전신인 각황사에서 개최된 『법화경』 산림법회의 법사로 춘성이 나서게 된 것이다. 각황사는 조계사 인근 종로구청 뒤의 터에 1910년 10월에 세워졌다. 당시로서는 서울 4대문 안의 유일한 사찰로서 불교계의 30본산연합사무소, 불교계 출판사, 유관 단체들이 입주해 있었다. 그래서 중앙불교를 상징하는 절이면서 각황교당, 중앙포교당으로 불리웠다.

이 각황사가 1927년에 약간의 변동을 겪게 되었다. 당시 불교계는 천도교가 운영하던 현재 조계사 자리에 있었던 보성고등보통학교를 1924년에 인수하였다. 그래서 불교 교단은 보성고보의 교사를 혜화동에 새로 건설하여 이전시키고, 그 보성고보 교사를 교단 사무실로 활용하였다. 1927년 5월 경, 보성고보 학교 건물을 교단 사무실로 주로 쓰게 되자, 기존 각황사는 순수한 사찰로 신행 위주로 운영하게 되었다. 이에 교단에서는 각황사를 포교 중심의 사찰로 전

춘성과 함께 『법화경』 강사로 활동한 백초월. 항일 승려로 1944년 청주교도소에서 순국했다.

환시키면서 그 기념으로 각황사에 중앙선원을 두게 되었다. 이런 배경에서 당시 수좌계의 거물인 내장사의 백학명 선사를 각황선원의 회주로 초빙하였다.

각황사가 참선 수행도량으로 변모하면서, 1927년 음력 5월 1일부터 1주일간 『법화경』 법회가 각황사에서 개최되었다. 이 법회에 참여한 법사는 백학명, 백용성, 백초월, 이춘성, 이화담, 송병기 등 당시 서울 장안의 '6대법사'로 소문난 승려들이었다. 백학명과 백용성은 한국 근대 불교를 대표하는 선지식으로 선·교의 양분야에서 타의 추종을 불허한다는 대종장이었다. 백초월은 강백으로 명망을 떨쳐 중앙학림의 초대 강사로 1914년에 내정되었으나 사양하였고, 청년 학승시절에 이미 지리산 영은사 조실을 역임한 인물이었다. 그는 한용운이 옥중에 수감되자 한용운을 대신해 청년 승려들을 규합하고 불교계 항일운동을 주도한 승려였다. 송병기는 범어사 출신 소장파 승려로 포교분야에서 새롭게 떠오르던 신진 포교사이었다. 춘성은 쟁쟁한 승려들과 함께 『법화경』을 대중들에게 강의하는 법사로 나섰다. 이는 춘성의 경학실력이 당시에 널리 알려진 것에서 가능한 것이었다. 그렇지만 춘성이 법사로 등장하게 된 결정적인 뒷사정을 알 수 없는 것이 안타깝기만 하다.

이 같은 내용은 『불교』지 34호(1927. 4)의 「각황사 교당을 선원으로 결정」에서 찾을 수 있다. 그리고 내장사에서 백학명을 안내하여 서울로 올라오고, 각황선원에서 참선을 하였던 이근우(동광)의 회고록, 『버린 후엔 어느 곳을 향하는가?』(적선사출판부, 1987)의 「최초 법화산림 설교 및 학명 춘성 선사와의 선담(禪談)」에도 자세히 나온다. 여기에 실린 백학명과 춘성과의 선담이 필자의 시선을 이끌었다. 하루는 각황선원 조실인 백학명의 발의로 춘성과 이근우가 함께 한강철교로 산보를 나갔다. 이근우가 맨앞에서 가고, 다음으로 백학명과 춘성이 뒤를 따라 일렬로 걸어갔다. 그렇게 걸어 가다가, 춘성이 백학명에게 다음과 같이 물었다.

"이 한강 철교에 운무(雲霧)가 꽉 끼어서 소를 잊어 버렸는데 어찌해야 그 소를 찾겠습니까?"

이에 대하여 백학명은
"땅을 인하여 거꾸러진 사람은 땅을 인하여야 일어나느니라."라고 답하였다. 그러나 이 대답에 흡족하지 않은 춘성은 몇 걸음 앞서가던 백학명에게

"여기 법문 났소!"

그러나 백학명은 알면서도 모른 척하며

"무슨 법문이오?"

이번에도 춘성은

"여기 한강 철교에 운무가 꽉 끼어서 소를 잊어 버렸는데 어찌 해야 소를 찾겠소?"

다시 목소리를 높여 질문하였다.
그러자 백학명은 걸음을 늦추고 춘성이 다가오기를 기다렸다가 갑자기 획 돌아서며 춘성의 코를 꽉 잡아 비틀면서 큰 소리로

"이랴! 이 놈의 소야!"

하며 앞으로 달아났다. 춘성은 코가 얼마나 아팠던지 코를 두 손으로 감싸며

"아 – 야."

춘성은 고통이 지나간 뒤에 달아나는 백학명에게

"이 소 찾은 놈아!"

라고 백학명은 크게 웃으며

"이 놈의 소야! 왜 부르노?"

학명선사는 자신과 춘성과의 고성(高聲) 문답과 정에서 자신의 대답이 시원치 않았음을 느꼈던지 되돌아 오는 길에 아무 말도 하지 않았다. 이를 지켜 본 이근우는 백학명이 기운이 빠져 보였다고 전하였다. 그후 선방에서는 이 법문이 소리 없이 나돌았다.

춘성이 각황선원에서 『법화경』 법사로 나섰고, 조실인 백학명과 법거량을 할 정도로 이제 춘성이 중앙 불교계 무대에 공식적으로 데뷔를 하였다. 여기에서는 한용운의 그림자를 찾을 수 없다. 아직은 교학 분야에서의 활동이었지만, 그 저변에는 거칠고 당당한 선적인 분위기가 깔려 있었다.

그후 춘성은 한용운과 함께 3·1운동의 민족대표로 활동한 백용성의 『화엄경』 번역 불사 회향 작업에 동참했다. 백용성은 한용운보다 속세 나이가 15살이나 많은 승려로 근대 한국불교를 대표하는 고승이었다. 그는 해인사에서 출가한 이래 다양한 수행을 통하여 깨달음을 겪고, 1911년에 서울에 올라와 도

회지 선포교에 매진한 근대 포교의 개척자였다. 1912년부터는 서울 인사동에 세워진 임제종운동의 중심지인 중앙포교당의 개교사장(開敎師長)으로 활동하였다. 한용운은 그 포교당의 설립, 운영을 책임진 총무였기에 백용성과는 밀접한 사이였다. 백용성은 1915년부터 종로3가에 포교당을 세우고 독자적으로 불교 포교에 전념하였다. 한용운의 3·1운동 동참 권유를 받고 민족대표로 활동했다가 일제에 체포되어 2년 여의 옥고를 치렀다.

서대문 감옥에 구속될 때의 백용성 모습. 용성은 3·1운동 민족대표였으며, 불교개혁, 역경불교 등 다양한 활동을 했다. 춘성은 용성의 회상인 대각사에서 용성에게 배웠다.

　백용성은 감옥에서 개신교와 천도교 교인들의 간단한 우리말 경전을 보고 큰 충격을 받았다. 그래서 그는 출옥을 하게 되면 한문으로 되어 있는 불교 경전을 민중들이 읽을 수 있는 책으로 만들어 보급하겠다고 마음을 단단히 먹었다. 역경사업에 전념하여 불교를 새롭게 하는 일을 하겠다는 결심을 하였다. 출옥한 백용성은 역경사업을 추진하는 단체인 '삼장역회(三藏譯會)'를 조직하여 금강경을 비롯한 십여 권을 번역하여 출간했다. 역경 사업을 추진하는 승려가 한 명도 없을 때에 그의 고뇌, 그의 사업은 그 시대 불교의 빛이라는 이름을 받기에 충분하였다. 백용성의 역경사업은 불교를 혁신하고, 불교를 새롭게 하여 민중들에게 다가 가려는 커다란 구도에서 나온 것이다. 백용성은 역경 이외에도 다양한 방안을 강구하고 실천에 옮겼다. 1925년 망월사에서 전개한 만일(萬日) 참선 결사회, 1926년부터 본격화 한 선농불교(禪農佛敎)는 백용성이 표방한 대각교(大覺敎)라는 이상적인 불교개혁 프로그램에서 나온 것이다.

백용성은 대승불교의 최고, 최대의 경전으로 불리우는 『화엄경』을 번역하는 쾌거를 이루었다. 또한 1926년부터 약 2년만에 『화엄경』을 번역하고, 12권의 『조선글 화엄경』 출판까지 마감한 것은 1928년 3월이었다. 이는 한국 근·현대 역경사에서 기념비적인 역사로 불러도 손색이 없는 일이었다. 지일생(之一生)이라는 승려는 『불교』 43호에 기고한 「조선글 화엄경을 보고」라는 글에서 화엄경 번역 불사의 개요를 소개하고 역경 완료에 대한 공로를 치하하면서 자신의 입장을 개진하였다.

> 최후로 조선불교를 위하여 조선사회를 위하여 조선민족을 위하여 용성화상을 축하하노니 조선불교계에 용성화상 일인(一人)이 있는 것을 축하함이 아니라. 이어서 제2, 제3 내지 무수한 용성과 같은 승려가 세상에 나타나기를 축하하노라.

백용성은 그의 대작 불사를 마무리하면서, 『화엄경』 사상의 진수를 승려와 민중들에게 알리는 『화엄경』 강의회를 개최하였다. 그 강의회는 1928년 2월 20일부터 3월 17일까지 서울 종로3가, 봉익동 2번지의 대각교당에서 있었다. 바로 그 강의회에서 『화엄경』을 일반 대중에게 강의 한 강사 중 한 명이 바로 춘성이었다. 그 관련 기록을 『불교』 48호(1928. 6)의 「조선글 화엄경 강의회」 기사 전문을 보자.

> 경성부 봉익동 2번지 대각교당(大覺敎堂) 백용성 노사(老師)의 조직인 삼장역회(三藏譯會)에서는 종래에 기다(幾多)의 경전을 역출(譯出)하였으며, 화엄대경을 순조선문으로 역출하는 것은 일반이 소지(부知)하는 바인데, 음(陰) 2월 20일부터 동 3월 17일까지 해(該) 교당에 '조선글 화엄경 강의회'

를 개최하고 강사(講師) 백용성(白龍城)·이춘성(李春城)·이근우(李根雨) 삼사(三師)의 강의와 강연으로 일반 청중은 미증유를 득(得)하였으며, 그 회향(回向) 즉 3월 17일야(日夜)에는 해(該) 교당에는 일요학교 생도의 축하와 여흥까지 있었더라.

이렇게 춘성은 백용성이 주관하였던 『화엄경』 역경불사기념 강의회에 강사로 나섰다. 춘성은 어떤 연유로 화엄경 강의회의 강사로 나설 수 있었던 것일까? 이에 대한 기록과 구전은 없다. 필자는 이에 대하여 두 가지 측면에서 그를 설명한다.

춘성과 백용성과의 인연은 아무래도 3·1운동에서 찾아야 할 것이다. 3·1운동의 민족대표에 피선된 한용운과 백용성은 옥중에 함께 수감되었다. 그래서 춘성은 한용운의 옥바라지를 위해 서대문 감옥에 자주 드나들면서 자연스레 백용성에 대해서도 알게 되었다. 더욱이 백용성을 시봉하였던 백용성의 상좌인 수좌 하동산도 춘성과 같이 망월사에 머물고 있었던 점도 빼놓을 수 없다. 이렇게 춘성과 동산은 자신들의 은사들을 시봉하면서 독립정신을 익히면서 인간적으로도 돈독한 관계를 형성하였음은 어렵지 않게 이해할 수 있는 대목이다. 이런 과정에서 춘성은 백용성을 은사와 같은 큰스님으로 존경하게 되었을 것이다. 그런데 백용성은 출옥 후 역경에 전념하여 수권의 성과

백용성이 화엄경 전체를 한글로 번역한 것을 기념하는 강의회에 춘성이 강사로 참여한 사실을 전한, 『불교』 48호(1928. 6).

> 大覺日曜學校設立
>
> 京城府鳳翼洞二番地大覺教會內에는 去四月十五日부터 大覺日曜學校를 設立하고 現在 男女學生 八十餘人을 敎授하는데 顧問은 白龍城, 李仁枓, 李萬升, 高鳳雲, 崔昌雲, 校長은 李根雨, 敎師는 李春城, 安壽吉 諸氏이며 五月六日에 第一回學藝會가 지 開催하야 모니사(獨奏), 자수노래(獨唱), 동화(五色사심이), 유희(밝은달獨唱), 단쏘, 빼니쏘, 요슬, 연극 등을 觀衆의 喝采裡에 興行하엿다더라

춘성이 대각사(서울, 종로3가)의 일요학교에서 교사로 근무하였음을 전하는 기사. 『불교』 48호(1928. 6).

틈을 냈기에, 춘성도 이 소식을 알게 되었다. 그 당시 춘성은 강학에 관심이 지대하여 서울에 올라올 때이면 백용성의 거주 사찰인 서울 종로3가의 대각교당을 이따금 방문하여 문안인사를 하였을 가능성은 충분하다.

이런 배경이 있었기 때문에 백용성이 『화엄경』 역경이라는 대작불사를 마치고, 그를 기념하는 강의회에 자연스럽게 춘성이 동참할 수 있었을 것으로 본다. 그를 포함은 춘성이 『화엄경』을 강의할 수 있는 강학에 대한 실력이 대단하다는 것을 말해 준다. 이런 사정을 통하여 우리는 위에서 살핀 춘성의 강원 공부에 대한 신뢰를 갖는다. 즉 춘성은 1910년대에 석왕사 강원을 수료하였고, 1920년대 중후반에는 건봉사 강원 특별과정에서 일부 경전에 대한 철저한 재공부를 하였음을 확신케 한다. 한편, 춘성과 같이 『화엄경』 강사로 나선 이근우는 범어사 강원 출신의 학승으로 3·1운동 때에는 범어사 3·1운동의 주역으로 옥고를 치른 승려였다. 그는 출옥 후에는 제방 선원의 큰스님 회상에서 참선수행을 치열하게 하였던 동광수좌로 널리 알려

> **覺皇敎堂의 童話大會**
>
> 去二月二十七日午後七時부터 市內覺皇敎堂에서는 佛敎日曜學校主催로 佛敎童話大會를 연바 立錐의 地가업시 盛況을 이루엇다는데 演題及出演講師의 氏名은 左와 如하더라
>
> 開會辭  金昌基君
> 하수분맨돌  李春城氏
> 勇敢한짝크  李東淑女史
> 阿闍世大王의 悔心  金素荷氏

춘성이 지금의 조계사(각황교당)에서 열렸던 어린이 동화대회에서 강연을 하였다는 내용의 기사. 『불교』 69호(1930. 3).

진 승려이다. 그는 대각교당 간사회를 조직하여 자신이 총무로 활동하면서 백용성의 역경사업체인 삼장역회의 교정사로 근무하였다.

춘성에 대한 별칭이 화엄법사였으며, 『화엄경』을 거꾸로 외웠다는 저간의 구전이 나온 것은 위와 같은 백용성과 함께 한 강의회에서 비롯된 것이다. 춘성은 백용성의 대각교당의 『화엄경』 법사로 나서면서 백용성이 주관하는 어린이 법회의 교사로도 활동하였다. 이 내용은 『불교』 48호(1928. 6)의 「대각일요학교 설립」의

> 경성부 봉익동 2번지 대각교회(大覺敎會)내에는 거(去) 4월 15일부터 대각일요학교(大覺日曜學敎)를 설립하고 현재 남·녀 학생 80여 인을 교수(敎授)하는데 고문은 백용성 이인표, 이만승, 고봉운, 최창운, 교장은 이근우, 교사는 이춘성, 안수길 제씨(諸氏)이며, 5월 6일에 제1회 학예회까지 개최하여 하모니카(독주), 자수노래(독창), 동화(오색사심이), 유희(밝은 달 독

창), 댄스, 삐니쓰, 요술, 연극 등을 관중의 갈채리에 흥행 하였다더라.

이 내용에 의해 1928년 4~5월, 백용성의 대각교당이 주최한 대각 일요학교에서 춘성은 교사로 활동하였다는 것을 알 수 있다. 일요학교에서 춘성이 담당한 과목과 강의 내용은 전하지 않는다. 강원에서 불교 경전을 전문적으로 배우고 화엄법사로 나섰던 그가 어린이 포교의 일선에 나섰다는 자체가 파격이다. 춘성과 같이 교사로 활동한 안수길은 『북간도』의 작가로 유명한 소설가이다. 안수길은 간도 종합학교를 졸업하였으나, 함흥고보 2학년 때 일제 교육을 비판하는 동맹휴학을 주도하여 학교를 다닐 수 없었다. 그는 함흥고보를 자퇴하고, 서울로 올라와 경신학교에 편입하였다. 안수길은 경신학교 졸업 직후에 일요학교의 교사로 활동한 것으로 보인다. 춘성의 어린이 포교활동은 1930년 2월 27일, 불교일요학교의 주최로 각황교당에서 성황리에 열린 동화대회에서 「화수분 맷돌」이라는 주제의 강연을 하였다는 『불교』지 69호(1930. 3)의 보도 내용에서도 거듭 나온다.

춘성은 1920년대 중·후반을 그가 익힌 경전을 일반 대중들에게 간곡하게 일러주는 포교의 일선에 나섰다. 이는 그의 은사인 한용운의 대중불교를 실천에 옮겼던 행보였다. 30대 후반, 서울 장안을 떠들썩하게 그리고 쟁쟁하게 울리던 『법화경』, 『화엄경』의 법사가 어린이 포교에 나섰다는 것에서 춘성의 열정적인 실천성을 느낀다. 이러한 열정의 저변에는 춘성의 선적 취향이 깔려 있다. 그래서 춘성은 1920년대 후반에 가서는 한용운과 백용성의 그늘을 완전 벗어나 자신의 개성을 겸비한 법사와 포교사로 우뚝 섰다.

그럼에도 불구하고 1950년대 이후 한국 현대불교에서는 춘성을 수좌로, 무애도인으로만 기억할 뿐이었다. 춘성의 살불살조(殺佛殺祖)와 같은 직설, 거침 없었던 원색적인 언어에서 표출되는 측면만을 보았던 결과이다. 흔히 우리는 한용운의 상좌였기에 특별한 공부를 하였는가에 대하여 의문점을 가질 수 있다. 근대 불교사연구 개척에 일익을 담당하였던 박경훈은 한용운이 자신의 상좌인 춘성에게 글을 적극적으로 배우지 못하게 하였다는 소문과 한용운은 결혼을 했는데, 그의 제자인 춘성은 결혼을 하지 않고 청정 비구로 살았는가에 대한 의문을 갖고 있었다. 박경훈은 1960년대 초 환속하기 이전에는 정금오의 제자로 출가하여 승려 생활을 하던 1950년대 후반 조계사에서 이춘성을 만나 그 의문점을 물어 보았다. 당시 박경훈은 총무원장을 하던 정금오를 시봉하면서 조계사에서 머물고 있었다. 당시 그 시절에는 승려들이 서울에 오면 머물 곳이 마땅치 않아 조계사의 대웅전에서 잠을 자는 것이 예사였다. 승려들은 조계사 대웅전에서 방석 두세 개를 깔아 그 위에 눕고, 배 위에도 방석을 올려 놓고 잠을 잤다. 춘성도 60대 후반의 노년의 수좌였지만 조계사 대웅전에서 장좌불와를 하면서 참선으로 밤을 지새우곤 하였다. 물론 그때에도 방석 몇 개만이 춘성에게 필요하였다.

이 때 박경훈은 춘성과 함께 조계사 기둥에 허리를 대고 있었다. 때마침, 박경훈은 한용운이 행자 시절의 춘성에게 글공부를 적극적으로 하지 못하게 한 연유를 질문하였다. 춘성과 박경훈은 다음과 같이 대화를 하였다.

"그거야 내가 하기 싫어서지. 하지 말라고 하고 싶은 것 내가 안 하나."
"스님이 가지고 계신 『조선어 독본』을 빼앗았다고 들었는데요?"
"그렇게 하긴 했지. 어떤 궁녀가 나에게 글을 배우라고 책을 주었는데. 그것을 스님이 빼앗었지."
"그 때 무슨 말씀이 없었습니까?"
"어설픈 글은 왜놈의 앞잡이밖에 될 게 없다는 게야. 차라리 무식한 편이 왜놈 앞잡이도 피하고, 그 편이 낫다 이 말씀이야."
"글공부는 그렇다 하지만, 왜 장가드는 것은 막으셨습니까."
"우리 스님 말씀이 무식한 놈이 권속은 무슨 재주로 먹여 살리느냐 이거야. 당신도 권속을 못 먹였으니 옳은 말씀이야."

이런 대화를 하면서 박경훈은 한용운의 독단과 이율배반을 절실하게 느꼈다고 회고하였다. 그러나 필자는 이 정황을 정리하여『불광』지에 기고한 박경훈의 글「스님의 그늘」을 읽었지만, 춘성이 글공부를 안 하였다는 것에 대해서는 믿지 않았다. 오히려 자료를 찾다 보니 위에서 살핀 바와 같이 춘성이 경학에 조예가 깊었으며, 법사로 활동하였음을 알게 되었다. 추측하건대, 한용운이 춘성에게 글공부를 하지 말라고 하였던 것은 춘성이 행자로 백담사에 입산하였던 시절의 이야기일 것이다.

그리고 한용운은 승려 결혼의 자유를 강력히 주장하고, 자신은 그를 실천까지 하였지만 당신의 상좌에게는 청정 비구로 살도록 하였다.『한용운평전』(민음사, 1975)을 펴낸 고은은 그 집필을 위한 자료수집을 하면서 춘성을 만났는데, 이와 관련해 다음과 같은 증언을 전했다. 한용운은 춘성에게 중노릇을 잘하라는 말을 하였다는 것이다.

> 내 중노릇은 세인들이 대승이니, 뭐니, 보살이니, 나한이니, 말하고 있으나 중노릇이라고 할 수 없다. 돌아 보건대 증상만(增上慢)으로 가득한 업로(業路)였구나. 부디 임자나 중노릇 잘해라. 중노릇은 나나 만공한테 배우지 말고 심산의 무명화, 심산의 이름없는 계행납자(戒行衲子)한테 가서 배우도록 해라. 부디 중노릇 잘해라!

자신의 중노릇은 내세울 것이 없다는 솔직담백의 고백이다. 나아가서 결혼생활에 대한 회의도 깃들어 있는 것으로 보인다. 자신은 실패한 중노릇이지만, 제자에게는 좋은 중노릇을 해야 한다는 간곡한 권유를 하였다. 좋은 중노릇을 하려면 글공부는 어느 정도는 해야 한다. 그러나 춘성은 기본적인 글공부에서 한참을 더 지나 불교 교학에 정통하고, 실력있는 강사가 되었다.

  이로써 춘성은 한용운의 부탁을 수용하고, 그를 자신의 분발심으로 승화시켜 경학분야에 이름을 떨친 강사가 되었다. 한용운과 달리 청정 비구로서 한 평생을 살았다. 그러면서 그는 자신의 정체성을 고민하였다. 그의 고민은 한용운, 백용성과는 또 다른 자신만의 길을 모색하는 것이었다.

# 달마는 왜 서쪽에서 왔는가

　춘성은 그의 나이 40세 무렵(1930)에 세상의 무상(無常)을 탄식하고 자신의 길을 찾아 서울을 떠났다. 승려로서의 자신은 무엇인가? 승려로서 무엇을 할 것인가? 춘성의 뇌리에는 끊임없이 상념이 떠올랐다. 그러나 그 상념을 춘성은 지울 수가 없었다. 아니 지워지지 않았다. 이에 춘성은 뭉개 구름처럼 일어났다 사라지는 상념을 그대로 두고 마냥 걷기 시작하였다. 춘성 그가 간 곳은 당대의 선승으로 이름이 높았던 만공의 회상인 덕숭산 수덕사 선방이었다.

　이춘성이 백용성과 한용운의 그늘을 벗어나서 만공으로 간 구체적인 연유에 대해서는 알 수 없다. 이 점에 대해 깊은 궁리를 하던 필자는 2007년 11월 23일 대각사에서 개최된 「백용성 조사의 전법과 대각사의 어제와 오늘, 그리고 나아갈 길」이라는 학술 세미나에 참가하게 되었다. 그 세미나에서 용성 사상의 계승을 고민하는 용성문도인 학담은 「용성진종선사의 원돈율사상과 선율겸행의 선풍」이라는 논고를 발표하였다. 그날 세미나에서 필자는 용성 대각교 노선에 대한 발표를 하였는데, 학담의 발제문에 춘성이 만공에게 간 연유를 짐작할 수 있는 회고가 나와 순간적으로 놀라웠다. 그 내용은 학담이 1970년대 초반 대각사에서 춘성을 만나서 들은 것을 정리한 것이었다. 그 내용에는 백용성의 선율겸행이라는 용성 선풍에 대한 이야기 뿐만 아니라, 춘성이 만공 회상으로 간 연유의 단서가 나온다.

> 용성 스님은 늘 아침 방선이 끝나면 대중을 모아 놓고 『범망경』을 설했다. 나는 별로 율을 좋아 하지 않아서 별로 경을 듣지 않았는데, 용성 스님은 하루도 거르지 않고 경을 설하고 납자들에게 지계생활을 당부했다. 또 『능엄경』을 강설하시면서 그 가운데 50 변마장을 들어 보였다.
> 망월사에서 『능엄경』에서 보인 변마장을 설하고 있는데, 어떤 선객이 물었다. "스님은 어느 마에 떨어졌습니까?" 이에 용성 스님이 말없이 잠자코 계시자 나는 용성 스님이 양구하심을 답하지 못한 것이라 여기고 용성선사를 떠나 만공 선사께 갔다.

이러한 구술증언을 전하였던 학담은 춘성이 용성 회상을 떠나 만공 회상으로 간 것은 『범망경』, 『능엄경』을 강설하면서 변마장을 경계하는 용성 선풍과 춘성의 가풍이 서로 맞지 않아 간 것으로 이해하였다. 즉 춘성이 만공에게로 간 것은 용성선풍과는 다른 체질이 있었던 것으로 학담은 보았던 것이다. 간단히 말하면 춘성은 용성과는 맞지 않은 무엇인가가 있었다. 후일, 춘성은 이와 같은 그의 행보를 용성에게서 '낙심(落心)'을 한 것으로도 회고하면서 그 정황을 도반 수좌에게 고백하였다. 어떤 수좌는 큰 선지식이 잘 일러준 것을 춘성이 알아듣지 못하였다고 하였으며, 용성의 수법제자인 동광(태허)은 "나 같으면 묻는 사람의 모가지를 꽉 붙잡아 앉히면서 악! 하고 일갈(一喝)하여 다시 범하는 것을 용납지 않을 것이다."라고 하였다. 이에 대해 춘성 회상에서 10여 년간 수행하였던 대선은 춘성은 용성의 선지에서는 자신과의 합일점을 찾지 못하고 만공 회상으로 간 것으로 보았다. 그리고 학담은 용성에 있어서는 선과 교는 같은 것이고, 그것이 율로 나타나는 것으로 보았지만, 덕숭 가풍의 만공의 경우에는 선을 우선시하면서도 선을 따로 있는 것으로 보았는데, 이것이 용성과 만공 가풍의 분기점이라고 필자에게 조심스러운 입장을 개진하였다.

춘성의 발길은 충남 수덕사에 닿아 있었다. 수덕사로 간 것은 수덕사 산내암자인 정혜사(능인선원)에 주석하고 있었으며, 당대의 선승으로

근대기 선사로 유명한 만공 스님.
춘성은 만공을 법사로 모셨다.

명망이 높았던 송만공이 회상에서 참선 수행을 하기 위함이었다. 그 부렵 춘성의 행적에 관한 문헌적인 기록은 찾기가 쉽지 없다. 춘성의 비문에는 만공의 회상에 들어 달마가 서쪽에서 온 이유를 통해 견성에 이르는 화두(話頭)인 "달마는 왜 서쪽에서 왔는가?"를 참구하였다고 한다. 이 화두는 춘성 스스로 택한 화두였다. 처음으로 만공 화상에 가서 방부를 들이자, 송만공은 춘성에게 "그대는 너무 문자에 밝아서 화두를 줄 수 없다."라고 하였다. 충격을 받은 춘성은 자신이 갖고 다니던 경전을 모두 버리고, 그간 경학에 치우진 경지에서 이탈하여 내심자증(內心自證)에 몰두하기로 결심을 하였다. 춘성은 정혜사의 능인선원의 작은 방에 들어가 잠을 자지 않고 수행을 하였다.

참선에 매진하던 그 즈음, 만공이 춘성에게 "별전일구(別傳一句)가 재기처(在其處)요"라고 묻자, 춘성이 우레 같은 큰 소리로 한차례 '억!' 하고 소리를 질렀지만, 만공은 그를 인정하지 않았다. 이에 춘성은 더욱 재발심하여 정진을

하였다. 정혜사 선원의 작은 방에서 겨울철에도 불도 때지 않은 채 장좌불와를 하며 6년간이나 매섭게 정진하였다.

춘성이 정혜사 선원에서 언제까지 수행하였는 지를 전하는 문헌 기록은 아직 찾지를 못하였다. 현전하는 능인선원의 방함록에는 춘성의 이름이 전하지 않는다. 이를 보면 공식적인 안거 수행은 하지 않고 독자적으로 장좌불와 수행을 한 것으로 보인다. 1934년 12월 5일에 출범한 재단법인 조선불교 선리참구원(禪理參究院)의 이사회록과 1935년 3월 7~8일에 개최된 조선불교 선종 수좌대회(首座大會)의 회의록이다. 선리참구원은 1920년대 선학원의 정신을 계승한 법인체이다. 한국 정통 선의 수호를 위해 1921년에 설립된 '선학원'과 '선우공제회'는 1925년 무렵 퇴진하였다. 그러다가 1930년대 초반 송만공의 상좌인 김적음의 헌신적인 노력에 의거 재기하였다. 재기한 선학원은 선의 대중화와 토착화를 기하기 위해 노력을 기울였다. 선학원 계열 수좌들은 선학원의 안정은 경제적 자립에 있다고 보고, 1933년부터 재단법인체로의 전환을 강구하였다. 마침내 송만공, 오성월, 김적음, 김남전 등의 초대 이사신의 헌신에 힘입어 1934년 12월 5일에 총독부로부터 재단법인의 인가를 받았다.

이처럼 선학원의 재정적 기반을 공고히 하였던 수좌들은 그 여세를 몰아 1935년 3월 7~8일에는 선학원에서 '전국 수좌대회'를 개최하였다.

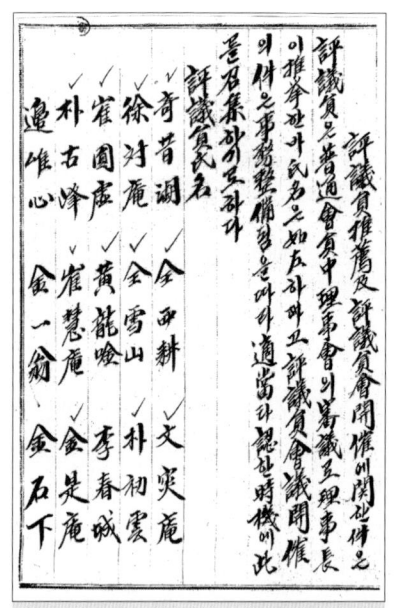

춘성이 수좌들을 보호하는 선리참구원의 평의원이었음을 전하는 선리참구원의 이사 회의록(1935).

수좌대회에 참석한 수행자들은 일본불교와의 차별을 강조하면서 한국불교의 역사적인 정통성은 선종에 있음을 인식하고, 조선불교 선종이라는 별도의 조직체를 등장시켰다. 선원과 수좌들은 중앙 차원에서 통제·관리하는 행정기관인 종무원도 출범시켰다. 나아가서는 선종의 종정으로 신혜월, 송만공, 방한암을 선출하고, 선종의 종헌인 종규를 비롯한 6종의 규약을 통과시켰다. 이로써 선방과 수좌 중심의 별도 종단이 등장하였다. 이러한 수좌들의 행보는 식민지 불교의 극복 혹은 전통 선 진작의 차원에서는 뜻깊은 일이었다.

이런 배경 하에 춘성의 활동을 알 수 있는 자료는 선리참구원의 제5회 이사회가 열린 1934년 12월 23일의 회의록이다. 이사회에서는 선리참구원의 시행세칙 기초위원과 수좌대회 준비위원을 선출하고, 고문과 찬성위원까지 선정하였다. 평의원도 추천하였는데, 그 대상자에 춘성이 포함되었다. 평의원은 보통회원 중에서 이사회의 심의와 이사장(만공)의 추천으로 결정하였다. 춘성이 그 대상자라 함은 수좌계에서 일정한 역할을 할 수 있을 정도로 명망이 있었다는 예증이다. 춘성은 평의원으로 3년간 근무하였다.

송만공 이사장이 추천하였다는 점에서는 정혜사 선원에서 수행하였던 춘성의 수행력을 송만공이 인정하였다는 단서로 볼 수 있다.

그러나 1938년 3월의 이사회

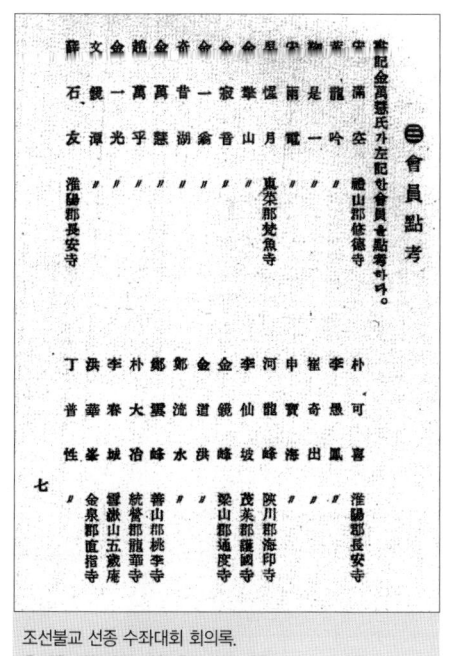

조선불교 선종 수좌대회 회의록.
춘성은 설악산 오세암 출신으로 나온다.

에서는 평의원으로 추천받지 못하여 동년 4월 8일부로 만기 해임되었다.

1935년 3월 7~8일, 선학원에서 개최된 수좌대회에 춘성도 참가하였다. 당시 각처의 선원별로 1~4명의 대표격인 수좌가 참가하였는데, 수좌 69명, 비구니 수좌 6명 등 총 75명이 참가하였다. 당시 회의록에는 춘성의 출신을 오세암이라고 전한다. 그렇다면 춘성은 1935년 3월 무렵에는 백담사로 돌아와서 선방이 있었던 오세암을 대표하여 대회에 참가한 것으로 보인다. 대회에서 춘성은 회원 심사위원으로 활동하였으며, 선의원(禪議員)으로도 선출되었다. 선의원은 전국 선원의 수좌를 대표하여 중앙의 선종과 종무원에서 활동할 수 있는 대표 수좌를 의미한다. 이런 내용을 종합할 때에 1935년 무렵의 춘성은 수좌계의 중견 수행자로 보아도 좋을 것이다. 그가 참여한 조선불교 선종 및 선리참구원의 식민지 불교의 극복, 전통 선의 부흥, 수좌의 정체성 정비라는 이념이 춘성의 현실인식의 테두리에 있었음도 은연중 짐작할 수 있는 대목이다. 1935년 하안거 수행의 기록을 전하고 있는 선학원

항일불교, 정통선의 수호 차원에서 선학원에서 열린 조선불교선종 수좌대회(1935. 3). 춘성도 참가하였는데, 만공은 선종의 종정으로, 춘성은 선의원으로 추대되었다.

춘성이 깨달음을 얻은 흥국사의 일주문. 춘성은 꿈속에서 만공을 만나, 깨침의 기연을 얻었다.

흥국사 대웅전에 있는 흥국사 현판. 대원군(이하응)의 글씨로 전해지고 있다.

방함록에는 이춘성이 하안거 수행에서 선덕으로 정진하였음이 나온다. 당시 조실은 만공이었고, 오성월, 설석우, 정운봉은 선덕이었으며, 강석주는 서기, 김적음은 화주이었다. 이를 미루어 보면 춘성 새롭게 출발한 선학원에서 만공과 함께 조선불교 선종 출범의 뜻을 다짐하는 차원에서 참선 수행을 한 것으로 보인다.

한편, 춘성은 1938년 3월 이후에는 만공 회상을 떠나 독자적으로 정진을 하기 위해 수행처를 옮긴 것으로 보인다. 비문에 "따로 자신의 삶을 설계하고 다시 정진을 하였다."라는 내용이 나오는 것은 이를 반영한다. 유점사에서 정진을 하였다는 저간의 이야기도 이런 내용에서 나온 것으로 보인다. 유점사에서 정진을 하던 춘성은 잠이 쏟아지자, 잠을 항복받기 위한 비상의 방안을 강구하였다. 그는 법당 뒤에 큰 항아리를 묻고, 물을 가득 채운 다음 밤마다 그 항아리에 들어가 머리만 내놓은 채 물에 잠겨 있었다. 그러나 그도 인간이기에 항아리 속에 있다가 몸이 굳어버려 죽기 직전까지 갔다가 비몽사몽간에 관세음보살이 놓아 준 금침을 맞고 기사회생하였다. 중도에 포기하지 않고 살을 에이는 고통과 추위를 이겨 내며, 항아리에서의 수행을 거듭한 춘성은 어느 날, 큰방에 들어오면서 대중들에게 "이제 방에 불을 지피거라."라고 말했다. 대중들은 눈이 휘둥그레지면서 항아리 수행을 포기

한 것이라는 눈길을 보냈다. 그러자 춘성은 대중들에게 "이제 잠은 항복받았다."라고 응대하였다. 그로부터 춘성은 자고 싶으면 자고, 자고 싶지 않으면 깨어 있는 자유의 모습을 보여 주었다. 춘성은 그의 본색을 드러내기 시작하였다. 서서히 그의 존재의 색깔을 드러낼 단계에 접하였다.

나이 50세 춘성의 발길은 양주 흥국사로 향했다. 그는 흥국사에서 여름 안거를 나다가 문득 꿈속에서 만공이 연꽃을 들어 보이는 것을 보고서 교외별전의 한 구절을 툭! 트이게 깨달았다. 잠에서 깬 그는 내면의 목소리를 노래하였다. 깨달음의 게송이었다.

  연화장(蓮花藏) 세계 속에 온몸이 차가웁고
  대천사계(大千沙界)가 나의 몸일레라
  어떤 사람이 나에게 별전구(別傳句)를 묻는다면
  바로 비로신(毘盧身)이라 답하리라

춘성은 이렇게 자신의 경지를 드러내고 얼마 후 만난 만공에게 자신의 게송을 전하였다. 그러자 만공은 이를 보고 말없이 듣고서 잠시 앉았다가 자신의 방으로 들어갔다. 춘성이 이렇게 꿈속에서 만공을 만나고, 그로 인해 견성(見性)을 한 것에서 그가 법사로 모시고 있던 만공에 대한 절절한 사모의 정을 짐작케 한다. 그 이야기를 춘성에게 직접 들었던 대선은 그를 다음과 같은 내용이었다고 한다.

꿈속에서 춘성이 만공에게 주먹을 내밀었더니 만공은 "그게 아니다 다시 일러라."라고 하였다. 그렇지만 춘성은 다시 주먹을 내밀었다. 그래도 만공은 그게 아니라고 하였다. 세 번째 주먹을 내밀었다. 그랬더니 만공은 춘성에게 꽃 한다발을 전해 주고 이내 자신의 길로 가버렸다. 이 꿈속에서 만공이 춘성에게 준 꽃다발의 의미를 어떻게 받아들일 수 있을 것인가? 이 대목

일제하 수좌들의 참선 선방으로 유명한 금강산 마하연. 만공과 춘성도 이곳에서 수행을 하였다.

에서 우리는 만공이 춘성의 법을 인가하였음을 단언할 수는 없다. 그러나 그 꿈을 꾼 직후에 춘성은 환희심이 가득하였고, 깨달음의 노래를 하였음을 보면 춘성이 견성은 한 것은 틀림이 없다. 그러나 몽중에서 전법을 선불교에서 말하는 전법이라고 즉각적으로 볼 수는 없지만 불이적(不二的)인 가치관을 생명으로 하고 있는 불교의 논리에서는 수용될 수 있다.

견성을 한 이후 춘성은 종횡에 얽매임이 없고, 어떤 일에서도 자유자재의 행동을 거침없이 하였다. 무엇이든 선의 경지이고, 어느 곳인들 법의 세계가 아닌 곳이 없었다. 때로는 어촌과 주막에 가 있었고, 혹은 세간의 깊숙한 곳에 발을 담그기도 하였다. 때로는 깊은 산, 고요한 사찰의 가운데에 머물렀지만, 잠시도 세간을 떠난 것은 아니었다. 고해(苦海)의 물결 가운데에서 혼미한 자, 어지러운 자, 들떠 있는 자, 매여 있는 자가 춘성의 법문을 듣고 감동하였다. 이로써 춘성은 불법의 실상을 세간에 전해주고 중생을 호통쳐 일깨워 주었다. 이때부터 그의 발길은 전국 각처의 선방을 주류하였다. 그러나 그는 식민지시대의 본질이라는 질곡의 어두움까지 뛰어 넘을 수는 없었다. 그러나 그는 깨달음을 얻은 선사로서 식민지 시대의 밑바닥에 자리잡은 인간의 욕망 시대적 야만성의 허상을 깨부수는 일에 아무런 장애를 받지 않았다.

그 무렵 춘성은 강원의 특별 과정을 이수했으며, 잠을 항복받기 위해 가열찬 수행을 하였던 유점사에 들렸다. 유점사, 마하연 등의 금강산에서 수행을 마치고 서울로 올라오는 도중, 철원 읍내를 지나가다 인근에 절도 없어서 읍내 여관에 들렀다. 여관에 가서는 주인을 불러 놓고 말하였다.

"나는 금강산 유점사 주지로 돈은 얼마든지 있으니 한상 잘 차려 오시오."

그러자 여관 주인은 춘성의 건장한 풍채와 거침없는 언변을 보고서는 아무 의심도 없이 맛있는 음식을 가득 차린 한상을 차려 왔다. 춘성은 주인이 가져온 저녁 상의 음식을 잘 먹고, 잠까지 편히 자고서, 아침까지도 먹었다. 춘성의 수중에는 돈이 한 푼도 없었다. 주인을 불러서는 그 사정을 이야기하였다.

"여보! 주인장! 나는 유점사의 주지도 아니고, 지금 갖고 있는 돈도 별로 없소. 나를 그냥 보내주면 서울에 갔다 돌아오는 길에 후하게 값을 쳐서 갚아 주리다."

춘성의 이 말을 들은 주인은 기가 막혀서 동네의 장정 서너 명을 불러 춘성의 옷을 몽땅 빼앗아 버리고는 속옷 차림으로 쫓아 버렸다.

춘성은 할 수 없이 속옷 차림으로 여관을 나와 30여리의 길을 걸어갔다. 가다보니 많은 사람들이 부근에 있는 절에 큰 제사가 있다고 몰려가는 것을 보았다. 춘성은 호기심이 발동하여 사람들을 따라 갔다. 춘성의 차림을 본

절 안의 사람들이 웅성거리기 시작하였다. 춘성은 절에서 나온 승려에게 그 전후사정을 일러 주고는 "우선 옷을 한 벌만 빌려 주시면, 내가 오늘 재를 잘 지내드리겠다."고 말했다. 그 절의 승려에게 승낙을 받은 춘성은 옷을 얻어 입고 재를 지냈다. 우렁찬 목소리로 염불을 하고, 법문까지 하니 모인 대중들이 모두 감동하였다. 춘성은 그 절에서 법사로 대접을 후히 받고, 고마움의 표시로 보시금도 넉넉하게 받았다. 춘성은 오던 길을 되돌아가서 여관 주인을 찾아서 주지 못한 여관비와 음식값을 몇배로 내놓았다. 그러자 여관 주인은 또 한번 놀라서 춘성을 큰스님으로 모시게 되었다. 그 여관 주인은 그후 춘성의 평생 신도가 되었다.

춘성은 바랑을 메고 전국을 누비며 다녔다. 온 산하가 그의 집이고, 수행처였다. 그 무렵 춘성은 망월사를 들러 수행하였다. 그곳에는 만해의 또 다른 상좌인 수좌 김용담이 선원을 열고 있었다. 춘성과 망월사와의 인연은 깊디깊은 바닷물 같은 것이었다. 춘성은 망월사에서 치독한 수행을 거듭하였다. 망월사 뒤에 있는 바위에서 그는 추운 겨울날에 삼매에 들 정도로 참선에 몰입하였다. 그 후유증으로 손과 발이 동상이 걸렸다. 그로 인해서 춘성의 말년에는 손톱과 발톱이 썩기도 했다. 춘성이 망월사에서 17일간을 단식하면서 죽기 일보 직전에 관음보살을 만났다는 정황도 춘성의 그 시절 수행력을 짐작할 만하다.

한편, 그 무렵 춘성의 행적으로 1943년 3월 선학원에서 발간된 『경허집』 발기인이었다는 것을 간과할 수 없다. 발기인은 송만공과 한용운을 비롯한 당대의 내노라 하는 40명의 선승이었는데, 춘성도 당당히 그의 이름을 남겼다. 근대 선불교의 중흥조로 일컫는 경허는 춘성의 법사인 만공의 은사였다는 점과 경허의 체취가 가득한 덕숭산에서 수행을 한 저간의 사정에서 춘성의 가슴에 오롯하게 새겨진 큰스님이었다. 여기에서 춘성은 일제 말기에도 선학원을 자주 왕래하였다는 것을 알 수 있다.

그러다가 그의 발길은 철원 보개산의 심원사(深源寺)에 다다랐다. 심원사는 유점사 말사로서 지장신앙의 성지로 널리 알려진 사찰이었다. 심원사는 무학 대사, 남호 율사, 용성 선사 등이 머물며 수행을

한용운의 묘지, 망우리 공동묘지에 있다.

하던 곳이었다. 그런데 심원사의 산내 암자인 석대암에서 100일 기도를 하였던 구한말 대신 한규설의 부인인 박기우와 그의 자매인 박기석은 지장보살이 방광하는 것을 목격하였다. 이렇게 지장보살의 영험을 확인한 그 자매는 자신들의 재산 수만 석을 심원사에 시주하였는데, 심원사 주지인 이춘산은 그 자금으로 화산경원(華山經院)이라는 강원을 1935년 가을에 세웠다. 심원사는 당시로서는 탄탄한 재력이 있었기에 저명한 강사를 초빙하고, 학인들에게 장학금을 제공하여 화산경원은 불교계의 유명한 강원으로 등장하였다. 유점사 관내에서 성적이 좋은 학인뿐만 아니라, 제방에서 실력있는 학인들이 많이 몰렸다. 통도사의 월하와 유점사의 덕암도 장학금을 받으며 학인으로서 수학하였다. 이러한 위상을 갖고 있었던 심원사 강원에 춘성이 강사로 재직하였다. 그러나 춘성이 언제부터 언제까지 강사로 근무하였다는 기록은 없다. 1943년 심원사에서 1년간 강사를 하였으며, 조계종 종정을 역임한 서암은 춘성이 그곳에서 강사를 하였던 사실을 회고하고, 자신의 강사 선배이었다는 점을 털어 놓았다. 이는 춘성과 친근한 선지식인 전강을 시봉하였던 승려인 정도에게 서암이 증언한 것이다.

이렇게 춘성이 각처를 다니면서 거침없이 중생화를 할 그즈음 은사인 한

용운이 입적하였다는(1944. 6. 29) 소식이 춘성에게 전해졌다. 한용운은 일제와의 정신적 대결을 하면서 심신이 급격하게 쇠약해져 갔다. 말년의 병은 신경통, 각기증, 영양실조 등이 겹쳐서 나온 것이었다. 한용운은 일제 말기의 간악한 식민통치와 그에 비례하여 늘어가는 민족정기의 상실과 친일파의 증가에서 오는 상심으로 더욱 나약해져 갔다. 마침내 1944년 6월 29일, 한용운은 이 세상을 떠났다. 조국의 독립이 임박하였지만, 흐트러진 심신을 추수릴 수가 없었다. 세수 66세였다. 한용운이 입적하였다는 소문은 유비통신으로 전국에 알려졌다. 그를 아는 지인, 승려, 학생 등 200여 명이 소리 없이 그의 마지막 거처인 심우장에 모였다. 한용운의 장례는 심우장에 찾아온 사람들이 내놓은 돈으로 겨우 치를 수 있었다.

선방을 떠돌던 춘성은 은사 한용운의 병환 소식을 듣고 입적하기 이전에 심우장으로 달려 갔다. 춘성은 정성을 나해 그의 은사인 만해를 시봉하였지만, 시절 인연의 물줄기를 거스를 수는 없었다. 만해의 임종을 지켜보았던 상좌라는 사실만을 우리에게 남겼을 뿐이다.

심우장에는 칙칙한 내음과 엄숙한 분위기가 지배했다. 한용운의 시신은 화장을 하였고, 그 유해는 망우리 공동묘지에 묻혔다. 시대의 저항아, 불교계의 이단아였던 만해 한용운은 그렇게 이 세상을 떠났다. 불교와 민족의 각성, 나라의 독립을 위해 한평생을 달려 온 한용운이었지만, 정작 그

한용운의 입적 사실을 보도한 『불교』지(1944. 9)의 「열반계」.

의 출신지인 불교계에서는 특별한 조문과 의식은 일체 없었다. 다만 그가 사장으로 일하던 불교사에서 『불교』 신 64집(1944. 9)에 「열반계(涅槃界)」라는 짤막한 입적 보도를 한 것이 유일하다.

춘성은 심우장에서 은사인 한용운의 영결식을 지켜보았으나 얼마 머물지 않고, 자신의 길을 떠났다. 다만 만해가 머물던 방에 무애자개(無碍自在)라고 씌여진 유묵을 마음에 담은 것은 특기할 일이다. 삶과 죽음이 둘이 아니고, 이승과 저승이 원래 하나임을 강조하는 불교의 생즉시공, 공즉시색의 도리를 너무나도 잘 알고 있는 춘성으로서는 한용운의 입적도 큰 사건이 아니었다. 춘성은 자신이 추구하던 본연의 길로 나갔다. 그렇게 자신의 길로 가다가 또 하나의 새로운 소식을 만나게 된다. 그것은 민족의 해방, 일제의 패망이었다. 전국의 강산은 더욱 새로워졌고, 식민통치에서 신음 하던 민중들은 소리 높여 만세를 부르며 기쁨의 눈물을 흘렸다. 그러나 해방의 기쁨도 잠시, 38선이라는 경계에 의해 민족이 분단되는 역사의 비정함을 느껴야 했다. 우리 민족은 자본주의와 사회주의라는 이념적인 경도에 의해 피를 흘리고, 증오하며, 전쟁을 불사한 격동의 세월로 빠져 들어 갔다.

이런 현실을 지켜볼 수밖에 없었던 춘성은 그의 법사인 만공이 주석하고 있는 수덕사 정혜선원으로 갔다. 만공은 춘성에게 경학적인 인식이 몸에 가득하다고 하여 처음에는 화두도 주지 않았던 매정한 선사였다. 그러나 춘성은 그런 만공의 태도에 섭섭함을 느끼지 않았고, 기분이 나쁘다고 다른 선원으로 발길을 옮기지도 않았다. 춘성은 만공의 냉소적인 지적을 받아 들여, 환골탈태(換骨奪胎)의 심정과 초심의 자세로 선의 세계에 입문하였다. 만공의 그 지적이 있었기에 춘성이 선사로 다시 태어날 수 있었다.

사실, 춘성이 만공을 곡진하게 예우한 것은 그의 법사였다는 점과 함께 그의 은사인 만해 한용운과 만공이 절친한 사이였던 점도 작용하였다. 만공은 1937년 2월, 총독부에서 열린 본산주지회에서 총독에게 한국불교를 간섭하지 말라면서 승려들을 파계시킨 죄로 무간지옥에 떨어진다는 통쾌한 말을 하였다. 만공이 이런 말을 하던 그날 밤 만공을 찾아온 이는 다름 아닌 한용운이었다. 두 사람의 앞에는 걸쭉한 막걸리가 놓여 있었다. 한용운은 만공에게 "이왕이면 주장자로 한방 갈겨 주지."라고 했다. 만공은 "미련한 곰은 방망이를 쓰지만 큰 사자는 원래 할을 하는 법이지."라고 응수하였다. 그 무렵 만공을 시봉하며 수덕사 조실로 있다. 최근 입적한 원담은 한용운이 만공을 만나러 수덕사에 자주 찾아왔다는 증언을 하였다. 만공은 한용운을 '내 애인'이라고 표현을 하였다는 것이다. 그래서 그런지, 한용운이 입적을 하니 만공은 만해가 없는 서울은 이제 갈 필요가 없다하면서 다시는 서울 출입을 하지 않았다.

춘성이 오랜만에 정혜사(능인선원)에 가보니 만공도 예전의 만공 선사가 아니었다. 만공도 세월의 무게를 이기지 못하였다. 춘성은 수덕사에서 만공의 입적을 지켜보며, 삶과 세상에 대한 무싱을 뼈서리게 자각하였다. 1946년 10월 20일, 만공은 이 땅에서의 삶의 인연이 다하였음을 짐작하고, 자신을 시봉하는 상좌인 진성에게 목욕시켜 줄 것을 부탁하고 평소에 입던 누더기 옷으로 갈아입었다. 그리고 거울을 보고, 거울에 비춘 자신과 작별인사를 하였다.

"여보게! 자네와 내가 이제는 이별을 할 때가 되었네 그려. 허허허! 자네와 내가 정말 오래 잘 살았어! 그렇지! 자, 그럼 우리 여기서 헤어지세."

만공은 거울 속의 자신과 작별인사를 하고, 춘성을 불렀다. 만공은 자신의 방으로 들어온 춘성에게 목침을 갖다 달라고 부탁하였다. 춘성이 목침을 갖다 주자, 만공은 그 목침을 베고 드러누웠다.

"여보게, 춘성!"

"예, 스님!"

"바람이 움직인 김에 나 이제는 그만 가야겠네."

"원 참! 스님도 무슨 그런 말씀을 하십니까. 이불을 덮어 드릴 터이니 아무 생각하지 마시고 한숨 푹 주무십시오."

그러나 만공은 일어나지 못하였다. 전국 선방의 수좌들을 매섭게, 때로는

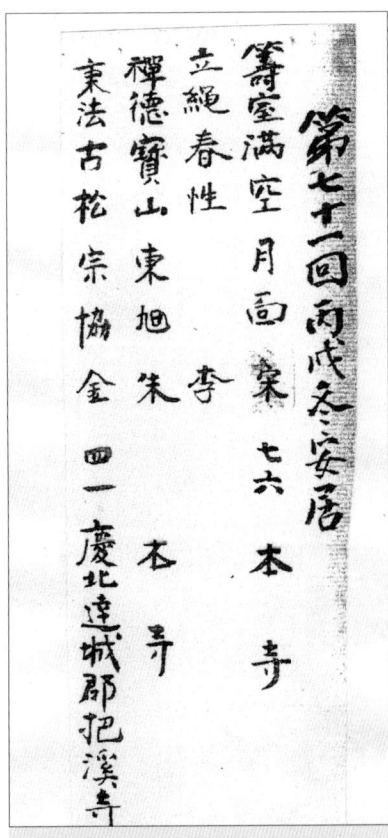

춘성이 수덕사 능인선원에서 입승을 보았음을 전한 방함록(1946, 동안거).

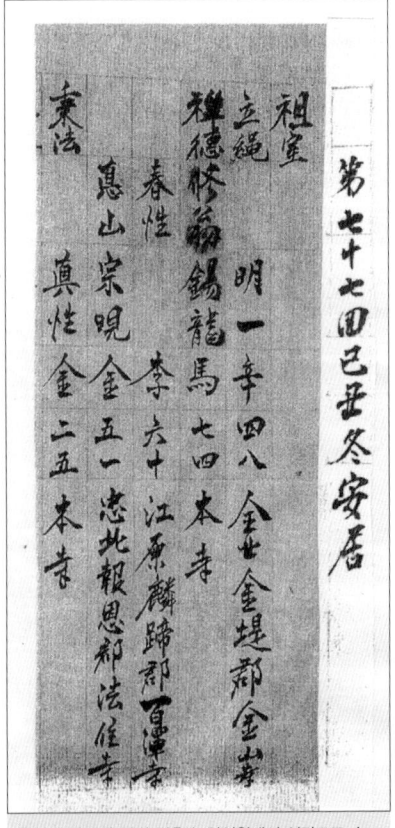

춘성이 만공의 입적 직후 능인선원에서 선덕으로 수행하였음을 전하는 방함록(1949, 동안거).

부드럽게 지도하였던, 천하의 도인이었던 만공은 바람이 가라앉듯이 잠을 자듯 그렇게 열반에 들었다. 만공이 조실로서 마지막을 지켰던 정혜사 능인선원의 1946년 동안거 방함록에 춘성이 입승(入繩)으로 나옴은 그 사실을 입증한다. 춘성이 1949년 동안거 수행시에 능인선원의 선덕(禪德)이었음도 춘성이 자신의 법사인 만공에 대한 애증의 그림자가 견고하였음을 말해주는 단서이다.

춘성이 1949년 수덕사 정혜선원에 있을 때에 있었던 일 중 하나는 현대의 선승으로 이름을 날리고, 미주 지역 포교를 개척하였던 숭산의 법을 인정한 것이다. 1947년 마곡사에서 출가한 숭산이 행원은 토굴 수행을 통하여 한 소식을 얻고서 수덕사로 왔다. 자신의 한 소식을 점검받기 위해서였다. 행원은 춘성을 만나더니 대뜸 다음과 같은 질문으로 춘성과 일문 일답을 하게 되었다.

"스님! 제가 어젯 밤에 삼세제불을 다 죽여서 장사를 지내고 왔습니다."
"그래! 네가 본 것이 무엇이냐?"

"밖에 눈이 하얗지 않습니까?"
"이 사람 큰일 날 사람이네. 그래 밖에 눈이 하얀데 그 눈속에 불이 붙는 소식을 아느냐?"

"왜? 구멍없는 젓대소리를 하십니까?"
"음, 음!"

이런 문답 후에 춘성은 자리에서 일어나 행원의 주위를 조용히 돌았다. 춘성이 행원의 주위를 돈 것은 견처를 인정한다는 의미일 것이다. 그 직후 행원은 화계사로 갔다. 화계사에는 만공의 법제자인 박고봉이 주석하고 있었다. 고봉은 행원의 견처를 인정하고, 숭산이라는 당호를 내리고 자신의 법제자로 삼았다. 이렇듯 춘성은 덕숭 산문, 만공 문하에서 뚜렷한 선사로 자리매김을 하였다.

춘성은 그의 출가 은사인 한용운에게 자주적인 독립의식을 배웠다면, 만공에게는 선의 정법을 전수받았다. 그래서 춘성은 만공의 입적 후에는 만공의 수법(受法) 제자로 공인되었다. 1982년 만공문도회에서 펴낸 『만공 법어』의 말미에는 만공의 수법제자의 법명이 나온다. 그 37명의 명단에 춘성의 이름이 당당하게 기재되어 있다. 다만 춘성은 은상좌(恩上座)가 아니고, 참회제자라는 표현을 하였다. 은상좌와 참회제자를 구분한 주체는 만공문도회이지만, 더욱 중요한 것은 경허와 만공으로 이어진 참다운 선법을 누가 올곧게 계승하고 실천하였느냐이다. 조계종단이 2000년 3월에 펴낸 『선원총람』 자료편의 법맥도에는 만공의 법을 계승한 승려 11명의 법명이 제시되어 있다. 여기에서도 춘성은 만공의 법제자로 나온다. 필자는 경허와 만공의 선법을 춘성 혼자서 다 계승하였다고는 보지 않지만, 그 중심부에 있었음은 분명하다고 강조한다. 춘성의 선풍하고 경허와 만공으로 상징되는 덕숭가풍을 극명하게 보여준다. 이러한 측면은 더욱 냉철한 분석과 평가에 의해서 심화된 이해를 해야 한다.

한편, 춘성은 사신에게 선법을 가르쳐 준 만공을 그리워하며 덕숭산 중턱에서 선의 진수를 갈고 닦았다. 그러나 덕숭산 기슭에만 마냥 있을 수 없어서 서울로 발걸음을 옮겼다. 전국 수좌들의 본부인 서울 종로의 선학원에 다다랐다. 그즈음 전국 수좌들의 중앙 본부격인 선학원에는 불교를 혁신하려는 수좌들이 모여 들었다. 그러나 춘성은 선학원에 이따금씩 머물면서도 그런 일에는 거의 가담치 않았다.

1946년 가을, 교단에서는 해인사에 가야총림이라는 간판을 내걸고 각처의 수좌들을 불러 모아서 실참 수행을 한 단계 고양시키고 있었다. 그러나 가야총림의 방함록에서도 춘성의 그림자는 찾을 수 없다. 그리고 1947년 가을 무렵부터는 문경 봉암사에서 청담, 성철, 자운, 보문, 월산, 도우, 성수, 법전 등 젊은 수좌들이 부처님 법대로 살아 보자는 이른바 봉암사 결사를 추진하고 있다는 소식을 들었지만 봉암사에 가지도 않았다. 춘성은 그러한 제도권의 인위적인 수행과는 애당초 거리가 먼 체질의 소유자였다. 춘성이 선학원에 머물 때에 장설봉과 같은 방에 있었다. 장설봉은 석왕사 출신의 수좌이면서도 경학에 눈이 밝아 제방에 이름이 난 승려였다. 설봉은 말년인 1959년에는 범어사 선방에서 『선문촬요』를 수좌들에게 강의하였다. 그는 곡차라고 불린 술을 좋아했다. 그래서 곡차를 먹고 강의하는 것을 당연하게 여겼다. 이런 장설봉이 춘성에게 뜬금없이 질문을 하였다

> 어느 학인이 해제를 하고 봉암사에 성철을 메일하니 즉시 몽둥이로 후려쳤어. 학인은 성철이 때리는 이치를 깨닫지 못하고 떠나려고 인사를 하자 또 몽둥이로 후려쳤거든. 학인은 그냥 매만 맞고 나와서 상주 갑장사에 있는 금봉에게 가서 이 사실을 말하였단 말야. 그후 성철이가 남방으로 가다가 갑장사에 들렀어. 그랬더니 금봉이가 그 학인의 일을 들어서 "만약 내가 그 매를 맞고 아야! 아야! 했더라면 어떻게 할 것인가."라고 물었더니 성철은 아무 말도 않고 절을 떠나 버렸어. 춘성, 자네가 그 때에 있었더라면 무어라고 하겠나?

춘성은 설봉의 이 질문에 즉각적으로 답을 하였다.

"나는 씨부랄 놈이라고 하겠다."

춘성은 이렇게 원색으로 자신을 드러냈다. 그 욕은 욕에만 머물지 않는 언어의 밑바닥에 있는 답이다. 이 답에 대해서는 보는 이마다, 제각각 다양한 이름을 붙일 수는 있을 것이다. 언어 이전의 것에 대해서는 더 이상의 수식어가 필요없다. 1969년 춘성이 부산 금정사에 들려 며칠을 지낸 춘성은 걸망을 메고 절을 나오게 되었다. 그러자 그 절에 있던 설봉이 따라 나오면서 춘성에게 여비를 주었다. 여비를 받은 춘성은 설봉에게 "우리 작별 인사나 나누세." 하니, 설봉은 주먹으로 춘성의 옆구리를 바로 쳤다. 그러자 춘성은 즉각 설봉의 뺨을 손바닥으로 후려쳤다. 이런 말없는 대화에도 법담이 오고 간 것이다. 춘성과 설봉은 서로 체질이 맞았던지 격의 없는 기상천외의 법담을 하였다는 일화가 전해 온다.

선승 설봉 스님. 춘성과 탁마하면서 지냈는데, 범어사에서 후학을 지도했다.

　불교 정화를 하던 시절, 서울에는 많은 승려들이 올라와 있었기에 잠자리가 매우 불편하였다. 조계사, 대각사, 선학원 등지에 나누어서 자고, 한 방에서 여러 명이 함께 잠을 잘 수밖에 없었다. 춘성과 설봉도 선학원의 큰방에서 함께 잠을 자게 되었다. 밤이 이슥해지면서 수좌들 간에 법담이 오고 갔다. 설봉이 법담을 하자, 춘성은 여느 때와 같은 반응을 하였다.

　"쥐좆도 모르는 놈이 껍적대고 있구만!"

그러자 설봉은 베고 있던 목침을 춘성에게 휙 던졌다. 그 목침은 춘성의 이마에 정통으로 맞아 춘성은 피를 흘렸다. 그것을 본 설봉은 다음과 같이 말했다.

"이것이 쥐좃이다!"

그러자 춘성은 흐르는 피를 움켜쥐고서 한마디 말로 선학원에서의 그 소동을 잠재웠다.

"야 설봉아! 오늘은 그만 자고 내일 더 좋은 이야기 하자."

춘성이 혼탁한 세월과 불화를 겪으며, 제도권의 수행과는 거리를 두었을 그때 민족의 비극인 6·25전쟁이 터졌다. 동족끼리 이념이 다르다는 것 하나로 인해 남북으로 갈린 민족은 동족을 향해 총부리를 겨누고, 3년간 피비린내 나는 전쟁을 치렀다. 전 국토는 초토화되었고, 수백만의 동포들이 죽고, 다치고, 천만의 사람들이 이산가족이 되었다. 불교계도 전쟁으로 겪은 피해는 실로 막대하였다. 수많은 절이 소실되었고, 전라도와 경상도 일부 사찰의 승려들을 제외하고 대다수의 승려들은 삶 그 자체를 위해서 피난길에 나섰다. 상원사의 도인, 방한암 같은 경우는 상원사 소각을 온몸으로 막아내고 피난도 거부하면서 최후를 맞이하였지만, 대다수 승려들은 몸을 낮추었다. 그러나 춘성은 이러한 승려들의 행위를 허상과 허위의식이 가득 찬 속세의 보통 사람들의 행동과 다르지 않았다고 보았다. 6·25가 터지자 춘성은 피난 갈 생각도 않고 봉은사와 망월사에 그냥 머물러 있었다.

6·25가 발발한 지 나흘째가 되던 날, 봉은사에는 춘성과 함께 수덕사 조실을 역임한 혜암과 양산 내원사를 중건한 비구니계의 거목인 수옥과 수좌

인 동광이 머물고 있었다. 봉은사에 있었던 동광은 6·25가 나기 직전에 가평의 청우사에서 불사 초청을 받아 행사를 마치고, 자신이 머물던 파주의 포교당으로 돌아오다가 전쟁이 났다는 소식을 들었다. 동광은 파주포교당을 떠나 인산인해의 피난민들과 함께 서울로 내려와서는 선학원으로 갔다. 선학원에 하루를 머물다 보니 인민군이 벌써 서울 시내에 들어와 있었고 민심도 흉흉한 상황이었다. 당시 선학원에 있었던 춘성과 함께 한강을 건너 봉은사의 비구니 선방인 견성암으로 가게 되었다. 6월 29일, 봉은사에 도착한 다음날 저녁 예불을 하고 나자 북한 인민군의 총소리가 요란하게 들려오기 시작했다. 그는 대중들에게 "자, 일이 다급해졌으니 별 도리가 없습니다. 관세음보살이나 지극히 부릅시다."라고 권유하였다.

혜암, 춘성, 동광 세 승려는 객실로 돌아가서 관세음보살만을 마음속으로 일심으로 부르며 누워 있었다. 얼마 후 동광의 뇌리에 비몽사몽간에 "춘성스님이 좌선하고 있는 방으로 가라."는 하는 말이 들려 왔다. 그러나 동광은 춘성은 자신과 함께 누워 있었는데 어째서 춘성이 좌선하고 있는 방으로 가라고 하는지를 알 수 없었다. 동광은 의문이 일어났지만, 앞방과 뒷방 사이에 큰 기둥이 있어 그것에 의지해 있으면 되겠다는 생각이 나서 바로 그 기둥으로 옮겨 앉았다. 춘성은 객실에 누웠다가 얼마 후 일어나 뒷방으로 건너가서 장좌불와를 하고 있었다. 바로 그 무렵 총소리가 천지를 개벽하듯이 요란하게 울려왔다. 방안에 있었던 승려들은 춘성에게 "스님도 어서 엎드리세요!"라고 권했다. 그러나 춘성은 장좌불와를 하던 그대로 앉아 있었다. 그때 바로 방 앞에서 "따닥다닥!" 하는 총소리가 사정없이 들렸다. 그러자 귀가 먹어 소리를 잘 듣지 못하였던 혜암도 놀라 "이크!" 하면서 일어섰고, 춘성도 그때서야 "이크!" 하면서 몸을 숙였다. 얼마 후 비구 승려들이 머물던 옆방에 있었던 한 비구니가 인민군에게 "아무 것도 안하고 기도만 하는 우리들에게 왜 총질을 합니까?" 하면서 따지듯이 물었다. 인민군의 총부리에도 겁을 내지 않고 할 말을 다하는 용기 있는 비구니의 기백이었다. 바로 그때 춘성은 아예 방문을 열어 두고 좌선을 하고 있다가 비구니의 말을 듣고 마루로 나갔다. 인민군 장교가 와서 방문을 열어 보고서는 "국방군은 없는가?"라고 하였다. 이에 그 비구니는 "한 사람도 없소."라고 답하였다. 그러자 인민군 장교는 "사격 중지! 사격 중지!"를 외치고서는 인민군을 철수시켰다. 북한 인민군의 총구 앞에서도 장좌불와의 자세를 견지한 춘성. 그의 그러한 담대한 행동은 선의 본성을 철저하게 체득한 것에서 가능한 것이었다. 달리 말하면 춘성은 그때에 삶과 죽음이 둘이 아니라는 불교의 진리를 온몸으로 웅변하였다. 춘성은 봉은사에 있다가 얼마 후 망월사로 행하였다.

6·25전쟁으로 전 국토는 초토화되고, 북한에서 내려온 피난민과 더욱 남쪽으로 가려는 남한의 피난민이 곳곳의 길을 메웠다. 그리고 남한의 국

일제하 망월사 선원의 수행을 보도한 기사, 『불교』 98호(1932. 8).
춘성과 사형사제 관계인 김용담이 가주(家主)로 나온다.

군, 북한의 인민군, 그리고 남한을 도우려고 이역만리에서 건너온 미군, 또한 북한을 후원하려고 두만강을 건너온 중공군 등이 산하를 누볐으니 한반도는 3년간은 그야말로 아수라장 그 자체였다. 춘성은 이러한 현실을 맞이하여서도 망월사를 떠나지 않았다. 결코 망월사를 떠날 수 없었다. 왜 춘성은 망월사를 떠나지 않았던가? 그에 대해서는 관련된 기록, 증언, 회고가 전혀 전하지 않는다. 다만 필자가 보건대 여기에는 그만한 곡절이 있었을 것으로 본다. 단순하게 보면 전쟁통에 피난을 가지 않은 것은 생사를 초탈한 체질에서 나온 것으로 볼 수 있다. 그 당시 한국불교의 종정으로서 상원사에 주석하였던 방한암도 남쪽으로 피신해야 한다는 그의 제자들의 간청을 단호히 물리쳤다. 그리고 상원사를 불태우려는 국군에게 온몸으로 맞섰다. 그래서 상원사를 지켜낼 수 있었다. 마침내 방한암은 그곳에서 자신을 시봉하였던 상좌와 보살들이 없었던 틈을 이용하여 육신의 옷을 벗었다. 좌탈입망이었다. 춘성이 모든 승려들이 행하였던 남행을 거부한 것도 그 시대의 도인 한암의 행보와 별반 다르지 않았다.

춘성의 망월사 지키기에는 또 다른 연유가 존재한다. 춘성에게서 망월사는 남다른 인연 역사가 있다. 춘성은 그의 출가 은사인 한용운이 서대문 감옥에 수감되었던 3년간 망월사에 머물며 옥바라지를 하였다. 그 옥바라지 기간에 그는 수좌인 하동산과 함께 냉방에서 치열한 정진을 하였다. 어찌 보면 그것이 그로서는 최초의 참선 수행이었다.

비록 그 당시 망월사가 정상적인 선방의 역할을 하고 있었는지는 모르지만, 춘성에게는 최초의 선 수행을 제공한 절이었다. 다음으로 망월사는 춘성에게 강사, 대강백의 이름을 떨치도록 해준 백용성이 만일참선결사회를 1년간 열었던 절이었다. 백용성은 1925년 망월사에서 전통불교 수호, 식민지 불교 배척, 참다운 참선 수행을 견지하기 위해서 30년간의 결사회를 출범시켰다. 비록 그 결사회는 1926년에 통도사 내원암으로 이전되었지만, 백용성의 결사회는 선 수행, 저항 불교의 차원에서 무심코 넘어갈 역사는 아니었다. 당시 백용성은 활구(活句)의 참선으로 견성성불하여 중생을 널리 제도하겠다는 결사의 목적을 세워 놓고, 동구불출(洞口不出), 평시묵언(平時黙言), 오후불식(午後不食)을 기본 준칙으로 정하였다. 또한 그 결사의 저변에는 선율겸행(禪律兼行)의 정신도 흐르고 있었다. 그래서 백용성의 망월사 결사회는 근대 선 수행의 역사, 일제 식민지 불교의 체질을 거부한 승려의 지성사에서 결단코 배제할 수 없는 역사의 줄기였다.

또한 망월사는 한용운의 상좌로 춘성과는 사형사제 사이였던, 승려 김용담이 머물던 역사도 간직하고 있다. 김용담은 해방 공간 불교혁신 활동을 하다가 북한으로 넘어 갔지만, 본래 그는 참선 수행을 하던 수좌였다. 수좌 초기에는 김초안이라는 법명을 주로 사용하였지만, 1930년대부터는 김용담으로 불렸다.

『불교』88호(1932. 8)의 「망월선원 안거」에 보면 망월사 선방에서 김용담 대선사의 주관으로 1932년도 하안거 수행을 하였다는 것을 전한다. 즉 김용담은 가주(家主)로 나오고, 그 수행에는 30여 명의 여신도와 수좌 10여 명이 참가하였는데, 김용담은 결제 법문시 살활(殺活)이 자재(自在)한 달마의 가풍으로 불법을 전하였다고 한다.

『선원』3호(1933. 8)의 「조선불교계 선원과 납자의 통계」에 전하는 봉은사 관내 망월선원의 종주가 김용담이며, 10명의 수좌가 수행하였다는 것과 유사하다. 이렇듯이 망월사 선회(禪會)의 가풍은 식민지 불교 그 당시부터 독특한 가풍을 떨쳤다. 일제하에서도 춘성이 망월사를 자주 들렀을 가능성도 점칠 수 있다. 춘성으로서는 결코 꿈에도 잊을 수 없는 인연의 절이었다.

때문에 춘성은 이와 같은 망월사의 역사 의미를 가슴에 지니고 있었기에 어떤 난관이 있다 하여도 망월사를 떠날 수 없었다. 떠날 수 없는 것이 아니라, 망월사를 지켜 내야 하는 책무를 느꼈을 것이다. 아마도 춘성은 전쟁의

와중에도 민족의 비극이 전개되는 그 현장에서 온몸으로 참선 수행을 하였음은 분명하다. 아마 춘성은 민족의 고통과 민족 구성원인 다수 중생들의 처절한 울부짖음을 목격하면서 그러한 역사를 극복할 방책을 강구하기 위한 침묵을 견지하며 참선 수행을 하지 않았을까? 춘성은 망월사를 선방으로 만들고, 근대 선불교 역사의 뒤안길을 다시 껴안기 위한 고뇌를 하였다. 그 대안은 별것이 아님을 춘성은 알았다. 수행자는 철저한 수행을 하되, 석가모니 부처님이 제시한 그 길을 걸어가면 되었다.

 이제 춘성도 60세가 되어 노년의 나이로 접어들었다. 속세에서 따지는 노인일 수는 없다. 수행력과 힘이 넘치던 수좌였다. 그러나 시대와 중생은 고통을 겪고 있었다. 이에 춘성은 망월사에서 고뇌에 고뇌를 거듭하여 그 길을 찾았다. 춘성은 자기가 찾았던 그 길을 대중들에게 알려주기 시작했다.

# 도봉산 호랑이가 되어

6·25전쟁의 끝자락에 춘성은 망월사에 있었다. 춘성이 망월사에서 3년을 머물자 전쟁은 휴전되었다. 전쟁이 남기고 간 상처는 엄청난 것이었다. 특히 남·북한의 동포들이 겪은 마음의 상처와 후유증은 정말 큰 것이었다. 춘성은 망월사에서 살펴 본 인간이 가야 할 길을 제시해야만 되었다.

도봉산과 망월사. 웅장한 도봉산 골짜기에 자리잡은 망월사의 전경으로 춘성은 이곳에서 호랑이라 불리며 치열한 수행을 하고, 수좌들을 지도하고, 재가자들을 보살펴 주었다.

금오·인운·자운·웅담·법징·대휘·본공·초룡·춘봉·향담·추의·대현·중현·청호·회암 등 (대회 명부의 한자 나열)

춘성이 전국비구승대표자대회(1954. 8. 25)에 참가했다는 것을 말해주는 대회 회의록의 명부.

하지만 현실은 춘성을 그런 방향으로 가도록 내버려 두지 않았다. 그렇게 만든 사건이 일어났다. 한국 현대불교사에 큰 파장을 미친 불교 정화운동(淨化運動)이었다. 정화불사(淨化佛事)라고도 불리우는 그 운동은 식민지 불교의 극복, 불교 근원으로의 회귀, 승단 정화, 계율 회복 등의 의미를 갖고 있었다. 현실적으로는 대처승을 승단과 사찰에서 축출하는 것이었다. 1954년에 시작된 그 운동은 1962년 4월 이른바 통합 종단으로서 조계종이 새출발을 하기까지 8년간이나 진행되었다. 1962년 이후에도 정화운동의 후유증은 가라앉지 않고, 정화운동 때에 불거져 나온 모순과 문제점이 재생산되면서 오히려 새로운 암초로 작용하였다. 이런 문제는 21세기의 길목에 접어든 이 시점에도 불교계 곳곳에 숨겨져 있다.

당시 춘성은 그 운동에 깊숙이 관여하지는 않았지만, 그가 속한 종단에서 벌어지고 있어 전혀 무관심할 수도 없었다. 춘성이 그 운동에 참여하였다는 기록이 특별하게 없는 것을 볼 때에 그는 불교 정화에 대해서는 비판적인 입장을 가졌음이 분명하다. 불교 정화의 추진 과정에는 갈등과 대립, 완력과 폭력, 쳐들어가서 절 뺏기, 절을 지키기 위한 깡패동원, 사법부에 송사하기, 공권력의 개입 등이 공공연하게 나타났다. 불교 집단과 승려가 해서는 안 될 일이었다. 그러나 불교 계율이라는 틀에서 승려의 결혼을 인정할 수 없다면, 불법 수호라는 명분에서 대처승 배제라는 승단 정화는 마땅한 것이었다. 그런데 승려의 결혼을 불교 대중화 차원에서 수용하고 불가피한 것이라고 본다면 불교 정화운동은 일어나지 말아야 했다. 다만 승려의 결혼과 제도와의 불협화음과 사찰 황폐화의 문제는 필히 개선되어야 했지만 말이다. 춘성이 불교 정화에 대해 어떤 입장을 갖고 있었는지는 알 수 없다. 아마 그는 대처승 배제라는 기본 원칙에는 동의하였을 것이다. 그러나 그로서는 자신의 출가 은사인 한용운이 승려 결혼의 자유를 주장하고 실천한 장본인이었기에 정화운동 자체에 대해서 곤혹스러운 처지였을 것이다. 그래서 그런지 그는 정화운동의 일선에는 거의 관여치 않았다.

춘성이 불교 정화운동에 참여하였다는 기록은 단 1건이 있다. 그는 1954년 8월 24~25일, 선학원에서 개최된 '전국비구승대표자대회'에 참가했다. 이 대회는 불교 정화운동의 본격화를 알리는 서막격의 수좌 모임이었다. 일제하 불교에서도 불교 정화를 기하려는 움직임이 없

이승만 대통령이 불교계 정화를 희망하였다는 보도 기사 (『서울신문』, 1954. 11. 20). 당시 비구승은 공권력의 도움으로 불교 정화를 하여 불교 자주화에 한계를 남겼다.

불교 정화운동 때 최초로 선학원에서 열린 전국비구승대표자대회 참가자의 기념 촬영(1954. 8. 25). 춘성도 이 대회에 참가하였다.

었던 것은 아니다. 예컨대 선학원을 거점으로 수좌들은 정통 선의 수호, 선풍 진작을 기하면서 일본불교를 배격하려는 활동을 전개하였다. 그 대표적인 것이 1935년 3월 7~8일, 선학원에서 개최된 전국수좌대회였다. 이 대회에서 수좌들은 조선불교 선종을 창종하고, 수좌들의 독자적인 조직체인 종무원의 설립을 기하면서 철저한 선 수행을 도모하였다. 이 대회에 춘성도 오세암에서 수행 중이있지만 참가하였다.

이 대회 이전인 1926년에 백용성은 총독부 당국에 승려의 대처식육(帶妻食肉)을 금해야 한다는 주장을 담은 건백서를 제출하였다. 당시 수좌 127명의 서명을 받아 제출된 그 건백서에서 백용성은 승려의 대처식육을 단호히 배격해야 한다는 자신의 주장을 논리적으로 제시했다. 나아가서 그는 차선의 대책으로 무처 승려와 유처 승려의 구분, 무처 승려 전용의 사찰 할애를 주장했다. 그러나 일제 당국과 당시 교단은 백용성의 주장을 거들떠보지도 않고 승려의 결혼을 자유에 맡기면서 결혼한 승려도 주지에 취임할 수 있도록 배려하였다. 심지어 결혼한 승려도 주지 취임이 가능하도록 각 본사의 사법을 수정하라고 독려하기까지 하였다. 그 결과 1926년 후반부터 사법 개정이 단행되어 모든 본사가 사법 개정을 완료했다.

이렇듯이 일제하에서도 많은 수좌들이 불교 정화를 고뇌하고, 불법에 의거하여 수행하려는 노력을 하였지만 여의치 않았다. 일제가 물러간 해방 공간에서도 일부 수좌들은 선학원을 거점으로 불교혁신 노력을 기울였다. 그는 수행자 중심의 교단 풍토 조성, 대처승의 배제, 불법과 거리가 먼 사찰 운영 및 신행 풍토의 개혁 등이었다. 그래서 '불교혁신총연맹'이 조직되어 대처승 중심의 교단과 대응적인 입장을 견지하였지만, 성사된 것은 거의 없었다. 오히려 교단이 분열되고, 불교혁신을 주장하는 수행자들은 빨갱이로 몰렸다. 그 당시 수좌들의 중심에는 한용운의 제자였던 김용담이 있었다. 그는 선학원에 머물면서 불교혁신을 강력히 추신하였지만 여의치 않아 북한으로 넘어 갔다.

불교 정화를 추진하려는 움직임은 좌절되었으나 6·25를 거치면서 불교 정화는 전혀 예상치 못한 곳에서부터 시작되었다. 그 예상치 못한 곳이란 불법의 기준보다는 수좌들의 배고픔에서 나왔음을 말한다. 6·25 직전에 단행된 농지 개혁으로 기존 사찰의 농지 대부분이 소작 농민들에게 넘어가게 되었다. 사찰은 경제 기반이 무너지면서 선방과 수좌에 대한 지원이 급격하게 사라지게 되었다. 그러자 수좌들은 수행의 터전을 잃고 방황하였다. 사찰에서는 수좌들이 오고가는 것 자체를 달가워하지 않았다. 이런 비참한 분위기가 노정되자 수좌계의 중진인 이대의는 당시 종정인 송만암에게 그 개선책을 장문의 건의서로 제출하였다. 송만암은 그 건의를 긍정적으로 수용하고, 사찰을 수좌들에게 제공하는 방안의 강구를 종단 간부급 승려들에게 촉구하였다. 그러나 대처승인 종단간부, 본사급 사찰 주지는 송만암 종정의 지시를 적극적으로 이행할 의지가 별로 없었다. 6·25라는 참상을 겪은 대처승들은 종정인 만암의 지시가 있자, 마음에 내키지는 않았지만, 불국사에 모여 수좌들에게 제공할 사찰 18개를 정하였다. 그러나 그 18사찰로 지정된 대상의 절 주지들은 왜 하필이면 내 절이냐면서 사찰 양도를 하지 않았다. 송만암 종정은 종단 원로들을 통도사에 초청하는 모임을 갖고, 종단 내의 자생적인 정화추진을 의논까지 하였지만 별 소용이 없었다.

불교 정화는 이렇게 가시밭길이었다. 그러다가 1954년 5월 20일, 이승만 대통령이 불교 정화를 해야 한다는 발언을 하였다. 이승만 대통령의 발언은 혁명적인 효과를 일으켰다. 대처승, 기존 교단 집행부는 큰 당혹을 느꼈다. 그에 반해 수행승, 그간 불교 정화를 추진하려다 좌절을 겪은 수좌들은 불교 정화를 기필코 다시 점화시켜야 한다고 각오하였다. 수좌들은 유시(諭示)가 나온 한 달 후인 6월 20일, 선학원에 모여 정화추진을 위한 '정화추진 발기위원회'를 조직하였다. 그 위원장에는 덕숭산 만공 회상에서 참선을 하였던 수좌인 정금오가 추대되었다. 6월 24일에는 '불교교단정화대책위원회'까지 출범시켰다. 수좌들의 움직임이 심상치 않자, 대처승들은 이판승과 사판승의 구분을 활용하여 승려를 수행승과 교화승으로 나누고, 수좌들에게 전용사찰을 48개나 제공하겠다는 유화책을 내놓았다. 그러나 그간 대처승, 교단 집행부에게 적지 않은 불만을 갖고 있었으며, 사찰 할애의 약속 불이행 등으로 인해 분노를 품었던 수좌들은 끓어오르는 감정을 삭이지 않았다. 이번에는 반드시 정화를 완수하겠다는 마음이 충천하였다.

이 선학원을 배경으로 점화되기 시작한 불교 정화에 대한 바람과 운동은 순식간에 전국의 사찰로 퍼져 나갔다. 그 소식은 조금이나마 남아 있었던 선방과 수행자들의 토굴에 급속히 전달되었다. 망월사에 있었던 춘성도 당연히 불교 정화에 대해서 알게 되었을 것은 분명하다. 당시 정화를 추진하는 대책위원회는 그해 7월 1일 선방으로 공문을 발송하여 각 선방별로 수좌의 명단과 숫자를 파악하여 보내 달라는 요청을 하였다. 전국에 흩어져 수행을 하고 있던 수좌계의 어른들과 지도자들에게는 젊은 수좌들을 보내 취지를 설명하고, 불교 정화의 운동에 적극 참여해 달라는 간곡한 부탁을 하였다. 그 결과 일부 큰스님들은 수좌대회가 열리기 이전에 선학원으로 올라온 경우도 있었다. 춘성도 대회에 참가하였음이 분명하다. 불교를 바로잡아야 한다는 소신을 갖고 있었기 때문에 망월사에서 선학원으로 내려왔다.

드디어 1954년 8월 24일 오전 10시, 선학원에서 '전국비구승대표자대회'가 열렸다. 종(鐘)을 쳐서 개회를 알렸으며, 삼귀의례, 국기에 대한 경례, 순국선열에 대한 묵념이 있었다. 이어서 백용성의 상수제자인 범어사 조실 하동산이 개회사를 하였다. 하동산은 대회의 취지로 교단의 정리라는 대원칙을 피력하고 구체적으로는 교단 내부의 빈주(賓主)가 전도(顚倒)된 것을 바로잡아야 한다는 소신을 개진하였다. 대회는 그 다음날까지 이어지면서 전국 수좌 대표 66명이 참가하였다. 대회에 참가한 주요 승려들은 동산, 금오, 청담, 인곡, 자운, 도우, 범룡, 대의, 월산, 향곡, 소천, 범행, 지효, 정영, 수혜, 혜진, 경보, 적음, 석주, 대휘, 동헌, 혜암 등의 수좌들이었다. 이 수좌들은 정화에 임하는 선서문을 선포하고, 교단 정화를 일선에서 주동하기 위한 전위대인 추진위원 및 대책위원을 선정하였다. 그러나 춘성은 그 위원에 포함되지 않았다. 대회에서는 비구승 중심의 종헌을 새롭게 정할 것을 결의하여 종헌 제정위원도 선정하였다. 수좌들의 신속한 결단으로 교단 정화는 본격화되었다. 그해 9월 28~29일, '전국비구승대회'가 선학원에서 개최되었다. 석 달 만에 다시 모인 수좌들은 청정 비구 중심의 종헌을 선포하고, 새로운 집행부 선출을 단행하였다. 그후 태고사에 비구승 진입, 비구·대처 양측의 승려자격 8대원칙을 제정하였고, 사찰정화대책위원회를 구성하여 전국승려대회(1955. 8. 12~13)가 개최되어 결과적으로는 비구승 중심의 종단이 재편되면서 대처승은 종단에서 내몰리고 사찰 밖으로 나가게 되었다.

만해제자 · 무애도인

불교 정화운동 당시 비구승들이 "불법에 대처승 없다"라는 플래카드를 들고 시가행진을 하는 모습.

   승단 정화, 교단 정화는 성사되었지만, 그 과정에는 숱한 문제점이 잉태되었다. 공권력과 불자들은 불교 정화를 지원하였지만, 그 추진 과정의 부산물로 나타난 모순으로 불교의 위상은 추락하였다. 비구와 대처 양측은 사법부에 소송을 제기하여 양측의 법적 공방은 지루하게 전개되었다. 이 같은 대립과 공방은 1962년 4월 이른바 통합 종단이 출범할 때까지 8년간 지속되었다.
   이러한 과정에서 춘성이 한 역할이나 혹은 입장을 전하는 기록은 없다. 춘성의 제자이며 춘성문도회 문장인 혜명의 증언에 의하면 춘성은 싸움 하는 깃 자체를 매우 싫어하는 성격이었다. 1960년대 초, 개운사의 대원암이 정화불사에 휘말려 소용돌이가 일어났다. 낮에는 비구승이 점령하였으며, 밤에는 대처승측이 쳐들어와서 점령하는 현상이 일어났다. 비구승이 피를 흘리고 다치며, 망월사에도 지원 요청이 왔다. 망월사까지 찾아와서 응원을 요청하니 전혀 무관심 할 수도 없었던 춘성은 개운사로 가는 상좌에게 가기는 가되 싸움이 벌어지면 몰래 빠져 나오라는 말을 하였다. 승려들 간에 싸움과 갈등이 있는 것을 극단적으로 혐오했다. 이런 싸움과 갈등은 공부와는 무관한 밥그릇 다툼으로 보았기 때문이다. 춘성은 그저 도봉산 호랑이로 존재할 뿐이었다. 눈이 시퍼렇게 살아 있는 호랑이의 자존심과 위상으로 자기 자리를 지키고 있으며, 그를 찾아오는 승려와 신도를 본분사에서 지도할 뿐이었다. 비구승들이 정화운동의 승리 후 제도 장치에만 골몰하자, 춘성은 속 공부는 안 하고, 겉 모양만 따진다고 뼈 있는 소리를 하였다.

춘성은 싸움판으로 전락된 불교 정화에 참여하는 것보다는 인간으로서, 수좌로서 가야 할 길을 갔다. 불교 정화의 주체는 비구승, 수좌들이었기 때문에 불교 정화의 문제점이 드러나면서 수좌들에 대한 비판은 급증하였다. 정화를 다시 해야 한다는 자성의 목소리가 정화 주체 내부에서 나오기 시작하였다. 정화 불사(佛事)의 화신으로 불렸던 청담이 1969년에 조계종단을 탈종하겠다는 혁명적인 발언을 한 것도 이러한 저간의 사정에서 나온 것이다. 1960년대 중반 대처승과의 갈등을 잠재우기 위한 고육책에서 나온 화동(和同)의 움직임은 정화이념과 종단은 동시에 살려가야 한다는 자신의 방안이었다. 그 결과 대처승이면서도 정화운동의 산물인 조계종단을 인정하는 일부 승려를 흡수하여 그들에게 기득권을 주면서 종회의원과 사찰의 주지를 맡겼다. 그런데 화동파가 종단 내부로 유입되면서 화동파가 오히려 종단을 장악하는 기현상도 나타났다. 그에 발맞추어 정화의 우호 세력이었던 신도들은 종단에서 배척되고, 사찰의 운영권을 두고 승려들 간에 치열한 싸움을 벌이는 타락이 이때부터 본격화 되었다. 정화 이념의 실천 방안인 도제 양성, 역경, 포교를 줄기차게 외쳤지만, 종단의 왜곡 현상으로 본 궤도에 오르지도 못하였다.

불교 정화는 지난(持難)하였다. 불교 정화의 본래의 뜻이 종단 중심부에서 서서히 이탈하였다. 춘성은 이러한 현상에 대하여 일체의 시비를 하지 않았다. 그는 오직 자신이 가야 할 길, 수좌가 걸어가야 할 길을 갈 뿐이었다.

그 무렵 춘성의 발길이 머문 곳은 보문사와 망월사였다. 춘성이 보문사에 있었던 시기는 1958년 이전으로 보인다. 당시 정금오 총무원장의 시봉을 하였던 박경훈은 종단의 심부름으로 보문사에 가서 춘성을 만난 적이 있다고 필자에게 회고하였다.

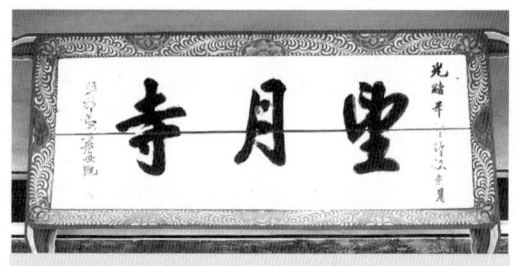

망월사 현판. 이 현판은 임오군란 때 서울에 왔던 청의 장군, 원세개의 글씨를 새긴 것이다.

사찰문화연구원이 1996년에 펴낸 『普門寺 寺誌』에서도 보문사의 주요 인물로 춘성을 내세우고, 「현대의 선승 춘성 선사」라는 제목으로 춘성의 일대기를 간략하게 설명하고 있다. 그러나 춘성이 어떤 연유로 보문사 주지로 오게 되었는지, 언제부터 언제까지 재임하였는지, 재임기간에 한 활동에 대해서는 거의 밝히지 못하고 있다. 다만 춘성이 회주로 주석하면서 보문사의 사격을 높였다는 점만 언급하였다. 이에 대해서 춘성문도회 문장인 혜성은 춘성이 보문사를 30년간이나 다녔다는 말을 춘성에게 직접 들었다고

망월사 주지 공고(1960).

증언하였다. 이런 내용을 볼 때에 춘성이 보문사를 맡은 것은 각별한 인연에서 나온 것이라 본다. 불교 정화의 소용돌이 속에서 보문사가 황폐화되는 것을 지켜볼 수 없었던 정서가 작용한 것이 아닌가 한다. 그러나 당시 춘성을 지근거리에서 보았던 망월사 보살인 법계심과 고영희의 증언에 의하면 춘성은 1950년대 중반에도 망월사와 보문사를 왔다갔다 하였다고 말했다. 이 증언을 신뢰하면 춘성은 망월사 주지를 하면서 동시에 보문사 주지를 겸직한 것이 아닌가 한다. 정화운동의 후유증이 많았던 그 시절에는 주지로 발령낼 대상자가 없어 쩔쩔매었던 저간의 사정을

보면 겸직 소임으로 볼 수 있다.

한편, 조계종단이 1960년 1월에 창간한 『대한불교』 2호(1960. 2. 1)의 1면 하단 광고에 각 사찰의 주지 명단이 나온다. 그 대상자에서 경기도 양주군 의정부 망월사 '주지 이춘성'을 찾을 수 있다. 그렇다면 춘성은 1960년 이전에 망월사 주지였다는 것이다. 1959년 무렵에 보문사에서 망월사로 주된 수행처를 옮긴 것으로 볼 수 있다. 그 무렵에는 다른 승려가 보문사 주지로 임명되었을 가능성도 고려해야 한다. 한편, 『대한불교』 32호(1962. 11. 1)에서도 춘성을 1962년 10월 30일자로 망월사 주지로 발령하였다는 내용이 나온다.

그러면 춘성은 왜 망월사로 자신의 주된 거주처와 수행처를 옮긴 것인가? 이 점은 앞에서 살핀 춘성과 망월사와의 특별한 인연으로 설명이 가능하다. 우선 6·25전쟁으로 황폐화된 절을 복구 하고픈 심정을 떠올릴 수 있다. 다음으로 망월사를 복구하여 선방을 열어 수좌들을 지도해야 한다는 소박한 의무감도 있었을 것이다. 춘성은 망월사가 정상적 복원이 되지 않은 어수선한 분위기였지만, 1960년부터 일반 수좌들의 참선 정진을 허용하였다. 종단이 어지러울 때일수록 더욱 더 수행의 고삐를 바짝 챙겨야 한다는 지론에서 나온 것이다.

망월사에서 수좌들을 지도하던 그 즈음은 각처에 제대로 된 선방이 매우 적었다. 종단도 정화불사라는 태풍과 같은 소용돌이의 한복판에 있었기 때문에 참선 수행과 선방 수좌들을 뒷받침할 겨를도 없었다. 또한 종단이 조금씩 안정되어 가면서 사판승, 행정승들이 종단과 사찰을 좌지우지하였다. 그 결과 선방 수행과 수좌는 점차 뒷전으로 밀렸다. 정화의 핵심 주역이었던 수좌 정금오는 갖은 고초를 겪으면서 정화를 한 것은 수행을 제대로 하고 불교를 바로 잡기 위해서 한 것인데, 정화의 결과를 보면 오히려 정화를 하지 못한 것과 같다는 피끓는 심정을 토로하였다. 즉, 선방이 오히려 위축되어 간다고 신랄하게 비판하였다.

한편, 망월사는 전쟁으로 인하여 대웅전도 손상을 입는 등 절의 모양이 말이 아니었다. 춘성은 절의 재정이 형편없음에도 불구하고 불사를 시작하였다. 낡고 허물어진 법당과 요사채를 수리하기 위해 춘성은 절의 뒷산인 포대능선에 있는 나무를 베어다가 활용하였다. 망월사 처사는 멀쩡한 전나무도 간혹 베었지만, 대부분은 눈이 많이 와서 쓰러진 설해목(雪害木)을 베어다가 절로 가져왔다. 춘성은 나무는 사람을 위한 것이기에 나무를 벤 것을 크게 개의치 않았다. 하지만 망월사 처사는 산림법 위반으로 산림을 담당하는 지방 공무원에 의해 경찰에 고발당하였다. 영리를 목적으로 한 것은 아니지만, 실정법을 어겼다는 것이 빌미였다. 주지였던 춘성은 할 수 없이 경찰에 의해 임의동행식으로 경찰서로 갈 수밖에 없었다.

"당신이 춘성 스님이요?"
"당신이 본대로요."
"경찰서까지 동행해 주셔야 하겠습니다."
"우리는 날마다 인연따라 동행하고 있지 않소, 이렇게 처음 만나 같이 가
 자니 거부할 수 없지."

춘성은 조그마한 죄의식도 없이, 당황하지 않고 경찰서로 갔다. 그의 행동과 마음은 어디에도 걸릴 것이 없는 무애(無礙) 그 자체이었기 때문이었다. 경찰은 실정법 위반을 따지기 전에 춘성에 대한 기초적인 인적 조사를 하였다.

"본적이 어디입니까?"
"내 본적은 우리 아버지 신두(腎頭)이지!"

경찰은 그 말의 뜻을 알아 채리지 못하고 추궁하듯이 재차 물었다.

"본적을 말해요, 본적이 어디냐고요?"
"그것은 당신이나 나도 가지고 있으며, 살았다 죽었다 하는 자지야!"
"자지라고요?"

경찰은 기가 차서 웃고 말았다. 너무나도 태연하게 남성의 상징을 자신의 본적이라고 말하는 것에는 웃을 도리밖에 없었다. 경찰은 애써 긴장하면서 다음 질문을 하였다.

"그러면 고향은 어디입니까?"
"내 고향이야, 우리 어머니 보지 속이지!"

경찰은 더 이상의 조사를 할 수가 없었다. 경찰은 춘성에게 나무를 벤 이유나 듣고자 하였다.

"이 스님, 이상한 스님이구만, 그러나 저러나 스님 산에 있는 나무는 왜 베었습니까? 그 이유나 한번 들어 봅시다."
"그거야, 산에 널부려져 있는 죽은 나무를 절로 가져와서 절이 쓰러질 형편이니 요긴하게 쓸까 해서이지. 그건 그렇고 경찰 양반 내 말이나 들어 보슈. 이 우주가 감옥이요 감옥! 우리들이 날마다 감옥 속에서 헤매고 있지 않나. 때로는 지옥에 갈 때도 있고 아귀, 축생, 아수라로 가고 있어. 나 같은 늙은이 잡아가는 것보다 이 순간에도 큰 도둑질 하는 놈들이나 잡지 뭐하고 있어! 사람을 단죄하는 방법이 평등해야지. 자비와 구원을 위해 한 행위를 실정법으로 다스리면 모든 성직자는 다 전과자가 되고 말아. 시골의 중이 서울에 와서 몇십 만 원 시줏돈을 받아 그것을 거지에게 주면 공금 횡령이 되지. 그렇지만 사람 살리는 것을 더 중요하게 보면, 그것은 죄가 안돼. 알겠나!"

춘성의 이러한 탈속한 행위를 본 경찰은 춘성을 그대로 풀어주고 말았다. 자신의 출신과 고향을 자지와 보지라고 말하여서 경찰이 춘성을 머리가 돈 이상한 사람이라고 해서 내보냈다고 볼 수도 있다. 그러나 그보다는 춘성의 폐부를 찌르는 직설적인 말의 이면에 숨어 있던 촌철살인에 의해 감동받았다는 것이 더 타당할 것이다. 이렇듯 춘성은 야성적인 인간의 진실을 그대로 노출하였다. 절로 무사히 돌아온 춘성을 보고 상좌들은 별일이 없었느냐고 물어 보았다. 춘성은 "그래! 내가 망월사 주인이다! 주인이 내 나무를 베었는데, 뭐! 벌 줄래? 그래 내가 베었다, 뭐! 잘못 되었느냐?"라고 큰소리 쳤음을 허허! 하는 웃음과 함께 전할 뿐이었다.

망월사로 돌아온 춘성은 아무 일이 없었다는 듯이 다시 절의 복구를 위한 일을 추진했다. 요사채를 짓기 위해 나무를 베어 경찰서까지 다녀와서 그런지 춘성은 법당을 다시 지으면서는 돌로 지으려고 하였다. 명분은 돌로 지어야 오래 간다는 것이었다. 그것을 본 사람마다 돌로 법당을 짓는 것은 잘못된 일이라고 하였다. 그러나 춘성은 나무로 짓는 것보다 돌로 짓는 것이 돈이 덜 든다는 이유로 신도들에게 부담을 지우지 않기 위해 자신의 고집을 꺾지 않았다. 하지만 춘성의 돈 계산법은 착오였다. 목재로 하는 것보다 시간이 더 걸렸고, 돈도 더 들어갔다. 춘성은 이렇게 돌로 된 법당을 2층으로 지었는데, 1층은 대중방이고, 2층은 대웅전의 용도였다. 춘성이 돌집을 지은 것은 돌로 지으면 불이 나도 돌로 된 뼈대는 그대로 있게 되어 몇천 년 동안은 끄떡없을 것이라는 판단이었다. 춘성은 도인이었지만, 최신식을 좋아하는 멋쟁이 수좌였다. 그는 자신의 고집대로 영구적이며, 최신식이라고 생각하는 돌집을 기어코 완성하였다.

그 무렵에 천축사 무문관과 수덕사 견성암도 돌로 지었다. 그러나 춘성이 지은 그 돌집은 지금의 망월사에서는 찾아 볼 수 없다. 춘성이 1970년대 초반 망월사에서 나온 이후의 주지였던 능엄이 1980년대 중반에 용도가 빈약하다고 해서 허물고 법당을 새로 지었기 때문이다.

『대한불교』 기자가 망월사를 찾아가, 춘성을 만나서 기고한 기사(1965. 5. 23), 「山心의 길 寺心에 젖어」.

1960년대, 그 시절 절의 살림은 보잘 것이 없었다. 춘성은 신도들에게도 큰 화주를 받을 수도 없었다. 가난한 시절의 불사는 시간만 더디게 끌었다. 그런데도 춘성은 불사를 바짝 서둘지도 않았다. 하루는 신도도 별로 없었던 망월사의 노보살이 춘성이 끙끙거리며 추진하는 불사를 보다 못해 장롱 속 깊숙이 넣어 두었던 얼마간의 돈을 가져 왔다. 돌법당 입구의 문짝을 만드는 데 보태라는 것이었다. 노보살이 절을 내려간 지 얼마 안 되어 병색이 완연한 젊은 수좌가 망월사로 올라 왔다. 그 젊은 수좌는 춘성을 찾아 인사를 하였다. 춘성과 젊은 수좌는 얼마 동안 이야기를 하였다. 그런데 춘성은 몇 시간 전에 불사에 보태라고 노보살이 준 돈 봉투를 젊은 수좌에게 줘버렸다. 공부하는 수좌가 몸이 아프니 약값에 보태 쓰라고 준 것이다. "성불하십시오."라는 말과 함께 봉투째 내밀었다. 그 봉투 안에 돈이 얼마나 들었는지는 헤아려 보지도 않고, 병든 수좌가 춘성에게 돈을 받아 내려간 뒤에 주위에 있었던 사람이 시줏돈이 얼마인지 살펴보시고 주어도 주셨어야 한다고 참견을 하였다. 그러자 춘성은 "돈을 세면 무엇하냐, 아까운 생각만 들 것을."이라는 말 뿐이었다. 참견하는 사람이 "법당 지을 돈이 모자라 가뜩이나 어려운 때에 그렇게 하시면 어떻게 합니까?"라고 하였다. 이에 춘성은 "돌부처보다 생불(生佛)을 공양하는 것이 낫다."라고 말해 그 논란을 잠재웠다.

춘성은 망월사 돌법당을 조속히 마무리 짓는 것보다는 불교의 수행 풍토가 조성되고 진실한 수좌가 많이 나오기를 바랐다. 불교의 상구보리, 하화중생이라는 근본 이념이 이 땅에 구현되기를 진정으로 발원하였다. 1965년 5월, 『대한불교』 기자는 「山心의 길 寺心에 젖어」라는 연재물을 쓰기 위해 망월사에 갔다. 그 기자가 춘성을 만나서 기고한 글에서도 춘성의 그 무렵의 정서를 엿볼 수 있다.

> 심기일전 오염된 삼독 탐심을 참회라도 하려는 듯 젖은 행장으로나 법당 닫은 문 밖에서 삼배하였다. 이춘성 주지 스님에게 내의를 고하자 일언 신문과 성벽을 쌓는다. 일단 퇴진하여 촉화 밝히고 가부좌 하니 초야의 새소리들은 비비 세우성(細雨聲)과 함께 귀에 젖어든다.
> 새벽 도량석이 끝나 밝아오는 운해에는 여전히 실비가 계속된다. 망월만이 아니라 망일(望日)조차도 인연이 없었다.
> 아침 주지 스님은 '보리에는 비가 모자라는데.'라는 어두에서부터 말문을 연다. 농민의 생활고를 그토록 염려하시는 스님의 자비에 벅찬 감회로 묵묵하였더니 중창불사가 준공되기까지 떠들석하고 싶지 않다기에 그제사 염화실의 항언에 서린 언중유언이 전심되는 듯하다.

중창불사를 요란스럽게 하고 싶지 않다는 이면에는 가뭄으로 고생하는 농민들을 걱정하는 자비의 마음이 오롯하였다. 춘성의 자비스러움은 도처에서 행하여졌다. 망월사에 있을 때나 망월사를 떠나 여러 곳을 돌아다니는 만행의 길에서도 나타났다. 한번은 춘성이 서산 간월도의 간월암에 갔다. 간월암은 그의 법사인 만공이 중창을 하였기 때문에 만공의 흔적이 남아 있는 곳이

춘성의 사상과 일화가 가득한 망월사의 옛 모습. 춘성이 망월사에 머무르는 동안 전국 수좌들은 구름처럼 몰려왔고, 춘성은 이들을 치열하게 가르쳤다.

어서 자주 찾았다. 참배와 구경을 다하고 나오는 길에 춘성은 간월암 비구니에게 용돈이 떨어졌으니 노자를 달라고 하였다. 그러자 비구니는 인근 마을에 내려가 추수하면 갚기로 하고 보리 돈을 얻어다 춘성에게 주었다. 며칠 후, 간월암 비구니는 서산에 볼 일이 있어 나룻배를 탔는데, 그 나룻배 사공에게 어떤 노스님이 양복을 사 입으라면서 4만 원을 주고 갔다는 말을 들었다.

춘성이 수년간 망월사에 머물면서 복원 불사에 정성을 다하자, 절도 모양을 갖추어 가게 되었다. 춘성이 정성을 다해 세운 돌법당도 완공되었다. 돌집이라고 불렸던 그 건물은 2층에 법당이 있었고, 1층에는 큰방이 하나 있었다. 바로 그 1층 방이 선방으로 이용되었다. 춘성은 정식으로 선방을 열었다. 춘성은 돌집이 완성되기 이전에도 자신이 수좌들을 지도하였고, 당시의 선지식으로 명망을 떨친 전강도 초빙하여 수좌들을 지도하도록 배려하였다. 전강은 망월사에서 후학을 지도하던 그 무렵의 동안거 기간에 그의

만해제자 · 무애도인

1960년대 중반 선방의 수행 현황을 보도한 『대한불교』 기사(1966. 8. 28). 몰락되어 갔던 선방을 묘사하고 있다.

법제자인 송담에게 전법게를 주기도 하였다. 그 자리에는 혜암, 춘성, 사학자인 황의돈이 입회하였다. 춘성으로서는 망월사에서 가장 중요한 돌집을 완성 하였으니 휴식을 하면서 만행을 해가며 수행하였다. 이따금씩 들러 수좌들이 공부를 제대로 하는지도 점검하였다.

한편, 그 무렵의 각처에 있는 수좌들은 춘성의 회상에서 한철이라도 나려고 발길을 재촉하였다. 망월사 선방은 1960년대와 1970년대에는 꽤 유명한 수행처가 되었다. 도봉산 호랑이로 불리는 춘성이 머무는 도봉산 망월사에서 한철 수행을 하며 춘성에게 선지가 가득한 욕법문을 듣고 안거 수행을 하는 것이 관행이었다. 수좌들이라면 반드시 한 번쯤은 들려야 하는 단골 코스가 되었다. 하지만 춘성의 회상에 오랫동안 수행하는 수좌는 매우 드물었다. 왜냐하면 망월사 선방에는 이불이 없었기 때문이었다. 망월사 선방에서는 이불을 덮지 않고 수행하는 것이 불문율이었다. 춘성도 대중들과 큰방에서 함께 자고 수행을 하였다. 망월사 수좌들은 방석 서너 개만 있으면 잠자리는 해결되었다.

춘성 몰래 담요를 갖고 와 덮고 자는 몸이 불편한 수좌가 있었다. 그러면 춘성은 즉각 "야! 씨부랄 놈아! 그 담요 당장 내놓지 못해."라고 하면서 담요를 빼앗아 바로 불태워 버렸다. 어떤 신도는 망월사에 이불이 없는 것을 보고 이불 수십 채를 가져 와 보시하였다. 그러자 춘성이 신도가 기증한 이불 전체를 마당에 모아 놓고 바로 불을 질러 버렸다는 이야기도 빼놓을 수 없는 비사이다. 겨울철에는 수좌들이나 신도들이 간혹 털 잠바를 입고 오는 경우가 있었다. 그 털옷을 안방에 걸어 놓고 법당에 갔다 오면 불에 타버리기 일쑤였다. 옷의 임자인 수좌가 항의를 하면, 춘성은 "보기 싫어서 내가 태워 버렸다."라는 말을 할 뿐이었다. 수행하는 수좌가 공부를 마치기도 전에 편한 잠자리와 따뜻한 옷을 어찌 바랄 수 있겠느냐는 추상같은 가르침에서 나온 것이다. 춘성의 목소리는 결코 크거나 호령은 아니였지만, 급힘이 없이 골았고, 그 실전에 있어서는 한치도 물러섬이 없었다. 망월사에서는 이불을 이불(離佛)이라고 하였다. 춘성은 수좌들이나 신도들에게 탐심을 내지 말고, 돈을 모으지 말며, 가진 것을 언제나 남에게 보시해야 함을 강조했다. 평상시에는 화두를 놓지 말고, 행함에서는 보살도를 놓지 말라고 가르쳤다. 그는 대중들에게 정진뿐만 아니라 보살행을 더욱 강조했다. 그는 자신의 캐비넷이나 벽장의 서랍, 그리고 자신의 마음까지도 활짝 열어 놓고 살았다.

그 무렵 선방 수행은 나약하기 짝이 없는 것이었다. 선방 수행은 말할 것이 없고 불교계 전체가 수행 풍토에서 이탈되었다. 심지어는 해방 공간 당시 부처님 법대로 살아보자는 이념을 걸고 수행결사를 하였던 봉암사에는 거주 승려가 없어서 그 지역 신도들이 절을 지킬 정도였다. 그 당시 양심적인 목소리를 내었던 승려 법정은 『대한불교』에 기고한(1965. 12. 26) 글, 「우리를 슬프게 하는 것들」에서 10대, 20대 승려는 신식 학문만 배우려는 학교병에, 30대 승려는 주지만 맡으려는 주지병에, 40대와 50대는 자비도 없을 뿐만 아니라, 조루하여 뒷방 노장으로 물러난 안일병에 물들었다고 비평했다. 그래 선방 수좌들이 정화 이념을 계승하자는 '선림회'를 결성하였고, 제2정화의 추진과 재정화를 기하려는 중진 승려들은 '영축회'를 결성하기까지 하였으나, 그 흐름을 뒤바꾸기에는 역부족이었다.

『대한불교』의 사설(1970. 2. 1), 「운수납자의 가풍 – 그 가풍의 회귀를 갈망한다」에서도 그를 준열하게 비판하였다.

> 그런데 요즘 일부 사이비들은 이와 같은 面目을 망각한 채 막행막식을 자행하고 나아가서는 갖은 행패를 부리는 일이 있어 우리 종단의 심각한 걱정꺼리가 되고 있다. 이러한 영향은 일반으로 하여금 승려에 대한 像을 흐리게 하고 있으니 실로 가슴 아픈 일이다. 여기에는 그럴만한 외적인 요인이 없지 않다. 이른바 교단 정화운동 이래 그들 속에서 주지를 맡고 寺中의 소임을 보게 되면서 그 이전과는 달리 雲水를 맞이하는 태도가 돌변하고 만 것이다. 따라서 「修行道場」의 不在를 가져오게 되었다. 무엇 때문에 교단 정화를 들고 일어났는지, 그리고 反정화의 요소가 어디에 있는지를 혼돈하게 되어 버린 것이다. 우리가 걱정하는 것은 가람 수호가 잘못되어 간다거나 주지가 타락되어 간다는 점에 있지 않다. 修行僧이 점점 귀해가고 있다는 작금의 현실이다. 수행승이란 戒定慧 三學을 兼修하고 있는 부처님의 출가 제자를 말한다. 들려오는 말처럼 일부 소수 승려들이라 할지라도 술, 고기, 담배를 거리낌 없이 飮食하고 기타 律儀를 지니지 못하고 있음에도 묵인되고 있다면 이것은 작은 문제가 아니다.
> (중략)
> 그리고 발심 납자들의 雲集體인 禪林會에서는 말과 실천이 如一하기 어려운 종단의 事務僧들에게만 기대할 것이 아니라 근래 우리 교계의 승풍을

望月寺禪院

所任 芳御 田阿永信 正隱 比丘 四三 今 安居別 在藉 海印寺 庚 慧

祖室 比丘 七二 清 華

禪德 比丘 三八 精 覺鳳寺 乾

有病 慈明 寂明 宗一正 慧首 法性 無手居士 正琪 春性
持殿 元齊大龍 比丘 二七 法度 慈度 法明 性道 比丘 二九 華嚴寺 修德寺 乾鳳寺 華寶寺 龍珠寺 月精寺 把溪寺 修德寺 百潭寺

東法邪 二四 華嚴寺 多寶寺
知客書記 二五 把溪寺 修德寺
院生 二九 華嚴寺
住持 七九 百潭寺 精

망월사 선원의 방함록(1960년대 후반). 조실에 선승으로 명망을 떨친 전강이 나온다. 춘성은 79세의 주지이면서도 수행했음을 말하는 精(정진)이라는 표현이 인상적이다.

예의 주시하여 선풍 진작을 가로막고 있는 저해 요인을 정화하는 데 누구보다도 앞장서야 할 것 같다. 전설처럼 잊혀져 가는 운수납자의 가풍을 살리는 데, 선림회에서 자발적인 역할을 해 달라고 간곡히 부탁하는 바이다.

이 사설에 나오는 바와 같이 1970년 전후의 조계종단에서는 일부 승려들의 막행막식(莫行莫食), 계정혜(戒定慧) 삼학의 소실, 수행 도량의 부재, 수행승의 희소 등이 현실로 나타났다. 그를 타개하고 불교 정화 이념을 계승하려는 수좌 단체인 선림회가 활동하였지만, 수행 풍토 개선에까지는 이르지 못하였다. 춘성이 지도하였던 망월사 선방의 수좌들은 수행 풍토의 타락이라는 흐름과 무관하게 무소의 뿔처럼 독자적으로 수행의 고삐를 매섭게 잡고 오직 한길로 가고 있었다.

망월사 선방은 치열한 선방으로 이름을 얻어 갔다. 춘성은 수좌들을 지독하게 경책하면서도 자신도 수행을 처절하게 하였다. 1970년대 초반, 춘성은 80세의 노승려였다. 춘성은 대중들과 함께 큰방에서 함께 생활을 하였다. 주지라고, 조실 격이라고, 주인이라고 딴 살림을 차리지 않았다. 춘성은 대중들이 잠을 자는 큰방을 말없이 포행하였다. 망월사 큰방은 좁아서 수좌들이 한 줄로 쭈욱 잠을 잘 수밖에 없었다. 수좌들이 머리를 누인 곳이 탁자가 있는 쪽인데, 거기에서 춘성이 잠도 안 자고 왔다갔다 포행을 하니 수좌들이 깊은 잠을 잘 수도 없었다. 그러니 얼마간 누웠다가는 다시 일어나 앉아서 정진을 할 수밖에 없었다.

여름에는 춘성은 새벽 두 시 무렵이면 조용히 방을 나와 사찰 경내를 말없이 돌아다녔다. 한 시간 정도 절 안을 돌아다니다가는 다시 방으로 살며시 들어온다. 그리고는 참선을 하거나, 아니면 조용히 목침을 베고 누워 있을 뿐이었다. 망월사가 아닌 다른 절에 가서도 밤 열두 시까지는 밖에서 주로 포행을 하고, 대중방에 들어 와서는 잠시 눈을 붙였다. 그리고 새벽 세

시가 되면 일어나 정진하고, 포행하기를 반복했다. 이렇게 잠을 안 자니, 낮에 가끔은 조금씩 졸기도 하였다. 춘성은 수행하는 그 자체를 중요하게 여겼지, 그 형식에 대해서는 거의 신경을 쓰지 않았다. 그는 더울 날에 정진을 할 때에는 옷을 다 벗어 버리고, 가사 한 자락만을 걸치고 입선하였다. 그러나 추울 때에는 옷을 세 벌, 네 벌 겹쳐 입어서 보는 사람마다 웃지 않는 자가 없었다고 한다. 춘성은 기골이 장대한 6척 장신이었지만, 늘상 파란 베

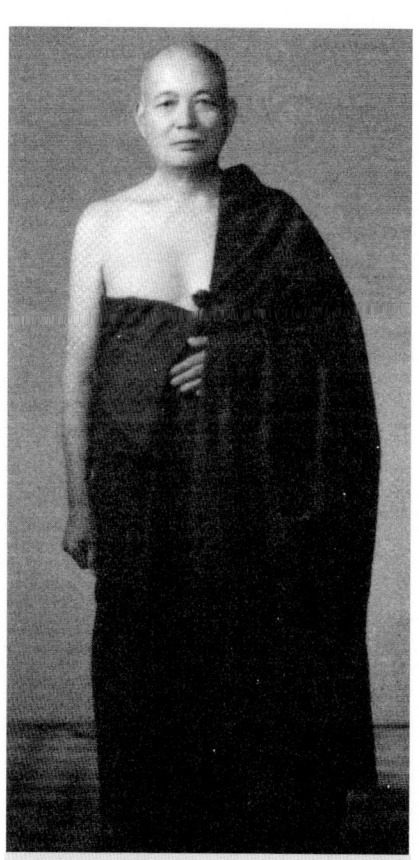

춘성 큰스님의 모습. 춘성은 평소 단벌로 지내 세탁할 때에는 맨 몸에 가사만 걸치고 있었는데, 이를 기념하여 촬영한 것이다.

레모를 쓰고, 그러면서도 아주 작은 바랑을 메고 늘상 혼자 다녔다. 그렇지만 춘성은 아침 예불을 할 때에는 꼭 참석을 하고 108배를 빼먹지 않았다. 여기에서도 활발한 선풍과 무소유를 지향한 담백함이 묻어난다.

  1981년부터 10년 넘게 조계종단의 종정을 역임한 성철이 각처 선방을 순행하던 1961년경 망월사 선방을 들렀다. 춘성은 성철에 대한 소문을 많이 들어서 성철, 그가 정말로 장좌불와를 하는지를 확인하고픈 생각이 들었다. 망월사는 큰방에서 모든 대중이 함께 정진을 하였기 때문에 자연스레 춘성은 성철 수좌가 진짜로 장좌불와를 하는 것을 확인 할 수 있었다. 성철 수좌가 장좌불와 하는 것을 본 춘성 노수좌는 자신도 성철처럼 장좌불와를 하겠다며 수행을 다시 채근하였다. 70이 훨씬 넘은 노승려가 장좌불와를 시도하였다는 것은 춘성 이외의 승려에게서는 듣지를 못하였다. 다만 오대산 도인 방한암은 밤새 자지를 않았다는 상원사 수좌들의 이야기는 들려온다. 그러나 한암도 지속적인 장좌불와를 한 것은 아니고, 밤을 지새우면서 수행을 한 것은 사실이다. 그처럼 장좌불와는 시도하기 힘든 수행임은 분명하다. 성철의 망월사에서의 수행에 대한 이야기를 춘성에게서 직접 들은 대선은 그 전후 사정은 사실이었다고 하면서, 춘성이 "철 수좌가 잠을 자는지 안 자는지는 모르겠지만, 하룻밤 내내 앉아 있었던 것을 직접 보았어, 철 수좌는 대단하더만."이라고 감탄조로 말하는 것을 들었고, 그 때 향곡도 성철을 따라 망월사에 함께 왔다고 증언하였다.

  한편, 춘성은 망월사를 오직 선방 수행에만 주력하는 사찰로 만들려고는 하지 않았다. 춘성은 만해 한용운의 제자였기 때문에 그도 어느 정도는 한용운의 불교개혁 정신을 체득하였다. 그래서인지 한용운이 『조선불교유신론』에서 폐기해야 한다는 대상으로 지목한 망월사의 산신각과 칠성각을 신경쓰지 않았다. 그러나 한용운이 제기한 문제점의 하나인 염불은 버리지 않았다. 망월사에 있었던 대중 승려들은 새벽마다 들려오는 춘성의 우렁찬 도량석을 들고서는 힘을 내어서 수행을 하였다.

　　춘성 스님의 도량석 목탁 소리를 듣고 눈을 뜨는 날에는 그렇게 기분이
　　좋을 수가 없어요. 종성(鐘聲)도 그만이지요.

　춘성의 도량석은 망월사라는 테두리에만 머물지 않았다. 춘성은 망월사가 위치한 도봉산 계곡 능선까지의 산길을 오가면서 목탁을 들고 도량석을 하였다. 그리고 망월사를 떠나 다른 절에 가서도 늘상 자신이 직접 목탁을 들고 도량석을 할 정도로 춘성의 염불 정진은 지독할 정도이었다. 그런데 어느 날, 망월사에서 도량석을 하는 중간에 목탁 소리가 뚝 그쳐 버렸다. 그래서 방에 있던 대중들이 이상히 여겨 마당으로 나가보니 춘성이 축대 아래로 떨어져 나뒹굴어 있었다. 춘성은 정신을 차리고 나서 말을 하였다.

　　"수행자라면 도량신을 없신여겨서는 안 돼! 산신각이나 칠성각 탱화를
　　불태웠더니 과보(果報)가 바로 오는구나. 도량신을 편안케 하고 공부해
　　야지 함부로 날뛰는 일은 삼가야 해."

　춘성은 도량의 안정과 수호를 자신이 직접 챙기면서 수좌들의 정진을 독려하였다. 춘성은 선을 최고로 치는 수좌이었지만, 염불과 범패도 할줄 아는 균형 잡힌 수행자였다. 춘성의 이런 측면은 참선 수행만을 위한, 오직 수좌만을 위한, 선방이 최고라는 독선적인 수행을 내세운 선사가 결코 아니었다는 것을 말해주는 단서이다. 춘성도 조계종에서 강력히 내세우는 간화선을 하였지만, 지금의 불교계와 수좌계에서 병폐로 지적하고 있는 수좌병에 걸린 편협한 선사는 아니었다. 다시 말하면 춘성은 수좌들이 가야 할 그 길을 온몸으로 보여준 전범(典範)과 같은 진짜 선사였다.

# 돌장승이 아이 낳는 도리

춘성은 선사였다. 그러면 춘성은 선에 대해, 선수행에 대해, 간화선에 대해 어떤 발언을 하였는가? 여기에서 춘성의 선 수행의 성격을 말해 주는 망월사 결제 법문인 그의 육성 발언을 들어 보자. 춘성은 법좌에 올라 주장자를 한 번 치고서는 다음과 같은 법어를 말하였다.

> 바다 밑에서 진흙소가 달을 안고 달아나더라.
> 바다 밑에서 돌호랑이가 새끼를 안고 졸고 있더라.
> 철사로 만든 뱀이 금강 눈을 번뜩이며 들어가더라.
> 곤륜산을 코끼리가 짊어지고 있는데, 그 코끼리를 황새가 끌고 가더라.
>
> 이 네 글귀 가운데 능히 죽이기도 하고 또한 능히 살리기도 하는 글귀가 있으니 대중 가운데 아는 이가 있으면 한번 일러 보아라.

대중이 아무도 답을 안 하고 묵언하니, 춘성은 이내 주장자를 세워 법상을 크게 한 번 치고는 "오늘 법문은 다 마쳤으니 다른 이야기나 하겠다."라고 하면서 다음과 같은 말을 이어 갔다.

내가 망월사에 50년을 살면서 염불 한마디 안 하고 맥주만 마시고 허송세월을 보내는데, 어느 날 저승사자가 나를 잡으러 왔더이다. 그래 내가 염라대왕전에 가서 꿇어 앉으니,

"네 이놈! 이춘성 들어라! 너는 매일 맥주만 마시고, 염불 한마디 안 하니 내 너를 당장 무간지옥으로 보내리라."

하는 명령이 떨어지더이다. 나는 무간지옥이라는 말에 눈이 번쩍 뜨여서 그제서야 염라대왕에게 사정을 하였소이다. 한 번만 용서해 준다면 염불에 매진하겠노라고 간곡히 빌었더니 염라대왕이 용서를 해 주더이다. 그 후부터 나는 일체 잡념을 다 끊고 오로지 빙식 위에 결가부좌를 틀고 앉아 조주무자(趙州無字)만을 일념에 두었더이다. 일체 생각이 다 끊기니 삼라만상이 다 한 생각이었어요. 그리하여 일주일 후 염라국 사자들이 다시 나를 잡으러 왔으나, 그땐 이미 내 몸이 보이지를 않으니 어찌 하겠습니까?

이처럼 '무'자 삼매에 들면 염라대왕도 못 잡아 가니 여러 신도님들도 자나 깨나, 오나가나, 오로지 '무'자 화두를 드시오. 사람이 세상에 태어나 마음 찾는 공부를 하면 일체 근심이 끊기는 것을 어리석은 중생들은 어찌하여 이 법을 외면하고 염불 한마디 안하고, 남을 미워하고 시기하며, 어른을 공경하지 아니하며, 친구들을 속이다가 결국 스스로 지은 죄에 떨어져 끝없는 고통속에서 헤어나지 못하는 것인가? 그러면 이러한 모든 행위를 하고, 하게 하는 '나'란 무엇인고?

한 발 되는 버드나무 막대기를 아무리 잡으려 해도 잡지 못한다. 어찌하

여 잡지 못하는가? 바람을 타고 허공 중천 옥난간에 떠 있기 때문이다.
어떤 것이 옥난간이냐?

춘성은 이렇게 법문을 하고 주장자를 쿵! 한 번 내리치고는 법상에서 내려왔다. 이런 춘성의 법문은 수좌만을 위한 것이 아니었다. 평범한 신도를 위주로 한 법문이란 것을 주목할 수 있다. 그리고 '무(無)'자 화두를 들라고 하였지만 독선적인 간화선 색깔로 도배된 '무'자 화두가 아니고, 오히려 염불선의 성격이 가미된 대중적인 참선을 강조하였다. 춘성은 염불 한마디도 안 하여 마음을 찾지 못하고 헤매는 보통 사람들의 신앙 행태를 안타까워하였다. 이것도 춘성에게는 자비의 몸짓이었다.

봉국사 법당에서 설법하는 모습. 춘성은 정성을 다하는 것으로 유명하였는데, 간혹 추상과 같은 격외의 언어도 등장하였다.

망월사에서 성도재(成道齋)가 있었던 어느 날, 춘성은 법상에 올라 주장자를 한번 치고는, 마음에서 화두를 놓지 말고, 일상생활을 행함에서는 보살도를 놓지 말라고 강조하였다. 그리고는 대중들에게 "이 도리를 아는가?"라고 하였으나 대중의 답이 없자 춘성은 답답한 마음으로 다음과 같이 법문을 지속하였다.

> 오늘은 부처님이 명성(明星)을 보고 도를 깨쳤으나 깨친 허물이 있고 중생은 미(迷)한 허물이 있으니 이날은 바로 중생의 미한 허물과 부처의 깨친 허물이 모두 없어지는 날이니라.
> 본래 무일물(無一物)이라, 그 자체는 볼래야 볼 수도 없고, 만질래야 만질 수도 없다. 마음은 또 형단(形段)이 없어서 물에 빠져도 죽일래야 죽일 수 없고, 불에 태워 죽일래야 죽일 수 없는 것이다. 모양이 없고 공적하므로 생사도 없는 본래의 마음자리가 열반이요, 진낭이요, 극락이다.
> 형단과 생사 없는 나의 본래의 마음을 여실히 깨달아 쓰지 못하고, 소리와 빛깔 모양을 탐해서 사대(四大)육신을 자기인 줄 알고 살므로 이 육신이 죽으면 참 자기 마음도 없어진다고 생각한다.
> 이 마음을 여실히 알고 바로 쓰는 이가 부처요, 이 마음을 알지 못하고 미(迷)한 이가 중생이라, 자기가 자기 뜻대로 못하고 자기 자신을 모르는 이가 가장 불쌍하고 불행하니라.
> 저 탁상의 등상불은 입이 없어도 아무 말이 없으시고, 귀가 있어도 듣지 않고, 손발이 있어도 움직이지 않으시거니와 지금 여러 대중이 자기 마음을 알려고 묵묵히 앉아 있으니 저 등상불과 조금도 다름이 없고 둘이 아닌 여여부동불(如如不動佛)이니라.
> 그러므로 내가 내 마음을 깨쳐 나의 참 면목을 알아야 돌아가신 부모와 조상의 가신 곳을 아는 것이요, 모든 성현과 부처와 조사의 면목을 아는

것이니, 내가 내 자신을 알려고 이 시심마(是甚麽) 이뭐꼬!를 찾는 것이 곧 부모와 조상과 나라와 민족을 위하는 길이니라.
"돌장승이 어린애 낳는 도리를 알라."

조사 스님이 부탁한 말씀에 "있는 법을 없게 할지언정, 없는 법을 있게 하지 말아라."라고 하셨다. 본래 법이란 없는 것이며, 나란 물건도 없던 것이었다. 우리가 잘못된 한 생각을 내어 있다, 없다, 참이다, 거짓이다, 동(東)이다, 서(西)다 하고 분별망상을 일으키고 있는 것 뿐이다. 선지식을 믿지 않고는 법이 들어가는 법이 없다.
이야기나 무슨 의문이나 공론 또는 이치를 아는 것으로 알 수 없다. 법은 아는 것이 없고 이치가 없다. 아는 것이 없고 이치가 없어도 믿을 신(信)만 확실히 하면 저절로 쑥 들어가지만, 그렇지 않으면 영원히 의논해 보았자 헛수고이야. 그래서 옛 조사들은 불법 대의를 묻는 제자에게 마른 똥막대기!라 하였지. 서로 믿고 행하는 데 도가 있는 것을 분명히 알아야 한다. 나는 "있는 법을 없게 할지언정, 없는 법을 있게 하지 말아라."라고 말한다.
천하 없는 법사가 설한다 하더라도 벌써 한마디 툭! 터지면 개구즉착(開口卽錯), 그러므로 나는 거듭 강조한다. 돌장승이 애기 낳는 도리를 알아야 한나고.

이렇게 춘성은 대중들에게 자기 스스로 터득하여 법을 깨쳐야 함을 강조하였다. 불법은 자기가 수행해야 본질에 들어갈 수 있음을 웅변하였다. 한번은 이 법문을 들은 수좌가 "돌장승이 애기 낳는 도리가 무슨 뜻인지? 구체적으로 설명해 줄 수 없겠습니까?" 하고 물어 왔다. 춘성은 "네가 집을 짓지도 않고, 어떻게 들어가 살며, 살림살이가 들어갈 수가 있는가! 네 스스로 참구하여 깨달아라."라고 지적해 주었다. 이렇듯이 춘성은 대중들에게 불법을 만나는 법을 친절하게, 간혹은 열정적인 욕지거리로 알려 주었다. 춘성의 성도재 날의 법문은 계속되었다.

옛날 원효 스님은 우리들 삶의 아픈 곳을 다음과 같은 비유로 지적한 일이 있었지. 사람이 화장실에 가서 변소 밑의 똥 속에서 꿈틀거리고 있는 벌레를 보고 저놈들 깨끗하고 더러운 것을 가리지 못한다고 침까지 뱉지만, 성인들이 중생을 바라보면 똥 속에 꿈틀거리는 벌레같이 중생들이 정예(淨穢)를 가리지 못한다고 욕하는 것과 같다고 하였어. 그러나 원래 자성 자리에는 더럽고 깨끗한 것이 존재하지 않아. 이 도리를 아는 자가 진실한 자성을 알게 될 것이야.

천지여아동근(天地與我同根)
만물여아일체(萬物與我一體)

천지는 나와 함께 그 뿌리에 있어서 같고
만물은 나와 함께 한 몸이다

대중들은 아직도 깨우치지 못하겠느냐? 다시 들어 봐!
부처를 구하면 부처를 잃고, 도를 구하면 도를 잃고, 조사를 구하면 조사를 잃을 것이다.

춘성은 이런 말을 하고서는 아래의 조사 게송을 읊고 법상에서 내려 왔다.

아유명구일과(我有明球一顆)

구피진로관쇄(久被塵勞關鎖)
금조진진광생(今朝塵盡光生)
조파산하만경(照破山河萬境)

내게 반짝이는 구슬이 한 개 있나니
오랫동안 먼지에 쌓여 있었네
오늘 먼지를 닦아 제 빛을 발하게 하니
온갖 산하를 두루 비추게 한다.

이런 춘성의 법문을 통하여 우리는 춘성 그가 무애의 대자유 공간에 서 있

춘성이 봉국사의 야외 법상에서 설법하는 장면. 봉국사는 대웅전이 협소해 춘성의 법문을 들으려 몰려든 신도들을 위해 이 같은 야외 법석을 차린 것이다.

음을 알 수 있다. 춘성은 이렇게 대자유인이었기 때문에 그의 삶에서는 고통도 없고, 불안이라는 그림자도 그에게는 어울리지 않았다. 춘성에게는 만물이 자신과 일치하고 있기 때문에 자신의 외부에 가서 그 무엇을 구할 이유가 존재하지 않았다. 그러나 춘성의 관심은 여기에서 머물지 않는다. 자신의 그 체험과 자신이 확신하는 그 경지를 일반 대중들에게 전해 주고, 일깨워 주기 위한 보살행을 행하였다. 중생들의 무지로 인해 헤매는 것을 볼 수 없었기 때문에 춘성은 설명하고, 강조하고, 비유를 들어 말하였고, 간혹은 원색적인 언어의 극단까지 써가면서 불법의 정수를 전하였다. 그래서 춘성은 평소에 대중들에게 이야기하였다.

양복차림의 춘성 스님. 춘성은 서울 시내를 출입할 때는 가끔 양복을 입었다. 그러나 그는 양복을 두 번 입는 법이 없었고, 그 양복을 길거리의 노숙자들에게 벗어주었다. 사진 우측은 자윤 비구니 스님이다.

그대들이여! 그대들의 몽둥이 속에 하나의 자유스런 무위 진언이 있나니 항상 그대들의 면전에서 출입을 한다. 아직 그것을 깨닫지 못한 사람들은 누구라도 이것을 체험하여 깨달아야 할 것이다.

　모든 사람에게 자유스런 무위진언을 찾고 깨달아야 한다고 주장하였다. 춘성의 이 같은 선에 대한 입장, 선 사상은 어떻게 보아야 하는가. 그에 대해서 필자는 춘성의 은사 법사인 한용운과 송만공의 계승, 그리고 거기에서 한 발 더 나간 춘성만의 개성적인 선적 취향을 제시한다.
　한용운은 불교에서는 일체중생에 불성이 있고, 그러므로 모든 중생이 성불할 수 있다는 기본 전제를 강조했다. 그래서 불교는 세간에 들어가서 세간에 나는 것이라고 보았다. 이는 불교가 구세적으로 입니입수하는 것임을 말하는 것이다. 그 연후에 한용운은 근대불교가 대중불교로 나아가야 한다고 강력히 주장하였다. 한용운은 불교가 대중을 위한 노선으로 나가야 한다는 전제하에 불교는 그를 위한 방안을 강구치 않으면 안 된다고 하였다. 이에 산간에서 가두로 나와야 하며, 승려 중심에서 대중 중심으로 나가야 한다면서 대중을 떠난 불교는 존립할 수 없다고 강조하였다. 한편, 한용운은 참선도 대중불교의 관점에서 설명하였다.
　즉 선은 일상 생활을 하면서 할 수 있는 것이고, 고난의 삶 속에서 더욱 필요한 것이라고 보았다. 때문에 선은 생활의 수양이라고 단언하였다. 그리고 수좌가 선 수행을 마치면 세상으로 나와 중생을 제도하는 것이 기본 의무라 하였다. 지금까지 살핀 바와 같이 한용운은 대중불교론의 입론 하에서 선의 대중화(大衆化), 선의 생활화(生活化), 선의 구세화(救世化)를 주장하였다. 바로 이 같은 한용운의 선 사상을 수용하여 개성적으로 체질화 시킨 당사자가 춘성이었다.
　다음으로 춘성의 선 사상에 영향을 끼친 선지식은 춘성의 법사인 만공이다. 만공은 한국 근대 선불교의 새벽을 열었다고 불리는 경허의 제자이다. 경허의 제자는 만공 말고도 수월과 혜월이 손꼽히며, 오대산 도인 한암도 경허의 법제자이다. 흔히 수월, 혜월, 만공을 세 달(月)로 비유한다. 수월은 만주에 정착하여 은둔적인 수행을 한 기인이었으며, 혜월은 부산지방에서 숨어서 수행을 하며 제자를 길러낸 수좌였다. 그러나 만공은 수월, 혜월과는 달리 수덕사를 근거로 하여 경허 선풍을 활발히 재생산하고, 상좌와 제자를 적극적으로 지도하여서 많은 인재를 길러냈다. 또한 만공의 참선 지도에는 비구니들도 예외가 아니었음은 널리 알려진 이야기이다. 이렇게 그는 수덕사에 매이지 않고, 전국 각처를 돌아다니면서 인연만 있으면 선의 수행 지도에 주력하였다. 이러한 구도에서 그는 선학원, 선우공제회, 선리참구원, 조선불교선종의 창종, 전국수좌대회 등에서 항상 그 주역으로 최일선에 서 있었다. 일제하 선불교의 대명사로 지칭될 만큼 다양한 행보와 업적을 갖고 있다.

만공의 선 사상을 정리하여 살펴 보면, 그는 오로지 선을 중심으로 공부해야 한다는 입장을 갖고 있었다. 한국불교의 전통인 선주교종(禪主敎從)이나 선교일치(禪敎一致)라는 관점은 만공에게서 확연하게 나타나지 않는다. 다음으로 그는 참선의 생활화를 통한 후학 지도에 큰 관심을 가졌다. 참선이 활성화될 수 있는 구체적인 조건을 제시하였고, 참선의 생활화를 통한 올바른 자세까지 제시하였다. 이러한 만공의 선을 『만공 법어』의 내용을 보자

> 나를 완성시키는 데는 3대 조건이 구비되어야 하는데, 그것은 도량(道場), 도사(道師), 도반(道伴)이다.

만공은 수행과 참선을 가능케 하는 조건을 도량, 스승, 도반으로 보았다. 이는 만공이 자기 혼자만의 성불에 만족하는 수좌가 아님을 분명히 말하는 것이다. 그리고 만공은 수행자들이 수행을 함에 있어서는 신심(信心), 분심(憤

心), 의심(疑心)을 반드시 가져야 한다면서 학인들에게 참선의 생활화를 강조하였다.『만공 법어』에서 산견되는 만공의 어록을 보면 만공이 선 수행과 선의 생활화를 얼마나 치열하게 주장하였는가를 알 수 있다.

> 참선하는 사람의 시간은 지극히 귀중한 것이라. 촌음(寸陰)을 허비하지 말아야 하느니라.
>
> 공부가 늦어지는 까닭은 시간 여유가 있거니 하고 항상 미루는 마음이 있기 때문이니라.
> 자고나면 오늘은 죽지 않고 살았으니, 살아 있는 오늘에 공부를 마쳐야 하지 내일을 어찌 믿으랴! 하고 매일 매일 스스로 격려해 가야 하느니라.
> 수도 중에는 사람 노릇할 것은 아주 단념해 버리고 귀먹고 눈먼 병신이 되어 일체 다른 간섭이 없게 되면 대아(大我)는 저절로 이루어지나니라.
> 불법을 알면 속인(俗人)이라도 중이요, 중이라도 불법을 모르면 이는 곧 속인이니라. 중은 반드시 대중에 처해야 하며 대중을 중히 생각하여야 하나니라.

만공은 이렇듯 참선의 생활화와 대중화를 강조하면서 일반 대중들도 참선공부를 해야 함을 역설하였다. 춘성은 만공을 지극정성으로 믿고, 만공의 가르침에 의해 수행을 하였으며, 만공의 입적 이후에도 만공을 절절하게 사모하였다는 저간의 증언을 유의하면 만공의 선풍이 곧 춘성의 선풍이라고 확신할 수 있다.

지금껏 한용운과 송만공의 선의 입장을 조명하여 보았다. 대중불교, 선의 생활화, 선의 대중화, 선의 구세화가 춘성에게서 재생산되었다는 것을 느낄 수 있다. 춘성은 이렇듯 한용운과 송만공의 선 사상을 계승하면서도 자신만의 선적 개성을 만들어 냈다. 무애도인, 대자유인으로 지칭 받는 춘성의 개성이 거기에 덧붙여졌던 것이다. 또한 춘성이 수좌와 일반 대중에게 선의 진수를 전함에는 원색적인 언어의 파편, 인간의 본질을 해체시키는 욕지거리도 동원되었다는 것은 익히 아는 내용이다. 이런 춘성의 삶과 수행은 흔히 말하는 긴쩨 수좌로 말하는 것이 온당할 것이다.

수덕사의 현판. 수덕사는 경허·만공·춘성 가풍의 근거처이다.

지금의 수좌계 풍토에서는 춘성이 온몸으로 보여주었던 참 수좌의 모습을 만나기 어렵다. 조사선과 간화선이 수행의 지름길이고, 수승(殊勝)한 길이라는 웅변이 난무하다. 간화선 수행을 정직하게 하였고, 올바른 수행의 길을 가고 있는 수좌는 누구인지, 어디에 숨어 있는지에 대해서는 가늠하기 어렵다. 오직 침묵하는 것이 요즈음 불교계의 정서이다. 간화선의 전통이 가장 잘 보존된 것이 한국불교라고 말하고, 조계종의 제방 선방에는 안거 철마다 2천여 명의 승려가 정진하고 있다. 그러나 산업사회의 가속화로 심신이 지친 재가불자들을 위한 선원도 급속히 증가함에도 불구하고 간화선을 통해 깨쳤으며, 간화선 수행자가 중생구제에 발 벗고 나섰다는 승려는 찾기 어렵다. 간화선에 정통한 대종장은 누구인지 알 수 없고, 진실한 수좌 정신이 실종되었다는 한국불교의 현실을 지켜보면서 필자는 춘성을 다시 한번 찾아야 한다고 본다. 간화선 수행의 방법은 동의할 수 있지만, 그 방법만을 외골

수로 강조하는 독선적이며, 자아도취적인 수행 풍토와 중생과 사회를 배려치 않는 수행지상주의는 온당치 못하다는 것이 지금 불교계 내외의 비판적인 정서이다.

최근 조계종 선원수좌회의 학술분과위원장을 맡고 있으면서 벽송사에서 수행을 하고 있는 월암이 펴낸 『간화정로』(2006, 현대북스)에는 「현재 간화선풍에 대한 반성」이라는 제목으로 수좌계의 병폐를 분석한 내용이 나온다. 이 글에서는 현재 한국 선불교의 문제점을 다음과 같이 제시했다.

　　이론과 실천의 병행이 안 된다는 것
　　안빈낙도(安貧樂道)의 승풍이 무너졌다는 것
　　동중수행(動中修行)의 미흡
　　생산성의 나약
　　수행과 인격의 불일치

이론과 실천의 병행이 안 된다는 것은 선원에서 실참하고 있는 수선납자들이 실참실구(實參實究)만을 최고의 가치로 치고 여타의 것은 무시하고 있다는 말이다. 선 사상과 선학 이론에 무관심하고, 경전 열람은 참선에 방해된다고 비판한다. 그러나 이론과 실참이 균형되지 않을 경우에 적지 않은 문제점이 있음은 분명하다. 다음으로 안빈낙도하는 수행자 생활이 결핍되어 있다는 것은 수좌계의 가장 암적인 문제이다. 수좌들이 안빈낙도를 하지 않고, 명리와 편안함을 추구한다면 그 출발에서 이미 수행은 물 건너 간 셈이다. 그리고 동중수행의 미흡은 선방의 좌복에 앉아 있다는 것이 유일한 수행으로 여기며, 일상생활에서의 선 수행을 백안시한다는 것이다. 일상생활에서도 선 수행이 강화되어야 한다는 지적이다. 마지막으로 생산성의 나약은 수좌들이 참선한다는 명분으로 아무 일도 하지 않고, 신도들의 시은(施恩)

에만 의존하여 생활하며, 이전에는 농사지어 자급자족으로 먹고 살았던 선농불교를 거들떠보지도 않는다는 것이다. 요컨대 수좌들이 무사안일과 무위도식에 빠져 있다는 단정적 이해이다. 수행과 인격의 불일치는 참선 수행과 비례하지 않는 수좌들의 인격의 문제점을 지적하는 것이다. 인격적 성숙이 동반되지 않는 수행은 결코 바람직한 수행이라고 인정될 수 없다.

월암 수좌가 수좌계와 선불교 수행의 문제점으로 지적한 반대편에 춘성이 있었다고 필자는 주장한다. 춘성은 월암이 지적한 문제점에 해당될 내용이 별로 없다. 지금은 해체되었지만, 1990년대 조계종단 내부의 수행 풍토 진작을 도모하면서 교단혁신을 위해 진력한 단체인 '선우도량'이 있었다. 선우도량은 제방 선방에서 참선 수행을 하였던 수좌들이 주역으로 활동하였는데, 당시 그들이 「선우도량 서원, 실천덕목」으로 걸었던 내용으로 선우도량의 지향을 엿볼 수 있다. 필자가 이를 제시하는 것은 선우도량의 수좌들이 서원하였던 그 언서리에 춘성이 오롯하게 있었음을 말하려는 것에서 온 것이다.

### 선우도량 서원

- 대비원력의 구법 정신으로 불교 세계관 확립을 위하여 항수불학(恒隨佛學)하는 수행자가 된다.
- 부처님께서 마지막 남기신 대비원력의 계율 정신으로 청정한 승가상 확립을 위하여 수행 정진한다.
- 정법에 의한 대비원력의 정신으로 여법한 불교 신앙 의식을 집행한다.
- 대비원력의 호법 정신으로 부처님 도량이 성스러운 수도원이 되도록 한다.
- 대비원력의 승가 정신으로 민족과 인류의 역사를 가꾸어 간다.
- 대비원력의 구제 정신으로 불교 생명관에 의한 생명 본연의 질서회복

을 위하여 앞장선다.

### 선우도량 실천덕목
- 진지하고 겸허하게 합장 예배한다.
- 예불, 운력 등 승가의 전통을 생활화한다.
- 청정 승가의 전통인 포살과 자자를 한다.
- 언제나 객실을 잘 갖추고 사용한다.
- 법의 정신에 알맞은 전공을 갖는다.
- 모든 소유를 인재 양성, 전법, 이웃을 위해 바친다.
- 언제나 합의된 원칙과 결의에 수순한다.

 이러한 선우도량의 서원과 실천덕목에는 최근 직업 수좌로 불리는 부류들이 주장하는 거창하고 애매한 개념은 거의 나오지 않는다. 불법, 불교사상, 부처님의 사상 등에서 배어나온, 1700여 년 한국불교의 전통에서 토착화되었던 수행자의 덕목이 제시되었을 뿐이다. 불교의 생활화, 수행의 생활화, 참선의 대중화가 서원과 덕목으로 변용되었다. 이런 지향은 한국 현대불교의 최고 선지식으로 춘성을 꼽고 있는 무비가 선의 '7대 정신'으로 제시한 것에 합치된다. 무비는 2007년 10월 29일, 해인사에서 개최된 선원 청규 편찬을 위한 세미나의 기조 발제에서 '수선생활'이란 간소, 탈속, 자연, 적정, 유현, 고고, 변화에 바탕을 둔 삶이라고 발언하였다. 바로 이런 정신과 삶이 춘성에게서 올곧게 드러났다.
 작금의 수행자는 반성해야 한다. 혹시 자신이 명리에 빠져 있는지, 아닌지를 가리기 위해서. 춘성은 살아생전에 상좌들에게 총무원 근처에는 아예 가지도 말고, 주지는 맡지 않도록 강조하였다. 춘성은 종정에 마음을 두고 있는 수행자들에게 "아직도 마른 똥막대기 도리를 모를 뿐 아니라, 돌장승이 애기 낳는 도리를 모르는 놈들"이라고 쓴소리를 하였다. 그는 정화운동의 후유증으로 수행자들이 타락하고 불교계가 혼란할 것을 예견하여 동산, 효봉과 같은 선지식이 입적하면 종정 제도를 둘 필요가 없다고 수좌 출신으로 총무원장을 역임하였던 경산에게 말했다. 이는 명리가 수행자들에게 암적 존재임을 지적한 것이다. 춘성이 예견한 바와 같이 1970년대 중반 이후 현재까지 종정 선출이 끝나면 숱한 소문이 횡행한다. 종정에 오르겠다는 종단의 최고 어른들과 수행력이 뛰어나다는 수행자들도 그러하거늘 여타의 승려들은 말할 필요조차 느끼지 않는다.

그래서 필자는 주장한다. 지금 이 땅의 승려, 수좌, 수행에 뜻을 갖고 있는 불교인들은 춘성의 고뇌, 이념, 지향, 삶을 다시 보아야 한다고. 춘성의 선 사상은 간화선과 임제선으로만 표현될 것이 결코 아니다. 춘성은 불교의 이념을 실천하였고, 참선 수행을 치열하게 하였으며, 대중들의 깨침을 위하여 지독스런 언실로 몸 전체를 던졌다.

만해제자 · 무애도인

# 만해 · 만공의 선풍을 잇다

한용운은 1944년 6월 29일, 심우장에서 생을 마쳤다. 장례는 수많은 사람들이 피를 토하는 심정을 표현하지도 못하는 애도 속에 치뤄지고, 그 유해는 망우리 공동묘지에 묻혔다. 춘성도 이 장례식에 참석하였다. 한편 한용운이 이 세상을 떠난 얼마 후 나라는 일제의 사슬에서 해방이 되었다. 한용운이 그토록 갈구한 나라의 독립은 이루어졌다. 그러나 강대국의 보이지 않는 손길, 남북한 이념의 대립 등에 의해 나라는 분단의 체제에 놓여지고, 동족 간의 처절한 피흘림인 6 · 25전쟁을 겪어야만 했다. 한용운이 그토록 바라던 해방은 되었지만, 완전한 의미의 독립은 달성되지 못하였으며, 그 사정은 지금도 지속되고 있다.

이러한 나라의 운명처럼 한용운의 정신을 계승하려는 해방 이후의 여러 일들도 순탄치만은 않았다. 한용운 정신을 계승하려는 제자나 연구자들이 주도한 『한용운 전집』 발간 사업도 수많은 우여곡절을 겪고, 1973년 6월에 가서야 성사될 수 있었다. 전집간행위원회는 1948년에 결성되었지만, 6 · 25를 만나 한용운의 자료는 지방으로 갔다 다시 서울로 오게 되었다. 6 · 25 후에는 전쟁의 후유증으로 추진 자체가 어려웠다. 1958년에 가서야 고려대의 연구자와 학생들을 중심으로 위원회가 재결성되고 일부 작업이 추진되어 원고가 만들어졌지만, 출판사 문제로 중단되었다. 그후 한용운의 자료를 보관한 효당 최범술 집안의 문제로 곤혹스런 세파를 겪은 후에야 전집은 신구출판사에서 1973년에 발간되었다.

『한용운 전집』이 숱한 고생을 겪은 후에야 발간된 것과 같은 유사한 사례가 있다. 그것은 바로 지금의 서울 종로의 탑골공원에 서 있는 한용운의 비석이다. 현재 전국의 각처에는 한용운의 시비, 동상, 기념 비석이 다양한 인연으로 건립되어 있다. 그 중에서도 가장 뜻이 깊은 것은 3·1운동 당시 학생과 시민이 모여서「독립선언서」를 낭독하고 만세운동을 처음으로 시작한 탑골공원에 세워진 비석임은 분명하다. 이 비석 건립의 이면사에는 한용운과 인연이 남달랐고, 현대불교의 선승으로 명망을 날린 통도사 승려 경봉의 활동이 두드러진다. 경봉은 1914년 무렵 한용운이 통도사 강원에서 강의를 하였을 때, 한용운에게「화엄경」을 배운 이력이 있었다. 당시 경봉은 한용운이 월남의 망국사를 이야기하다가 눈물을 흘리는 것을 보고, 당시 학인들 모두가 함께 울었다는 비사를 전해준 당사자이다.

한용운의 비석은 1965년에 결성된 한용운 비석 건립추진위원회의 위원장인 경봉의 헌신, 대학생 불교연합회와 대한불교청년회의 후원으로 1970년 3월 1일을 기해 탑골공원에 건립되었다.

한용운의 추모와 계승을 위한 사업에 춘성은 어떠한 입장을 표명하였는가? 춘성이 참여한 내용은 무엇인가? 하는 점이다. 한용운 비석건립추진위원회의 명단에는 춘성의 이름이 전해진다.

고　　문 : 이청담, 박광
위 원 장 : 김경봉
부위원장 : 조명기, 이한상

총무위원 : 손경산, 김남곡

재정위원 : 강석주, 양청우, 이범행

위　　원 : 이운허, 이춘성, 이석호, 김자운, 김동화, 박서각, 김운학, 중앙총무원 직원 일동, 중앙종회의원 일동, 본사 주지 일동

이 사업회에는 실질적으로 발 벗고 나선 활동가는 당연히 포함되었겠지만, 그렇지 않은 경우도 있다. 예를 들면 중앙총무원 직원, 종회의원, 본사 주지 등은 의례적인 포함이라고 여겨진다. 그 위원 명단에 포함된 춘성은 춘성의 자발적인 동의에서 나온 것이 아니라고 본다. 이는 한용운 묘비 건립사업을 추진할 즈음에

한용운 추모, 성역화 사업이 부진하였음을 전하는 『대한불교』의 보도기사 (1965. 5. 16).

망월사에서 원주를 보면서 춘성을 시봉하였던 춘성문도회 문장인 혜명의 증언에 근거한 것이다. 당시 그 사업을 추진하던 주체들은 일을 시작하던 초기에 망월사를 올라와 춘성을 만났다. 사업의 개요와 경과 보고를 다 들은 춘성은 그들에게 다음과 같이 말하였다.

"시팔 놈들! 빨리 내려가라."

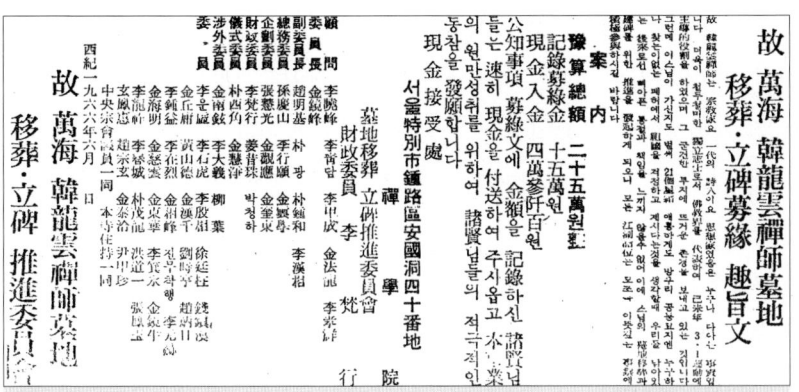

한용운 묘지 이장과 비석 건립 추진의 취지문과 위원회 광고(『대한불교』, 1966. 6. 19). 추진위원에 춘성의 이름이 나오지만, 이는 춘성의 뜻이 아니었다.

이 말을 들은 추진 주체들은 어찌할 줄을 몰랐다. 그들은 춘성이 사업회에 참여하기 어려우면 춘성의 제자들이라도 참석해 달라는 요청을 하였다. 그러니 이 요청에 대해서도 춘성은 일체 응답을 하시 않았다. 사업회의 사람들이 망월사를 내려간 뒤에 춘성은 상좌 혜명에게 말하였다.

"너는 절대, 그 모임에 나가서는 안 된다."

"예……?"

"저 새끼들은 한용운 스님의 뼉다구를 팔아먹는 놈들이다!"

춘성은 추진위원회의 활동 자체를 근본적으로 신뢰하지 않았다. 그는 한용운의 정신을 진실로 계승, 실천하려는 것이 아니라, 한용운의 이름을 팔아먹으려는 것으로 보았다. 춘성이 이런 의아심을 갖게 된 것은 민족이 해방된 1945년 이후의 정치, 사회, 문화 분야에서 나타난 수많은 우여곡절이 그것을 설명해 준다. 친일파가 득세하고, 독립운동가와 그 후예가 매장당하던 질곡의 세월이 지속되었다. 불교계에서도 그 정서는 유사하였다. 한용운의 비석을 세울 장소를 얻지 못해 3년간 헤맸던 추태를 보라. 한용운의 비석을 세울 장소가 없었을 때에 어떤 사찰이, 어떤 승려가 자진하여 자신이 있는 절에 비석을 세우라고 한 적이 있었는가 말이다.

춘성은 비건립추진의 주체와 건립 의도를 근본적으로 부정하였다. 한용운의 정신을 기리고, 실천하려는 것이 아니라 한용운의 정신을 오히려 추하게 만들고 있다고 보았다. 그래서 그들을 한용운의 뼉다구를 팔아 먹는 놈들이라고 일갈하였다. 그러나 춘성의 속마음에는 자신의 은사인 한용운의 독립운동에 대한 자부심을 고이 간직하고 있었다. 춘성과 친근하게 지냈던 전강을 오랫동안 시봉하였던 승려인 정도는 이에 대한 이야기를 춘성에게 직접 들었다고 회고하였다. 춘성은 한용운의 독립운동을 평하면서 이렇게 말했다고 한다.

> 만해 스님의 독립운동보다 더 한 놈이 어디 있느냐?
> 우리나라의 독립운동사에서 만해 스님을 빼고 나면, 앙꼬 없는 찐빵이다. 독립운동에 있어서 불교가 주체였고, 불교 독립운동의 주체는 만해 스님이었어!

이 증언을 전한 정도는 춘성이 전강을 자주 찾아왔기 때문에 자신은 춘성에게서

한용운 묘소가 방치되었음을 전하는 『대한불교』 기사 (1966. 2. 27).

많은 이야기를 들을 기회가 있었다면서 이러한 춘성의 발언을 기억하고 있었다. 1960년대 후반, 망월사에서 수행한 승려 마하가 춘성에게서 만해는 독립군 대장이라는 말을 들었다는 것도 유의할 내용이다.

춘성은 그 사업을 진두지휘한 경봉과의 인간적인 신뢰까지는 저버리지 않았다. 한용운과 진한 추억을 갖고 있었던 경봉은 한용운의 제자인 춘성과는 소식을 주고받았다. 즉 한용운과 경봉의 인연은 한용운의 제자인 춘성과 경봉에게로 이어졌다. 춘성은 한용운의 선을 계승하면서도 한용운의 선을 자신의 색깔로 변용한 특이한 이력을 갖고 있다. 이러한 춘성이 경봉에게 서신으로 질문하였다.

어떤 것이 부처님 사리인가(如何是佛骨)

이에 대하여 경봉은 선문답을 하였다.

한양에는 곡식이 귀하다(漢陽穀貴)

이 선문답의 편지가 언제 주고받은 것인지는 알 수 없다. 그 편지에는 춘성과 경봉 간에 오고 간 선기(禪氣)가 예사롭지 않다. 한용운의 비석을 탑골공원에 세울 그 무렵에 경봉은 사람을 보내 한용운의 행장을 정리하여 보내

출가 은사인 한용운이 신간회 사건으로 인해 일제에 피체된 모습(1929년 당시 50세 무렵).

한용운 비석을 탑골공원에 세운 경봉. 학인 시절 한용운에게 「화엄경」을 배웠고, 만해사상 계승에 앞장섰다.

달라고 춘성에게 요청하였다.

　이에 답한 춘성의 의미심장한 편지가 있다.

애국자의 역사와 비석은 나라를 위하고 우리들을 위하여 서대문 감옥에서 삼년간을 계실 때에 귀가 얼어 빠지고, 발가락이 얼어 빠진 것, 이것이 한용운 선생의 비석이요, 역사라고 생각하는 바입니다.

삼월 일일을 당하여 독립기념식을 행할 때에 한용운과 백용성 그 두 분의 이름을 낭독할 때에 그 두 분이 참석한 것이 불교의 광명이요, 불교의 서광이라고 생각하는 바입니다.

이것이 천지에 찬 비석이요, 천지를 울리는 땡땡 소리가 나는 비석이요, 역사라고 생각하는 바입니다.

비석을 하시고 역사를 모집한다는 것이 한용운 선생을 위해서 좋은 예찬이오나 한로축괴(韓獹逐塊)라고 생각하는 바입니다. 그러하오나 선생을 위해서 기금을 그와 같이 모집하셨다고 하오니 너무나 감축하고 감사하옵니다.

춘성은 소위 제자라고 하면서 부끄러운 땀을 어찌 하오리까. 성의껏 하십시오.

한용운 선생 열반 때에 신체는 화장을 모시옵고, 그때의 유골을 박광(朴洸)이라고 하는 사람이 무덤에 모신다고 하고서 모시고 망우리 고개로 모시고 가서 거기서 성분을 하고 모셨답니다.

안승철 선생이 금년 봄에 한용운 선생의 역사를 묻기에 답서를 아니하고 덮어둔 것이 이것입니다.

경봉당! 자네 들어보게. 경봉당이 물으니 내 되잖은 지견으로 사실을 적어 보냈으니 그리 아소.

12월 10일 망월사 이춘성

춘성의 선기가 느닷없이 예고 없는 칼바람처럼 나온다. 감옥에서 귀와 발가락이 얼어 빠진 것이 한용운의 비석이며, 3·1절 행사 때마다 나오는 이름이 바로 비석이라고 보았다. 만구성비(萬口成碑)라는 선가의 말이 생각나는 대목이다. 만해사상실천선양회 이사장을 맡고 있는 백담사 회주인 조오현은 춘성이 한용운을 표현한 이 대목을 가장 즐겨 인용했다. "만인의 입에서 자주 떠올리게 되는 그것이 곧 비석이며 역사라는 것이다."

춘성은 이 글에서 당신의 스승을 기리는 도반인 경봉에 대해서는 각별한 예의를 차리고 있다. 그러나 춘성은 한용운의 제자이면서도 그 일에 미온적이었다고 해서 자괴하는 심정을 전혀 표현하지 않았다. 그렇지만 경봉은 춘성의 그 자부심과 선기를 탑골공원에 서 있는 한용운 비석의 근처에 뿌렸을 것이다. 지금도 그 비석의 주위에는 춘성과 경봉의 우정이 살아 있지 않을까? 이처럼 춘성은 한용운 정신의 계승에 대하여 자신의 선기로써 대하였다. 세간에서 전개되던 계승과 추모 사업이 뼈다구를 함부로 파는 것으로 변질되는 것에 단연히 맞섰다. 그러나 춘성 그도 인간인지라 출가 은사인 만해의 비석이 서 있는 탑골공원에 아무도 모르게 가 보았다. 그리고 1970년대 초반 『한용운 전집』이 신구문화사에서 출간될 무렵에는 관심을 피력하였다. 출판사에 들러 책이 언제 나오느냐고 묻기도 하였고, 책이 나오자 매우 좋아하였다고 한다.

한편, 춘성은 만해의 추모 사업을 대하는 것과는 달리 만공의 선사상의 구현에는 자기 자신이 직접 나섰다. 춘성은 매년 수덕사와 정혜사에서 열리는 만공의 탄신 법회는 한번도 빠지지 않고 참여했다. 이와 관련하여『대한불교』138호(1966. 4. 3)에는 만공 대선사 96탄신일을 맞아 수덕사에서 대법회가 열렸다는 것을 보도하였다. 그 기사 내용에 의하면 1966년 3월 26일 저녁 여덟 시에 정혜사에서 개최된 기념법회에서 법어는 혜암이, 법문은 춘성이 하였다고 한다. 3월 27일의 탄신일 행사는 수덕사 영각에서 거행되었는데, 이날의 법회에 모임 만공문도들은 수덕사에 총림(2층 석조건물)의 건립과『만공 문집』의 간행을 결정하였다. 춘성은 이때 총림건설 기성회원으로 마벽초와 이행원과 함께 선출되었다. 이날 결의한 만공 문집은『만공 어록』이라는 이름으로 1968년에 발간되었다. 그러나 춘성은 망월사에서 만공의 선사상을 자신이 직접 몸으로 보여주고 수좌들에게 전해 주었다.

춘성은 우선 망월사 큰방의 어간에 만공의 초상화를 걸었다. 당시 서울에서 유명한 화가가 그린 그 초상화는 망월사 대중 선방의 중앙에 걸렸다. 그

만해 한용운 묘소를 정비하고 나서 기념 행사를 하는 장면.

옆에는 만공의 정신을 극명하게 대변하는 유묵인 '세계일화'(世界一花)를 액자로 하여 걸었다. 세계일화는 만공이 일제의 패망을 예감하면서 수덕사 경내의 무궁화나무를 꺾어 먹물로 쓴 것이다. 그 글에는 전 인류는 화엄사상으로 자유와 평등을 구현해야 한다는 웅대한 뜻이 담겨 있다.

그리고 매년 봄(탄신)과 가을(입적)에 거행되는 수덕사 능인선원의 만공 다례재에는 자신은 물론 제자들과 함께 반드시 참석하였다. 춘성은 제자들에게는 다른 모임은 모르겠지만, 이 행사만큼은 반드시 참석해야 한다고 가르쳤다.

한국의 달마라고 일컫는 경허의 수법제자인 만공의 사진과 유묵을 자신의 분신과 같은 망월사의 정 중앙에 걸었다는 것은 의미가 심장하다. 즉 춘성이 자신의 법은 만공에게서 온 것임을 공개적으로 공표한 것이다.

춘성이 만공의 법을 계승한 것에 대한 자부심은 그가 말년 무렵 자주 들렀던 화계사의 일화에서 찾을 수 있다. 화계사는 만공 스님의 법세사인 고봉과 덕산이 살던 사찰이어서 춘성이 망월사에서 서울을 나오거나 들어갈 때는 열흘이나 보름간을 머물다 가곤 하였다. 1970년대 초반 선시 해석으로 유명한 승려 시인 석지현도 화계사에 머물렀다. 그 즈음 그는 춘성에게 꿈에서 만공을 만난 이야기를 직접 들었다고 회고하였다. 어느 날 밤, 춘성은 수행을 하다 피곤하여 잠시 눈을 붙이다가 꿈을 꾸었다. 그 꿈속에서 만공이 춘성에게 다가오더니 하얀꽃 한 송이를 들고서는 "일러 보라."라고 하였다. 그러자 춘성은 '할'을 하였다. 그러니깐, 만공은 "또 한번 일러 보라."라고 하여서, 춘성은 다시 '할'을 하였다. 그랬더니 만공이 "다시 일러라."라고 하여 춘성은 소리를 냅다 지르다가 꿈을 깼다는 것이다. 깨고 보니 새벽 두 시 무렵이었다. 그때 춘성은 꿈속이었지만, 만공을 만나고 법거량까지 하였다 해서 하도 기쁘고 희열에 차서 옆에서 자는 수좌의 옆구리를 발길로 걷어찼다. 아닌 밤중에 홍두깨 격의 일이 일어난 것이다. 이 꿈의 일화에서 춘성이 만공의 법을 계승한 당사자라는 자부심이 대단하였다는 것을 짐작하고도 남는다. 이것은 만공이 입적한 이후의 일이었지만, 춘성 그가 만공으로부터 법 인가를 얼마나 간절하게 고대하였음을 짐작케 한다. 만공의 사후에도 일정 기간 장좌불와하며, 정혜사에서 수행하였다는 저간의 사정도 능히 파악할 수 있다.

만공은 참선과 선방에서의 수행을 선지식에 의지해서 수행해야 함을 간곡하게 강조하였다. 이에 대한 만공의 생각을 들여다 보자.

> 선방만 선방이 아니라 참선하는 사람은 각각 자기 육체가 곧 선방이라, 선방에 상주하는 것이 행주좌와, 어묵동정에 간단없이 정진할 수 있나니라.
> 참선은 절대로 혼자서 하지 못하는 것이니, 반드시 선지식을 여의지 말아야 하나니, 선지식은 인생 문제를 비롯하여 일체 문제에 걸림이 없이 바르게 가르쳐 주나니라.
>
> 선지식을 믿는 그 정도에 따라 자신의 공부가 성취되나니라. 남음 없는 신심만 있으면 도의 기반은 이미 튼튼해진 것이니라. 신심, 분심, 의심 세 마음을 합하여야 공부를 성취할 수 있나니라. 공부하는 사람이 제일 주의해야 할 것은 먼저 나를 가르쳐 줄 선지식을 택해야 하고, 나를 완성한 후에 남을 지도할 생각을 해야 하느니라.

이렇게 만공은 선지식에 의지하는 것이 참선 수행에서 중요함을 역설하였다. 춘성은 만공에 대한 의지는 상상을 초월하는 것이었다. 춘성의 만공에 대한 존경과 믿음 또한 상당한 것이었다. 이에 대한 정보는 수덕사에서 출가하여 정혜사에서 춘성을 지켜 본 수경의 회고에서 극명하게 찾을 수 있다.

춘성 스님은 수덕사에 오시면 만공 스님이 머물던 금선대에 가서 참배를 하고는 경건한 차림으로 정혜사를 오십니다. 조실 격의 스님이지만 오셔서는 큰방에서 대중들과 똑같이 생활을 하십니다. 제가 보기에 춘성 스님의 만공 스님에 대한 신(信)은 절대적이고, 아주 절절했어요. 춘성 스님은 욕을 많이 하시고, 소탈하시고 그렇지만 정혜사에는 구애됨이 없이 결제 때고, 해제 때고, 언제

춘성이 정성으로 모셨던 만공 선사의 진영.

나 아무 때고 오십니다. 만공 스님의 생신 다례재에는 꼭 오시고, 일 년에도 몇 차례나 오셔서는 한 달이나, 보름간을 머물다가 가시지요.

한번은 그런 일이 있었어요. 수덕사 금선대에 경허와 만공 스님의 영정뿐만이 아니라 용음, 금봉, 고봉 스님 등 여섯 분의 영정을 모셔 놓았는데, 춘성 스님이 오셔서 경허와 만공 스님 영정 이외에는 "쓸데없이 해놓았다."면서 네 분의 영정을 다 불살라 버렸어요. 그래서 벽초 스님하고 대판 다투는 것을 보았어요. 벽초 스님은 노장이 쓸데없이 허튼 짓을 하고 다니신다고 하시면서 얼마나 뭐라고 그랬는지 하여간 대단했어요. 이렇게 춘성 스님은 경허 스님과 만공 스님에 대한 마음 씀씀이는 절절했어요. 제가 그것을 보니깐 스승을 그렇게 신하고, 절절하니깐 그런 행동이 나오고, 공부도 할 수 있는 것이라고 지금에 와서는 그런 생각이 들더라구요. 그러니깐 제가 보기에 만공 스님은 돌아가셨지만, 춘성 스님에게 만공 스님은 돌아가신 것이 아니었어요. 만공 스님을 자신의 스승으로 설정해 놓

만공 선사의 누비 동방. 무소유, 무애정신이 배어나는데, 춘성은 만공의 정신을 실천했다.

고 지속적인 수행을 한 것으로 보입니다.

이런 수경의 회고에 나오듯 춘성은 만공을 절대적으로 신뢰하고 추모하였다. 춘성은 수덕사에 가게 되면 반드시 경허와 만공의 영정이 걸려 있는 금선대에 참배를 하였다. 이렇게 스승에 대한 지극스러운 믿음이 있었다. 간화선 수행에서 절대적으로 필요한 스승이 춘성에게는 만공이었다. 자신을 탁마해 주었던 스승인 만공에 대한 그리움이 상상을 초월할 정도였다. 만공은 1946년에 이 세상을 떠났지만, 그의 법신은 춘성의 마음에서 떠난 것은 결코 아니었다. 그래서 춘성의 어록과 법문에는 만공의 선 사상이 오롯이 남겨져 있다. 그러나 그것은 춘성의 선 사상으로 체화된 것이었다. 결코 흉내낸 것은 아니었다.

신(信)을 이와 같이 바쳐야 합니다. 거기에 중노릇이 다 된 것입니다. 다른 이치를 아무리 이야기 해 보았자 아무 소용이 없는 것입니다. 꼭 선지식을 신하는 법이 이와 같으면 법이 바로 들어가고 그렇지 않으면 법이 들어가지 않습니다. 선지식을 믿지 않고서는 법이 들어가는 법이 없습니다. 이야기나 무슨 의문 공론 또는 이치를 아는 것으로는 알 수 없습니다.

우리는 거의 다 모양과 형식으로 하는 중노릇입니다. 중노릇이 모양으로 되어지는 법이 아닙니다. 그까짓 모양이 불법을 아는 데 무슨 필요가 있습니까? 모양 그 자체는 아무것도 아닙니다.

중노릇 한다고 깊은 산중에 들어가서 풀잎으로 몸을 가리고 나물이나 나무껍질을 벗겨 먹으면서 그것이 중노릇 하는 것인 줄 알고 평생을 해보았지만, 신(信)이 없는 '모양 중노릇'은 그야말로 소무공덕(所無功德)이고 허송세월입니다. 그것은 무명의 탈을 한 껍질을 더 뒤집어 쓰고, 짐승의 업을 짓는 것 뿐입니다.

이렇게 춘성은 자신의 목소리를 정직하게, 생경스럽게 뱉았다. 모양 중노릇, 신심 없는 중노릇, 선지식을 믿지 않는 중노릇은 파괴되어야 한다고 주장했다. 춘성의 이런 곡진한 지적은 수행자들에게는 정곡을 찌르는 핵심이었다.

만행을 다니던 말년의 춘성의 모습.

요즈음은 화두를 들고 참선을 하려고 하는 사람들도 드물거니와 특히 강원 강사가 참선을 하려고 하는 사람이 없고, 누더기 입은 선방 수좌 보기를 거지같이 보고 무식하다고 경멸하는 생각은 옛날이나 지금이나 마찬가지입니다. 불법을 공부하는 데에는 이와 같은 의심이 있어야 공부를 할 수 있습니다. 요즘 아무 것도 모르는 건방진 수좌들이 너무 '없다'는 무(無)를 남용하는 경향이 있습니다. '없다'는 말도 경계를 알고 말해야 되지 도리도 알지 못하고 덮어놓고 '없다'고 하면 안 됩니다. 근본이 본래 비어서 없는 도리를 알고 '없다'고 해야 합니다. 불법은 통속같이 비어서 없는 것입니다.

본래 근본을 알지 못하고, 책 몇 권 읽어서 평생을 말해 보아야 다른 사람의 흉내만 내는 것이오, 뱉어버린 침을 맛있다고 핥아 먹는 개꼴이나 다름 없습니다. 천하없이 좋은 책을 만든다 하더라도 부처님이 설하신 말씀이 가래침일진대 어떠한 중생이라도 가래침입니다.

부처님은 견성을 하시어 일체중생을 그냥 다 살렸고, 역대 조사 스님들이 견성을 하시어 일체중생을 살렸습니다.

깨치기 전에는 잠을 잘 여가가 없고, 음식을 먹을 여가가 없습니다. 공부야 어쨌든 파묻어 두고 먹어야겠다, 실컷 자야겠다, 잘 입어야겠다, 큰방은 따뜻했으면 좋겠다는 등 바라는 바가 많지만, 이것은 남자들의 호사일 뿐입니다.

이렇게 춘성은 어설프게 수행하는 수좌들을 매섭게 쳐 버렸다. 수행자나 신도들에게 죽음을 무릅쓰고 공부해야 함을 강조했다.

우리 몸 가운데 육근(六根) 문두(門頭)가 있어 안이비설신의 육근이 그대로 전쟁입니다. 이 전쟁이 사람과 사람의 전쟁으로 번지고, 또 세계가 전쟁이 되는데, 그 원인은 탐욕심 하나 때문입니다. 몸뚱이는 잘 먹어야 위로가 아니고, 한번 죽는 경계에 이르러서 죽었다 살아나고서야 위로가 됩니다.
내가 나이 팔십인데, 이렇게 건강한 원인이 17일간 단식한 후에 건강해졌습니다. 모든 불보살이 한번 죽었다 산 데서 불보살이 되었습니다. 불법은 참선이 아니고서는 이루어질 수가 없습니다. (중략)
죽고 사는 생사 하나 해결하지 못한 쥐 같은 놈들이 뭐니 뭐니 지랄치지만 안심이 되어야 합니다. 지금 이 춘성이 어딜 가나 사마외도라고 하지 중이라고 하는 사람이 한 사람도 없습니다.

춘성은 고백하였다. 인간의 탐욕심으로 전쟁이 일어나고, 세상의 모순이 거기에서 시작되었다는 것을 알았다. 참선을 해서 죽는 경계까지 갔다 올 정도의 지독한 수행을 해야 탐욕이 사라진다고 했다. 춘성은 그런 경지에 이르렀던 자신의 경험을 들려주었다.

참선이 이렇게 좋습니다. 선방 문고리만 잡아도 업장이 녹는다 하는 것이 바로 이것이지요. 스님네가 건달로, 농땡이로 살더라도 선방에만 출입하면 죄장과 업장이 녹아 버립니다.
내가 있어야 아미타불이 있고, 내가 있어야 석가모니불이 있고, 내가 있어야 모든 불보살이 있습니다. 공부만 하면 모든 곳이 선방이지만, 참선 아니면 이 큰방이 바로 무간지옥입니다.
사자 사는 마을이 있는 게 아니라, 자기 업장이 곧 사자요, 우리 악몽이 업장이요, 사자요. 하느님과 부처님이 둘이 아니요. 마음이 부처님이요, 마음이 하나님이니 마음 밖에 부처님이 없고, 하느님이 있는 게 절대 아닙니다. 갈 때도 무(無)! 올 때도 무(無)! 똥 쌀 때도 무(無) 하세요.

춘성 스님은 평소 '무'자 화두를 강조하였는데, 이 글씨는 춘성 스님이 1967년에 쓴 친필 유묵이다.

이렇게 80의 노구에도 절절이 참선을, '무'자 화두 참구로 지극한 마음공부를 강조했다. 춘성은 자신이 생각하였던 불교와 수행의 지름길을 이 땅의 대중들에게 일러 주었다. 그것은 그의 외로운 신문고였다. 지금은 춘성이 울렸던 신문고도, 신문고에서 나온 소리도, 신문고를 울린 춘성의 몸짓도 없다. 다만 춘성이라는 역사의 여울만 남았다.

춘성은 1970년대 초, 그의 정열과 혼이 배어 있었던 망월사를 떠났다. 불사를 어느 정도 마쳐서 망월사를 정상적인 도량으로 만들어 놓았기 때문에 자신이 더 이상 머물 이유가 없었다. 망월사를 떠난 것은 그곳에 안주하려는 마음으로 명리에 빠질 것을 차단하기 위해서였다. 상좌들은 더 있었으면 하는 눈치였지만, 그들을 매정하게 끊고 나왔다. 그와 상좌들은 망월사에 있는 일체의 물건을 가지고 나오지 않았다. 자신을 이어서 망월사 전통을 이을 당사자로는 당대의 선승인 전강을 지목하였다. 이제 그의 앞에는 수행과 만행만 남았다. 그로부터 그의 발길은 걸림이 없었다. 수덕사와 간월

| 소임 | 성 명 | 법 명 | 은사명 | 지계 | 연령 | 승해번호 | 거주사 | 본 적 | 연별 | 비고 |
|---|---|---|---|---|---|---|---|---|---|---|
| 조실 | 이창림 | 춘성 | 용운 | 비구 | 87 | | | | | 精 |
| 선원장 | 문판오 | 정영 | 만공 | " | 54 | 1-12 | | 경남 | | |
| 선덕 | 남기준 | 향엄 | " | " | 58 | | | | | |
| 입승 | 서석재 | 혜정 | 도견 | " | 30 | 12-123 | 해인사 | 경남 고성 | | |
| 병법 | 탁무룡 | 우정 | 서운 | " | 36 | 12-263 | | 경북 상주 | | |

망월사 선원의 방함록(조계종 총무원, 1976). 춘성은 87세로 조실이면서, 정진대중으로 나온다.

암도 가 보았고, 상좌가 주지로 있는 봉국사도 자주 들렀다. 그러나 그는 각처를 만행하면서 기회만 있으면 후학들을 일깨워 주는 것도 빼놓지 않았다.

그 무렵 춘성은 안성의 어느 비구니 절에 가서 법문을 하였다. 비구니들에게 수행을 열심히 해야 한다고 하면서 자신은 젊은 시절에 단식을 지독하게 하면서 공부하였다는 것을 고백하였다. 나아가 춘성은 자신이 기가 막히게 공부를 하였기 때문에 이 정도라도 되었다면서 수행을 열심히 하기를 부탁하였다. 법문을 마치고 춘성이 길을 떠나려 하자 비구니 절의 주지가 법문비를 드렸다. 그러나 춘성은 "나는 이런 것이 필요 없어."라고 하면서 그를 정중히 사양하고, "오늘 내 얘기가 필요가 있었는지 모르겠다."고 했다. 그 당시 그 절에 우연히 갔던 수좌 재웅은 춘성의 법문을 듣고, 춘성이 법문비를 사양하는 것을 지켜 보았다고 전한다. 각처의 선방을 다니며 공부하였던 재웅은 40년 전 그 때 그 장면을 필자에게 회고하면서 춘성은 자신에게도 반말도 안 하고, 큰스님이면서도 겸손하였으며, 훈훈한 인간미가 넘쳐났던 어른이었기 때문에 자신은 저절로 고개가 숙여졌다고 했다. 재웅 수좌는 그런 도인은 처음 보았다고 하면서, 도가 푹 익은, 다시 생각해 보아도 가슴이 뭉클함을 느끼게 한 무애도인임을 역설했다.

현재 이 시대 불교에서 만공의 법을 찾고자 할진대는 춘성의 이러한 이야기를 제외할 수는 없다. 만공의 법통이 어디로 갔느냐를 탐색할 경우, 망월사에서 만공의 선법을 뚜렷하게 실천한 춘성의 실천성을 결코 간과할 수 없다. 그러나 1982년에 나온 『만공 법어』에는 만공과 춘성 간에 있었던 선화(禪話)는 일체 수록되어 있지 않다. 다만 서울 진명학교의 창립 기념의 글로 춘성이 받아갔다는 만공의 시, '교육은 문명의 어머니요 무심은 비로의 스승이니라'[敎育文明母 無心毘盧師]라는 것만 게송 부문에 나온다.

혹시 중국 선문의 거장인 마조문하의 적전(嫡傳) 상수(上首) 제자인 백장의 경우를 문득 생각나게 한다. 마조가 입적한 직후 세운 비석에는 백장은 누락되었으나 후세의 선종 정맥은 백장을 마조의 당당한 법손으로 인정하고 있다. 백장의 비석에서는 이를 백장은 마조에게 심인을 얻었으나 항상 스스로 몸을 낮추고, 이름을 좇지 않았다고 했다. 춘성이 혹시 백장의 경우와 같지 않았을까? 하는 의아심은 필자만이 갖는 상상력의 소산인지 자못 궁금하다. 어찌되었든 만공의 사법제자인 춘성, 그는 만공의 법을 오롯하게 계승하고 실천한 선사였다.

## 삼세 불조도 볼 수 없는 곳으로 떠나다

 춘성은 그에게 주어진 삶을 치열하게 산 선사였다. 그러나 그도 보통 사람과 같은 인간이었다. 춘성은 심신이 노쇠해지면서 자신의 삶이 얼마 남지 않았음을 직감하였다. 그러나 그에게는 조그마한 미련도 없었다. 말년의 춘성은 치질로 인해 적지 않은 고생을 하였다. 그렇지만 그것도 춘성에게는 일종의 업보일 뿐이었다. 입적하기 직전 그는 상좌인 혜성이 주지로 있는 봉국사에서 요양을 하였다. 그리고 이따금은 병원 신세를 지기도 하였다.
 1977년 2월, 『대한불교』의 편집국장인 향봉은 춘성이 입원하고 있던 백병원에서 스스로 퇴원하여 몸조리를 하고 있는 봉국사로 갔다. 향봉은 춘성이 무애도인이요, 호호탕탕한 대자유인의 해탈의 경계를 몸으로 보여주고, 무집착 무소유의 본래무일물을 생활화하여 바람처럼 삶을 영위한 춘성을 보고 싶다는 심정이 간절했다. 그래서 향봉은 봉국사에서 요양 중이던 춘성을 찾았다. 향봉에게는 춘성이 더할 수 없는 평화로운 얼굴이고, 일체를 방하착한 당당한 모습으로 다가왔다. 일생을 한결같이 무욕으로 살았고 하루같이 운수납자로만 살아 온 80 후반 노령의 선객을 만난 향봉은 "스님요! 춘성 스님요!"를 부르며 실컷 울어 버리고 싶은 마음이었다. 80 평생을 조금

1970년대의 봉국사 전경. 춘성은 그의 상좌 혜성이 봉국사 주지로 있었기 때문에 말년에 이곳을 자주 찾았다.

은 슬픔이듯, 조금은 기쁨이듯 살아 왔고, 이제는 홀로 외진 숲 비탈길을 걸어온 듯한 느낌을 춘성에게서 이향봉은 받았다.

향봉은 운수납자의 외로움을 느끼고, 떠날 때에는 더욱 외로울 것이라는 생각이 들었다. 그러나 그는 엉뚱하고, 파격적인 질문을 춘성에게 함으로써 감상적인 느낌을 지우려고 하였다.

"큰스님! 스님을 낳아 길러주신 세속의 어머님이 뵙고 싶지 않으셔요?"
"그럴 땐 부처님을 생각해라. 부처님을!"

"아파 계신 스님께서도 지금 화두가 성성하십니까."
"如是 如是다."

"스님 몸이 아픕니까? 마음이 아픕니까?"
"뼈가 썩어 든다. 이 자식아!"

"언제쯤 이 세상을 떠나실 것 같습니까?"
"당장이라도 옷 벗고 싶다."

"마지막으로 이 세상에서 그림자를 거두시며 웃으시겠어요? 울겠어요?"
"시팔 놈이 별 걸 다 묻네."

"저는요 요즈음 매우 흔들거리고 있어요. 저처럼 젊은 스님들의 방황을 차단할 수 있는 생명의 말씀을 들려주세요."
"法燈明, 自燈明이다. 일체가 幻夢이야."

"가시면 어디로 가시나요?"
"모두 것이 한 구멍으로 빠진다."

"한 구멍이 무엇을 뜻하나요. 쉽게 말씀해 주십시요."
"한 구멍에 빠지되 털끝만큼이라도 빠진다는 생각이 있으면 십만 팔천 리야."

"스님께서는 죽음 뒤의 저쪽의 세상(來世)을 믿으시나요?"

입적 6개월 전(1977. 2. 20), 『대한불교』 기자가 와병 중인 춘성을 인터뷰하고 쓴 기사, 「춘성 대선사」.

"필요없다! 군더더기다."

"사후 세계에 대한 일반인들의 관심이 매우 큰데요. 그럼 내생이 없다는 말씀인가요?"
"필요 없어! 시팔 놈아!"

"스님께서는 90평생에 가장 기억에 남으시는 가장 슬픈 이야기를 좀 들려주세요. 여인을 사랑한 이야기라든지……."
"시팔 놈이 별 것 다 묻네!"

"죽음이 막상 다가서면 두려울 것 같은데요. 스님께서는 죽음이 두렵지 않으세요?"
"마음이 매우 평화롭다!"

"제가 만일 큰스님을 벼랑 위에서 밑으로 밀쳐버리며, 지금의 경계가 어떠시냐고 물으면 뭐라고 답해 주시겠어요?"
"시팔 놈아! 떨어져 보지도 않고 어떻게 답해?"

"저는 요즈음 가짜 인생을 살아가는 느낌이 짙은데요. 진짜배기 인생을 살아갈 수 있게 道의 정수를 저에게 남기고 가시지요?"
"좆같은 놈아! 주고받은 게 도인 줄 아나?"

"스님께서 열반에 드신 후에 사리가 나올까요, 안 나올까요?"
"필요없다! 필요없다!"

춘성의 입적하기 몇 달 전 『대한불교』가 당대 선지식들에게 화두, 「안수정등」에 대한 물음에 대한 답변 보도(1977. 3. 13). 춘성은 침묵과 미소로 답을 하였다.

"사리가 안 나오면 신도들이 실망하실 터인데요?"
"시팔 놈의 자식! 신도 위해 사나?"
"인생을 회향하시며 후회 같은 것은 없으신지요?"
"일체가 환몽이야, 다! 쓸데없다."

"스님의 크신 법의 주장자를 어느 곳에 꽂고 가시겠습니까?"
"아무 소용 없어!"

대화를 마친 이향봉은 중생들의 영혼의 등불을 밝혀준 춘성의 건강을 빌고 절을 빠져 나왔다.
이향봉이 떠나온 이후로 춘성의 건강은 급격히 나빠졌다. 춘성의 입적이 다가오자 상좌인 혜성은 마지막 주석처로서 봉국사가 너무 협소하고, 춘성이 만공의 법을 이은 당사자로서 덕숭산 가풍이 이식되었으며, 만공 문도들이 머물고 있었던 사찰인 화계사에서 입적하는 것이 좋다고 판단하였다. 이에 혜성은 화계사와 상의하여 입적하기 직전의 혼수상태에 빠진 춘성을 화계사로 옮겼다. 화계사로 주석처를 옮긴 지 불과 이틀 후 춘성은 육신의 옷을 벗었다. 이 세상을 떠나기 전 춘성은 그의 상좌를 불러 말하였다.

허공의 골수를 보았는가?
온 산에 작은 나무 한포기 없으니
가파른 절벽에서 손을 뿌리쳐야 대장부이다.

觀見虛空骨髓麽아
滿月靑山無寸樹하니
懸崖撤手丈夫兒니라

그리고 이어서 다음과 같은 게송을 읊었다.

87년의 일이란
일곱 번 넘어졌다, 여덟 번 일어나는 것이로되
횡설수설이여
붉게 타는 화로 위에 한 점의 눈일레라.

八十七年事
七顚八倒起로다
橫說與竪說이여

紅爐一點雪이라

춘성은 이렇듯이 자신의 삶을 극명하게 정리하였다. 그리고 상좌들에게 자신의 입적 후에 절대로 자신의 사리를 찾지 말고, 비석과 부도도 세우지 말 것이며, 오직 수행에 힘쓰라고 당부하였다. 그는 자신의 열반을 예감했다. 마침내 춘성은 1977년 8월 22일 입적하였다. 속세의 나이는 87세이고 법랍으로는 74세였다. 그의 영결식은 화계사에서 거행되었는데,

춘성의 열반 보도, 「대한불교」(1977. 9. 4).

종정 이서옹을 비롯하여 운허, 월산, 월하, 혜정 그리고 신도회장인 최재구 국회의원, 서울시신도회장인 박완일 등 승속을 막론한 2천여 명이 참가하였다. 당시 이서옹 종정은 다음과 같은 법어를 하였다.

춘성노사 노니신 곳
삼세의 불조도 영 볼 수 없도다.
이 세상에 걸림없이 한바탕 진탕지고
어데로 가시는고
서울 가두에 전신을 나투시도다
돌

春城老師行履處

## 만해제자 · 무애도인

三世佛祖不得窮
七顚八倒此世中
遷化向什麼處去
漢城街頭現全身
咄

춘성의 삶은 걸림이 없는 대자유인이었다. 서옹도 영결 법어에서 춘성의 무애정신을 그리워하는 법어를 하였다. 그리고 총무원장이었던 김혜정은 조사에서 춘성의 진면목을 뚜렷하게 밝혔다.

본래 오신 것이 없아온대 어찌 가신 적이 있아오리까.
桂輪이 千江에 떨어져도 碧天에는 그대로 있음을 우리들은 알고 있습니

2,000여 명의 대중들이 참가한 춘성의 영결식(서울, 화계사).

다. 그러나 凡眼에 보이는 현실은 분명 오신 것이 정녕하고, 가신 것이 확실하다는 것이야 어찌 누군들 감히 부정할 수 있아오리까.

스님은 사바에 오신 이후 오로지 혼돈에 불을 밝히는 것으로 一貫하셨으며, 殺活自在의 機用으로 人天의 眼目을 밝히시는 것으로 始終하셨으니 진실로 明眼의 종사이시며, 黃梅의 適者이셨습니다.

스님의 열반은 사실에 있어 실상의 본체를 보이신 高峻한 설법이오며, 動靜一源의 진리를 여실히 나타낸 格外의 示寂이십니다. 하지만 우매한 중생들이 어찌 스님의 자비하신 化現과 入寂의 뜻을 알 수 있겠아오며, 自在無碍 生死一如의 경지를 짐작할 수 있겠습니까.

스님의 참된 面目은 푸른 山, 흐르는 물이며 흰구름 높은 하늘이옵니다.

『대한불교』에 보도된 춘성의 행장기와 영결식 당시 조계종 종정과 총무원장의 법어와 조사.

오직 그 肉身이 바뀌었을 뿐이며 그 형태가 변했을 뿐입니다.
이제 저희들은 스님의 남겨주신 설법을 들었습니다.
스님의 법음이 항상 사바에 머물고 스님이 示寂하신 깊고도 높은 뜻은 길
이 不滅할 것입니다.
願하옵건대
不違本誓 速還娑婆
再明大事 普利群生 하옵소서

수행 도반이었던 전강의 전법 제자인 송담은 조사에서 다음과 같이 표현하였다.

스님은 필시 16聖 5백聖象 가운데 한 분이 말세에 權世로 하신 아라한이
아니신가 하고 생각해 왔습니다.

춘성의 삶과 수행을 극명하게 표현한 것은 『대한불교』가 "一依一鉢로 南北 自在 逍遙, 無를 부르며, 相남기지 않아"로 정리한 문장이다. 춘성의 선풍은 수좌인 덕산이 영결식에서 행한 "해탈이란 몸을 가지고 하는 것이 아니고, 마음(정신)으로 자유자재하는 것인데, 춘성 스님은 해탈한 도인"이란 표현에 적나라하게 나와 있다. 춘성의 삶은 그가 말년에 가끔 머물며 수행하였던 화계사의 선승인 이숭산의 조문에서도 잘 나타난다.

춘성 사숙님
스님의 할(喝)은
때로는 活佛活祖하고
때로는 乾坤을 모두 쳐부수며

때로는 삼라만상을 길러 내시었으니
어허 能死能活 能縱能奪의 活口 道人의 할이라 아니 하겠소이까
스님께서 건져 주신
大道無門과 舌頭無骨은 일체 無碍仁의 발자취였습니다
喝棒者城裏에 看柳綠花紅이다
速環 娑婆하야 보리도 중생하소서
미국에서 분향하옵고
숭산 합장하야 하늘을 보고 呵呵大笑 세 번하고
땅을 보고 아이고 아이고 세 번 하나이다

당시 이 조문을 쓴 숭산에게는 춘성이 자신의 견성을 인정해 준 당사자이면서, 덕숭산 만공 문도의 위계로는 사숙 어른이었다. 그러니 춘성의 입적을 얼마나 슬퍼하였겠는가? 당시 숭산은 미국에서 포교 활동에 매진하고 있었는데, 춘성의 입적 소식을 듣고 당신이 생각한 춘성의 진면목을 절묘하게 표현하였다.

화계사에서 영결식을 마친 후, 춘성의 유해는 화계사 뒤편에 마련된 다비식장으로 옮겨졌다. 젊은 수좌들에 의해 춘성의 운구가 다비식장으로 옮겨지자 사부대중이 읊은 염불 소리가 산골짜기를 가득 메웠다. 이윽고 운구는 다비소의 화염 더미 안으로 들어갔다. 산골짜기를 메우던 염불 소리는 더욱 더 높아지면서, 춘성의 열반을 안타깝게 여기는 사부대중의 흐느낌은 운구 주위에 가득한 화염 더미와 함께 절묘한 풍경을 만들어냈다. 이렇게 춘성은 갔다. 이 땅 사바세계를 떠났다. 그러나 그의 법신은 우리 곁에 영원할 것이다.

춘성이 세상을 떠난 뒤, 49일째가 되던 날, 춘성의 상좌와 그리워하는 사부대중이 다시 1977년 10월 9일 화계사에 모였다. 춘성 대선사 47재의 법회는 춘성의 가풍대로 소박하게 치러졌다.

## 만해제자 · 무애도인

 춘성이 떠난 뒤, 문도들은 춘성의 법과 정신을 기리며, 춘성의 가풍을 올곧게 이어가기 위해 정성을 다하였다. 그래서 문도들은 여느 문도들이 하였던 거창한 추모와 현창(顯彰) 사업을 하지 않았다. 오직 춘성의 가풍만을 묵묵히 실천할 뿐이었다.
 3년 여를 그렇게 하였으나, 춘성의 그림자도 볼 수 없는 것이 너무 쓸쓸하였다. 문도들은 춘성의 기일에 모여 춘성의 가풍의 범위 내에서 소박하게 춘성을 법을 상징하는 부도를 건립하기로 결정하였다. 이 결정에 의하여 춘성문도회의 문장이었던 혜성은 생전에 춘성과 돈독한 인연을 맺고 있었던 대강백인 탄허를 찾아갔다. 그 무렵 탄허가 머물던 대전 자광사로 찾아간 혜성은 그 전후 사정을 말하고, 춘성의 비석 문장을 써줄 것을 요청하였다. 그렇게 찾아가서 간청하길 세 번째에는 춘성과 탄허를 지극히 시봉하던 보살 고영희와 함께 가서 부탁을 하였더니 탄허는 그 요청을 수락하였다. 유불선을 통달하였다는 최고의 강백이었던 탄허는 생전에 춘성과 친근하게 지냈다고 탄허를 시봉한 윤창화는 회고한다. 윤창화는 탄허는 선객은 별로 안 좋아 하는데, 유독 선사였던 춘성은 좋아하였다고 한다. 아마도 이는 춘성은 선사이지만, 『화엄경』에 통달한 강사 출신이었기에 자연 탄허와는 통할 수 있는 체질과 성향에서 연유되었을 것이다. 그리고 탄허는 『화엄경』을 우리말로 역경하기 위한 결사체를 20여 년간이나 이끌었던 당사자였기에, 『화엄경』을 거꾸로 외웠다는 춘성과는 우리가 알 수 없는 당신들만의 세계가 있었을 것이다.
 이런 역사의 뒤안길이 있었기에 탄허는 비문을 지어 주었고, 자신이 친히 그 문장을 선기가 배어 있는 필체로 써주기까지 했다. 그리고 그 문장을 파는 각수도 지정해 주는 등 정성을 다 하였다. 이런 작업을 거쳐, 1981년 5월, 춘성의 흔적이 역력하게 남아 있던 봉국사의 대광명전 뒤편에 부도와 비석을 문도들이 건립하였다. 탄허가 쓴 그 비문을 우리말로 옮기면 다음과 같다.

천지(天地)는 서로 닮은 시간이라곤 일각도 없고, 고금(古今)은 근거할 수 있는 것이라고는 한 순간도 없는데, 작은 지혜를 내어 천지의 조화와 다투려고 한다면 이것은 매우 어리석은 일이다. 고로 예로부터 어질고 통달한 선비는 즐거운 마음으로 하는 일에 막힘이 없으나 즐거움으로써 잘 못을 범하지 않고, 밤낮으로 빈틈이 없어 만물과 더불어 봄과 같았으니 춘성 대종사가 바로 그런 사람이다.

스님의 속명은 창림이요, 속성은 이 씨요, 본관은 평창이며, 법명은 춘성(春城)이요, 춘성(春性)은 그의 법호이다. 부친의 이름은 인오요, 모친은 박 씨이다. 단기 4244년(1891) 신묘 3월 30일, 강원도 인제군 원통리에서 태어났다. 모친이 한 동자가 오색구름을 타고 내려와 품안으로 들어온 꿈을 꾸고서 마침내 태기가 있었다 하니 선사가 이렇게 오게 된 것에는 그만한 이유가 있는 것이다.

춘성의 운구를 들고 다비장으로 가는 장면. 춘성은 당신의 사리를 찾지 말고, 부도도 세우지 말라는 유언을 하였다.

스님은 태어나자마자 기골이 장대하였고, 여느 사람보다 총명스럽고 지혜로웠다. 겨우 아홉 살이 되었을 때, 어머니를 따라 설악산 신흥사에 들어가 공양을 올리는 중에 불상을 우러러보고서 출가하려는 뜻을 말씀드리자, 부모가 허락하지 않았다. 4년이 지난 열세 살 때 모든 인연을 끊고, 백담사 한용운 스님 회하에 들어가 삭발하였고, 20세에 유점사 동선 노스님에게 귀의하여 구족계를 받았으며, 그 후로 경학을 전공하였는데, 특히 화엄법사로 명성을 드날렸다.

40세에 이르러 덧없는 세상을 탄식하고, 덕숭산 만공 노스님의 회하에 들어가 "달마가 서쪽에서 온 뜻"에 담긴 화두를 참구하였는데, 만공 노스님이 하루는 스님에게 "교외별전(敎外別傳) 한 구절은 어디에 있는가."라고 묻자, 스님이 우레 같은 큰소리로 한 차례 '억' 하고 소리를 질렀지만, 만공 노스님은 그를 수긍하지 않았다.

스님은 그후, 따로 자신의 삶을 설계하고 다시 정진을 더하여 장좌불와 수

춘성의 다비식 장면. 춘성은 평소 검소한 가풍을 유지하고, 격식을 싫어하여 그의 시신을 다비할 때에도 일체 장엄을 생략하고 거적대기를 덮고 화장했다.

행을 몇 년 동안이나 계속하였으며, 50세에 이르러 양주 흥국사에서 하안거를 하다가 꿈속에서 만공 노스님이 연꽃을 들어 보이는 것을 보고서 교외별전 한 구절을 툭 트이게 깨달았다. 이로 인하여 게송을 지었다.

"연화장 세계 속에 온몸이 차가웁고, 대천사계가 나의 몸일레라, 어떤 사람이 나에게 별전구를 묻는다면, 바로 비로신이라 답하리라." 스님은 곧 만공 노스님에게 이 게송을 올리자, 만공 노스님은 침묵으로 응대할 뿐이었다.

어느날 화단에서 꽃구경을 하였는데, 만공 노스님이 갑자기 "어떤 것이 가장 으뜸가는 꽃이냐?"라고 묻자, 스님은 바로 주먹을 불끈 들어 보였다. 만공 노스님이 이것은 그만두고 어떠한 것이 두 번째 가는 꽃이냐고 물으니, 스님은 바로 큰 소리로 '억' 하는 소리를 내지르자, 만공 노스님

봉국사 경내에 있는 춘성의 비석과 부도탑. 강백인 탄허가 비문을 짓고, 썼다.

은 미소를 짓고 방장(方丈)으로 돌아가셨다.

이로부터 종횡에 얽매임이 없고, 어떠한 일에 있어서도 자유자재하였다. 어느 때인들 선의 경지가 아니며, 어느 곳인들 법이 아니겠는가? 때로는 어촌과 주막에 방광하면서도 세간에 들어가지 아니 하였고, 때로 깊은 산 고요한 가운데 소요하면서도 세간을 벗어나지 않았다. 고해의 물결 가운데 혼미한 자, 어지러운 자, 들떠 있는 자, 잠겨 있는 자가 스님의 법문을 듣고 기쁨에 날뛰면 스님은 대비(大悲)의 그물을 높이 들어서 안락의 땅으로 옮겨 주셨다. 그는 만물과 더불어 봄이 되어 그를 마주하면 마음의 생기를 얻게 해 준 이가 아니겠는가? 그는 이름과 실상이 서로 부합하여 감출 수가 없는 이라 하겠다.

무오년에 성남시 봉국사에 주석하였는데, 어느 날 문인 설옹을 불러 말하였다. "허공의 골수를 보았는가? 온 산에 작은 나무 한 포기 없으니 가파른 절벽에서 손을 뿌리쳐야 대장부이다."

이어 또 게송을 읊었다. 87년의 일이라 일곱 번 넘어졌다가 여덟 번 넘어졌다 일어난 것이로다, 횡설수설이여, 붉게 타는 화로 위에 한 점의 눈일레라." 이어 곧 열반하시니, 때는 7월 8일이다. 세수는 87이요, 법랍은 74이다. 나에게 비문을 지어 훗날 전할 수 있도록 하여 달라고 청하기에, 나는 문장에 능하지 못하다는 말로 굳이 사양할 수 없어서 그의 전말을 위와 같이 서술한 것이다.

응화 3008년(1981년) 신유 5월 일<br>오대산인 탄허 택성 삼가 짓고 쓰다.

지금도 봉국사에 가면 아담한 대광명전 안에 춘성의 초상화가 걸려 있고, 대광명전 뒷길로 나가면 춘성의 부도와 비석이 단정하게 서 있다. 봉국사는 춘성의 역사, 그림자, 정신이 듬뿍 배어 있는 사찰로서 역사에 남게 되었다.

  이렇듯이 춘성은 무애도인으로서 처절하게 자신의 삶을 불사르고, 역사의 저편으로 갔다. 아마 그곳은 삼세 제불도 만날 수 없는 곳일 것이다. 그러나 그의 삶, 정신, 사상은 불교가 살아 있고, 양심과 진실을 추구하는 수행자가 있는 한 영원히 잊혀지지 않을 것이다.

# 부 록

- 연보

- 참고문헌

# 연 보

1891년 : 강원도 인제군 북면(원통) 용대리에서 출생.
　　　　본관은 평창, 부친 이인오와 모친 박 씨 사이에서 3형제의 둘
　　　　째 아들로 태어남.
　　　　속명은 昌林, 법명은 春性, 법호는 春城.
1904년(13세) : 설악산 백담사로 입산. 만해 한용운을 은사로 모시고 출가.
1911년(21세) : 유점사의 김동선 율사에게 구족계 받음.
　　　　석왕사 강원 수학.
1919년(29세) : 은사인 한용운이 3·1운동 민족대표로 서대문형무소에 수감.
　　　　도봉산 망월사에 머물면서 3년간, 한용운의 옥바라지를 함.
　　　　한용운이 기술한 「조선독립의 서」를 비밀리에 받아내,
　　　　상해 대한민국 임시정부에 전달케 함.
　　　　「조선독립의 서」가 임정 기관지인 『독립신문』 25호(1919. 11.
　　　　4)에 게재됨.
1920년(30세) : 조선불교청년회 발기인.
1922년(32세) : 선학원의 선우공제회 발기인.

1925년(35세) : 신흥사 산내 암자인 내원암, 안양암, 계조암 주지.
1927년(37세) : 건봉사 講友會의 체육부 상무이사.
각황사(조계사 전신)에서 『법화경』의 강사로 활동.
1928년(38세) : 건봉사 강원에서 起信論 과정과 楞嚴經 과정을 수료.
건봉사 강원 망년회에서 강연(주제, 고진감래).
백용성이 주관한 『화엄경』 강의회의 강사.
백용성이 『조선글 화엄경』(12권) 발간 기념으로 대각사에서 대중들에게 행한 강의회에서 백용성, 이근우와 함께 강의함.
1929년(39세) : 대각사의 대각일요학교에서 교사로 활동.
개운사 대교과 三賢部 과정 수료.
1930년(40세) : 수덕사 정혜선원, 만공회상에서 참선 수행 시작.
1934년(44세) : 재단법인 禪理參究院의 평의원으로 선출.
백담사 오세암 선방에서 수행.
1935년(45세) : 조선불교 선종 수좌대회 참가.
수좌대회에서 회원 심사위원으로 활동, 禪議員으로 선출.
선학원 안거 수행, 禪德으로 활동.
1938년(48세) : 유점사에서 수행.
1940년(50세) : 흥국사에서 수행, 깨달음으로 오도송을 지음.
1942년(52세) : 철원 심원사 華山經院의 강사
1944년(54세) : 출가 은사인 만해 한용운 입적.
심우장의 영결식, 장례 참석.
1946년(56세) : 덕숭산 정혜사에서 수행, 동안거 入繩 소임.
법사인 만공의 입적을 지켜 봄.
1949년(59세) ; 수덕사 능인선원 선덕 소임, 동안거 수행.

1950년(60세) : 선학원, 봉은사 등지에 칩거,
　　　　　　　 망월사에 주석. 이 무렵부터 망월사 주지로 활동.
1954년(64세) : 선학원에서 개최된 전국비구승대표자 대회에 참석.
　　　　　　　 이 대회는 불교 정화운동 전개의 최초의 대회임.
　　　　　　　 춘성은 이후에는 정화운동의 일선에 나서지 않음.
1955년(67세) : 보문사(강화도) 회주를 겸임.
1959년(69세) : 보문사 불사를 회향하고 이때부터 1970년대 초반까지
　　　　　　　 망월사를 주된 주석처로 삼음.
1962년(72세) : 망월사 재건 불사 시작.
1965년(75세) : 한용운 묘소 이장 및 묘비 건립 추진위원회 발족,
　　　　　　　 춘성은 이 위원회에 일체 협조를 하지 않음.
　　　　　　　 한용운의 정신을 팔아 먹는 행위로 간주.
　　　　　　　 추진위원회의 추진위원의 명단에 이춘성이 나오지만 이
　　　　　　　 는 춘성의 동의를 받지 않은 것으로 보임.
1977년(87세) : 열반, 입적(8월 22일).
　　　　　　　 화계사에서 영결식 개최, 화계사 뒷산에서 다비식 거행.
1981년 : 춘성의 비석과 부도탑이 봉국사(성남)에 건립됨.
　　　　 춘성문도회에서 탄허(월정사)의 문장과 글씨를 받아 새김.
2007년 : 춘성의 기일날, 춘성 저술 작업을 하는 김광식에게 춘성문도회
　　　　 에서 자료 제공 및 후원을 하기로 함.
2009년 : 『춘성, 무애도인 삶의 이야기』 발간(새싹 출판사).

# 참고문헌

만공문도회, 『만공 법어』, 수덕사 능인선원, 1982.

김견진, 「잊을 수 없는 나의 스승, 이춘성 큰스님」, 『주간불교』 1986. 10. 15(상), 10. 31(하).

김정휴, 「춘성 대선사, 무애자재와 격외의 미학」, 『백척간두에서 무슨 절망이 있으랴』, 명상, 1991

소진흥, 「물처럼 바람처럼, 춘성」, 『현대 고승인물 평전』, 불교영상, 1994.

김광식, 『한국 근대불교사 연구』, 민족사, 1996.

_____, 『한국 근대불교의 현실인식』, 민족사, 1998.

_____, 『근현대 불교의 재조명』, 민족사, 2000.

명 정, 『근세 한국고승서간집, 삼소굴소식』, 통도사 극락선원, 1997.

김광식, 『용성』, 민족사, 1999.

_____, 『만해 한용운 평전 - 첫키스로 만해를 만난다』, 참글세상, 2009.

_____, 「생활선의 계승과 구현 - 한용운과 이춘성」, 『유심』 18, 2004.

\_\_\_\_\_,『한국 현대불교사 연구』, 불교시대사, 2006.

\_\_\_\_\_,『동산대종사와 불교정화운동』, 영광도서, 2007.

\_\_\_\_\_,『범어사와 불교정화운동』, 영광도서, 2008.

\_\_\_\_\_,『민족불교의 이상과 현실』, 도피안사, 2007.

\_\_\_\_\_,『한국 현대선의 지성사 탐구』, 도피안사, 2010.

\_\_\_\_\_,『우리가 만난 한용운』, 참글세상, 2009.

\_\_\_\_\_,『한용운 연구』, 동국대출판부, 2011.

\_\_\_\_\_,『방산굴의 무영수 – 탄허대종사 탄신백주년기념 증언집』, 월정사, 2013.

\_\_\_\_\_,『백초월 – 독립운동가 초월 스님의 불꽃같은 삶』, 민족사, 2014.

윤청광,「춘성 스님, 스승이 감옥계시는데 어찌 더운 방을 쓰랴」,『큰스님 큰가르침』, 문예출판사, 2004.

이행자,「만해 스님과 춘성 스님」,『아, 사람아』, 지성사, 2006.

조연현,「춘성, 나에게 불법을 묻는다면 씨부랄놈이라고 하겠노라」,『은둔』, 오래된 미래, 2007.

## 춘성 만해제자 · 무애도인

초 판 1쇄   2009년 2월 25일
초 판 4쇄   2009년 5월 28일
수정판 1쇄   2014년 12월 15일
수정판 2쇄   2015년 1월 29일

지 은 이   김광식
펴 낸 이   신원식
편    집   박경희
디 자 인   함유선·이은혜

펴 낸 곳   도서출판 中道
주    소   서울시 종로구 율곡로4길 6(수송동 13) 3층
전    화   02-2278-2240
팩    스   02-6442-2240
등    록   2007. 2. 7. 제2-4556호

ISBN 979-11-85175-07-2  03220

값 18,000원

• 잘못된 책은 구입하신 서점에서 바꾸어 드립니다.
• 무단 전재와 복사를 금합니다.

이 도서의 국립중앙도서관 출판예정도서목록(CIP)은
서지정보유통지원시스템 홈페이지(http://seoji.nl.go.kr)와
국가자료공동목록시스템(http://www.nl.go.kr/kolisnet)에서
이용하실 수 있습니다.(CIP제어번호: CIP2014031906)